Anatoli Sobtschak

W0012471

FÜR EIN
NEUES RUSSLAND!

Unser Kampf um Recht und Demokratie

Gustav Lübbe Verlag

Copyright © 1991 by Anatoly Sobchak.
With the participation of Novosti Publishers, Moscow
Copyright © der Übersetzung aus dem Russischen
by Novosti Publishers, Moscow
Copyright © der Abbildungen im Tafelteil by Novosti Publishers, Moscow
Titel der Originalausgabe: Хождение во власть.
Рассказ о рождении парламента
Originalverlag: Новости, Москва 1991
Aus dem Russischen

© 1991 für die deutschsprachige Ausgabe
by Gustav Lübbe Verlag GmbH, Bergisch Gladbach
Bearbeitung der Übersetzung: Dr. Bernd Rullkötter
Umschlaggestaltung unter Verwendung eines Fotos von
Novosti Publishers, Moscow
Satz: IBV Satz- und Datentechnik GmbH, Berlin
Druck und Einband: Ebner Ulm

Kein Teil dieses Buches darf ohne ausdrückliche
Genehmigung des Verlages in irgendeiner Form reproduziert
oder übermittelt werden, weder in mechanischer noch in
elektronischer Form (inkl. Fotokopie).

Printed in Germany
ISBN 3-7857-0623-5

INHALT

EINLEITUNG

Der Moskauer Dichter Walentin Berestow schrieb folgende Verse über einen Jugendlichen der Vorkriegszeit:

...Und hochstaatliche Träume
Hatt' ich in jener Zeit –
Zweimal vorm Krieg sah ich
Im Traum Kalinin.

Ich hatte in meiner Jugend keine »hochstaatlichen Träume« gehabt. Doch als ich schon über Vierzig war, hatte ich nachts in einer für mich schwierigen Zeit die Vision: Ich, ein Parteiloser, spreche auf der Tribüne des Kongreßpalastes im Kreml alles aus, was ich von unserem politischen System und von seinen Führern halte, während Breschnew und Suslow mit steinernen Gesichtern aufmerksam zuhören. Ich wachte schweißgebadet auf.

Es heißt, Alpträume solle man am besten gleich vergessen, aber es heißt auch, daß sich manche am Ende bewahrheiten. Zehn Jahre später, als weder Breschnew noch Suslow am Leben waren, bestieg ich tatsächlich die erwähnte Tribüne, um jene Worte auszusprechen, die mir damals in der Kehle steckengeblieben waren. Und mein Arbeitszimmer liegt im Gebäude des Obersten Sowjets gegenüber der Lenin-Bibliothek, an dessen Fassade eine Gedenktafel verkündet, daß sich hier einst das Sprechzimmer Michail Kalinins befand.

In zivilisierten Ländern interessieren sich die Menschen in der Regel wenig für Politik. Wenn ein Parlament schon seit einigen Jahrhunderten einwandfrei funktioniert, lohnt es sich kaum, Tage vor dem Fernseher zu verbringen, um Direktübertragungen von Abgeordnetendebatten zu verfolgen. Es gibt interessantere Dinge!

In Ländern mit totalitärem Regime sieht es anders aus: Dort hängt das Leben des einzelnen vom politischen Kurs ab, obwohl die Politik als solche paradoxerweise gar nicht existiert. Es gibt das Gerangel von Favoriten vor dem Thron oder die Spiele von Funktionären mit dem Apparat, doch keine Politik.

Etwas anderes ist eine Situation, wie wir sie jetzt bei uns erleben: der Verfall des letzten Weltreiches, der Zusammenbruch des Totalitarismus und die Geburt nationaler Parlamente. Mein Buch trägt zwar den Untertitel »Unser Kampf um Recht und Demokratie«, doch ich bin mir keineswegs sicher, daß der Kongreß der Volksdeputierten und der von diesem gewählte Oberste Sowjet der UdSSR in einem oder sogar in einem halben Jahr weiter so funktionieren werden wie jetzt. Möglicherweise finden die unabhängigen Republiken nach der Erlangung der Souveränität eine andere Form für die Regelung ihrer Beziehungen, und der Oberste Sowjet der UdSSR wird in irgendein staatliches oder sogar zwischenstaatliches Organ umgewandelt. Wie dem auch sei, die Entstehung des parlamentarischen Systems in unserem Lande begann im Frühjahr 1989 in Moskau, auf dem 1. Kongreß der Volksdeputierten der UdSSR.

Wer von den Passagieren eines ungestört seinen Kurs steuernden Dampfers interessiert sich schon dafür, wie die Maschinen funktionieren und wer gerade auf der Kommandobrücke seinen Dienst versieht? Stellen wir uns jedoch vor, das Barometer zeigt Sturm an und der neue Kapitän erteilt den Befehl, die Fahrt zu beschleunigen, um die gefährliche Zone so schnell wie möglich zu passieren oder noch rechtzeitig den Hafen zu erreichen. Nun erweist sich aber, daß die Maschinen ihre Reserven eigentlich schon erschöpft haben, daß die Schiffsschraube beschädigt ist und die Besatzung aus Männern besteht, die das Meer nie zuvor gesehen haben. Sofort bricht Panik aus; der eine versucht, so schnell wie möglich an einen Rettungsring zu kommen, während der andere sich eines Rettungsbootes bemächtigen will, wobei er behauptet, sein Großvater sei einst der rechtmäßige Besitzer dieses Bootes gewesen. Was den Schiffskoch betrifft, so zieht

dieser es vor, mit dem Schiff unterzugehen, statt das Festland zu erreichen, wo man ihn wegen Veruntreuung vor Gericht stellen wird.

In diesem Moment fordert der Kapitän die Passagiere auf, eine neue
Besatzung zu bilden und die Schiffsmaschinen zu reparieren.

Anstelle einer normalen Fahrt haben wir es also mit einem span-
nenden Drama zu tun. Am interessantesten aber ist es, diesen dramatischen Vorgang von außen zu beobachten oder im Extremfall als
Gegner des Kapitäns aufzutreten, obwohl man über die wirkliche
Sachlage noch nicht im Bilde ist!

Weder meine Kollegen noch ich, die wir vor anderthalb Jahren zu
Volksdeputierten der UdSSR gewählt wurden, ahnten auch nur, daß
wir schon zu Teilnehmern eines großen sozialen Dramas geworden
waren. Die Logik der Ereignisse und die Logik des Gewissens forderten, daß einige der konsequenten Kritiker des Kapitäns selbst die He-
bel der Schiffsmaschinen übernahmen und gleichzeitig versuchten,
deren Konstruktion während der Fahrt zu ändern. Im Frühjahr 1990
wurde ich zum Vorsitzenden des Leningrader Stadtsowjets gewählt
und trage nunmehr die Verantwortung nicht nur für die Situation im
Lande, sondern vor allem für das Schicksal meiner Stadt. Selbstverständlich erkenne ich den Widerspruch: In vielen Situationen bin ich
selbst auf jenes System angewiesen, das ich zusammen mit den anderen demokratischen Abgeordneten zu ändern versuche. Ebenso-
schwer haben es heute Gawriil Popow, der Moskauer Bürgermeister
wurde, und Boris Jelzin, den man zum Parlamentsvorsitzenden Rußlands wählte. Von innen – sogar auf der Kommunalebene! – sieht die
Staatsmacht anders aus als von außen. Inwiefern? Genau das will ich
hier schildern, solange die Eindrücke noch frisch sind, denn der
wirkliche Gang der Ereignisse wird desto mehr entstellt, je weiter sie
in die Vergangenheit entrücken.

Als Michail Gorbatschow auf dem XXVII. Parteitag darauf hinwies,
daß alle Menschen ungeachtet ihrer Funktion oder Stellung vor dem
Gesetz gleich zu sein hätten, schenkten viele dieser Erklärung keine

Aufmerksamkeit. Unsere Generalsekretäre hatten es in ihren Rechenschaftsberichten nie an richtigen und gerechten Worten fehlen lassen! Allein den Experten – Politologen und Juristen – entging nicht, daß die These von der Gleichheit vor dem Gesetz erstmals in sieben Jahrzehnten auch auf die Funktionäre der Partei ausgedehnt wurde. Noch nie in der sowjetischen Geschichte war in der offiziellen Rede eines Parteiführers das Thema »Gesetz und Partei« angeschnitten, in keiner Arbeit und in keinem Artikel war die rechtliche Stellung der KPdSU untersucht worden.

Mit der Idee von der Trennung der Staatsmacht und der Macht der Partei führte Gorbatschow den ersten Schlag gegen den Monopolismus des administrativen Systems. Artikel über das »Telefonrecht«, über sanktionierte Übergriffe von Parteifunktionären, über die inkompetente und eigennützige Einmischung der Partei in die nichtpolitische Sphäre des gesellschaftlichen Lebens erschienen immer häufiger in Zeitungen und Fachzeitschriften. Etwas später, auf der 19. Parteikonferenz, wurde ein weiterer sehr wichtiger Schritt getan: Der Generalsekretär erwähnte die Notwendigkeit der Gewaltenteilung. Sofort stellte sich die Frage: Was ist das für ein Staat, in dem sich die Macht auf Legislative, Exekutive und Jurisprudenz verteilt und der Partei allein der Bereich der Ideologie bleibt?

Die Antwort war in der Frage selbst enthalten: Auf diese Weise wurde die Idee eines Rechtsstaates formuliert, eines Staates, in dem nicht Willkür, nicht der ideologische Kurs, der in den konkreten Paragraphen der politischen Instruktionen und der Beschlüsse des ZK festgeschrieben ist, sondern vielmehr das Gesetz herrscht. Als wir zum erstenmal ernsthaft darüber nachzudenken begannen, was denn ein Rechtsstaat sei, entdeckten wir plötzlich eine ganz einfache und der ganzen Welt bekannte Tatsache: Die Idee des Rechtes ist einer jener allgemeinmenschlichen Werte, die im Laufe von Jahrtausenden geprägt wurden. Wenn wir den Primat des Rechtes gegenüber dem Staat anerkennen, müssen wir auch zu einer neuen Interpretation des

Rechtes als solchem finden und die »klassenspezifische« Rechtsauffassung überwinden, die ermöglicht, jegliche Verbrechen der Partei, jegliche Gewaltanwendung, jegliche Form von Expropriation oder Völkermord mit der Spezifik des »Klassenkampfes« oder mit der Utopie der proletarischen Weltrevolution zu entschuldigen.

Sieben Jahrzehnte lang begann bei uns jedes Unterfangen mit einem Partei- und Regierungsbeschluß. Und die Folge waren jedesmal Blut und Tränen der Mitbürger, Verbrechen an der Menschheit, am eigenen Volk und am eigenen Land. Verantwortlich waren nicht die Ränke einzelner Beamter, nicht der schlechte Charakter Stalins, Berijas oder Raschidows. Verantwortlich war das seinem inneren Wesen nach unmenschliche Machtsystem, das die Partei des »siegreichen Proletariats« auf dem Blut des Volkes errichtet hatte.

Jegliches Unterfangen darf nicht mit einem Beschluß, sondern muß mit dem Menschen beginnen und sein Wohl zum Ziel haben. Das Recht ist bloß ein notwendiges Mittel zur Aufrechterhaltung der Ordnung in der Gesellschaft, ein Instrument, das nicht den Umgang des Staates mit dem Menschen (als »Schräubchen« in der Staatsmaschinerie) regelt, sondern der Hinwendung des Staates zum Menschen, zu seinen irdischen Sorgen und Nöten dient. Mit der Erkenntnis ebendieser einfachen Wahrheiten beginnt der Rechtsstaat. Um in unserem Land ein neues politisches System aufzubauen, in dem der Mensch nicht als »Schräubchen« und auch nicht als abstrakter »menschlicher Faktor«, sondern als unvergänglicher Wert angesehen wird, ist allerdings die Arbeit vieler Generationen erforderlich.

Die Anerkennung der Priorität der allgemeinmenschlichen Werte vor allen anderen (auch den klassenspezifischen) veranlaßte mich, das ruhige und problemlose akademische Leben eines durchaus erfolgreichen Leningrader Professors, eines Spezialisten für Zivil- und Wirtschaftsrecht, aufzugeben. Ich faßte das, was von der Tribüne der 19. Parteikonferenz erklang, als einen Aufruf zum staatsbürgerlichen

Engagement auf, der sich an jeden, also auch an mich, richtete. Als diesen Worten nun Taten folgten und Gorbatschow den Abzug der sowjetischen Truppen aus Afghanistan bekanntgab, stellte ich, bis dahin parteilos, den Antrag auf Aufnahme in die KPdSU. Nachdem ich mich zu diesem damals schon wenig populären Schritt entschlossen hatte, verhehlte ich niemandem (auch mir selbst nicht), daß die KPdSU für mich in erster Linie keine politische Partei, sondern eine staatliche Struktur war, die alle Zellen des gesellschaftlichen Organismus unseres Landes durchdrang. Da ich dies wußte, begriff ich sehr wohl, daß Reformen in unserer Gesellschaft nur mit einer Reform der KPdSU selbst, mit ihrer Verwandlung in eine wirklich parlamentarische Partei, beginnen konnten.

Vor dem 4. Kongreß der Volksdeputierten der UdSSR, Mitte Dezember 1990, da ich dem Kommentator der *Moskau News*, Andrei Tschernow, die letzten Seiten dieses Buches diktiere, weiß ich, ein Volksdeputierter des Leningrader Sowjets und der UdSSR, natürlich nicht, was uns die Zukunft bescheren wird. Was uns hinter der nächsten Biegung unseres Weges aber auch erwarten mag – ob die Katastrophe der »rumänischen Variante« oder die Hoffnungslosigkeit eines Militärputsches, ob ein radikaler Linksruck des Zentrums oder der Sumpf des Konservatismus, ob eine Revolution, ein stilles Dahinsiechen oder eine Diktatur –, diese Aufzeichnungen, sollten sie erscheinen, werden dem Leser als ein Augenzeugenbericht über jene große Hinwendung zum Menschen dienen, die sich heute allen Hindernissen zum Trotz in unserer Gesellschaft vollzieht.

Ich behaupte keineswegs, daß meine Überlegungen umfassenden Charakter hätten und meine Darstellung völlig objektiv sei. Dies ist nicht die Schilderung eines Historikers oder eines unvoreingenommenen Beobachters, sondern der Bericht eines an den Ereignissen Beteiligten, der durch den Willen des Schicksals die Geburt des neuen Parlaments miterlebte und im Drama des sowjetischen Parlamentarismus zu einem der Mitwirkenden wurde.

WAHLEN À LA GORBATSCHOW

Gebiets-, Stadt-, Bezirkskomitees
In Schnee- und Regenpfützen.
In ihren Fenstern wie Trachome
(Längst jedem unbekannt)
Gesichtslos der Führer Gesichter.
Alexander Galitsch

Die Zeiten haben sich von innen nach außen gekehrt.
Igorlied

Januar 1989. Die Nominierung und Befragung der Kandidaten waren schon in vollem Gange, die Stadt brodelte von Versammlungen und Treffen; mancher schlug sich selbst als Kandidaten vor, mancher wurde von anderen vorgeschlagen, ich aber betrachtete das alles als Außenstehender: Mich ging es nichts an, ich beschäftigte mich mit meiner eigenen Arbeit – mit Vorlesungen, der Lehrstuhlverwaltung und dem Schreiben von Artikeln. Gorbatschows kompliziertes und nicht sonderlich demokratisches Wahlsystem beurteilte ich sehr skeptisch. Um so weniger konnte ich ahnen, daß der Wahlstrudel bald auch mich erfassen würde.

Doch dann kam der Tag, an dem ich auf einer Versammlung der Juristischen Fakultät meinen Namen hörte. Überraschend hatte ihn der Dozent Alexander Sergejew, ein ehemaliger Student von mir, genannt.

Begonnen hatte diese Versammlung damit, daß der Vorsitzende, der Leiter unseres Gewerkschaftsbüros, warnte: Wir hätten die Möglichkeit, eigene Kandidaten aufzustellen, doch seien bereits Kandidaten einiger Großbetriebe, darunter auch des Baltischen Schiffbauwerks, nominiert worden. Diese hätten die größten Siegeschancen, um so mehr, als unser Wahlbezirk – die Wassiljewski-Insel – seit nunmehr fünfzig Jahren im Obersten Sowjet stets durch einen verdienstvollen Arbeiter aus dem Baltischen Werk repräsentiert werde. Die allgemeine Meinung ziele darauf ab, den Kandidaten aus diesem Werk zu unterstützen. Das sei in jeder Hinsicht von Vorteil. Wir brauchten nicht viel Zeit zu verlieren, sondern nur einmal abzustimmen und könnten gleich darauf auseinandergehen. Wer sei dafür?

Der Vorschlag fand jedoch keine Zustimmung. Man nominierte sechs potentielle Kandidaten, allesamt an der Fakultät bekannte, aktive und geachtete Personen. Als ich auch meinen Namen hörte, empfand ich eine gewisse Genugtuung: Also war ich nicht der schlechteste unter unseren Professoren.

Natürlich hatte ich keine Zeit gehabt, ein Programm auszuarbeiten. Doch als ich anfing zu reden, merkte ich, daß es gar nicht schwer war: Über alle mich bewegenden Probleme des Lebens und der Entwicklung unserer leidgeprüften Gesellschaft, über alle »neuralgischen« Punkte und Sackgassen, über alle damals erdenklichen Maßnahmen zur Überwindung der herannahenden Krise hatte ich schon lange vorher nachgedacht.

Ich sprach vom Rechtsstaat, von der Priorität des Menschlichen gegenüber dem Klassenspezifischen, von der Notwendigkeit einer neuen Betrachtung der Menschenrechte in Theorie und Praxis. Ich sprach auch davon, wie die Wirtschaft zu reformieren sei, indem man bei allen Vorhaben beim Menschen ansetzt, sowie von der Eigenfinanzierung der Betriebe und der Selbständigkeit der Republiken.

Dann folgte die Konferenz des Arbeitskollektivs unserer Universität, wo sich elf in Frage kommende Kandidaten auf der Bühne trafen. Doch selbst dort nahm ich diese Sache mit der Wahl nicht sonderlich ernst, obwohl ich fast drei Viertel der Stimmen erhalten und als einziger den Aufstieg in die Wahlkreisversammlung geschafft hatte.

Moskauer und Leningrader Intellektuelle befolgten viele Jahre lang die Weisheit, sich auf keine Glücksspiele mit dem Staat einzulassen. Dies galt für die staatlichen Geld- und Sachwertlotterien ebenso wie für die »Wahlen ohne Wahl«. Die beiden ersten Etappen meiner Nominierung als Kandidat, also die Vorgänge an der Universität, waren für mich jedoch eine Art Spiel, eine Möglichkeit, mir selbst und anderen zu beweisen, was ich eigentlich wert war. Daß ich tatsächlich zum Volksdeputierten gewählt werden würde, konnte ich nicht im Ernst erwarten. So blieb es bis zu dem Zeitpunkt, als ich in einem Universitätskorridor einem städtischen Parteifunktionär begegnete. Wir kannten uns schon lange, und er sagte mir vertraulich:

»Wozu haben Sie das nötig? Sie sind doch ein kluger Mensch und müssen begreifen, daß Sie keine Chance haben. Zum Deputierten

wird ein angesehener Arbeiter aus dem Baltischen Werk gewählt. Sie
sollten Ihre Zeit und Kraft nicht vergeuden.«

Da merkte ich, daß in mir das jugendliche Streben, vornan zu sein,
doch noch lebendig war. Ich erwiderte:»Wollen wir wetten, daß ich
Deputierter werde?«

Im Beisein eines Zeugen besiegelten wir die Wette mit Handschlag.
Da es sich bei unserem Zeugen um eine Frau handelte, einigten wir
uns als »richtige Männer«, daß der Sieger vom Verlierer eine Flasche
Kognak erhalten solle. Es gereicht dem Parteifunktionär zur Ehre, daß
er mir zwei Monate später die Flasche brachte, ohne daß ich ihn
daran hätte erinnern müssen. An diese in der Zeit der Perestroika in
Leningrad derart schwer aufzutreibende Flasche Kognak sollte ich
mich noch in Moskau erinnern, wo mich viele meiner Deputiertenkol-
legen nach den Sitzungen wegen aller möglichen juristischen Probleme in meinem Hotelzimmer aufsuchten und jeder nach russischem
Brauch ein »Fläschchen« mitbrachte. Das war dann einer der Gründe,
weshalb ich, der ich kaum Alkohol trinke, aus dem Hotel in eine
Dienstwohnung im Moskauer Stadtteil Krylatskoje fliehen mußte.

Damals, in der Universität, hatte besagter Parteifunktionär höchst-
wahrscheinlich meinen Ehrgeiz verletzt. Wichtiger ist aber etwas anderes: Er war nicht der erste, der es für nötig hielt, mich »väterlich«
zu belehren. Viel stärker trafen mich die Äußerungen meiner Kollegen und Freunde:»Glaubst du denn wirklich im Ernst an diesen ganzen Rummel mit den Wahlen? In unserem Land kann es keine
richtigen Wahlen geben. Verstehst du denn nicht, wozu diese Wahlkreisversammlungen ersonnen wurden? Dort fliegst du doch garantiert raus!«

Ich hörte mir das alles an und begriff, daß ich mit Worten nichts
beweisen konnte. Es gab nur einen Beweis, den meine Kollegen,
meine Freunde und alle anderen in meiner Umgebung akzeptieren
würden: meinen Sieg. Doch bis dahin war es noch weit, und deswegen konnte ich nur schweigend die Arme ausbreiten und entgegnen,
die Wahlen à la Gorbatschow seien für einen Rechtswissenschaftler

in erster Linie von rein beruflichem Interesse. Ich wußte, daß ich wei-
terkämpfen mußte, denn so manches hatte sich schon geändert, und
die Zeit der Stagnation war vorbei. Deshalb war es selbst bei einem
unvernünftigen, undemokratischen Wahlsystem durchaus möglich
zu siegen.

Ich besaß keinerlei politische Erfahrung. An derartigen »Spielen«
hatte ich nie zuvor teilgenommen, und so blieb mir nichts anderes
übrig, als meiner Intuition zu folgen. Intuition ist eine Eigenschaft,
die ein Jurist in nicht geringerem Maße benötigt als ein Dichter.

Die Wahlkommission informierte uns, daß zur Wahlkreisversammlung (zu meinem Wahlkreis gehörten die Wassiljewski-Insel,
Sestrorezk, Selenogorsk und Kronstadt) von jeder Organisation, die
einen Kandidaten vorgeschlagen bzw. unterstützt hatte, jeweils drei
Vertreter zugelassen würden. Diese drei Stimmen gehörten von vornherein dem betreffenden Bewerber. Doch wie konnte man die anderen für sich gewinnen, die gekommen waren, um ihren eigenen
Kandidaten zu unterstützen? Man konnte selbstverständlich andere
Organisationen um Hilfe bitten. Jede würde auf der Wahlkreisversammlung drei weitere Stimmen stellen. Ich wußte, daß hinter meinen Hauptkonkurrenten jeweils 65 bis 69 solcher Organisationen
standen. Die Bilanz fiel nicht zu meinen Gunsten aus. Der verdiente
Arbeiter aus dem Baltischen Werk hatte 207 Anhänger im Saal und
ich nur drei. Trotzdem beschloß ich, auf den mühevollen Kampf um
zusätzliche Stimmen zu verzichten: Schließlich hatte mich niemand
von den Vorlesungen, dem praktischen Unterricht und der Leitung
des Lehrstuhls freigestellt.

Außerdem wußte ich, daß nur die Hälfte der Teilnehmer an dieser
Wahlkreisversammlung Vertreter jener Organisationen waren, die einen Kandidaten nominiert bzw. unterstützt hatten. Die andere Hälfte
bestand aus Vertretern der Öffentlichkeit, der Belegschaften von Betrieben und Einrichtungen, also aus Menschen, die ihre Entscheidung allein dem eigenen Gewissen gegenüber zu verantworten hatten. An sie wollte ich meinen Appell richten.

Die Wahlen waren so organisiert, daß der Kandidat etwa eines Kin-
dergartens mit nur zehn Beschäftigten und der Kandidat der Leningrader Universität mit ihrem mehr als dreißigtausend Angehörige
zählenden Kollektiv jeweils drei Stimmen erhielten. Diese rührende
»Gleichheit« besaß aber auch einen positiven Aspekt. Wer von vornherein zur Niederlage verurteilt schien, konnte nur auf sich selbst, auf
die eigene Logik und Gewandtheit hoffen und mußte daher alle
Kräfte aufbieten und sich als Einzelgänger besser als die anderen vor-
bereiten. Statt also von einem Forschungsinstitut zum anderen zu
rennen und um zusätzliche Stimmen zu bitten, machte ich mich
daran, mein Wahlprogramm zu formulieren.

Dann war es soweit. Die Wahlkreisversammlung fand im Kultur-
haus des Baltischen Werkes statt. Das Werk hatte sich selbstverständlich große Mühe gegeben, seinen Kandidaten auf die vorteilhafteste
Art zu präsentieren. Der Kandidat – ein Arbeiter – schaute uns von
zahlreichen Plakaten an, ihm waren Sonderausgaben von Zeitungen,
Spruchbänder usw. gewidmet. Alle anderen mußten mit jeweils
einer einzigen bescheidenen Werbetafel vorliebnehmen. An meiner
Tafel hing ein mir gewidmeter Artikel aus unserer Universitätszeitung und ein von Studenten verfaßtes Flugblatt.

Vor dem Eingang herrschte Gedränge. Die offiziellen Einladungen
wurden strengstens kontrolliert, und die Wähler, die nicht hinein-
durften, machten ihrer Empörung Luft, doch die kräftigen Burschen
mit den roten Armbinden, die ihnen den Weg versperrten, waren jederzeit bereit, Äußerungen übermäßigen staatsbürgerlichen Engage-
ments ein Ende zu setzen.

Ein typisches »Sieb«. So sah es auf vielen Wahlkreisversammlungen in Leningrad aus, so sah es in jenen Tagen überall im Lande aus.

Wir waren insgesamt elf Kandidaten. Jeder erhielt zehn Minuten
für eine Ansprache und weitere zehn Minuten für die Beantwortung
von Fragen. Ich war, so hatte es sich durch die Auslosung ergeben,
als zehnter an der Reihe und konnte mir nun die stundenlangen
Bataillen meiner Rivalen ansehen. Einige fielen sofort durch und

hatten keine Chance, in die Wahllisten zu kommen, andere dagegen hielten sich gut und wirkten recht überzeugend. Ich begriff, daß ich es nicht leicht haben würde. Mit wachsender Erregung beobachtete ich die Reaktionen im Saal, um herauszufinden, wodurch Punkte verloren oder gewonnen wurden.

Nun sprach ein angesehener Dreher aus der in Leningrad bekannten Produktionsvereinigung »Michail Kalinin«. Er hatte keine schlechten Chancen. Seine Vereinigung hatte Busse für die Versammlungsteilnehmer bereitgestellt, und diese brauchten nur noch »richtig« zu stimmen. Auch das Büfett in der Vorhalle mit einem für die jetzigen Verhältnisse wunderbaren Angebot hatte die Vereinigung organisiert, und in den Leningrader Zeitungen waren an jenem Tag mehrere Artikel über den Dreher erschienen. Außerdem war er Betriebsratsvorsitzender eines vieltausendköpfigen Kollektivs. Nicht der Mann aus dem Baltischen Werk, sondern er war der Held des Tages. Doch der Held scheiterte schmählichst nach seinem einzigen aufrichtigen Satz. Dieser Arbeiter, der allerdings nicht die Hände eines Arbeiters hatte, lebte bei der Frage nach seiner Meinung über die Breschnew-Zeit auf und erklärte: »Das waren die schönsten Jahre meines Lebens. Ich arbeitete mit vollem Einsatz, mein Leben war ausgefüllt!«

Er sagte dies mit fast jugendlichem Elan, obwohl er kein junger Mann mehr war. Man konnte ihn gut begreifen: In jenen Jahren hatte er begonnen, in allerlei Präsidien einzuziehen, damals hatte er seine Auszeichnungen erhalten und all das erreicht, was er für erstrebenswert hielt. Er hatte angefangen, wie es so schön heißt, »für die Sowjetmacht zu agitieren«. Ein ganz normaler »Mann aus Marmor«, um an den bei uns lange verbotenen Film Andrzej Wajdas zu erinnern.

Der Arbeiter aus dem Baltischen Werk würde offenkundig weit mehr Punkte sammeln. Er sprach etwas ungeschickt, doch ohne Umschweife: Er sei für die Arbeiter, er werde ihre Interessen verteidigen, er meine, die Interessen der Arbeiter müßten von Arbeitern verteidigt werden, und Professoren hätten vom Leben der Arbeiter keine Ah-

nung. Ein kräftiger, sympathischer Bursche, der durch seine großen
Gesten, durch seine Offenherzigkeit und Aufrichtigkeit imponierte.
Eine halbe Stunde vor Mitternacht war ich endlich an der Reihe.
Ich improvisiere zwar gern, doch diesmal hatte ich meine Rede im
voraus durchdacht und formuliert. Ich wollte meine Konzeption des
Rechtsstaates und der Marktwirtschaft darlegen. Doch als meine
Hand schon wie von allein nach den Thesen in der Jackentasche grei-
fen wollte, wurde mir klar, daß ich mit meiner vorbereiteten Rede
zweifellos durchfallen würde. Denn die Menschen hatten schon
mehr als sechs Stunden im Saal verbracht, und es war vollkommen
sinnlos, ihnen nun ein Referat zu halten. Fieberhaft überlegte ich,
was ich tun sollte, doch mir fiel nichts Gescheites ein. Ich stand
schon am Mikrofon, während im Saal nur gedämpftes Interesse
herrschte: Na los, Professor, mach schon...

Da erinnerte ich mich an die berühmte Rede von Martin Luther
King, in der jeder Absatz mit den gleichen Worten begann: »Ich habe
einen Traum...« Ich beschwor nun innerlich den Schatten des großen amerikanischen Menschenrechtskämpfers herauf und erklärte,
daß auch ich einen Traum hätte: von einer Zeit, da es keine Wahlkreisversammlungen und keine vorherige Selektion der Kandidaten
gibt; von einer Zeit, da die Wähler, die zu einem solchen Treffen kommen, sich selbst für den ihnen genehmen Kandidaten entscheiden
können; von einer Zeit, da sie sich nicht mehr vor geschlossenen, von
der Miliz und ihren Helfern bewachten Türen drängen; von einer
Zeit, da korrupte und inkompetente Minister aufhören, unser Leben
bis zur Absurdität zu verunstalten; von einer Zeit, da der Minister für
Melioration und Wasserwirtschaft, der Milliarden in der Erde vergrub, und der Finanzminister, der dem Volk das riesige Defizit des
Staatshaushalts verheimlichte, und der Vorsitzende des Obersten Gerichts, der seinen Aufstieg durch Denunziationen schaffte, ihre Posten verlieren; von einer Zeit, da sich unser Staat in einen Rechtsstaat
verwandelt. Dann erklärte ich kurz, daß ein Rechtsstaat ein Staat sei,
in dem niemand auf Kosten anderer besondere Privilegien besitze.

Ich erzählte diesen schon sehr müden Menschen jedoch nicht lange von meinen Träumen. Als nach meinem letzten Wort absolute Stille im Saal herrschte, wußte ich, daß ich mein Ziel erreicht hatte: Die Zuhörer waren auf meiner Seite.

Mein Resultat erwies sich als das zweitbeste. Auf Platz drei kam der junge Mann aus dem Baltischen Werk, gefolgt von dem Heizer eines Ferienheims in Sestrorezk. Die meisten Stimmen erhielt Wladimir Ratschin, Bereichsleiter eines Werkes in Kronstadt. Dieser unzweifelhaft talentierte Mann lag genau hundert Stimmen vor mir. Rechnet man nur die Für-Stimmen, so sah das Resultat wie folgt aus: 427, 327, 316 und 289. Die Wahlkreisversammlung registrierte uns vier als Kandidaten. Dies war der demokratischste, der »alternativste« Wahlkreis in Leningrad.

Später stellte sich übrigens heraus, daß all meine damaligen Konkurrenten überaus interessante und sympathische Menschen sind. Wir setzten unsere Bekanntschaft auch nach der Wahl fort. Sergei Podobed zum Beispiel, damals Heizer und Fernstudent, hat inzwischen die Polytechnische Hochschule absolviert. Er ist Abgeordneter des Leningrader Sowjets, auf dessen Tagungen seine Stimme Gewicht hat.

Gegen zwei Uhr war die Versammlung endlich zu Ende. Die Busse verkehrten nicht mehr, und so liefen wir in dieser Februarnacht aufgeregt durch die Stadt und redeten über die zurückliegende Schlacht. In der Nähe der U-Bahnstation Petrogradskaja gelang es uns schließlich, ein Privatauto zu stoppen. Wie es der Zufall wollte, hatte der Fahrer einst bei mir studiert. Er hörte eine Weile unserer Unterhaltung zu, erkannte mich und erzählte, er arbeite in einer wenig interessanten Organisation; nachts verdiene er sich als »Taxifahrer« etwas hinzu. Eine Nacht bringe ihm zehnmal so viel ein wie die acht Stunden im Dienst.

»Ist es nicht gefährlich, so spät Leute mitzunehmen?« fragte ich.

»Das ist nicht weiter schlimm. Ich bin ja nicht auf den Kopf gefallen... Aber sagen Sie mir doch, wozu haben Sie das nötig? Das ist

doch nur Spielerei. Alles Lügen – Gorbatschow und seine Wahlen.
Sie können sich sonstwie anstrengen, dem System kommen Sie nicht
bei. Wenn Sie das Professorenleben satt haben und etwas Abwechs-
lung suchen, kann ich Sie begreifen. Wenn Sie es aber ernst meinen,
tun Sie mir leid. Das System ist unerschütterlich, Professoren können
da nichts ausrichten.«

Nach diesem nächtlichen Gespräch ließ meine Euphorie etwas
nach. Gewiß, ich konnte die Wahl gewinnen. Und dann?

Aber solche Gedanken wurden bald verdrängt. Ein echter Wahlkampf hatte begonnen. Innerhalb kurzer Zeit mußte ich auf mehr als
hundert Versammlungen und Kundgebungen auftreten. Diesen ersten Wahlkampf meines Lebens gewann ich schließlich dank zweier
Neuerungen, die ich in das gesellschaftliche Leben der Stadt ein-
führte. Erstens erschien ich mit einem Megaphon vor den U-Bahnsta-
tionen, von denen es in meinem Wahlkreis zwei gibt: die Wassiljeostrowskaja und die Primorskaja. Dort kommen morgens und abends
Tausende von Menschen durch, dort warten sie auf die überfüllten
Straßenbahnen und Busse. Die einen lesen dabei Zeitung, die anderen rauchen, und noch andere schauen einfach in den niedrigen
nördlichen Himmel.

Die Wassiljeostrowskaja ist für Wahlagitation ganz besonders gut
geeignet. Es ist eine Glaskuppel, die über zwei Dutzend Stufen zu erreichen ist und etwas höher liegt als der kleine Platz. Man kann sich
also abseits vom Eingang hinstellen und die gelangweilten Wähler
bearbeiten.

Auf diese Weise verwandelte sich die Wassiljeostrowskaja in einen
ständigen Wählerklub und dann schlechthin in einen politischen
Klub. Diese Eigenschaft eines Leningrader Hydepark hat sie auch
heute noch. Dort agitierten später die Kandidaten für den Obersten
Sowjet der RSFSR, dort versammelten sich monatelang die Mitglieder
der Leningrader »informellen« gesellschaftlichen Organisationen –
von der Volksfront bis hin zu »Pamjat« – an ihren Infoständen.

In Moskau ist der Puschkin-Platz ein solcher »politischer Treffpunkt«, in Leningrad die U-Bahnstation Wassiljeostrowskaja. Dort versammelten sich die Menschen nunmehr jeden Tag, ob ich kam oder nicht. Der Impuls war gegeben, der Ort bestimmt, und heutzutage findet man immer etwas, worüber man sich mit anderen Leuten auf einem Platz unterhalten kann.

Meine zweite Neuerung waren die Fernsehdebatten. Ich hatte im Leningrader Fernsehen nämlich eine Zeitlang das Programm *Recht und Wirtschaft* gestaltet, und nun gelang es mir, die Leitung der Fernsehanstalt zu überzeugen, daß die Stadt eine solche Form des Wahlkampfes unbedingt brauche. Die Leningrader TV-Debatten waren übrigens die ersten im ganzen Land.

Doch bevor diese »Turniere« im Fernsehen begannen, kam ich häufig zur Wassiljeostrowskaja, um mir anzuhören, wie unausgeschlafene oder nach dem Arbeitstag müde Menschen hitzig über Dinge diskutierten, die ihnen vor kurzem noch völlig gleichgültig waren.

Ich erfuhr auch allerlei Interessantes über mich selbst. Man konnte unschwer erkennen, daß eine zielgerichtete Kampagne gegen mich betrieben wurde und daß es immer dieselben Leute waren, die mit ihren »Entlarvungen« auftrumpften: entweder die übermäßig eifrigen Wahlhelfer meiner Rivalen oder die finster dreinblickenden Funktionäre aus der Bezirksleitung der Partei.

Eine typische Szene: Eine Frau mittleren Alters ruft von den Stufen, man dürfe unter keinen Umständen für »diesen Professor« stimmen; alle Professoren trieben Unzucht, und Sobtschak ganz besonders. Er lasse keine seiner Studentinnen aus; sie bekämen erst dann eine Zensur, wenn sie mit ihm geschlafen hätten. Ihre Nichte habe sich an der Juristischen Fakultät beworben, und Sobtschak habe zu ihr gesagt: Gib dich mir hin, dann wirst du aufgenommen. Sie sei jedoch ein ehrenwertes Mädchen, und deshalb sei aus dem Studium nichts geworden.

Die Umstehenden glauben es: Ja, die sind so... Plötzlich aber hält es ein recht bescheiden gekleideter Mann nicht mehr aus: »Idioten! Was hört ihr auf diese dumme Gans! Wenn er auch nur halb so fit ist,

wie sie erzählt, wenn seine Kraft tatsächlich für jede Studentin aus-
reicht, ist er doch gerade der Richtige. Ihn muß man wählen. Er wird
all unsere Probleme lösen, wenn er soviel Energie hat!«

Meine Frau Ludmilla, Historikerin und Dozentin an der Kultur-
hochschule, ging ebenfalls oft zu diesen »Kundgebungen«. Sie erzählte mir, wie eine gewisse Dame (dieselbe oder eine, die ihr ähnlich
sah) die Menge »aufklärte«: »Wieso glaubt ihr diesem Sobtschak? Der
ist so herzlos! Seine Frau liegt im Sterben, und er bringt ihr nicht einmal einen Apfel ins Krankenhaus. Ich weiß das von meiner Tochter,
sie ist mit ihr auf derselben Station – die arme Frau...«

Ludmilla holte empört ihren Personalausweis hervor und sagte:
»Hier, schauen Sie, ich bin Sobtschaks Frau. Weshalb erzählen Sie
solchen Unsinn? Wir gehen jetzt zur Miliz und klären dort, wer Sie
sind und weshalb Sie solche Dinge verbreiten.«

Die Dame verschwand unter allgemeinem Gelächter von den
Stufen.

Dann tauchten Flugschriften auf, denen zu entnehmen war, daß ich
selbst Mitglied einer Kooperative sei, vor allem aber der »Schattenwirtschaft« helfe, die Werktätigen auszuplündern.

Zu den Lieblingsthemen meiner Opponenten gehörte auch folgendes: Sobtschak habe vor, die Arbeiterklasse sterilisieren zu lassen.
Professor Dmitri Tschetschot, ein guter Freund von mir und ein Fa-
kultätskollege, hatte in einem Buch über Ehe und Familie geschrieben, man solle Alkoholiker und Rauschgiftsüchtige, also Menschen,
die keine gesunden Kinder haben können, überzeugen, es sei besser,
sich freiwillig sterilisieren zu lassen, als von vornherein kranke Kinder in die Welt zu setzen.

Auf einer Kundgebung wurde ich nach meiner Ansicht dazu gefragt. Ich antwortete, wenn einer es freiwillig tue, sähe ich darin
nichts Kriminelles.

Diese Äußerung wurde von meinen Gegnern aufgegriffen.

Nach einer Kundgebung im Museum der Arktis und Antarktis ließ
sich ein gewisser Herr vor dem Stand mit meinem Werbeplakat dar-

über aus, daß ich die Arbeiter zu kastrieren beabsichtigte. Man habe ihnen den Wodka weggenommen, nun wolle man ihnen auch noch die Weiber wegnehmen.

In der umstehenden Menge verfinsterten sich die Gesichter. Schließlich riß eine kräftige Hand mein Foto in der Mitte durch. »Was machst du denn, er ist doch gar nicht dafür!« mischte sich ein junger Mann ein. »Er will, daß du mit deiner Frau alles machen kannst, sie aber nicht abtreiben muß, wenn du zum Beispiel ein Säufer bist und nur Idioten zustande bringst.«

Überraschenderweise begann der andere, mein Foto glattzustreichen. Er hob verlegen die Schultern und sagte: »Entschuldige, ich hab' es ja nicht gewußt...«

In den zwei Monaten des Wahlkampfes lernte ich das Leben so kennen, wie ich es in den fünfzig Jahren zuvor nicht kennengelernt hatte.

Jeder Mensch lebt in seiner eigenen Umgebung, und die der Hochschullehrer ist äußerst konservativ. Wenn sich die persönlichen Kontakte auf eine bestimmte soziale Schicht beschränken, engt dies die Weltanschauung zwangsläufig ein. Um so mehr, wenn diese Schicht relativ wohlhabend und satt ist und du bei den Nachbarn nur vorbeischaust, um zu fragen, ob das Licht im ganzen Haus nicht brennt oder bloß in deiner Wohnung die Sicherung rausgeflogen ist.

Das, was ich lediglich hatte ahnen können, war in der Realität plötzlich viel schlimmer und häßlicher als selbst in Gerichtsverhandlungen und in den Artikeln der *Literaturzeitung* oder des *Ogonjok*. Eine Überraschung für mich war der Grad der Unzufriedenheit mit buchstäblich allem – mit dem Leben, mit der Arbeit, mit der Staatsführung, mit den Krankenhäusern, mit den leeren Ladentischen, mit den vielen Lügen etc. So viele schmerzerfüllte menschliche Augen hatte ich weder vor noch nach diesen beiden Wahlkampfmonaten gesehen. Und dies, obwohl die liberale sowjetische Intelligenzija gewohnheitsmäßig glaubt, das Volk gut zu kennen. Damit wiederholt sie den Fehler derjenigen, die bei uns die Macht haben, das heißt den Fehler der Parteifunktionäre, die vom Volk durch ihre Bediensteten und durch ihre eigene Beamtenarroganz noch viel stärker abgeschottet sind.

Nie zuvor hatte ich so viele Fragen beantworten müssen. Die Frage eines Menschen aus der Menge überrascht stets, deswegen spielt es keine Rolle, ob sie tiefgründig und ernst ist. Bei der Beantwortung muß man gleichsam in sich selbst hineinschauen, was jedesmal einen Akt der Selbsterkenntnis bedeutet. Und dies ist ein Schritt nach vorn, sei es auch ein kleiner.

Die Fragen betrafen am häufigsten die Rolle der Kommunistischen Partei und den Artikel 6 der Verfassung der UdSSR. Darauf konnte ich leicht antworten: Ich hatte mich schon immer für ein Mehrparteiensystem ausgesprochen und gemeint, die KPdSU dürfe keinen in der Verfassung verankerten Anspruch auf eine »Führungsrolle« haben. Ich fügte jedoch stets hinzu, daß sich ein Mehrparteiensystem nicht per Dekret einführen lasse und die Entstehung von politischen Parteien ein langer und schwieriger Prozeß sei.

Manchmal wirkt eine Frage komisch, ja sogar dumm, doch es ist keineswegs leicht, die richtige Antwort zu geben. Eine sarkastische Formulierung kann durchaus den Nagel auf den Kopf treffen. Beispielsweise diese: »Warum gibt es bei den Kapitalisten keine Helden der kapitalistischen Arbeit, während es bei uns von Helden der sozialistischen Arbeit nur so wimmelt?«

Eine Wahlversammlung ist kein TV-Quiz, da hat man keine Zeit, sich die Antwort zu überlegen. Ich erwiderte aus dem Stegreif, »drüben« arbeite man, um zu leben, wir aber lebten, um zu arbeiten. Deswegen sei die Arbeit bei uns eine Heldentat. Es schien, als hätte ich die richtige Formulierung gefunden. Die Menschen lachten, und der Fragesteller nickte zufrieden.

»Warum nehmen die Männer aus unserer Führung bei Auslandsreisen immer ihre Frauen mit, die Genossin Birjukowa fährt aber ohne ihren Mann?«

Ich entgegnete, da solle man die Genossin Birjukowa (ein ZK-Mitglied) fragen, möglicherweise habe sie ihre Gründe.

Dies war nicht sonderlich gescheit, doch man verzieh es wohlwollend, weil ich wenigstens prompt geantwortet hatte.

Es gab witzige Fragen. Es gab scharf formulierte Fragen. Es gab Fragen von Freunden und solche von Feinden.

»Sagen Sie bitte, sind Sie Jude?«

»Nein, ich bin kein Jude. Ich bin ein verkappter Freimaurer.«

So komisch da manches auch wirken mochte, Tropfen für Tropfen sammelte sich Erschöpfung an. Abends, wenn ich merkte, daß mir selbst das Zusammensein mit meiner Frau und meiner siebenjährigen Tochter keine Freude mehr bereitete, überlegte ich dann und wann, wie ich mich am besten aus dieser ganzen Affäre zurückziehen könnte, und nur mein Ehrgeiz, eine nicht allzu löbliche Eigenschaft, hielt mich davon ab, den Kampf aufzugeben. Ehrgeiz läßt sich allerdings zügeln. Was machst du aber mit denen, die ihre Hoffnungen in dich setzen?

Die größte Überraschung dieses Wahlmarathons war das Auftauchen von Menschen, die ich vorher nicht gekannt hatte, die dann aber zu guten Freunden wurden.

Als das Ganze begann, stand ich allein da. Ohne Geld, ohne Unterstützung. Allerdings hatten mir die Journalisten der Universitätszeitung sofort ihre Hilfe angeboten. Und die Universität bewilligte fünfhundert Rubel für Wahlflugblätter, aber diese konnten erst unmittelbar vor der Wahl gedruckt werden. Das war übrigens ein Glück, denn auf der Wassiljewski-Insel klebten seit langem die Plakate meiner Rivalen, und ich wurde auf den Kundgebungen immer gefragt, wo mein Foto und mein Programm seien. Ich blieb gewissermaßen im Schatten der Spitzengruppe; erst zwei Tage vor der Wahl erhielt meine Mannschaft diese langerwarteten Druck-Erzeugnisse, und schon am Tag darauf stieß ich überall auf mein eigenes Bild.

Als Einzelgänger hat noch nie jemand eine Wahl gewonnen. Wahlkampf ist Teamarbeit. Der Kandidat braucht unbedingt eine Mannschaft, doch die fehlte mir. Man kann mit vielen klugen und guten Menschen befreundet sein, doch ein Universitätsprofessor oder

-dozent ist selbst einem guten Freund zuliebe kaum bereit, nachts mit einer Dose Leim und einer Tasche voller Flugschriften von Straße zu Straße zu ziehen, seine wissenschaftliche Arbeit beiseite zu legen und im Regen oder Schnee für den Kandidaten das rauhreifbedeckte Megaphon zu halten.

Meine Mannschaft kam aus eigenem Antrieb zu mir. Das heißt, Menschen, die einander gar nicht kannten, meldeten sich und boten mir ihre Hilfe an. Sie bildeten meine Mannschaft, sie waren meine Stütze und ermöglichten schließlich meinen Sieg. Unter ihnen waren auch Studenten, doch die meisten hatten mit der Universität nichts zu tun. Da gab es Ingenieure, Geisteswissenschaftler und Arbeiter, übrigens auch solche aus dem Baltischen Werk. Ich war nicht mehr allein: Mit mir und für mich arbeitete selbstlos ein halbes Hundert freiwilliger Helfer. In meinem Archiv liegt jetzt ein Foto, das bereits nach der Wahl gemacht wurde: Ein Gruppenbild zur Erinnerung an jene Tage angestrengter Arbeit, die sie ohne jede Bezahlung, allein der Idee zuliebe, verrichteten.

Die Entscheidung wurde allerdings von den Fernsehdebatten herbeigeführt. In der ersten Wahlrunde war es mir nicht gelungen, solche Debatten abhalten zu lassen. In der zweiten Runde aber, in der Ratschin und ich antraten, war die Leitung des Fernsehens endlich einverstanden. Der Umstand, daß mir in der ersten Runde knapp anderthalb Prozent zum Sieg gefehlt hatten, machte den weiteren Kampf um so spannender. Ratschin erklärte sich zur Teilnahme an diesem Fernsehturnier bereit, und so waren wir dreieinhalb Stunden live auf dem Bildschirm zu sehen.

Am Wahltag konnte ich endlich ausschlafen. Und dann fuhren meine Frau und ich aufs Land, allerdings erst, nachdem wir unsere Stimme für unseren Kandidaten, Valeri Petropawlowski, abgegeben hatten, der im nördlichen Randgebiet Leningrads, wo ich wohne, denn auch den Sieg davontrug. Einen ganzen Tag lang dachten wir weder an diese vermaledeiten Wahlen noch an die Resultate der Auszählung.

Um zwei Uhr morgens weckte uns ein Telefonanruf: Ich hatte gesiegt. Sechsundsiebzig Prozent – drei von vier Wählern, die in die Wahllokale gekommen waren, hatten für mich gestimmt. Es war der 10. April. Am Morgen erfuhr ich von den Ereignissen in Tbilissi. Ich wußte natürlich nicht, daß ich als Abgeordneter sehr bald der Kommission angehören würde, die diese Vorgänge untersuchen sollte. Ich fluchte vor mich hin und sagte zu meiner Frau, da hätten wieder irgendwelche Trottel in Generalsuniform Gewalt angewendet, ohne an die Folgen zu denken. Man berichtete über die Opfer, doch erst später erfuhren wir, daß sechzehn Frauen den Tod gefunden hatten. Diese Meldung traf mich hart: Das war der Preis unseres allgegenwärtigen Dilettantismus. Im Regierungskommuniqué hieß es, diese Menschen seien von der Menge zu Tode getrampelt worden. Ich erinnerte mich gleich an Chodynka und an die Beisetzung Stalins, denn von Gas und Pionierspaten wußten wir noch nichts.

Bis zum Beginn des 1. Kongresses der Volksdeputierten dachte ich nicht mehr an die Ereignisse in Tbilissi zurück. Bei uns hat sich im Laufe von Jahrzehnten eine Immunität gegen schlechte Nachrichten herausgebildet; das ist ein besonderes, typisch sowjetisches Ferment im menschlichen Blut, das den Schmerz verdrängt und letzten Endes die Seele und das Gewissen betäubt.

Damals nahm mich eine andere Tätigkeit voll in Anspruch. Die Vorbereitung auf den Kongreß hatte begonnen, und einige Deputierte aus Leningrad versuchten, so etwas wie eine künftige Parlamentsfraktion aufzustellen. Am aktivsten waren Juri Boldyrjew, Alexander Schtschelkanow, Anatoli Denissow und Anatoli Jeschelew.

Bald nach der Wahl hatte man uns ins Gebietskomitee der Partei eingeladen: Der damalige Erste Sekretär, Juri Solowjow, belehrte uns frischgebackene Deputierte, wie wir uns zu verhalten hätten, und legte uns das Szenarium des bevorstehenden Kongresses dar. Ich mußte den Ersten Sekretär recht grob unterbrechen: Das Szenarium des Kongresses würden wir, die Deputierten, schreiben. Solowjow blieb stumm. Als ich den Deputierten nach dem Treffen jedoch vorschlug, dazubleiben und über die Bildung einer Leningrader Parlamentsgruppe nachzudenken, reagierte er plötzlich sehr nervös: »Nur nicht hier! Machen Sie, was Sie wollen, aber nicht im Smolny!«

Am nächsten Tag versammelten wir uns beim Journalistenverband. Dort hatte unser Deputierten-Stab bis zum Beginn des Kongresses denn auch seinen Sitz. Bald kamen einige Abgesandte aus Moskau, und die Arbeit lief richtig an.

Erst viel später begriff ich, weshalb sich Gorbatschow für ein derart kompliziertes und undemokratisches Wahlsystem entschieden hatte. Der durch die Parteiauslese in mehreren Generationen perfektionierte Leitungsapparat hätte den Demokraten bei einer direkten, gleichen und geheimen Wahl keine Gewinnchance gelassen. Das einwandfrei funktionierende bürokratische Verzögerungssystem, der zuverlässige gegenseitige Beistand von Angehörigen dieses Apparats, die von ihnen kontrollierten Medien, das Geld aus den Partei- und Staatskassen, die Möglichkeit, nötigenfalls jeden von der Erfüllung seiner dienstlichen Pflichten freizustellen, und die Gruppen bezahlter Wahlhelfer hätten den Erfolg des Apparats gesichert. Doch Gorbatschow und seine intelligente Mannschaft brachten den Apparat in eine ungewohnte, durch die sowjetische Tradition nicht reglementierte Lage. Die Nominierung von Kandidaten in den gesellschaftlichen Organisationen und in der Akademie der Wissenschaften, die Einteilung des Landes in territoriale und national-territoriale Wahlkreise boten zahlreiche neue Möglichkeiten. Landesweit bekannte Persönlichkeiten wie Andrei Sacharow, Dmitri Lichatschow, Ales Adamowitsch, Jegor Jakowlew und viele andere verdankten ihre Wahl allein diesem undemokratischen Wahlsystem. Die Kräfte des Apparats waren durch die Organisation der berüchtigten Wahlkreisversammlungen gebunden. Hier paßten die Funktionäre auf, und viele Demokraten schafften es am Ende nicht, dieses »Sieb« zu überwinden. Doch in den gesellschaftlichen Organisationen gab es keine Wahlkreisversammlungen. Außerdem fanden in mehreren Kreisen Neuwahlen statt. So wurde Vitali Korotitsch, Chefredakteur des

Ogonjok, der wegen offenkundiger Fälschungen die Wahlkreisversammlung im Swerdlow-Bezirk von Moskau verlassen hatte, sofort in Charkow als Kandidat nominiert und siegte dort überlegen. Im fünfzigsten Wahlkreis von Leningrad hatte der Apparat alle Kräfte darauf konzentriert, dem Wirtschaftswissenschaftler Pjotr Filippow, dem inoffiziellen Leiter des aus Angehörigen verschiedener Berufe bestehenden Klubs »Perestroika«, den Weg zu versperren. Das gelang auch: Unter vier Anwärtern war Filippow der einzige, der die Schranke nicht überwand. Doch dort siegte dann souverän ein anderer Ökonom, Professor Anatoli Denissow.

Die Wahl Juri Boldyrjews gestaltete sich äußerst tragisch. Die vom Apparat im voraus ausgesuchten Teilnehmer sollten ausschließlich den Ersten Sekretär des Leningrader Stadtkomitees der Partei, Anatoli Gerassimow, unterstützen. Gleich am Anfang der Versammlung stieg ein sehr aufgeregter, noch nicht alter Mann auf die Tribüne. Er rief dazu auf, beide Kandidaten in der Liste zu belassen. Plötzlich verschluckte er sich gleichsam an den eigenen Worten und stürzte zu Boden. Der Vorsitzende erklärte kurz darauf, der Mann habe sich zu sehr aufgeregt, er fühle sich nicht gut, und jetzt würde ihm hinter der Bühne ärztliche Hilfe geleistet. Am Ende der Versammlung stellte sich heraus, daß der Mann gestorben war. Seine letzten Worte waren gewesen: »Das ist vielleicht unsere letzte Chance.«

Dies hatte niemand vergessen, und nun konnten sich auch die speziell ausgesuchten und unterwiesenen Versammlungsteilnehmer nicht über den Tod eines Menschen hinwegsetzen: Der Ingenieur Boldyrew blieb in der Liste und gewann die Wahl überlegen gegen den Ersten Sekretär des Stadtparteikomitees.

Die ungenauen Formulierungen des Wahlgesetzes, seine innere Widersprüchlichkeit und das viel zu komplizierte Schema des Wahlvorgangs hatten vielerorts zur Folge, daß der Apparat schlicht und einfach nicht wußte, wie er die Wahlkreisversammlungen veranstalten sollte. An mich als Juristen wandten sich wiederholt Sekretäre aus den Parteileitungen von Stadtbezirken und Vorsitzende von

Wahlkommissionen, so daß ich parallel zu meiner eigenen Wahlkampagne auch noch andere Leute beraten mußte. Die Verwirrung des Apparats war augenscheinlich.

Glasnost ist noch nicht das gleiche wie Redefreiheit. Sie bedeutet einzig und allein, daß die Möglichkeit besteht, die Öffentlichkeit über diese oder jene bisher geheimen Fakten zu informieren. Redefreiheit beginnt mit Glasnost, erschöpft sich aber keineswegs mit ihr. Redefreiheit bedeutet nicht nur Abschaffung der Zensur, sondern auch das Recht eines jeden auf die Gründung von Massenmedien, die Existenz eines Mehrparteiensystems und vieles andere mehr. Glasnost zeitigte allerdings von Anfang an Resultate: Die Menschen konnten erstmals offen aussprechen, was sie bewegte. In Live-Sendungen und bei Treffen mit Wählern kamen Dinge zur Sprache, an die sich bis dahin auch kühne und liberale Redakteure nicht herangewagt hatten.

So offen und in so scharfem Tonfall hatte man im Lande noch nie geredet. Die Kritik an den Behörden und die vorher nicht möglichen Angriffe auf die Partei unterspülten die Betongrenzen des »sozialistischen Pluralismus«. Am schwersten war es für mich, auf den Kundgebungen deutlich zu machen, weshalb ich soeben der KPdSU beigetreten war und Gorbatschows Perestroika-Kurs unterstützte. Ich erklärte, daß die Partei bei uns an die Stelle des Staates getreten sei und daß der Versuch, ein neues politisches System ohne Demokratisierung der KPdSU aufzubauen, zum Scheitern verurteilt sei und sogar zu einem blutigen Bürgerkrieg führen könne.

Die Wähler müssen meine Erklärung wohl akzeptiert haben, denn sonst hätte ich kein Deputierten-Mandat erhalten.

Ich hatte einen Weg betreten, für den ich mich eigentlich nicht selbst entschieden hatte, ich hatte mir etwas aufgebürdet, worauf ich überhaupt nicht vorbereitet war.

Schon während der Wahlkampagne hatte mich ein Leningrader Journalist, dem es wohl auf eine unkonventionelle Definition ankam, einen »Anwalt der Wähler« genannt. Wenn die historische Doppelsinnigkeit nicht wäre (ich glaube, Robespierre wurde als »Anwalt des Volkes« bezeichnet), würde ich diese Formulierung durchaus schmeichelhaft finden. Wer kann denn die Interessen der Wähler besser verteidigen als ein Berufsjurist?

Und nun ein paar Worte über mich selbst.

Ich stamme aus Sibirien, wo ich 1937 in Tschita geboren wurde. Hier, östlich vom Baikalsee, an der nördlichen Grenze Chinas, liegt ein besonderes Rußland. Tschita war ein Ort der Zwangsarbeit und folglich auch der Freiheitsliebe. Unter Nikolaus I. schoben die Dekabristen hier Karren mit sibirischem Erz. Nach dem bewaffneten Aufstand von 1905 hatte hier einen Monat lang ein Rat der Soldaten- und Kosakendeputierten die Macht ausgeübt. Zu Beginn der zwanziger Jahre war Tschita die Hauptstadt der Fernöstlichen Republik.

Mein Großvater väterlicherseits war Lokführer. Als Lokführergehilfe arbeitete zunächst auch mein Vater, Alexander Antonowitsch. Dann absolvierte er das Institut für Eisenbahnverkehr. Ein ruhiges Studium war ihm jedoch nicht vergönnt: Mal mußte er an der Bandenbekämpfung teilnehmen, mal bei allerlei landwirtschaftlichen Kampagnen Hand anlegen. Vom Reißbrett zur Pistole, von der Pistole zur Sämaschine – so gestaltete sich seine »Laufbahn«.

Die Mutter, sie hieß Nadeschda Andrejewna, war von Beruf Buchhalterin. Sie war ein sehr gütiger und strapazierfähiger Mensch, wie es die Mütter von vier Söhnen meistens sind. Als Erwachsener begriff ich, daß meine Mutter nicht nur ein sehr arbeitsamer, sondern auch ein in höchstem Maße anständiger Mensch war. Sie war die Stütze der ganzen Familie. Wir hatten zwei Großmütter, die beide nicht mehr arbeiteten. Man kann sich daher unsere bescheidene Existenz vorstellen: Drei kleine Kinder (mein Bruder Wladislaw starb mit zwei Jahren) und zwei alte Menschen zu ernähren war alles andere als leicht.

Das erste Unglück suchte uns 1939 heim. Mein Großvater, ein langjähriges Parteimitglied und aktiver Revolutionär, wurde verhaftet.

Bald brach der Krieg aus, und mein Vater zog an die Front. Die Mutter erhielt dreihundert Rubel im Monat, doch ein Laib Brot kostete auf dem Markt einen Hunderter.

Ich kann nicht behaupten, daß ich der Intelligenzija entstamme, doch in unserer Familie herrschten besondere Umstände, die von meiner Großmutter väterlicherseits, Anna Iwanowna, geprägt wurden. Ihrer Herkunft nach Tschechin, sprach sie Tschechisch, Polnisch und Deutsch; sie besaß jene innere Intelligenz, mit der man geboren werden muß. Die Großmutter zog uns auf. Den Vater und die Mutter sprachen wir nur mit »Sie« an. In jener Zeit war das etwas Ungewohntes – etwas, das an das alte Regime erinnerte. Dieses »Sie« gestattete der Familie, jene notwendige Distanz zu erhalten, ohne die sich die Persönlichkeit in der Enge unseres Alltags hätte auflösen können. Die Nähe war da, aber es gab auch einen Abstand, den ich als »Abstand der Verantwortung« bezeichnen würde.

Was Kultur ist, begriff ich allerdings erst als Student der Leningrader Universität. Dafür bin ich meinen Professoren zu Dank verpflichtet, jenen echten russischen Intellektuellen, die ihre hohen moralischen Eigenschaften und ihre Kultur durch all die Jahre des Stalin-Terrors hindurch bewahrten.

Ich hatte schon in der Schule zu den Besten gehört, und auch das Studium absolvierte ich mit »Ausgezeichnet« in allen Fächern. Mir wurde ein Arbeitsplatz in der Region Stawropol zugewiesen. (Ich muß gleich vorwegnehmen, daß ich Gorbatschow dort nicht begegnete.) Im Fernstudium absolvierte ich eine Aspirantur an der Leningrader Universität, und dann ließ ich mich endgültig in Leningrad nieder. Übrigens war eben hier, auf dem Senatsplatz, von der Monarchie am 14. Dezember 1825 mit Kartätschenfeuer der erste Versuch niedergeschlagen worden, in Rußland ein Parlament zu errichten. Und im 20. Jahrhundert war diese Stadt, wie unsere Propagandisten so gern verkündeten, zur »Wiege von drei Revolutionen« geworden.

Ich möchte nur hinzufügen, daß es eine Wiege ist, in der man seit langem die Windeln nicht gewechselt hat.

REIHE SIEBEN, PLATZ EINUNDZWANZIG

Jede Köchin muß den Staat regieren lernen.
Wladimir Lenin

»Haben Sie den Installateur bestellt?«
    »Ja, es ist schön, daß Sie kommen. Bei
uns tropft es im Bad ununterbrochen. In der
Toilette haben wir es schon hingekriegt, wir
stellen eine Schüssel drunter. Aber in der
Küche tropft jeden Abend Wasser von der
Decke. Und im Schlafzimmer auch, da
kommt es von den Nachbarn...«
    »Tja, da muß das ganze System ausge-
wechselt werden.«
    »Das ist wohl ziemlich kostspielig?«
    »Was hat das mit Geld zu tun? Ich sage,
das *System* muß ausgewechselt werden.«
Ein Witz aus der Mitte der siebziger Jahre

Der 1. Kongreß der Volksdeputierten der UdSSR in Moskau begann faktisch einige Tage vor seiner Eröffnung.

Ich kehrte aus China zurück, wo ich am 21. Mai Augenzeuge einer drei Millionen Teilnehmer zählenden Demonstration geworden war, die Beijing und das ganze Land erschütterte – im wahrsten Sinne des Wortes ein Ozean von Menschen, und zwar keineswegs ein stiller – und das Vorspiel zu den kommenden blutigen Ereignissen war.

Ich hatte nie etwas Derartiges erlebt. Als wir am 22. Mai von der sowjetischen Botschaft zum Flughafen fuhren, versperrten uns einige Male Barrikaden aus Autos und Betonklötzen den Weg, bewacht von Studenten und Bewohnern der Stadt. Ihre mißtrauischen Blicke und starren Gesichter verrieten ihre innere Spannung, doch sobald sie erkannten, daß es sich um einen Diplomatenwagen, noch dazu um einen sowjetischen handelte, durften wir weiterfahren.

In jenen Tagen hielt sich auch Michail Gorbatschow in China auf, und später wurde erzählt, ich hätte zu seiner Begleitung gehört. Für manche war dies die Erklärung dafür, daß ich auf dem Kongreß einige Tage hintereinander sowohl von der Tribüne als auch über die im Saal stehenden Mikrofone das Wort ergreifen durfte. Auch diesmal muß ich den scharfsinnigen Leser enttäuschen. Vor dem Kongreß hatte ich Gorbatschow lediglich auf dem Bildschirm gesehen, und nach China hatte mich die Akademie der Wissenschaften eingeladen. Ich untersuchte dort die Erfahrungen der freien Wirtschaftszonen und die Möglichkeiten ihrer Zusammenarbeit mit Leningrad. Meine Reise begann vor dem Besuch von Michail Gorbatschow und endete, als er schon fort war. Wir konnten einander nicht einmal theoretisch begegnen: Als Gorbatschow Verhandlungen in Beijing führte, hielt ich mich in Shenyang, weit im Nordosten Chinas, auf.

In Moskau zeigte sich, daß die Vorbereitung auf den Kongreß schon in vollem Gange war. Wir erfuhren, daß zunächst ein Treffen der russischen Deputierten mit der Parteiführung und der Regierung der Russischen Föderation stattfinden werde.

Zu dieser Begegnung kam es am 23. Mai im Gebäude des Ministerrates der RSFSR. Die Leitung sollte Vitali Worotnikow, der Präsidiumsvorsitzende des Obersten Sowjets der Republik, übernehmen. Doch er konnte sich nur einige Minuten lang am Mikrofon behaupten. Ein Funktionär alter Prägung, der Hunderte von gesamtstaatlichen Veranstaltungen geleitet hatte, erwies er sich als absolut unfähig, auf einem Forum von Menschen den Vorsitz zu führen, die eine eigene Meinung hatten. Er war es gewohnt, mit »lebendigen Automaten« umzugehen, hier aber geriet er völlig aus dem Konzept, als er mit der Widerspenstigkeit der Teilnehmer und mit nicht eingeplanten Fragen konfrontiert wurde.

Als Gorbatschow dies bemerkte, übernahm er selbst die Leitung des Treffens.

Er äußerte sich ganz kurz zu der Bedeutung dieses Kongresses für unser Land und ging dann zur Beantwortung unserer Fragen über. Wir mußten uns über seine Haltung Klarheit verschaffen. Wie würde der Kongreß verlaufen? Was würden wir erörtern? Wie würde der Ablauf geregelt werden?

Mein erster Austausch mit Gorbatschow begann über ein im Saal stehendes Mikrofon. Ich fragte ihn, wie er als Oberhaupt von Partei und Staat das Verhältnis zwischen der Partei und den Volksdeputierten sehe. Ich stellte diese Frage deshalb, weil ich mich innerlich immer noch mit dem Treffen im Smolny auseinandersetzte, wo der Leiter des Leningrader Gebietskomitees der Partei versucht hatte, den Volksdeputierten Anweisungen zu erteilen. Gorbatschow antwortete ganz korrekt, ohne jede Feindseligkeit oder Gereiztheit: »Alles wird der Kongreß entscheiden. Wir wollen es keineswegs für Sie tun, Genossen, und schon gar nicht Druck auf Sie ausüben.«

Ich spürte die Ausstrahlung und die Stärke der Persönlichkeit Gorbatschows. Gerät man in den Bann dieser Ausstrahlung, so scheint man wie unter Hypnose zu handeln. Dies gab mir einen gewissen Aufschluß über den phantastischen Aufstieg Gorbatschows an die Macht.

Nach dem 1. Kongreß würde ein Jahr verstreichen, und die Reaktion auf Gorbatschows Ausstrahlung sollte an Stärke einbüßen. Auch er selbst würde anders wirken: weniger offen und recht erschöpft. Ich weiß, daß sich auch mein Gesicht in diesem einen Jahr verändert hat. Ich lächele und scherze viel weniger als früher. Was Gorbatschow betrifft, so verfinsterte sich seine Miene buchstäblich vor unseren Augen.

Zur markantesten Episode vor Beginn des Kongresses gestaltete sich meines Erachtens das Treffen der Deputierten mit der Führung der KPdSU (praktisch mit dem gesamten Politbüro). Es fand zwei Tage vor Kongreßbeginn in dem langen, ein wenig dunklen Saal des Großen Kremlpalastes statt, in dem heute die Volksdeputierten Rußlands tagen.

Man hatte die Parteimitglieder eingeladen, doch auch parteilosen Deputierten standen die Türen offen; Andrei Sacharow und Ales Adamowitsch wurde sogar das Wort erteilt. Man muß sich jene Tage vergegenwärtigen, um zu begreifen, wie unkonventionell dieser Akt damals war.

Alle Deputierten waren sehr beeindruckt davon, wie aufgeschlossen, wohlwollend und vor allem konstruktiv Gorbatschow dieses Treffen leitete. Im Gegensatz dazu standen die Verschlossenheit, das mürrische und von Entfremdung geprägte Verhalten nahezu aller übrigen Politbüromitglieder. Man hatte den Eindruck, sie fühlten sich in diesem Saal fehl am Platze. Keiner von ihnen sagte an jenem Tag auch nur ein Wort, als seien sie stumme Hofschranzen, die wider ihren Willen hierher gekommen waren und die das Ganze nicht sonderlich interessierte.

Wir wurden über die Resultate des ZK-Plenums, das am Vortag stattgefunden hatte, und über dessen Empfehlungen für die Besetzung der höchsten Posten im Staat informiert. Für den Posten des

Vorsitzenden des Ministerrates wurden Nikolai Ryschkow, als Vorsitzender des Komitees für Verfassungsaufsicht Viktor Lomakin, für den Posten des Vorsitzenden des Obersten Gerichtshofes Wjatscheslaw Lebedew und als Vorsitzender des Komitees für Volkskontrolle Sergei Manjakin vorgeschlagen. Dann folgte eine ganze Reihe weiterer Empfehlungen, die ebenfalls allein durch die Zugehörigkeit der Kandidaten zum Apparat motiviert waren. Ich war verblüfft und empört über die Vorschläge für die Funktionen des Vorsitzenden des Obersten Gerichtshofes und des Komitees für Verfassungsaufsicht. Für den höchsten juristischen Posten des Landes – als Vorsitzenden des Obersten Gerichtshofes der UdSSR –, empfahl das Zentralkomitee einen in der juristischen Welt völlig unbekannten Mann, der lediglich einige Monate als Vorsitzender des Moskauer Stadtgerichts gearbeitet und bis dahin nur Erfahrungen als Volksrichter gesammelt hatte. Mein Nachbar, ein Jurist, klärte mich auf: Lebedew besaß gegenüber allen anderen einen gewichtigen Vorzug – er war ein enger Verwandter eines ehemaligen Politbüromitglieds.

Die Unzumutbarkeit dieser Ernennung war augenscheinlich. Ihr Zweck ebenfalls: Die Vertreter der scheidenden Vergangenheit klammerten sich an die Macht und wollten sich für den Fall künftiger Kollisionen und Unannehmlichkeiten auch gerichtlich absichern.

Ich schickte dem Präsidium eine Notiz mit der Bitte, mir das Wort zu erteilen. Vielleicht weil meinen Namen niemand kannte oder weil ich den Zettel als Juraprofessor aus Leningrad unterschrieben hatte, wurde er nicht beiseite gelegt. Ich erhielt als einer der ersten das Wort.

Der Traum, den ich zehn Jahre zuvor gehabt hatte, wurde nun Wirklichkeit. Ich stand zum erstenmal auf dieser Tribüne, empfand jedoch keine Furcht oder Nervosität. Ich sagte alles, was ich sagen wollte: zunächst über Nikolai Ryschkow, einen sanftmütigen und intelligenten Menschen, der fähig sei, die Regierung eines beliebigen wohlgeordneten Staates zu leiten, doch nicht den Ministerrat unseres von Krisen und Widersprüchen gebeutelten Landes. Ich äußerte meine An-

sicht über seine Regierung, die der Krise nicht nur auf keinerlei Weise
entgegenwirke, sondern, was noch viel schlimmer sei, dauernd gegen
die Gesetze des Landes verstoße. Dazu führte ich einige besonders
markante Beschlüsse der Regierung Ryschkow an, die den geltenden
Gesetzen über staatliche Betriebe und über Genossenschaften wider-
sprachen. Eine Regierung, die gegen die Gesetze verstoße, dürfe nicht
an der Macht bleiben. Denn dies erzeuge einen rechtlichen Nihilis-
mus: Wenn die Regierung die Gesetze breche, könne man von allen
anderen schlecht das Gegenteil fordern.

Ich nannte die Namen einiger im In- und Ausland bekannter Juristen, die durchaus für die Leitung des Obersten Gerichtshofes geeignet seien. In Amerika oder Frankreich würden derartige Posten nur
an Menschen vergeben, die angesehene Wissenschaftler seien und
sich durch hohe moralische Eigenschaften auszeichneten. Im Saal
säßen zahlreiche Juristen; falls jemand von ihnen die wissenschaftlichen Arbeiten des Kollegen Lebedew gelesen habe oder ihn überhaupt als Rechtswissenschaftler kenne, möge er seine Hand heben.
Keine einzige Hand hob sich.

Dann fuhr ich fort, daß ein ehemaliger Sekretär eines Regionskomitees der Partei, ein Mann mit technischer Ausbildung, wohl kaum in
der Lage sein werde, das Komitee für Verfassungsaufsicht zu leiten.
Könne man die Verfassungsaufsicht einem Nichtjuristen anver-
trauen? Doch wohl nur, wenn man wolle, daß die Gesetze auf »Par-
teiart« befolgt würden, also in Übereinstimmung mit den jeweiligen
Beschlüssen des Politbüros und nicht mit der Verfassung und den
geltenden Gesetzen. Ich erklärte, den Genossen Lomakin nicht persönlich zu kennen, doch selbst wenn er sich auf dem Posten eines
Parteisekretärs als Engel erwiesen habe, sei ich in diesem Falle gegen
ihn: Jemand, der mit juristischen Problemen nicht vertraut sei, werde die Tätigkeit der Verfassungsaufsicht bestenfalls lähmen und
schlimmstenfalls... Dann fragte ich, ob wir irgendwann beabsichtigten, Kompetenz über Parteizugehörigkeit zu stellen.

Zum Schluß forderte ich die Partei- und Staatsführung auf, sie möge lernen, im Einklang mit den Forderungen des Gesetzes zu leben.

Diese recht unkomplizierte These habe ich seitdem auf den Kongressen der Volksdeputierten, im Obersten Sowjet und in anderen Auditorien immer wieder entwickelt. Die Mitglieder des Politbüros hörten sich meine Worte unter Grabesstille an. Zwar gehörten kein Suslow und kein Breschnew mehr zu ihnen, doch mein Traum aus dem Sommer 1979 hatte sich fast haargenau erfüllt.

Im Grunde hatte ich nur Gorbatschows These vom Rechtsstaat aufgegriffen. Am meisten überraschte mich, daß ich sofort von anderen Volksdeputierten, Juristen und Nichtjuristen, Unterstützung erhielt.

Alle empfohlenen Kandidaten – bis auf Ryschkow – wurden zurückgewiesen, und schon am 27. Mai, noch während der Tagungen des 1. Kongresses, berief das Politbüro ein neues ZK-Plenum ein (was beispiellos war). Dann wurden dem Kongreß neue Kandidaten vorgeschlagen: Jewgeni Smolenzew als Vorsitzender des Obersten Gerichtshofes, Wladimir Kudrjawzew als Vorsitzender des Komitees für Verfassungsaufsicht und Gennadi Kolbin als Vorsitzender des Komitees für Volkskontrolle.

Ich hatte also festgestellt, daß die Tätigkeit im Parlament reale Ergebnisse zeitigen konnte, daß ich nicht umsonst an den Versammlungen vor der U-Bahnstation Wassiljeostrowskaja teilgenommen hatte und meinen Wählern nun gelassen in die Augen schauen konnte. Der Stahlbeton der Macht erwies sich als keineswegs undurchdringlich für exakt formulierte Argumente. Nun bot sich die Perspektive fruchtbringender Arbeit zur Veränderung des politischen Systems und des politischen Klimas im Lande.

Das Wichtigste an dem Treffen war die Aussage Gorbatschows gewesen, die Parteiführung beabsichtige nicht, den kommunistischen Deputierten Weisungen zu erteilen und Druck auf sie auszuüben.

Zwar hatte dies keineswegs für einen weniger turbulenten und stärker kalkulierbaren Ablauf des Kongresses gesorgt, doch allen war klar geworden, daß sich im Saal nicht mehr eine gehorsame Herde ver-

sammelt hatte und im Präsidium keine erhabenen, weisen Hirten
mehr saßen.

Nach dem Treffen im Kreml trat als erster der Publizist Juri Tschernitschenko an mich heran. Er freue sich stets, Gleichgesinnten zu begegnen. Dort lernte ich auch den Schriftsteller Ales Adamowitsch
und Andrei Sacharow kennen. Schon bei diesem Treffen hatte es Versuche gegeben, Sacharow von der Tribüne »wegzuklatschen«, ich
aber riet ihm in meiner Naivität, sich nicht über das unparlamenta-
rische Verhalten der Apparatschiks aufzuregen. Alle demokratischen
Kräfte seien doch auf seiner Seite!

Sacharow antwortete darauf nicht. Er hatte meine Worte gleichsam
überhört und begonnen, über etwas ganz Einfaches und Alltägliches
zu sprechen. Damals wußte ich noch nicht, daß Sacharow beliebige
Wertungen mit verblüffender Ruhe hinnahm. Der klare Verstand eines Wissenschaftlers, den weder Lob noch Tadel mehr aus der Fassung bringen konnten, das Selbstbewußtsein einer Persönlichkeit,
die an sich selbst derart hohe Anforderungen stellt, daß die Worte anderer nahezu jeden Sinn und jedes Gewicht verlieren – das war es,
was meines Erachtens das Geheimnis von Sacharows Unverwund-
barkeit ausmachte.

Worüber sprach Sacharow von der Tribüne im Kreml, die er zum
erstenmal besteigen konnte? – Über die Verantwortung der Deputierten gegenüber dem Volk, über sein »Dekret über die Macht«, darüber,
daß die Stellung der Kommunistischen Partei in der Gesellschaft geändert werden müsse, über die Toleranz im Umgang mit Andersden-
kenden. Er klagte niemanden an, beleidigte niemanden und nannte
keine Namen. Er sprach von der Demokratie insgesamt, von ihren
Grundsätzen und Rechten. Damit traf er den wundesten Punkt des
Systems und rief bei einem Teil der Zuhörer unverhohlene Wut hervor. Wieso waren meine Äußerungen gegen konkrete Personen, mein
Protest gegen bereits getroffene ZK-Entscheidungen von denselben
Personen unterstützt worden, die sich nun derart über Sacharows
theoretische und mitunter auch abstrakte Überlegungen empörten?

Ein Jahr sollte vergehen, bis ich mir diese Frage auf dem XXVIII. Parteitag der KPdSU beantworten konnte: Die Unzufriedenheit mit der Politik des Zentralkomitees hatte bereits seit langem in den Seelen der einfachen Parteifunktionäre geschwelt; sie konnten sich noch nicht zu einem offenen Gegenangriff entscheiden, akzeptierten aber durchaus das Auftreten eines ihnen unbekannten Mannes, der es wagte, die Moskauer Spitze zu kritisieren. Das Wesen meiner Ausführungen berührte sie kaum, wichtiger waren Schadenfreude und Rachsucht: Da seht her, was eure Perestroika angerichtet hat!

Dagegen lag die Bedrohlichkeit der Rede Sacharows in ihrer allgemeintheoretischen Globalität, die die Grundfesten des Totalitarismus und folglich auch die Macht jedes einzelnen Funktionärs erschütterte.

Sacharow, Granin, Adamowitsch und auch einige mir bekannte Juristen aus verschiedenen Teilen des Landes hatten an jenem Tag den Spitzenfunktionären gezeigt, daß ihre Mißachtung des Rechts und ihre Existenz auf Kosten der Gesellschaft nunmehr in Frage gestellt waren. Im Allerheiligsten der Kremlmacht ertönten Worte, die den Sprecher noch kurz zuvor hinter Gitter oder in eine psychiatrische Anstalt gebracht hätten.

Am Tag darauf verschärfte sich dieser Gegensatz noch mehr, und zwar bei einem Treffen von Delegationsvertretern. Ich repräsentierte die Leningrader Deputierten. Auch dieses Treffen wurde von Gorbatschow geleitet; es fand im Gebäude des Obersten Sowjets der UdSSR statt, in einem Saal, in dem sich viele von uns noch wiederholt versammeln sollten. Neben Gorbatschow saß Lukjanow, und alles sollte darauf hinweisen, daß wir uns diesmal nicht mit der Partei-, sondern mit der Staatsführung trafen – obwohl der Vorsitzende und viele Präsidiumsmitglieder dieselben Leute waren wie am Vortag.

Ich meldete mich auch hier zu Wort. Es ging um organisatorische Fragen, die Redner tasteten die Grundfesten nicht an. Aber eine Flaute nach dem Sturm konnte man die Sitzung auch nicht nennen, denn nun begann der strategische Kampf um die Prozeduren. Sollte

man den Rechenschaftsbericht der Regierung und den Rechenschaftsbericht Gorbatschows als Punkt eins auf die Tagesordnung
setzen oder gleich zu den Wahlen übergehen? Ich unterstützte den
Vorschlag, auf Gorbatschows Bericht zu verzichten: Er sei erst seit
drei Monaten Vorsitzender des Präsidiums des Obersten Sowjets und
habe noch kaum etwas mitzuteilen; den Bericht der Regierung sollte
man sich aber unbedingt anhören. So wurde es am Ende beschlossen.

Jene Tage rein beruflicher Inspiration (dieses Gefühl ist viel wert!)
blieben mir auch deshalb in Erinnerung, weil ich sehr viele interessante Menschen kennenlernte.

Mit Oleg Jefremow und Mark Sacharow schloß ich zwischen den
Sitzungen Bekanntschaft. Der beliebte litauische Schauspieler Regi-
mantas Adomaitis saß einmal in der Kantine am selben Tisch wie
ich. Einander vorgestellt wurden wir von Kazimiera Prunskiene, die
ich von vielen ökonomischen Seminaren und Konferenzen her gut
kannte. Mir gegenüber saß Donatas Banionis. Man hätte einen Notiz-
block hervorholen und mit dem Sammeln von Autogrammen beginnen können.

Auch viele Leningrader lernte ich näher kennen, unter ihnen die
Schriftsteller Daniil Granin und Dmitri Lichatschow sowie der künf-
tige Patriarch von ganz Rußland und vorerst noch Metropolit von
Leningrad und Nowgorow, Alexi.

Die Bekanntschaft mit Lichatschow begann mit einer Woge sengen-
der Scham, die auf mein eigenes Verschulden zurückging. Einer der
Leningrader Deputierten schlug vor, wir sollten uns zusammen mit
Lichatschow fotografieren lassen. Ich trat, ohne lange zu zaudern, mit
diesem plumpen Angebot an ihn heran. Er antwortete nur mit einem
Blick, doch ein Blick kann manchmal mehr aussagen als Worte. Dieser Blick vereinte alles: ein weises Lächeln, Unverständnis (wozu soll
das gut sein?) und so manches mehr, was sich eben nicht in Worte
fassen läßt.

Jemand, der im Saal sitzt, sieht die Vorgänge nicht so wie jemand,
der den Ablauf des Kongresses im Fernsehen verfolgt. Ich schaute mir

abends die Sitzung an, die ich tagsüber als Teilnehmer erlebt hatte, und erkannte den krassen Unterschied.

Vom ersten Tag an forderte der Kongreß angestrengte Arbeit. Sofort entstanden juristische Pattsituationen, und man mußte in wenigen Minuten einen Ausweg aus dem Prozedurenlabyrinth finden. Einige Male gelang mir dies. Ich saß neben einem Mikrofon, auf Platz einundzwanzig in der siebten Reihe. Wenn ich mein Mandatspapier hochhob, konnte der Vorsitzende mich unmöglich übersehen.

Einer der besonders spannungsgeladenen Momente des 1. Kongresses war die Wahl Jelzins in den Obersten Sowjet.

Zunächst war Jelzin nicht durchgekommen. Das ließ sich von vornherein voraussagen: Er war als einziger über die alternative Liste in den Nationalitätensowjet gelangt. Da aber der Apparat in den Republikorganisationen beachtliche Arbeit geleistet hatte, um zu erläutern, wer zu streichen sei, hatte Jelzin so gut wie keine Chance.

Als klar wurde, daß Jelzin nicht durchgekommen war, erhob sich der Deputierte Alexei Kasannik und erklärte in seiner gedehnten sibirischen Tonart, er sei bereit, seine Kandidatur zurückzuziehen, jedoch nur unter der Voraussetzung, daß sein Mandat an Jelzin übergehe. Einige im Saal reagierten auf seine Worte mit Beifall, andere mit Protestrufen. Wahrscheinlich hatte auch Gorbatschow die juristische Zweideutigkeit der Situation begriffen, und als ich die Hand hob, ließ er mich sofort sprechen.

Ich sagte, gemäß unserer Gesetzgebung und laut jeglicher parlamentarischer Regeln könne ein Verzicht auf die eigene Kandidatur an keine Bedingungen geknüpft werden. Man könne auf eine Berufung nicht zugunsten eines anderen verzichten. Wenn der Deputierte Kasannik also nicht beabsichtige, im Obersten Sowjet mitzuarbeiten, dürfe er dem Kongreß keine Bedingungen stellen.

Die rechten Deputierten, sehr zufrieden mit dieser Wendung, begannen zu lächeln. Die linken horchten gespannt auf. Ich bemerkte die Ratlosigkeit Kasanniks und die in schwierigen Situationen typische Undurchdringlichkeit von Jelzins Miene. Daraufhin schlug ich

vor, eine Entscheidung über das Verfahren im allgemeinen, nicht speziell über Jelzin und Kasannik zu treffen. Wir könnten beschließen,
daß im Falle des Verzichts eines Abgeordneten dessen Platz automatisch von demjenigen eingenommen werde, der unter den nicht gewählten Deputierten die größte Stimmenzahl erhalten habe.

Genau das traf auf Jelzin zu.

Ein juristischer Ausweg, der weder gegen die Legalität noch gegen
die Gerechtigkeit verstieß, war gefunden worden. Der Kongreß akzeptierte ihn, und Kasannik verzichtete ohne jegliche Vorbedingungen
auf seinen Sitz im Obersten Sowjet. Sein Platz ging automatisch an
Jelzin. Die weitere Entwicklung zeigte, daß dies die richtige Entscheidung war: Die Moskauer, die Jelzin zum Volksdeputierten gewählt
hatten, waren zufriedengestellt, die Spannungen in der Stadt ließen
nach. Und man durfte hoffen, daß auch aus einer neuen »parlamentarischen Sackgasse« ein vernünftiger Ausweg gefunden werden
würde. Als allerdings der sechsbändige stenographische Bericht über
den 1. Kongreß der Volksdeputierten erschien, konnte ich im ersten
Band lesen: »Annahme der Erklärung des Deputierten Kasannik über
den Verzicht auf seine Abgeordnetenvollmachten im Obersten Sowjet der UdSSR zugunsten des Deputierten Jelzin.«

Es ist schwer, Jurist in einem Staat zu sein, der kein Rechtsstaat ist!

Jelzin lernte ich erst kurz vor dem Ende des 1. Kongresses kennen,
in der konstituierenden Sitzung der Interregionalen Deputiertengruppe. Unter dem Gejohle und den Schimpfkanonaden der Rechten,
die uns zu ideologischen Spaltern abstempelten, beschlossen die
demokratischen Deputierten, sich offen als Opposition gegen die ag-
gressiv-hörige Mehrheit zu organisieren. Das sowjetische Parlament
hatte noch nie die Bildung einer Fraktion erlebt, und selbst beim Zentrum rief dieser Schritt keine Begeisterung hervor. Wir versammelten
uns im »Haus des Kinos«. Schon hatte der Juni begonnen, in Moskau
war es sommerlich warm, und wir feierten den Geburtstag Puschkins
mit einer Deklaration über die Gründung der Interregionalen Deputiertengruppe.

Es schien, am politischen Himmel werde demnächst ein Glücks-
stern aufgehen.

Jelzin wurde zu einem der Co-Vorsitzenden der Gruppe gewählt,
ich erhielt das Angebot zur Mitwirkung im Koordinationskomitee
unserer Parlamentsfraktion. Das Verhältnis zu Jelzin gestaltete sich
von der ersten Minute an keineswegs problemlos: Ich spürte sein
Mißtrauen und reagierte darauf in der gleichen Weise. Jelzins Auftreten auf dem Kongreß und auf den Kundgebungen in Moskau gefiel
mir nicht: Populistische Euphorie verdrängte da häufig den gesunden
Menschenverstand, was einen Politiker nicht ziert.

Etwas näher sollten wir einander bei einer kurzen Reise einer Parlamentsdelegation nach Griechenland kennenlernen: Drei Tage, die
man gemeinsam in einem Hotel verbringt, ändern einiges, und unser
gegenseitiges Mißtrauen löste sich nahezu gänzlich auf. Darauf trafen
wir einander tagtäglich in den Sitzungen des Obersten Sowjets. Ich
kritisierte zwar nicht selten einige seiner Erklärungen, und er antwortete mir gleichfalls mit Kritik, doch unsere Positionen näherten sich
einander immer mehr an. Und ein Jahr darauf zeigte sich, daß zwischen uns keine grundsätzlichen Meinungsunterschiede mehr exi-
stierten.

Mißtrauen gegenüber einem Menschen mit anderem Hintergrund
und Temperamentsunterschiede sind in der Politik durchaus reale
und mitunter auch ziemlich schmerzhafte Faktoren. Für mich war
Jelzin lange Zeit ein Mann aus dem Parteiapparat, sei es auch ein ver-
stoßener, ein demokratisch gesinnter, aber doch einer, der von diesem System geformt war. Ich aber war für ihn ein Vertreter der
sowjetischen Hochschulprofessoren, also einer in vielem konfor-
mistischen, liebedienerischen und schwachen Schicht. Bei solchen
Ausgangspositionen kann nur gemeinsame Arbeit die Menschen einander näherbringen.

So kam es denn auch, obwohl dieser Prozeß keineswegs glatt verlief. Gorbatschows Empfindlichkeit ist bekannt. Doch auch Jelzin
konnte plötzlich Gerüchte für bare Münze halten und in Leningrad

überraschend erklären, seinen Informationen zufolge sei Sobtschak aus der Interregionalen Gruppe ausgetreten. Oder er konnte plötzlich einer verspäteten Offenbarung Ligatschows Glauben schenken und die Arbeit der Kommission zur Untersuchung der Vorgänge vom 9. April in Tbilissi recht zweideutig bewerten.

Doch kehren wir zum Kongreß zurück. Ich hatte vor, in der Diskussion zum Vortrag Gorbatschows das Wort zu ergreifen und auf den Begriff des Rechtsstaates und auf jene Veränderungen einzugehen, die im Wirtschafts- und im politischen System durchzuführen seien, in erster Linie auf den Abschluß eines neuen Unionsvertrags auf konföderativer Basis. Ich wollte sagen, unsere Republiken seien tatsächlich alle gleich: im Hinblick auf ihre Rechtlosigkeit und auf ihren Mangel an wirklicher Unabhängigkeit. In der künftigen föderativen oder eher konföderativen Struktur müsse indes das Prinzip »gleich, aber verschieden« gelten.

Jede Republik habe ihre Besonderheiten – nationale wie ökonomische. Es sei nicht möglich, auf administrativem Wege die Gleichheit von Estland und Turkmenien, Belorußland und Kirgisien durchzusetzen. Die Zarenregierung des vorrevolutionären Rußland, das wir mit solcher Leichtigkeit ein »Völkergefängnis« nennen, habe dies übrigens berücksichtigt und Polen, Finnland und dem Emirat von Buchara einen Sonderstatus zuerkannt.

Leider erhielt ich weder in der Diskussion zum Vortrag Gorbatschows noch in der zum Bericht Ryschkows das Wort: Es war doch ein Unterschied, ob es sich um nützliche und für den Präsidenten völlig harmlose juristische Auskünfte handelte oder um eine politische Stellungnahme mit der Darlegung einer selbständigen Position. Sich gekränkt zu fühlen wäre dumm gewesen, und so akzeptierte ich die mir stillschweigend angebotene Rolle eines »juristischen Beraters« beim Kongreß.

In jenen Tagen stellte ich plötzlich fest, daß mir Unbekannte anfingen, mich auf der Straße zu grüßen. Wie in einem Universitätskorridor, wo man nie allein ist und nahezu jeden grüßen muß, war dies

nun fast überall der Fall, ganz besonders in Leningrad, wo der Weg
von der Wohnung zur Universität nach wie vor eine Stunde dauerte:
Straßenbahn, U-Bahn, Bus.

Wenn ich heute die Beiträge einiger superweiser Publizisten lese,
die im nachhinein behaupten, der Kongreß sei von A bis Z von Gorbatschow nach einem von ihm selbst entworfenen Plan inszeniert
worden, wundere ich mich nur über zwei Dinge: erstens über die Vor-
eingenommenheit und zweitens über die ganz triviale Unaufmerk-
samkeit. Wahrscheinlich erweisen sich Leute, die in allem ein Schema suchen, als blind, wenn sie eine dramatische Polemik zwischen
Leben und Dogma miterleben.

Selbstverständlich hatte sich Gorbatschow das Drehbuch des Kongresses überlegt. Doch der Kongreß führte zu einem Sieg der entstehenden Demokratie allein deshalb, weil dieses Drehbuch letzten
Endes von der Geschichte selbst geschrieben wurde. Gorbatschow
aber ließ es nicht an Energie und Spürsinn fehlen, um der natürlichen
Entwicklung zu folgen und kreative, nicht aber im voraus formulierte
Entscheidungen zu treffen.

Es war nicht möglich, die Umstände der Wahl Jelzins in den Obersten Sowjet vorauszusehen, es war nicht möglich vorauszusehen, wie
die Ereignisse in Tbilissi auf dem Kongreß widerhallen und wie sich
die Delegationen Moskaus, der baltischen Republiken oder Arme-
niens verhalten würden. Vor dem Kongreß kannte niemand das wirkliche Kräfteverhältnis. Nur wenn man Gorbatschow die berüchtigte
Genialität des »Führers aller Zeiten und Völker« unterstellte, könnte
man dort eine theatralische Inszenierung vermuten, wo das Leben
Regie führte.

Gorbatschow war von Anfang an in die parlamentarischen Auseinandersetzungen verwickelt worden und konnte deshalb unmöglich
in der Rolle des Regisseurs auftreten. Dort aber, wo er doch versuchte,
den Ablauf des Kongresses zu lenken, klappte kaum etwas: Jelzins
Gesicht verfinsterte sich, und er war regelrecht einer Explosion nahe;

Deputierte aus dem Baltikum verließen den Saal; die »Rechten« fielen wutentbrannt über Gorbatschow her.

Nach der Offensive der Demokraten, nach den hysterischen Rechtfertigungen von General Rodionow und der Bildung der Tbilissi-Kommission, nachdem Andrei Sacharow mehrmals die Tribüne bestiegen hatte (wobei niemandem entgangen war, daß Gorbatschow ihm mehrmals das Wort erteilte), mußten die »Rechten« einen Versuch unternehmen, das Parlamentsschiff stranden zu lassen.

Ihr Schlag war ebenso treffsicher wie niederträchtig. Er hätte auch beinahe sein Ziel erreicht: Der Kongreß verwandelte sich für einige Minuten in eine wilde, johlende Menge, in eine scheußliche Ausgeburt von Ignoranz und Zorn. Vor der Menge stand indes ein Mann, dem in diesem Moment die Hände gebunden waren.

Dieser Mann war Sacharow.

Öffentliche Angriffe hätten ihn wohl kaum aus der Fassung bringen können. Als ein Mann, der viele Jahre lang gegen das System gekämpft hatte, der dessen Wert kannte und genau wußte, wie es irregeführte oder ihm freiwillig dienende Menschen verformen konnte, war Sacharow durchaus in der Lage, den Verrat eines Freundes und Angriffe aus dem Volk zu ertragen. Die Möglichkeit zu kämpfen machte ihn unverwundbar: Die Formen des Kampfes konnten unterschiedlich sein, doch es war immer eine Konfrontation von Mensch und Lüge, eine Konfrontation von Geist und Niedertracht und Furcht.

In Alexei Germans Film *Mein Freund Iwan Lapschin* gibt es eine Episode, in welcher der Verbrecher Solowjow den Journalisten Chanin töten will. Bei einer Razzia in einem Bandenunterschlupf läßt Lapschin den Journalisten draußen warten. Solowjow gelingt es zu entkommen, doch Chanin bringt ihn durch einen Zuruf zum Stehen. Chanin ist bewaffnet, er hat einen Revolver in der Hand. Solowjow hält dagegen nur Chanins Stock in der Hand, und nun tut er so, als wolle er dem Journalisten den Stock zurückgeben. Man muß gesehen haben, wie sich dieser Berufsmörder auf sein Opfer zubewegt, wobei er ein Bein hinter sich herschleppt und flehend »Aber nicht doch«

näselt. Er bietet einen jämmerlichen Anblick, sein rechter Arm ist ge-
senkt und steif, als wäre er gelähmt. Erst im allerletzten Moment
schießt aus seinem Ärmel eine Messerklinge hervor, und Chanin
sinkt langsam, die Hände auf dem Bauch, zu Boden. Der kräftige und
elegante Bandenchef, dessen Aussehen sich im Nu gewandelt hat,
umarmt Chanin nahezu zärtlich, drückt ihn nach unten und läßt ihn
in einer Pfütze verbluten. Der Gestank aus dieser Pfütze ist im Film
nahezu physisch spürbar. Alexei German zeigt dem Zuschauer nicht
einfach einen Mord, sondern läßt ihn auch dessen »Technologie«
miterleben.

Genau das geschah am neunten Tag der Arbeit des 1. Kongresses
der Volksdeputierten am 2. Juni 1989.

Schon am frühen Morgen tauchten im Foyer des Kongreßpalastes
Flugblätter auf. In ihnen hieß es, Sacharow habe in einem Interview
mit der kanadischen Zeitung *Ottawa Citizen* gesagt, während des
Krieges in Afghanistan seien eingekesselte sowjetische Soldaten von
eigenen Hubschraubern aus erschossen worden, damit sie nicht in
Gefangenschaft gerieten.

Nun stand auf der Tribüne der Erste Sekretär des Stadtkomitees
Tscherkassy des Kommunistischen Jugendbundes der Ukraine, der
Deputierte Sergei Tscherwonopiski.

Er ging ausführlich auf die Probleme des Komsomols und dann auf
den Krieg in Afghanistan ein, an dem er teilgenommen habe und wo
er Invalide geworden sei. Den Krieg nannte er »widersprüchlich«
und forderte von der Führung des Landes zu Recht eine politische Bewertung dieses Krieges. Anschließend berichtete er von der Tätigkeit
der sogenannten militärisch-patriotischen Klubs für Jugendliche. Ich
zitiere weiter aus dem Stenogramm:

»In unserer kleinen Stadt Tscherkassy gibt es fast anderthalb Dutzend solcher Klubs mit achthundert Mitgliedern. Ihnen stehen ehemalige Teilnehmer des Krieges in Afghanistan vor. Dort befaßt man
sich nicht mit der Produktion von ›Kanonenfutter‹, wie es uns einige
Leute vorwerfen, sondern mit der Erziehung physisch starker und

psychisch gestählter, auf jegliche Schwierigkeiten vorbereiteter
Staatsbürger unseres sozialistischen Vaterlandes...«

Es war nicht ganz klar, was man unter »psychisch gestählt« zu verstehen hatte und was sich in diesen Klubs in Wirklichkeit abspielte,
also in jenen Kellern, die der Erziehung »auf jegliche Schwierigkeiten
vorbereiteter Staatsbürger« dienten. Doch der Deputierte Tscherwonopiski, der die Bürokraten, die für diese »Klubs« keine ordentlichen
Bauten zur Verfügung stellen wollten, angeprangert und das Verteidigungsministerium wegen »zweideutiger Direktiven« kritisiert hatte,
fiel plötzlich über die »Biertischpolitiker aus Georgien und dem Baltikum« her, die angeblich schon lange dabei waren, Sturmabteilungen zu bilden.

Bei dieser Gelegenheit äußerte sich der Deputierte des Komsomols
auch zu der Tragödie von Tbilissi. Er nannte sie tatsächlich eine »Tragödie«, doch er meinte dabei etwas anderes:

»Heute kann ich noch keine bestimmte Meinung über diese wohl
übelste und schmählichste Provokation unserer modernen Geschichte äußern, und so manches ruft in mir Zweifel hervor. Das Luft-
landeregiment aus Kirowabad, von dem hier die Rede gewesen ist,
war eines der letzten, die Afghanistan verließen und diesen widersprüchlichen Krieg beendeten. Ich bin daher überzeugt, daß die
Jungs, die sogar in der Schlacht afghanische Frauen und Kinder rette-
ten, unmöglich zu Mördern werden und an Strafaktionen teilnehmen
könnten...«

Deutlicher hätte man es nicht formulieren können: Die Tragödie
von Tbilissi war eine Provokation gegen die Armee. (Als hätten auf
dem Platz vor dem Haus der Regierung keine georgischen Frauen,
sondern Fallschirmjäger den Tod gefunden.) Wer aber eine andere
Meinung dazu hatte, war wohl selbst dabei, Sturmabteilungen aufzustellen.

»Uns beunruhigt ernsthaft die beispiellose Hetze gegen die Sowjetarmee, die in den Massenmedien betrieben wird.« (Beifall.)

Tscherwonopiski verpaßte den »flotten Burschen« des Fernsehens

ihr Teil wegen »böswilliger Verunglimpfung« der Armee und ging
nun zum Wesentlichen über. Er unterbrach seinen Diskussionsbeitrag und verlas einen Appell an den Kongreß, den eine Gruppe von
Offizieren der Luftlandetruppen verfaßt hatte. Der Appell war einzig
und allein Andrei Sacharow und »seinesgleichen« gewidmet:

»Wir sind zutiefst empört über diesen verantwortungslosen, provokatorischen Angriff des bekannten Wissenschaftlers und halten seine
pauschale Anschuldigung für einen böswilligen Ausfall gegen die sowjetischen Streitkräfte. Wir betrachten deren Diskreditierung als einen weiteren Versuch, die heilige Einheit von Armee, Volk und Partei
zu zerstören. Wir sehen dies als Erniedrigung der Ehre und Würde
und auch des Andenkens jener Söhne unserer Heimat, die...« und so
weiter und so fort.

Und zum Schluß – entweder ein Schwur oder eine Drohung:

»Die Delegierten des Kongresses müssen wissen, daß die Angehörigen der Luftlandetruppen ... auch künftig die Interessen unserer
multinationalen Heimat zuverlässig schützen werden.«

Das Schreiben von Angehörigen eines Verbands, der, wie sie stolz
mitteilten, »im Laufe von neun Jahren seine internationale Pflicht in
der Republik Afghanistan erfüllt hat«, will ich nicht kommentieren.
Doch der von Tscherwonopiski verlesene Appell wurde mehrfach
durch lauten Beifall unterbrochen, und nun ging er, durch diese
Unterstützung beflügelt, von Sacharow zu Gorbatschow über. Sein
Name wurde nicht genannt, doch es gab wohl kaum jemanden, der
nicht begriffen hätte, wen der Komsomoltribun am Schluß seiner
Rede meinte:

»Von den im Saal Anwesenden sind mehr als achtzig Prozent Kommunisten. Sehr viele haben das Wort ergriffen. Doch von keinem, den
Bericht nicht ausgenommen, wurde das Wort Kommunismus genannt. Ich bin ein überzeugter Gegner von Parolen und Schaumschlä-
gerei, doch drei Wörter, für die wir, wie ich meine, gemeinsam
kämpfen sollten, werde ich heute nennen: Staat, Heimat, Kommunismus.« (Beifall. Die Deputierten erheben sich.)

In diesem Moment spürte ich, wie mich eine gewaltige Kraft von meinem Sessel hochreißen und zwingen wollte, mich mit allen im Saal zu erheben. Ich klammerte mich buchstäblich an den Armlehnen fest und schaffte es gerade noch, einen Blick auf meine Nachbarn zu werfen: Links war das Akademiemitglied Igor Spasski und rechts der Metropolit von Leningrad und Nowgorod, Alexi. Wir drei hatten vermocht, sitzen zu bleiben und dem Herdeninstinkt der Wut und Aggression zu widerstehen. Ich kannte dieses Gefühl aus der Zeit meines Wehrdienstes: Wenn man unter Orchesterklängen in einer Kolonne marschiert, kommt etwas Ähnliches auf. Doch damals waren es nur Parademärsche gewesen, während hier schon eine Art Gefecht im Gange war... Ich halte es durchaus für möglich, daß es uns dank des Gebets des künftigen Patriarchen gelang, auf unseren Plätzen zu bleiben.

Staat, Heimat, Kommunismus.

Diese Formel war nach dem ideologischen Rezept des Zaren Nikolaus I. gebildet. Erinnern wir uns: Orthodoxie, Monarchie, Volkstümlichkeit. Der Komsomolze verließ die Tribüne auf Krücken. Er hatte keine Beine. Einige Minuten zuvor war er als unbekannter Provinzfunktionär ans Rednerpult gebracht worden, und nun führte man ihn schon in einer ganz anderen Eigenschaft wieder an seinen Platz. Jetzt kannte ihn das ganze Land, sein Name sollte von nun an in den Zeitungsspalten neben den Namen von Nina Andrejewa, Ligatschow und Rodionow stehen.

Sacharow erhob sich von seinem Sitz, und ich sah seine Ratlosigkeit. So etwas war noch nie vorgekommen, doch sein Gesicht und seine ganze Haltung verrieten: Sacharow geht zwar zur Tribüne, doch er weiß noch nicht, was er sagen wird. Er fängt an, schafft es aber nur, drei Wörter auszusprechen: »Ich wollte keineswegs...«, im Saal setzt Lärm ein, und das Stenogramm fixiert dies auch, »...die Sowjetarmee beleidigen...« Er redet mit großer Anstrengung, die Pausen zwischen den Wörtern sind größer als sonst, man hat den Eindruck, jedes Wort sei bleischwer und koste ihn große Mühe. Er bekommt kaum Luft.

»Ich achte die Sowjetarmee zutiefst, ich achte den sowjetischen Soldaten, der unsere Heimat im Großen Vaterländischen Krieg verteidigte. Und wenn es um den Krieg in Afghanistan geht, will ich keineswegs jenen Soldaten beleidigen, der dort sein Blut vergoß und den Befehl heldenhaft ausführte...«

Was kann man einem Versehrten antworten, der in Afghanistan dazu wurde? Es ist sein gutes Recht, jedem ins Gesicht zu schleudern: Ihr, die ihr im Hinterland gesessen habt, dürft nicht über uns reden, die wir die blutigen Greuel des Gemetzels in Afghanistan durchmachten, und schon gar nicht das Andenken der Toten mit euren Mutmaßungen schänden. Ihr wart nicht dort, ihr habt nicht gesehen, was wir gesehen und durchgemacht haben.

»Aber darum geht es nicht. Es geht darum, daß der Krieg in Afghanistan als solcher ein verbrecherisches Abenteuer war, von wer weiß wem initiiert, und es ist nicht bekannt, wer die Verantwortung für dieses ungeheure Verbrechen unseres Heimatlandes trägt. Dieses Verbrechen hat fast eine Million Afghanen das Leben gekostet, gegen ein ganzes Volk wurde ein Vernichtungskrieg geführt, eine Million Menschen kam dabei um. Das ist etwas, das auf uns als eine grauenhafte Sünde, als furchtbarer Vorwurf lastet. Wir müssen uns von dieser Schande reinwaschen, die auf unserer Führung lastet, die gegen den Willen des Volkes, gegen den Willen der Armee einen solchen Aggressionsakt verübte. Das ist es, was ich sagen will.« (Lärm im Saal.)

Weiß Sacharow denn nicht, daß seine Worte jetzt, nach der pathetischen Anklage des verkrüppelten Veteranen, kein Gehör finden können? Danach kam ich auf die Idee, eine Umfrage unter den Deputierten durchzuführen. Als die Leidenschaften verebbt waren und die Menschen sich schon selbst dessen schämten, was sie in jener Sitzung angerichtet hatten, fragte ich: Wäre Tscherwonopiski kein Krüppel, hätten Sie sich nach seiner Rede ebenso verhalten? Von zwanzig völlig unterschiedlichen Menschen sagte jeder etwa folgendes: »Das wäre gewiß nicht passiert.« Doch jetzt, im Saal, begriffen die Menschen noch nicht, in was für ein makabres Spiel sie die Veranstalter dieses Ketzergerichts verwickelt hatten, wie exakt der Apparat die Emotionen und den Umstand ausnutzte, daß es den Deputierten noch an elementarer politischer Kultur fehlte. Doch Sacharow hielt stand. Er versuchte standzuhalten.

»Ich wandte mich gegen die Entsendung sowjetischer Truppen nach Afghanistan und wurde deswegen nach Gorki verbannt.« (Lärm im Saal.) »Eben das war die Hauptursache, und ich bin stolz darauf, ich bin stolz auf diese Verbannung nach Gorki wie auf eine Auszeichnung...«

Man hört ihm nicht zu. Man läßt ihn aussprechen, doch nur, um ihn dann endgültig in den Boden zu stampfen.

»Das war das eine, was ich sagen wollte. Und das zweite... Das Thema des Interviews war ein ganz anderes, ich habe das schon in der *Komsomolskaja prawda* erläutert...«

Ich will jetzt nicht das ganze Stenogramm zitieren. Es ist veröffentlicht, und es geht mir um etwas anderes. Sacharow hatte keine Rechtfertigung nötig, und es bereitet einem Qualen, seine Worte in jener Morgensitzung am neunten Tag des Kongresses zu lesen. Gerade die Hinweise auf ausländische Zeitungen, die von der Vernichtung unserer eingekesselten Soldaten durch sowjetische Hubschrauber geschrieben hatten, riefen den Unmut im Saal hervor: Nach der Rede eines Soldaten an Krücken konnte keine Rechtfertigung überzeugen. Doch Sacharow fehlte damals die Zeit, dies einzusehen.

Er wurde von der Tribüne gejagt. Vorher hatten wir Sacharow auf diesem Kongreß als Sieger erlebt, der die Tribüne mit hoch über dem Kopf erhobenen Händen verließ, nun aber schritt er niedergeschlagen, ja fast gebrochen davon.

Doch die Lynchjustiz hatte erst begonnen. Einer nach dem anderen traten immer neue Redner ans Pult. Ich weiß nicht, ob die Rollen und die Reihenfolge schon vorher verteilt worden waren. Ich glaube, es wäre nicht einmal nötig gewesen. Oberst Otschirow, der Berufsschullehrer Jakuschkin, Achromejew (Generalstabschef zur Zeit des

Afghanistan-Krieges), der Sowchos-Brigadier Krawtschenko und der Sowchos-Direktor Polikarpow – sie alle spielten die gleiche Rolle, erfüllten ein und dieselbe Aufgabe.

An jenem Tag führte Anatoli Lukjanow den Vorsitz. Nach dem Auftritt von Tscherwonopiski war er offenbar nicht mehr in der Lage, mit dem Saal fertig zu werden. Und Gorbatschow? Er saß da und vergrub das Gesicht in den Händen. Erstmals war er nicht imstande, der Kettenreaktion tosenden Hasses Einhalt zu gebieten. Ich bemühte mich, nicht in seine Richtung zu schauen.

Der einzige Auftritt, der sich von allen anderen unterschied, war die kurze Rede des lettischen Deputierten A. Eisan im Namen der baltischen Republiken: »Ich versichere Ihnen mit voller Verantwortung, daß in keiner der baltischen Republiken je die Absicht bestand, Sturmtruppen zu bilden. Es gibt sie nicht, und es wird sie auch nicht geben!«

Doch auch er sagte kein Wort zur Verteidigung Sacharows.

Und nun kam der grauenhafte Schlußakkord, vorgetragen von der Lehrerin Kasakowa aus dem Gebiet Taschkent. Hier ist dieser schlichte Text:

»Genosse Akademiemitglied! Mit dieser einen Tat haben Sie Ihr gesamtes Wirken zunichte gemacht. Sie haben die ganze Armee, das ganze Volk, all unsere Soldaten beleidigt, die ihr Leben gelassen haben. Ich bringe die allgemeine Verachtung Ihnen gegenüber zum Ausdruck. Sie sollten sich schämen!« (Beifall.)

Erst jetzt wurde der Vorsitzende gleichsam wieder wach und verkündete eine Pause bis sechzehn Uhr.

Ich machte sofort Sacharow ausfindig und sagte ein paar Worte zu seiner Ermunterung und Unterstützung. Ich redete auf ihn ein, er solle das alles nicht ernst nehmen; die Leidenschaften der Menge seien entfesselt worden... Ich hielte ihn nicht für einen Menschen, der meinen kläglichen Trost nötig habe, aber meiner Meinung nach sei es überhaupt nicht nötig gewesen, daß er sich zu rechtfertigen versuchte. Weshalb habe er Tscherwonopiski nicht gefragt, woher dieser

seine Informationen über die Sturmabteilungen habe? Weshalb habe
er nicht gefragt, wie dieser dazu komme, irgendwelche Beweise zu
fordern, obwohl er doch selbst versuche, verschiedene Unionsrepubliken ohne reale Argumente gegeneinander aufzuwiegeln? Er hätte
doch selbst von Tscherwonopiski Beweise verlangen und erst dann
auf dessen Anschuldigungen antworten sollen! Dann hätte ihn niemand durch Geklatsche am Sprechen hindern können...

Er hörte mich verwundert an und erwiderte nichts.

Weshalb hatte niemand Sacharow in Schutz genommen, als er von
allen Seiten angegriffen wurde? Um diese Frage zu beantworten, muß
man sich vorstellen, welche Konzentration der Haß in jenen Minuten
im Saal erreicht hatte. Weshalb war ich selbst nicht auf die Tribüne
gestiegen? Im ersten Moment deshalb, weil ich mich mit allen anderen hätte erheben müssen. Das hätte bedeutet, das Menschliche in mir
zu opfern. Die ersten, in jedem Gefecht teuren Sekunden waren auf
diese Weise verlorengegangen. Und hinterher, als die öffentliche
Auspeitschung des großen Menschenrechtlers schon auf vollen Tou-
ren lief, blieb einem nichts anderes übrig, als auf die baldige Pause
zu warten.

Gewiß, man hätte sich nach vorn stürzen und das Wort ergreifen
können. Doch in jener Starre, die den Willen und die Gedanken gelähmt hatte, war es physisch nicht möglich, treffende Worte zu finden. Es lag nicht einmal daran, daß man gegen diesen Saal mit keinen
Worten mehr ankommen konnte. Das physiologische, bei jedem sowjetischen Menschen in den Genen sitzende Gefühl der Furcht vor
dem System im allgemeinen und dem System der Vernichtung An-
dersdenkender im besonderen – das Gefühl, das in den siebzig Jahren
unserer Geschichte geformt wurde – war in jenen Minuten unüber-
windlich. Alle im Saal atmeten die Luft des Jahres 1937. Im Saal gab
es keine Deputierten mehr, es war eine dem Instinkt des Stalinismus
gehorchende Menge, und Sacharow, unser Sprecher, war ihr zum
Opfer gefallen. Er hatte auf der Tribüne die Fassung verloren. Und
wir, seine ängstlichen Schüler, mit ihm.

Erst nach der Pause vermochten die Ethnographin Jewdokija Gajer und der Philosoph Juri Karjakin, für uns alle und auch für Sacharow eine Entgegnung zu finden. Doch das Gefühl einer Schuld vor dem Andenken Andrei Sacharows wird mich wohl nie mehr verlassen.

Auf dem 3. Kongreß sollte ich selbst erleben, wie einen die aus dem Saal steigende Woge von Haß und Tobsucht trifft. Ich lief zur Tribüne und murmelte immer wieder vor mich hin: »Keine Rechtfertigungen! Keine Rechtfertigungen!«

In jenem Moment glaubte ich, das Gesicht des schon verstorbenen Andrei Sacharow zu sehen.

DER WEINENDE BOLSCHEWIK NIKOLAI RYSCHKOW, JEGOR LIGATSCHOW UND ANDERE

Jemand hat sehr geistreich und treffend
mit wenigen Worten den Unterschied zwischen
einem Christen ... und einem heutigen
Kommunisten dargestellt: Ersterer sagt zu
seinem Bruder: »Alles, was mein ist, ist dein«,
und der Kommunist sagt: »Alles, was dein ist,
ist mein.«
Michail Fonwisin, 1849

Für mich ist Lenin heilig.
Jegor Ligatschow, 1990

Seit den dreißiger Jahren wurde jede amtliche Ernennung in unserem Land hinter verschlossenen Türen und stets von der höchsten Führung vorgenommen. Wenn sich ein naiver Mensch über den Grund dieser oder jener Ernennung wunderte, dann hörte er anstelle einer Antwort nur ein einziges Wort: NOMENKLATURA. In diesem Wort liegt die Lösung aller Personalgeheimnisse des »Schwertritterordens« (wenn man Stalins Definition der Partei benutzen will).

Der »Schwertritterorden« ist jedoch nicht die ganze Partei, sondern lediglich deren Nomenklatura. Es ist nicht nur so, daß die Listen geheim bleiben. Das Geheimnis schwebt selbst in der Luft des Nomenklatura-Daseins, es äußert sich in dem besonderen, nahezu mystischen Zittern der »Untergebenen« vor den »Vorgesetzten«. Woher kommt dieses Zittern? Wodurch wird es genährt? Wie ist diese soziale Struktur beschaffen, für die anscheinend noch niemand eine exakte Definition gefunden hat? Es heißt, die Nomenklatura sei die Klasse der höchsten Staats-, Partei- und Wirtschaftsfunktionäre. Das stimmt nicht ganz, denn die Nomenklatura ist tief in der Gesellschaft verwurzelt. Man kann einen Abteilungsleiter in einem Betrieb oder den Brigadier in einem Sowchos schlecht einen »hohen Funktionär« nennen, doch beide sind fast schon eine von ihren Vorgesetzten abhängige Nomenklatura und ihrerseits selbst Vorgesetzte.*

Die Nomenklatura ist Wesen und Kern des Systems. Wenn die Wurzeln dieses Systems nicht bis in den Boden der Gesellschaft gereicht hätten, wenn es ihm nicht gelungen wäre, das erforderliche »Menschenmaterial« ausfindig zu machen und an die Spitzen der Macht zu heben, wäre die Reproduktion des Totalitarismus gar nicht möglich gewesen. In gewissem Sinne ist die Nomenklatura »demo-

---

* Heute wird in der Publizistik lediglich die Spitze dieses Eisbergs als Nomenklatura bezeichnet. (Anm. d. Verf.)

kratisch«: Sie verschmäht auch Emporkömmlinge aus den breitesten
Schichten des Volkes nicht. Unter gewissen, der Nomenklatura bekannten Voraussetzungen konnte jemand, der »nichts war«, tatsächlich »alles« werden, und ein Küchenmädchen hatte die Chance,
wenn nicht gerade den Staat regieren zu lernen, so doch einen der
Staatshebel anzufassen.

In die Nomenklatura führen verschiedene Wege: vom Familienweg
(es gibt schon Dynastien von Parteifunktionären in der dritten Generation) bis zu solchen, die anekdotenhaft anmuten. Hier ist eine Geschichte, die mir ein bekannter Leningrader Wirtschaftsfunktionär,
Generaldirektor einer großen Produktionsvereinigung, erzählte. Die
Vereinigung erhielt Anfang der achtziger Jahre den Auftrag, einen leitenden Mitarbeiter, der Parteimitglied war, zum Studium an die Par-
teihochschule zu delegieren. Man wollte keinen fähigen Mann ziehen lassen und beschloß, einen stellvertretenden Abteilungsleiter zu
entsenden, einen wenig gebildeten Ingenieur und Querulanten. Dies
war eine günstige Gelegenheit, sich seiner zu entledigen. Was aber
war das Resultat? Zwei Jahre später absolvierte er sein Studium und
erhielt einen Posten in der Parteileitung eines Stadtbezirks zugewiesen. Dort war man seiner gleichfalls bald überdrüssig und erinnerte
sich, wer ihn zum Studium delegiert hatte. Deshalb wurde er wieder
in seine ehemalige Vereinigung »versetzt«, jetzt aber schon als erster
Stellvertreter des Generaldirektors. Anders ging es ja nicht – er gehörte doch schon zur Nomenklatura!

Ich nenne keine Namen, doch ich bin sicher, daß viele, die diese
Geschichte lesen, sagen werden, es handele sich bestimmt um
»ihren« Chef.

Und nun eine andere Geschichte, diesmal aus dem Bereich der Kultur: Ein junger, begabter Student, der aktiv im Gebietsstab der Studen-
ten-Baubrigaden gearbeitet hat und auf einen Posten im Gebietskomitee des Komsomols befördert worden ist, wird kurz darauf in die
Gebietsleitung der Partei bestellt. Der Gebietssekretär erklärt, man er-
wäge, ihn zum Direktor eines Theaters zu ernennen, und zwar eines

landesweit bekannten. Ob er etwas dagegen habe? Es ist eine rein formelle Frage, denn in diesen Sphären ist es nicht üblich zu widersprechen, weil man sonst Gefahr läuft »hinauszufliegen«. Schon beim Abschied fragt der Sekretär plötzlich: »Gehst du eigentlich mal ins Theater?« Nach einer positiven Antwort nickt er befriedigt. »Also, viel Erfolg in der neuen Funktion!«

Derartige Geschichten gibt es in Hülle und Fülle. Und sie spielen sich auch heute noch ab, selbst wenn es um höchste Regierungsämter geht: Solche Ernennungen sind nie berechenbar. Diese Unberechenbarkeit ist dem Nomenklatura-Prinzip der Personalauslese immanent, wie auch jenem System, das dieses Prinzip hervorbrachte. Es handelt sich meines Erachtens um eines der augenscheinlichsten Merkmale des totalitären Machtsystems schlechthin.

Die Nomenklatura lebt auf Kosten der Gesellschaft, und zwar in noch größerem Maße als jene Klassen, die von den Marxisten zu Parasiten abgestempelt wurden. Wegen der paradoxen Eigentumsverhältnisse im »realen Sozialismus« ist die Nomenklatura durch ihre kollektive Verantwortungslosigkeit stark. Zur Nomenklatura gehören aber auch die für das System wertvollsten Produzenten: große Wissenschaftler, Ingenieure, Wirtschaftsfunktionäre und selbstverständlich auch verdiente Arbeiter. Nicht alle, bis auf die letzte Gruppe, büßen, sobald sie in die Nomenklatura aufgestiegen sind, ihre Fertigkeiten als Fachkräfte und Schöpfer des gesellschaftlichen Reichtums ein. Das System schafft vielmehr Bedingungen, unter denen viele ihre schöpferischen Möglichkeiten nur realisieren können, wenn sie in die Nomenklatura aufgenommen werden und dieser – wenigstens formell – Treue schwören. (Dies erklärt übrigens, weshalb in den Jahren der Stagnation sozial aktive Menschen, welche die kommunistische Ideologie nicht teilten, trotzdem in die KPdSU eintraten.)

Die Nomenklatura ist eine Kaste. Wer dazu zählt, kann seelenruhig ein Vorhaben nach dem anderen zum Scheitern bringen. Wer einmal an den Gaben des Systems teilhat, fällt aus der Nomenklatura nicht mehr heraus – es sei denn wegen irgendwelcher Verstöße gegen die

Gesetze der »inneren Ordnung« und der Nomenklatura-Ethik. Wenn aber ein Funktionär nie gegen das System gesündigt hat, werden ihn seine »Genossen an der Macht« nötigenfalls sogar von einer strafrechtlichen Verantwortung freistellen. Er wird höchstens auf einen anderen, nicht weniger lukrativen Posten versetzt. Die Treue zur Idee der Nomenklatura ist bei uns mehr wert als vieles andere.

Bereits 1918 schrieb Wladimir Korolenko über die verdächtig hohe Anzahl von Antisemiten und Kriminellen unter den Bolschewiki und über die Gefahren, die sich daraus für die neue Macht ableiteten. In den siebzig Jahren ihrer Herrschaft hat die KPdSU gelernt, ihre »eigenen Halunken« (ein Ausdruck Lenins; Anm. d. Verf.) vor jeglicher Verantwortung zu schützen, indem sie die Vergehen und Verbrechen ihrer Funktionäre nutzt, um diese im Griff zu behalten und ihren absoluten Gehorsam gegenüber den Vorgesetzten zu gewährleisten. Nach Beispielen braucht man nicht lange zu suchen – die Presse aus der »Zeit der Perestroika« ist voll davon: Fast täglich bringt sie immer neue Entlarvungen.

Das nomenklaturaspezifische Vorgehen bei der Gestaltung staatlicher Strukturen ist auch in die Wissenschaft eingedrungen. Die Zeiten, da die Bolschewiki nach der Machtergreifung auch die Dienste »bürgerlicher Spezialisten« nicht verschmähten, sind vorbei. Unter Stalin wurden diese Leute mit wenigen Ausnahmen von ihren hohen Posten vertrieben, erschossen oder hinter Stacheldraht gesteckt, wo sie häufig den Tod fanden, und die mit ihrer Hilfe errungenen Siege (im Bürgerkrieg wie auch bei der Industrialisierung Rußlands) teilten die kommunistischen Funktionäre neu untereinander auf.

In den letzten Jahren habe ich von Menschen ganz verschiedener Berufe immer öfter gehört, es werde so gut wie unmöglich, normal zu arbeiten. Die Vorherrschaft von talentlosen Amateuren drängte das Land immer stärker dem Ruin entgegen. Wozu ist beispielsweise der Abteilungsleiter des Leningrader Gebietskomitees der Partei, ein Zivilist, fähig, der anstelle einer Abfindung eine Generaluniform bekommt und auf den Posten des Chefs der Hauptverwaltung Inneres versetzt wird? Die Jahre seiner Parteitätigkeit werden ihm in diesem neuen »Wirkungsbereich« angerechnet, und er erhält die gleichen Vergünstigungen wie jemand, der dreißig Jahre lang als Kriminalbeamter sein Leben aufs Spiel setzte. Das gleiche geschieht, wenn unser Funktionär zu den Streitkräften überwechselt. Wie kann man denn in dieser Situation das Thema der Abschaffung von Politorganen in der Armee oder beim KGB auch nur erwähnen? Welche Kraft kann diese Leute von einem solchen Futtertrog losreißen?

Der neue Chef der Politorgane der Armee, General Schljaga, hat eine ganze Kohorte hochgestellter ZK-Funktionäre, die ihre Posten wegen »Personalkürzung« einbüßten, als Generale und Obristen untergebracht. Löst dies bei jemandem Verwunderung aus? Keineswegs verwunderlich ist auch, daß echte Profis in allen Sphären die Aufsteiger aus dem Parteiapparat im stillen hassen.

Selbstverständlich gibt es in jedem System Ausnahmen. Es kommt, wenn auch selten, vor, daß der Sekretär eines Gebietskomitees, den die Partei in einen neuen Tätigkeitsbereich versetzt, selbst zu einem Fachmann wird. Dabei muß es sich allerdings um eine wahre Persönlichkeit handeln. Vielleicht deshalb hebt sich der ehemalige Sekretär des Gebietskomitees Kemerowo, Wadim Bakatin, von dem Hintergrund der gesichtslosen Beamten derart auffällig ab. Nachdem er zum Innenminister ernannt worden war, organisierte er den Apparat seines Ministeriums neu, festigte durch entschlossene Maßnahmen die rechtliche und soziale Sicherstellung der Milizionäre, unterstützte die Idee der lokalen Miliz-Formationen und gewährte den Republikorganen des Innern weitestgehende Selbständigkeit. Im November 1990 wurde unter den Mitgliedern des Obersten Sowjets ein persönlicher Appell von ihm verteilt, in dem der Minister die Krise im Lande eingehend und tiefschürfend analysierte und sein eigenes Programm zu ihrer Überwindung vorlegte. Einige Tage später wurde er ohne jede Angabe von Gründen in den Ruhestand versetzt. In seinem Appell behauptete der Minister übrigens, eine Bekämpfung der Kriminalität in der UdSSR sei unmöglich, solange die Rechtsschutzorgane keine Funktionäre aus den höchsten Schichten zur Verantwortung ziehen könnten. Damit hatte er seine Kompetenzen offenkundig überschritten.

In diesem Zusammenhang sollte die ANT-Affäre erwähnt werden. Für mich fing sie mit einem Sujet wie aus einem Krimi an.

Anfang 1990 erschienen in der Presse erste Veröffentlichungen über den Verkauf von Panzern ins Ausland. Als Hauptheld und -entlarver trat dabei Iwan Poloskow auf, der Erste Sekretär des KPdSU-Regionskomitees Krasnodar. Ich bin sicher, daß die Stalinisten, die sich von Ligatschow und Gidaspow bereits enttäuscht fühlten, auf diese Weise versuchten, ihrem neuen Kandidaten für die Funktion einer »eisernen Hand« zu mehr Ruhm zu verhelfen.

Aus irgendwelchen Gründen war es für die Konservativen von Vorteil, den von ihnen selbst geschaffenen Konzern und sogar Ministerpräsident Ryschkow zu opfern, der die ANT-Gründung abgesegnet hatte.

Der Konzern fiel auf die Provokation herein, denn solche Geschäfte entsprachen durchaus dem Geist seiner üblichen Manipulationen. Durch die Entlarvung des Konzerns verwandelte sich der bescheidene Parteisekretär aus Krasnodar in einen Beschützer der Volksinteressen, in eine Figur von Unionsformat. Das Ziel war wohl auch, Gorbatschow in Verruf zu bringen und mit ihm die gesamte Kooperativbewegung. ANT wurde nämlich nicht als ein staatlicher Konzern, sondern als eine Kooperative dargestellt. So konnte man auch die Demokraten, die für die Entwicklung von Kooperativen eintreten, eines Besseren belehren.

Man muß zugeben: Das Spiel war gut durchdacht und geschickt inszeniert worden.

Weder diejenigen, die den ANT angriffen, noch jene, die ihn in Schutz nahmen, wußten etwas über den wahren Hintergrund der Vorgänge. Auch ich hatte, als die ersten entlarvenden Beiträge erschienen, noch keinerlei Verdacht geschöpft. Ich dachte, das Ganze sei lediglich ein Beispiel dafür, wie sich die gute Idee der Gründung staatlich-genossenschaftlicher Unternehmen in den Händen gerissener Gauner in ihr Gegenteil verwandelt.

Plötzlich bot mir einer der Volksdeputierten (ein Mann, dem ich vollauf vertraue) an, ein Treffen mit einem hochgestellten Angehörigen der Unionsregierung zu arrangieren. Ich will hier nicht schildern, wo und wie wir uns trafen. Man stelle sich nur vor, eine ziemlich dicke Mappe in der Hand zu halten, sie zu öffnen und...

Von den ersten Seiten an war mir klar, daß die Gründung des ANT-Konzerns unter gröbsten Verstößen gegen die Gesetze stattgefunden hatte. Außerdem waren dem Konzern beispiellose Vergünstigungen eingeräumt worden: Er brauchte nicht nur keine Zollgebühren zu zahlen, sondern war auch von jeglichen Zollkontrollen befreit.

Mir bleiben die Unterlagen in Erinnerung, in denen es um Verhandlungen über die Lieferung einer großen Partie neuer sowjetischer Jagdflugzeuge (sechshundert Maschinen!) an eines der Nahostländer sowie um eventuelle Lieferungen von angereichertem Uran ging.

Es war verblüffend, daß einer staatlich-genossenschaftlichen Vereinigung, die auf der Basis einer kleinen Kooperative bei einem Flugzeugwerk entstanden war und in der nur einige Dutzend Leute arbeiteten, von der Regierung soviel Aufmerksamkeit geschenkt wurde.

Weiter folgten Dokumente über Schiebergeschäfte mit großen Mengen von Gold und ungeschliffenen Diamanten. Die Geschäfte waren noch nicht zustande gekommen, doch die Verhandlungen liefen auf überaus solider Ebene. Ich begriff, daß dies ein Thema für eine Parlamentskommission war.

Mein Gesprächspartner sammelte schweigend die Papiere vom Tisch ein und verabschiedete sich. Ich beschloß, daß ich in die Angelegenheit eingreifen und diese häßliche Geschichte im Obersten Sowjet oder, im Extremfall, auf einem Kongreß der Volksdeputierten zur Sprache bringen mußte.

Von der Richtigkeit meiner Schlußfolgerungen überzeugte mich der Brief, den ich von einem der führenden sowjetischen Spezialisten für Außenwirtschaftsbeziehungen erhielt, einem angesehenen Professor, dessen Namen ich aus bestimmten Gründen vorerst nicht nennen kann. Ich glaube, dieser Brief ist es wert, im Wortlaut zitiert zu werden:

»Sie haben es gewagt, Ihre Stimme gegen ein Bündnis von Pseudo-Genossenschaftlern und Staatsbürokraten zu erheben, also gegen jene spezifische Gruppe der entstehenden Bourgeoisie, die jetzt als Folge der Beschränktheit und Halbherzigkeit der Wirtschaftsreform erscheint. Unter den Bedingungen einer limitierten Warenverteilung (die in den Händen der Ministerien verbleibt) wird einzelnen Personen das Recht gewährt, nach einer minimalen bzw. fiktiven Verarbeitung die gewonnenen Produkte zu ›Vertragspreisen‹ abzusetzen, obwohl sie aus staatseigenen Rohstoffen produziert werden, die man zu staatlichen Preisen erworben hat. Die dabei erzielten Gewinne erreichen Tausende von Prozent. Ganz besonders phantastische Profite gewährleistet die Nutzung ›limitierter Kanäle‹, die von entsprechenden, für Außenwirtschaftsbeziehungen zuständigen Behörden bereitgestellt werden. Hier bringt jeder Rubel Hunderte oder gar Tausende von Rubeln ein.

Das Schema der Operationen sieht ausgesprochen unkompliziert aus. Eine Tonne Schrott kostet auf dem Außenmarkt hundert bis zweihundert Dollar und im Inland rund neunzig bis hundertfünfzig Rubel. Das betreffende Unternehmen (in diesem Fall der Konzern ANT) kauft bei einem Betrieb Metallschrott zum obengenannten Preis und liefert ihn nach Westeuropa.

Wenn es sich um ein konventionelles Verkaufsgeschäft handelt, bekommen der ANT oder eine beliebige andere Organisation rund vierzig Prozent des Vertragspreises (den Rest zieht der Staat als Steuern ein), und auch diese vierzig Prozent müssen noch durch zusätzliche Rubelzahlungen (die sogenannte Rubel-Abdeckung) freigekauft werden.

Die Situation ändert sich jedoch grundsätzlich, wenn es sich um ein Bartergeschäft handelt. In diesem Fall wird auf das Konto des betreffenden Unternehmens kein Geld überwiesen, doch es kauft auf dem Außenmarkt Waren im selben Wert ein.

Jetzt wollen wir eine unkomplizierte Preisberechnung vornehmen (die Zahlen haben annähernden Charakter): Eine Tonne Schrott kostet hundertfünfzig Dollar. Ein etwas veralteter, doch trotzdem recht moderner IBM-Computer kann bei einem Weltmarktpreis von achthundert US-Dollar im Inland für zwanzig- bis fünfundzwanzigtausend Rubel verkauft werden. Man kann die Leistungsfähigkeit dieses Computers ausbauen, indem man ein vorbereitetes Programm hinzufügt (das man sich irgendwo beschafft bzw. preiswert erworben hat). In diesem Fall handelt es sich bereits um ›verarbeitete‹ Ware, so daß sich der Preis auf vierzigtausend Rubel erhöht.

Mit anderen Worten, vier bis sechs Tonnen Schrott, die auf dem Binnenmarkt fünfhundert bis tausend Rubel kosten, bringen gegebenenfalls rund vierzigtausend Rubel ein. Ein Rubel wirft also fünfzig bis hundert Rubel Gewinn ab. Von so etwas kann kein Kapitalist träumen. Obligatorische Voraussetzung für dieses Geschäft ist die Beschaffung einer Genehmigung für die betreffende Tauschoperation bzw. einer Lizenz für den Export von Rohstoffen, die im Prinzip von staatlichen Außenwirtschaftsorganisationen erteilt werden. Weshalb müssen es staatliche Organisationen sein?

Die Angestellten in den staatlichen Einrichtungen erhalten fixe Gehälter und gewinnen durch die Abwicklung von Geschäften so gut wie gar nichts (vereinzelte Auslandsreisen und Prämien in Höhe von einigen hundert Rubeln nicht mitgerechnet). Der gesamte Gewinn gelangt in den Staatssäckel.

Etwas anderes ist eine staatlich-genossenschaftliche Einrichtung wie ANT. Sie besitzt das Recht einer freien Aufteilung der Gewinne (die Zehntausende von Prozent erreichen können) auf alle Mitarbeiter je nach dem zum Zustandekommen des betreffenden Geschäfts geleisteten Beitrag.

Was kann eine Exportlizenz bzw. eine Genehmigung für ein Bartergeschäft kosten, das viele Dutzend bzw. hundert Millionen Rubel ein-
bringt, die dann als Lohnzahlungen in die Taschen jener Leute
wandern, welche in der Schattenwirtschaft das Sagen haben? Der
ANT hatte eine solche Genehmigung erhalten! Er besaß praktisch un-
eingeschränkte Möglichkeiten für Barterabschlüsse und die lizenz-
freie Ausfuhr von Rohstoffen.

Ich möchte Sie an folgende Geschichte erinnern: Im Januar 1989 er-
regte in Moskau der Fall der Kooperative Technika allgemeines Aufsehen, die solche Geschäfte mit Computern abwickelte. Die Kooperative verkaufte übrigens Rohstoffe, die sie durch Verarbeitung von
Abfallprodukten mit Hilfe ihrer eigenen Technologie gewonnen
hatte. ANT verkaufte Rohstoffe ohne jede Veredelung. Die gerichtli-
che Untersuchung der Rechtmäßigkeit jener Geschäfte, die Technika
abwickelte, dauerte von März 1989 bis März 1990.

Auch die Regierung reagierte darauf. Im März 1989 erließ sie eine
spezielle Verordnung, die es (bis auf eigens definierte Fälle) untersagte, Barter und Lizenzen bei der Ausfuhr von Rohstoffen zu nutzen.

Doch schon im September (als der Prozeß gegen Technika noch
lief) erhielt der ANT plötzlich ein uneingeschränktes Recht auf
lizenzfreien Export und Bartergeschäfte. Womit kann man eine solche Politik erklären, wenn nicht durch die Bestechlichkeit von Beamten in der Außenwirtschaftsadministration? Der Umstand, daß der
ANT neunundneunzig oder achtundneunzig Prozent seiner Gewinne
an den Staat abführte, ändert nichts am Sachverhalt. Schmiergelder
und sonstige illegale Zahlungen lassen sich ohne weiteres in den
Lohnkosten abbuchen.

Welche Hauptkonsequenzen ergeben sich nun daraus?

Die Geschichte mit den Panzern, die ins Ausland verkauft wurden,
ist lediglich ein Rauchvorhang, der das eigentliche Wesen der Fi-
nanzmachenschaften vor der Bevölkerung verbergen soll. Das Ganze
erinnert sehr stark an das Vorgehen der Mafiosi in der italienischen
TV-Serie *Der Krake*, in der man den Skandal um die Ermordung des

Priesters und der Bankiersfrau nur dazu brauchte, die Aufmerksamkeit von tatsächlichen finanziellen Affären abzulenken.

Die Untersuchung (soweit man es jedenfalls nach den Presse-
berichten beurteilen kann) ließ jene Kanäle unangetastet, die dem ANT
gestatteten, außerordentliche Vergünstigungen in Form von Lizenzen und Bartergenehmigungen zu erhalten, dank denen er in der Lage
war, unlautere Vermittlungsgeschäfte zu tätigen.

Die Hinweise auf vage Zusicherungen, in Zukunft den UdSSR-
Markt mit Konsumgütern zu überschwemmen, wirken wenig überzeugend. Hätte sich das Ministerium tatsächlich um den Konsum-
gütermarkt gekümmert, so hätte es die Bartergenehmigungen und
Exportlizenzen für Verträge über die Lieferung von Konsumgütern
erteilen können.

Der ANT ist kein Phänomen der ›Marktwirtschaft‹, sondern ein Produkt der bürokratischen Klasse, die staatliche Kanäle zur persönlichen Bereicherung nutzt.

Der Fall ANT ist ein Resultat der Inkonsequenz und Halbherzigkeit
der Reformen, die einen solchen Mißbrauch staatlicher Verteilungs-
kanäle möglich machen.«

Ich kann zu diesem Brief kaum etwas hinzufügen.

Also entschloß ich mich, auf dem 3. Kongreß zum Thema ANT das
Wort zu ergreifen. Doch der Parteisekretär aus Krasnodar kam mir
zuvor. Poloskow bezichtigte mich und den Deputierten Wladimir
Tichonow, wir seien eine »Lobby der Kooperativen«. Da wir für die
Entwicklung der Kooperativen einträten, seien wir auch an der ANT-
Affäre mitschuldig. Ich glaube, er wäre etwas anders aufgetreten,
hätte er gewußt, wessen Unterschrift die »Geburtsurkunde« des Unternehmens zierte, das bloß wegen einiger alter Panzer ins Zwielicht
geraten war. Falls ich mich nicht irre, hatte sich Poloskow selbst von
jenen Leuten provozieren lassen, die ihm diese Information über die
Panzer zuspielten.

Als ich auf die Anschuldigungen des Krasnodarer Parteisekretärs
antwortete, erwähnte ich auch jene Dokumente, die ich in der Hand

gehalten hatte, sowie die Unterschriften von Ryschkow und seinen Stellvertretern, die die Ampel für ANT auf Grün geschaltet hatten. Ich forderte die Bildung einer Parlamentskommission, die diesem Fall nachgehen solle. Es hieß jedoch, die Staatsanwaltschaft der UdSSR werde alles untersuchen.

Seitdem ist mehr als ein Jahr verstrichen. Iwan Poloskow ist seit langem schon Chef der Kommunisten Rußlands, und Generalstaatsanwalt Alexander Sucharew ist überraschend, aber durchaus gesetzmäßig zurückgetreten. Die Staatsanwaltschaft schweigt, als habe es nie einen Skandal gegeben. Und der Konzern ANT setzt meines Wissens seine kommerzielle Tätigkeit fort; er ist sogar noch größer geworden. Das System hat die Untersuchung blockiert, und ich glaube nicht, daß die Deputierten große Chancen haben, sehr bald mehr über ANT zu erfahren.

Überaus interessant und kennzeichnend für unsere parlamentarischen Sitten war jedoch die Polemik, die wir in jenen Tagen auf dem 3. Kongreß erlebten.

Ich sagte: Wenn die Regierung jemandem das Recht erteile, überplanmäßige Erzeugnisse beliebiger Betriebe, auch der Rüstungsindustrie, ins Ausland zu verkaufen, wer könne dann wegen des Verkaufs von Panzern zur Verantwortung gezogen werden? Ryschkow rechtfertigte sich, man habe ja nie gedacht, daß die Leute auf die Idee kommen würden, Waffen zu verkaufen. Doch aus den Unterlagen ging hervor, daß die Lieferung von Waffen gleichfalls von der Unionsregierung sanktioniert worden war, da die Rüstungsbetriebe in unserem Land bekanntlich nicht nur Kochtöpfe und Kühlschränke produzieren. Wenn es sich nicht um Waffen handelte, wozu brauchte man dann die Klausel, daß sich die Zollkontrolle nicht auf die Lieferungen dieses Konzerns erstrecke, wozu beauftragte man dann den stellvertretenden KGB-Chef, ANT jegliche Unterstützung zukommen zu lassen?

Ich beschuldigte die Regierung, sie selbst sei es – nicht Sobtschak oder Tichonow –, die derartige Strukturen schaffe und das Gesetz ver-

letze. Die Unterschriften von Ryschkow und seinen Stellvertretern
Gussew und Kamenzew zeigten dies nur allzu deutlich.

Nikolai Ryschkow tat mir leid, als er in seiner Rechtfertigungsrede
sagte, Sobtschak habe ihn »eingesalbt«. Dieses Wort, im Kriminellen-
jargon vielleicht »salonfähig«, klang aus dem Munde eines Regierungschefs doch etwas sonderbar. Ganz peinlich wurde es mir, als der
Regierungschef der (zumindest militärisch) größten Macht der Erde
auf der Tribüne begann, sich mit schluchzender Stimme wie ein Kind
zu rechtfertigen, das bei einer unschönen Tat ertappt worden ist.

In zivilisierten Ländern tritt das Kabinett nach solchen Vorfällen
zurück. Was soll man aber tun, wenn unsere »weinenden Bolschewiki« freiwillige Rücktritte noch nicht gewohnt sind und die Öffentlichkeit vorerst keine Möglichkeit besitzt, sie dazu zu zwingen?

Ich ging nicht nur auf die ANT-Affäre ein, sondern wies auch auf
andere Gesetzesbrüche in unserem Land hin. So hätten, sei es auch
indirekt, zum Beispiel jene Vertreter der Nomenklatura gegen die Gesetze verstoßen, die sich zur Sicherung ihrer Wahl in entfernten Pro-
vinzen als Kandidaten aufstellen ließen. Wenn beispielsweise im
Obersten Sowjet nur ein Vertreter des Adygeischen Autonomen Gebiets einen Sitz habe, frage sich doch wohl, weshalb es der Vorsitzende des Präsidiums des Obersten Sowjets der RSFSR, Worotnikow,
sein müsse. Und weshalb würden die Jakuten im Unionsparlament
durch den Ministerpräsidenten Rußlands, Wlassow, repräsentiert?
Wäre es nicht besser, wenn diese Sitze von Vertretern der Stamm-
bevölkerung eingenommen würden, nicht aber von dem »Adygeier
Worotnikow« und dem »Jakuten Wlassow«?

Man muß der Nomenklatura ein Kompliment machen: Meinen
Verweis an Poloskow und auch meine Vorwürfe an die Adresse von
ANT und Ryschkow hatte sie gleichsam überhört, meine letzte Äußerung blieb jedoch nicht unbemerkt. Unverzüglich erhielten die Ersten
Sekretäre aus Jakutien und aus Adygeia das Wort, um den Deputierten Sobtschak anzuprangern, weil er... einen Keil zwischen das ady-
geische, das jakutische und das russische Volk treiben wolle. Etwas

später, nachdem sie ihre Partei- und Nomenklaturapflicht erfüllt hatten, sagten sie mir unter vier Augen, meine Ausführungen seien von der Form her viel zu kompliziert gewesen und sie hätten mich einfach mißverstanden.

Nun, ich will es ihnen glauben.

Zuvor war es zu dem ersten scharfen Konflikt mit dem Chef der Unionsregierung gekommen.

Der Oberste Sowjet sollte den Vorsitzenden der Kommission für Außenwirtschaftsbeziehungen beim Ministerrat der UdSSR, Wladimir Kamenzew, in seinem Amt bestätigen. Er hatte schon einige Jahre in dieser Funktion gearbeitet, und viele, er selbst nicht ausgenommen, glaubten wohl, das Ganze werde problemlos über die Bühne gehen.

Wer war dieser Kamenzew? Er war Erster Stellvertreter des Ministers für Fischereiwirtschaft, als die aufsehenerregende »Kaviar-Affäre« publik wurde. Der Minister Ischkow trat zurück, und einer seiner Stellvertreter wurde erschossen. Kamenzew ging aus diesem Skandal jedoch nicht nur unversehrt hervor, sondern kletterte sogar noch eine Stufe höher: Er nahm den Ministerposten ein. Wie mir Mitarbeiter dieses Ministeriums später erzählten, hatte keiner mit einem solchen Ergebnis gerechnet. Ich möchte an die Substanz des damaligen Vorgangs erinnern: Die Verbrecher hatten jahrelang große Mengen Kaviar, als billige Fischkonserven getarnt, in den Westen geschmuggelt und waren schließlich rein zufällig erwischt worden.

Nach jenem Skandal war Kamenzew übrigens noch weiter aufgestiegen: Er wurde ins Ministerium für Außenwirtschaftsbeziehungen versetzt, und als man 1987 im Ministerrat die sogenannten Wirtschaftskomplexe bildete, übernahm Kamenzew als Stellvertretender Ministerpräsident die Leitung jener Kommission, welche die gesamte Außenwirtschaftätigkeit des Landes koordinieren sollte.

Bei der parlamentarischen Diskussion über die Bestätigung Kamenzews in diesem Amt trug ich drei Gründe vor, weshalb solche

Leute unter keinen Umständen leitende Tätigkeiten ausüben sollten. In allen seinen bisherigen Funktionen sei es dem Genossen Kamenzew gelungen, den ihm anvertrauten Bereich zu ruinieren. Die beiden von ihm geleiteten Ministerien hätten ausgesprochen schlecht funktioniert. Außerdem habe das Ministerium für Außenwirtschaftsbeziehungen unter Kamenzew jegliche gemeinsame wirtschaftliche Tätigkeit sowjetischer Unternehmen mit dem Westen praktisch unmöglich gemacht. Denn es habe die Unternehmen durch Weisungen und Reglementierungen derart gefesselt, daß die Direktoren heute nicht einmal auf die Idee kämen, aus eigener Initiative Handel mit hochentwickelten Ländern zu treiben. Und drittens wimmele es in diesem Ministerium von Verwandten hochgestellter Partei- und Staatsfunktionäre; Genosse Kamenzew habe einen der wichtigsten Wirtschaftsbereiche des Staates in einen Futtertrog für die Angehörigen der Nomenklatura-Elite und der Generalität verwandelt.

Einige empörte Deputierte nahmen Kamenzew in Schutz, doch der Oberste Sowjet bestätigte ihn trotzdem nicht. Es schien, damit werde der Vorgang sein Ende finden, doch Nikolai Ryschkow erklärte meine Argumente für falsch und verlangte die Nennung von Namen. Das war, wie man leicht errät, eine simple Rechnung: Um auch nur einige Namen nennen zu können, hätte man in der Personalabteilung des Ministeriums gründliche Nachforschungen anstellen müssen.

Ryschkow hatte die Spezifik von Fernsehübertragungen nicht berücksichtigt: Nach meiner Rede mußte ich einen speziellen Ordner für die Briefe anlegen, die ich von Mitarbeitern des Ministeriums für Außenwirtschaft erhielt. Ich war mir darüber im klaren, daß unter all diesen Anschuldigungen nur ein Teil begründet sein konnte. Deswegen prüfte ich nur einige besonders überzeugende Zuschriften und Anrufe.

Was war allein die Tätigkeit der beiden wichtigsten Abteilungen dieses Ministeriums wert: der Technischen Abteilung und der Ingenieurverwaltung? Da saßen ein Neffe neben einem Cousin und ein Bruder neben einem Schwiegersohn, und alle hatten sie militärische

Dienstgrade, weil diese Verwaltungen für Waffenhandel zuständig waren. Ihre Gehälter bezogen diese Leute aus dem Verteidigungsministerium.

Ich mußte den Ministerpräsidenten über mein Recht aufklären, auf seine Frage bezüglich der Namen nicht zu antworten; vielmehr sei ich als Volksdeputierter berechtigt, ihm Fragen zu stellen. Sofort ertönte es aus dem Saal, Ryschkow sei ebenfalls Deputierter. Ich erwiderte, das Gesetz sehe keine Anfragen eines Deputierten an einen anderen vor, sondern nur solche, die ein Deputierter an einen Amtsträger richten könne. Doch ich würde trotzdem antworten und konkreter werden.

Mit einem schon etwas vergilbten Exemplar der *Moskowskaja prawda* in der Hand zitierte ich eine Rede Jelzins, die er in seiner Zeit als Erster Sekretär der Moskauer Parteiorganisation gehalten hatte. 1987 hatte er es geschafft, eine Überprüfung der Moskauer Hochschule für Internationale Beziehungen, der Außenhandelsakademie und des Ministeriums für Außenwirtschaftsbeziehungen durchführen zu lassen, und man hatte in diesen Einrichtungen ein Übermaß von Verwandten hochgestellter Funktionäre vorgefunden. (Die Zeitung hatte mir Jelzin gebracht; er wußte wohl, daß man mir diesen Angriff auf Kamenzew nicht vergeben würde, ebenso wie man ihm seinerzeit etwas Ähnliches nicht verziehen hatte.) Ich berief mich auch auf eine Reihe von Entlarvungen jüngeren Datums, zu denen es schon nach der Entfernung Jelzins aus der Moskauer Parteileitung gekommen war. Zudem nannte ich ein paar Namen, verzichtete jedoch angesichts der ohnehin gespannten Situation im Lande auf weitere Enthüllungen.

Immerhin konnte ich sicher sein, daß Kamenzew nicht im Amt bestätigt werden würde und Ryschkow aufgeben mußte.

Aus irgendeinem Grund war ich nie als Mitglied einer Parlamentsdelegation zu Auslandsreisen eingeladen worden. Das bereitete mir keinen sonderlichen Kummer: Wenn man täglich beim Aufwachen rätselt, wo man sich befindet, ob in Moskau, in Leningrad oder in einem Zugabteil, hat man kaum noch Zeit und Muße, an Auslandsreisen zu denken. Aber plötzlich wurde mir mitgeteilt, daß ich zusammen mit einer Gruppe von Parlamentariern nach Amerika reisen solle. Weshalb wohl? Ich erhielt den privaten Hinweis, in meiner Abwesenheit werde Ryschkow gewiß versuchen, Kamenzews Bestätigung »durchzuziehen«. Sollte ich diesen Worten keinen Glauben schenken? Leider hatte sich in unserer kurzen parlamentarischen Praxis bereits einiges von dieser Art ereignet. Deshalb informierte ich so viele Angehörige des Obersten Sowjets und auch Journalisten wie möglich. Den Text meiner Ansprache ließ ich bei Delegierten aus Leningrad zurück, und sie versprachen, ihn an meiner Stelle vorzutragen, falls die Sache mit Kamenzew neu aufgerollt werden sollte. Dieser Text enthielt viel mehr Namen als meine früheren Äußerungen.

Damit endete die Geschichte dann auch.

Die Kandidatur Kamenzews wurde nicht mehr erwähnt, obwohl Ryschkow seinen nicht bestätigten Stellvertreter bis in den Winter hinein im Amt behielt. Dann brach der Skandal um den ANT aus, und Kamenzew wurde in den Ruhestand versetzt. Seine Unterschriften fanden sich auf den Dokumenten, die diesen Konzern betrafen. Außerdem war Kamenzew in seinem Ministerium für die »Betreuung« des ANT zuständig.

Alle leitenden Funktionen wurden in der UdSSR also den entsprechenden Parteiorganen zugeteilt. Ausnahmen gab es nicht.

Ist das erste Gesetz der Nomenklatura die Auswahl von leitenden Funktionären für die Parteistruktur, so legt das zweite Gesetz ein System der Verteilung, der Versorgung und der Vergünstigungen fest. Auch hier herrscht eine strikte Hierarchie. Der Schöpfer der Nomenklatura begriff, daß die »Diener des Volkes« ein eigenes Leben führen mußten, unabhängig von den Schwankungen des Lebensstandards im Volk, von den Bestrebungen und Wünschen der »einfachen sowjetischen Menschen«.

Die Nomenklatura ist eine sowjetische Spielart der Oligarchie. Die Hierarchie der Privilegien ist in oligarchischen Regimen streng geregelt. Der sehnlichste aller Funktionärswünsche ist, neben dem Lenin-Mausoleum bestattet zu werden. Hat man es dafür nicht weit genug gebracht – bitte schön, in die Kremlmauer. Einen Rang darunter: der Friedhof am Jungfrauenkloster. Dann folgt der Wagankowo-Friedhof usw. Ebenso hierarchisch geregelt ist die Umbenennung von Städten und Ortschaften. Die ehemalige Metropole des Reiches und die »Wiege von drei Revolutionen«, Sankt Petersburg, wurde nach dem Tode des Revolutionsführers in Leningrad umbenannt. Dafür hatten schon zu Lebzeiten Stalins mehrere Städte seinen Namen erhalten. Rybinsk hieß eine Zeitlang Schtscherbakow, dann wieder Rybinsk, dann Andropow, und nun ist es wieder Rybinsk. Die Einwohner von Ischewsk erwachten eines Tages in der Stadt Ustinow; der Name Ischewsk war – in den frühen achtziger Jahren! – für einige Zeit tabu. Es hieß dann auch: Soundso sei 1915 in der Stadt Ustinow geboren worden... Nach dem Umtausch der Personalausweise stand plötzlich auch bei den gebürtigen Petersburgern Leningrad als Geburtsort in den Dokumenten.

Die Nomenklatura, die vom Volk abgeschottet lebt, mußte zwangsläufig ihr Realitätsgefühl einbüßen. Die zahllosen Goldenen Sterne an der Brust Breschnews brachten genauso zahllose Witze hervor. Die Nomenklatura der frühen achtziger Jahre näherte sich jenem Stadium der »genialen Idiotie«, da jede ihrer Aktionen für sie selbst objektiv schädliche Wirkung hatte. Am deutlichsten zeigte sich dies während der Wahl der Volksdeputierten. Viele Demokraten verdankten ihre Wahl dem System, das viel Kraft in ihre Diskreditierung investiert und auf diese Weise das »Phänomen Jelzin« und das »Phänomen Gdljan und Iwanow« geschaffen hatte. Ein Jahr später, bei der Wahl zum russischen Parlament, zeigte sich, daß man im System nichts dazugelernt hatte.

Die »Schattenmoral« der Nomenklatura gerät in Widerspruch zur Moral des Volkes. Augenzeugen berichten, daß man Schdanow während der Blockade Leningrads im Winter mit Flugzeugen Pfirsiche lieferte. Im Leningrader Staatlichen Film- und Fotoarchiv gibt es ein Foto mit der Unterschrift »Der beste Schichtmeister der Süßwarenfabrik N prüft die Qualität der Erzeugnisse«. Das Bild zeigt sorgfältig angeordnete Reihen appetitlicher Rumkuchen. Das Datum: Dezember 1941. In dieser Zeit war die Brotration auf 125 Gramm pro Tag gesunken, und die Stadt lag im Sterben, was die Nomenklatura selbstverständlich wußte. Doch in der belagerten Stadt arbeitete ein Schwarzmarkt, wo man Familienschmuck gegen Brot und sogar gegen roten Kaviar eintauschen konnte.

Der Komponist Dmitri Tolstoi sah in jenen Tagen mit eigenen Augen ein trockenes Weißbrot, das in der Wohnung des Vorsitzenden des Leningrader Stadtsowjets, Pjotr Popkow, im Mülleimer steckte. Popkow selbst war den Leningradern zufolge kein Monster; er ist ihnen vielmehr als ein Mensch in Erinnerung geblieben, welcher der Stadt Nutzen bringen und allen Bedürftigen nach Möglichkeit helfen wollte. 1950 wurde er zusammen mit den anderen Spitzenfunktionären der Stadt ein Opfer des Stalin-Terrors. Nicht Popkow war böswillig – böswillig und inhuman war das System, das im Menschen das Menschliche tötete. Mir ist folgender Fall bekannt: Während des Krieges schickte die Familie eines hochgestellten Funktionärs aus der belagerten Stadt Pakete mit Kaviar an ihre Kinder, die in einem Heim evakuiert worden waren. Gleichzeitig drohte allen, die in den nichtbesetzten Territorien »Gerüchte von der Hungersnot in Leningrad« verbreiteten, Freiheitsentzug und der nahezu sichere Tod.

Die »ruhmreichen« Traditionen der Leningrader Gebietsleitung der Partei leben auch in der Gegenwart fort. Als in der Wochenzeitung *Moskau News* ein Verzeichnis der Delikatessen veröffentlicht wurde, welche die Leningrader längst vergessen haben, die aber im Smolny immer noch zum Speisenangebot gehören, leugnete der Chef der Allgemeinen Verwaltung des Gebietskomitees kühn auch diese dokumentarisch belegte Tatsache.

Auf dem 1. Kongreß kam es zu einem ersten Riß in der stabilen No-
menklatura-Ordnung. Es stellte sich heraus, daß das ZK und sogar das
Politbüro nicht allmächtig sind. Ich habe schon geschildert, wie die
Parteiführung schleunigst zu einer außerordentlichen Sitzung zu-
sammentreten mußte, um neue Kandidaten anstelle der von den
Volksdeputierten abgelehnten vorzuschlagen. Doch dies war lediglich das erste Zeichen. Weitere folgten. Die Bildung der Unionsregierung begann, und es wurde klar, daß die Zeiten sich geändert hatten.
Konnte ein frischgebackener Minister früher nach einer Entscheidung der Partei unbekümmert seinen alten Posten verlassen, so
mußte er nun zunächst noch vor einer Kommission bzw. einem Ausschuß des Obersten Sowjets erscheinen. Hier erlebten wir, wie sich
manche buchstäblich vor unseren Augen wandelten.

Die Schlachten des 1. Kongresses waren bereits vorbei, diese Funktionäre aber hatten immer noch nichts begriffen. Sie gaben sich
unnahbar: Die »Demokraten« machten zu viele »bürokratische Umstände«, nun müsse man sogar zu irgendwelchen Anhörungen. Sie
zeigten uns offen, was sie von uns hielten. Sie stiegen aus ihren oft
schon vom langen Sitzen zerschlissenen Sesseln zu uns hinab und
demonstrierten mit ihrem ganzen Aussehen, wie furchtbar beschäftigt sie waren: »Ich bitte, daß man sich kurz faßt, ich muß in einer
halben Stunde eine Beratung leiten!«

Doch es kamen Fragen. Und da wurde klar, daß der Minister keine
Ahnung von Dingen hatte, über die jeder Ingenieur Bescheid weiß.
Ja, sogar jeder Student oder Schüler!

Ignoranz wurde in der Regel von der Unfähigkeit begleitet, Verantwortung für die Mißstände zu übernehmen. Der Ministerkandidat
vergaß sehr bald die geplante Beratung. Sobald er sein »Gewicht« eingebüßt hatte, erwies er sich als ein ganz gewöhnlicher Mensch. Doch
auch dieser Mensch begriff meistens nicht, was da vorgefallen war,
weshalb die Kommission oder der Ausschuß die seines Erachtens
völlig absurde Entscheidung traf, ihn nicht für den Posten zu empfehlen, den er schon viele Jahre lang bekleidet hatte.

Bald zeigte sich, daß eine solche »Nichtempfehlung« endgültigen
Charakter hatte und daß es keine Chance gab, einen Posten gegen das
»Urteil« des betreffenden Ausschusses zu erhalten. Die einzige Ausnahme war der Verkehrsminister, der seinen Posten nach dem dritten
oder vierten Anlauf bekam. Die Deputierten wurden von Gorbatschow und Ryschkow buchstäblich überredet: Einen anderen Kandidaten gebe es nicht und werde es auch nicht geben; man möge
ihnen doch den Gefallen tun.

Etwa ein Drittel der Anwärter fiel durch, ein Teil schon in den Ausschüssen und ein Teil auf der Tagung des Obersten Sowjets. Das war
ein zweiter Schlag für inkompetente Minister: Die Diskussionen um
jene Kandidaten, die schlecht und recht die »Schranke« des Ausschusses mit einer Mehrheit von ein paar Stimmen überwunden hatten, gestalteten sich ziemlich dramatisch. Mitunter gingen diese
Debatten in extrem scharfe Kritik über.

Dies war bei der Bestätigung des Generalstaatsanwalts der UdSSR
der Fall. Er kam auf eine Mehrheit von sechs Stimmen. Damals war
übrigens im Kremlpalast die Abstimmungsanlage noch nicht mon-
tiert worden, und die »Zehnfinger-Elektronik« kann viel schlimmere
Fehler bewirken: Eine erhobene Hand wird übersehen, eine andere
wird zweimal gezählt. Also hätten es auch sechs Stimmen zu wenig
werden können.

Wie dem auch sei, das Nomenklatura-Prinzip der Ernennungen
funktionierte nicht mehr. Möglicherweise fingen die Orthodoxen aus
der Nomenklatura nun zum erstenmal an, über die Folgen nachzudenken. Als sie ihre Felle davonschwimmen sahen, merkten sie, daß
sie sich zusammenschließen und ernsthaft um ihr Überleben kämpfen mußten. Gewiß, im ersten Stadium waren sie darauf nicht vorbereitet. Sie hatten einige Jahrzehnte lang in solchem Komfort gelebt,
daß sie von allen Arten des Kampfes nur den bürokratischen Kampf
kannten. Mit den bewährten Apparatmethoden errangen sie auf dem
1. Kongreß auch einige Siege, besonders an den ersten Tagen, als die
Demokraten noch nicht geeint waren. Mit gewichtigen Siegen der Or-

thodoxen endete damals die Besetzung einiger ständiger Kommissionen und Ausschüsse des Obersten Sowjets. Dies war unvermeidlich: Die Deputierten kannten einander noch kaum, und deshalb stimmten sie für jene Mitglieder, die vom Präsidium vorgeschlagen wurden.

Ich habe bis heute das Gefühl der Ohnmacht am Ende eines solchen Tages in Erinnerung, den Wunsch, alles hinzuwerfen, nach Hause zu fahren und nie wieder in diesen Saal zurückzukehren.

Doch ich fuhr nicht weg und gab mein Mandat nicht auf. Und am nächsten Morgen begann ein neues Gefecht: acht Stunden Arbeit, acht Stunden Hoffnung. Am schwersten war der Tag, an dem die Vorsitzenden der ständigen Kommissionen und Ausschüsse gewählt wurden. Ich äußerte mich zu jedem Kandidaten mit Argumenten, weshalb er für den Posten nicht geeignet sei. Nichtsdestoweniger wurden alle gewählt und in ihrer Funktion bestätigt.

Ich bin sicher: Fände die Wahl heute statt, würden viele der jetzigen Vorsitzenden nicht durchkommen. Wer hätte beispielsweise die sympathische Kasachin zur Stellvertretenden Vorsitzenden des Unionssowjets gewählt, die dann weder auf einem Kongreß noch in einer Tagung des Obersten Sowjets je ein Wort von sich gab und nie mehr als eine stumme Zierde des Präsidiums war?

Und doch wurden jene Wahlen lediglich zu einem Teilsieg der Orthodoxen. Der gesamte Verlauf des 1. Kongresses richtete sich gegen den Nomenklatura-Dünkel, und die Konservativen waren nicht so dumm, daß sie dies nicht gemerkt hätten. Die Bildung einer konservativen Opposition gegen Gorbatschow begann sofort nach dem Kongreß, während der Tagung des Obersten Sowjets.

Die Konservativen haben bislang auf eine direkte Konfrontation mit Gorbatschow verzichtet, jedenfalls in Form einer mehr oder weniger geschlossenen und organisierten Kraft. Seine Politik imponiert ihnen in gewisser Hinsicht, und da sie die Notwendigkeit des Wandels begriffen haben, sind sie bemüht, daraus für sich den größten Nutzen zu ziehen.

Die Angehörigen der mittleren Machtebene träumen davon, in die höchste Ebene aufzusteigen, und die Verabschiedung von Greisen läßt sie auf ihre eigene Beförderung hoffen. So ist es immer gewesen. Aber es gibt auch immer nicht zu verdrängende Führer von kleinen und großen Clans, die als inoffizielle Vorreiter des Systems wirken. Dazu müssen sie nicht unbedingt das höchste Amt im Lande bekleiden. Ein solcher Mann war Michail Suslow. Oder Jegor Ligatschow. Und wehe dem, der die ungekrönte Allmacht anzutasten versucht.

Ligatschow war schon vor dem 1. Kongreß recht abstoßend gewesen. Seit dem berühmten Anti-Alkohol-Erlaß, der dem Lande soviel Unheil und manchen Leuten so hohe illegale Profite einbrachte, erschien Ligatschow stets als Kämpfer für die sozialistischen Ideale vor der Öffentlichkeit. Sein zweiter Auftritt als Sprecher der marxistischen Orthodoxie hatte die Absetzung Jelzins vom Posten des Ersten Sekretärs der Moskauer KP zur Folge. Ligatschow bereitete seinen Aufstieg im Kreml durch die Auswahl von geeigneten Mitarbeitern vor. Die Möglichkeit dazu bot sich ihm bereits unter Andropow, als Ligatschow die ZK-Kaderpolitik unter seine »Fittiche« nahm.

Nach Breschnews Tod mußten natürlich auch jene Leute gehen, die am engsten mit ihm verbunden waren. Aber nicht alle. Für viele neue Gebietssekretäre war Ligatschow nun ihr Schutzpatron, ihr Zar und Gott. Von ihm hingen ihr Wohlergehen und ihre Hoffnung auf eine Zukunft in Moskau ab.

Die Kaderpolitik ist der »Schlüssel« zum Geheimnis der bis in die jüngste Zeit hinein absoluten »Unerschütterlichkeit« Ligatschows. Besondere Talente bewies er offenbar nie. Für die Nomenklatura ist Macht jedoch ein Ersatz für jegliches Talent. Und die Fähigkeit, mit wichtiger Miene die unglaublichsten Dummheiten zu verkünden, ist ein Vorzug. Er konnte beispielsweise nach Jerewan kommen und dort – in der Heimat des Weinbaus – zur Begründung der Vernichtung von Weingärten erklären, er wisse zwar, daß die Weinerzeugung eine jahrhundertealte armenische Tradition sei, doch nun werde man von einigen Traditionen Abschied nehmen müssen. Er schreckte nicht davor zurück, fremde Traditionen auszulöschen, und nicht nur jene, die seit Noahs Zeiten am Fuße des Berges Ararat fortlebten.

In Ligatschows Apparat und unter seiner unmittelbaren Mitwirkung entstand auch der berühmte Brief einer Leningrader Dozentin, die im März 1988 in der Zeitung *Sowetskaja rossija* dem ganzen Land mitteilte, sie könne die Prinzipien des Stalinismus nicht aufgeben. Dieser »Brief«, ein Produkt schlafloser Nächte von Journalisten und Apparatschiks, ließ das gerade wieder auftauende gesellschaftliche Leben des Landes für zwei Wochen erstarren. Aus dem Apparat Ligatschows ergingen Rundschreiben mit der Weisung, das Werk der Leningrader Chemiedozentin zu verbreiten und zu studieren. Es schien, die historische Entwicklung habe sich wieder umgekehrt. Zum Glück kehrte Gorbatschow dann von einer Auslandsreise zurück, und ein Leitartikel der *Prawda* räumte mit diesem, wie es damals hieß, »Manifest der perestroikafeindlichen Kräfte« auf.

Alle wußten, was das für Kräfte waren, wer sie anführte und lenkte. Einige Zeit verging, und es gelang Gorbatschow, Jegor Ligatschow von der Ideologie (Kaderchefs werden gewöhnlich zu Ideologen) in die Landwirtschaft zu versetzen. Doch bis zum endgültigen Sturz Ligatschows war es noch ein langer Weg.

Es ist bekannt, daß man die Landwirtschaft in der UdSSR unmöglich ruinieren kann. Nach der Stalinschen Zwangskollektivierung und der Bauernvernichtung kann sie nicht noch stärker zerrüttet werden. Doch Ligatschow hatte offenbar sogar auf diesem Gebiet Erfolge. Seine Treueschwüre gegenüber scheiternden Kolchosen und Sowchosen, seine Versuche, neue milliardenhohe Investitionen in die Kommandowirtschaft auf dem Lande einfließen zu lassen, sein Rückgriff auf jene Sekretäre und Vorsitzenden, die rasch die ersten ländlichen Pächter wieder unterdrückten – all das wird uns noch lange zu schaffen machen.

Wieviel Zeit wird vergehen müssen, bis die Bauern, die sich unter Ligatschow die Finger verbrannt haben, wieder Land übernehmen und versuchen, sich selbst und uns alle zu ernähren?

Im Gegensatz zu anderen konservativen Funktionären legte Ligatschow gern vor der Kamera seine Gedanken dar; er konnte von seiner
Familie erzählen und dem Korrespondenten die Liste seiner Lieb-
lingsschriftsteller nennen. Als Patriot seiner sibirischen Domänen erinnerte er sich allerdings nie daran, wie auf seine Weisung früher die
Massengräber von Stalin-Opfern verborgen wurden.

Nicht wegen seiner geistigen Potenz, sondern wegen seiner Funktion und seiner politischen Haltung wurde Ligatschow zum Symbol
der marxistischen Orthodoxie: Als der politische Komfort der Nomenklatura bedroht wurde, begannen die Orthodoxen sich instinktiv
um diesen Mann zu gruppieren.

Das Schlimmste für einen Funktionär aus der Nomenklatura ist keineswegs der Verlust seiner Macht – obwohl die Macht eine starke
Droge und die Entwöhnung recht schwierig ist. Schlimmer ist etwas
anderes: Erst gestern haben dir alle auf den Mund geschaut, deine
Ausführungen interpretiert und dich für sehr klug gehalten. Jede
Albernheit wurde als wertvolle Instruktion aufgefaßt und sofort in
die Tat umgesetzt. Doch plötzlich entsteht eine paradoxe Situation:
Deine Macht ist unverändert, der Apparat funktioniert weiterhin rei-
bungslos, doch jedes Wort, das du von dir gibst, kann von Abgeordneten oder Journalisten, von deren Existenz du nie etwas geahnt hast,
angefochten werden. Und was noch schlimmer ist: Man kann dich
sogar auslachen! Ganz besonders schmerzhaft trifft es dich, wenn du
dein Leben lang eine ganz bestimmte Rolle gespielt hast, die sich
nicht verändert hat, von der Umgebung nun aber als etwas Unechtes,
Künstliches aufgefaßt wird. Da erweisen sich deine »unerschütter-
lichen Grundsätze« plötzlich als Seifenblasen.

Ich sah die Ratlosigkeit dieser Leute. Rein menschlich taten sie einem leid – ebenso, wie einem ein sehr verwöhntes und böses Kind
leid tut, das eine Katze quält: Es ist ein Henker, aber es ist auch ein
Opfer. Trotzdem hat man in einer solchen Situation mehr Mitleid mit
der Katze.

Viele Nomenklatura-Funktionäre hielten es nicht aus und verschwanden rasch von der politischen Bühne. Wer erinnert sich heute beispielsweise an Talysin, den Vorsitzenden des Staatlichen Plankomitees und Kandidaten des Politbüros? Er verschwand genauso schnell, wie er aufgestiegen war. Und wie viele solcher Leute gab es! Wenn auf einer Tagung des Zentralkomitees etwa hundert Mitglieder jäh »auf eigenen Wunsch« ausscheiden, muß die Krise in der Führung ziemlich tief sein.

Ligatschow ist allerdings kein Mann, der freiwillig zurücktritt. Als einer, der stets ehrlich überzeugt ist, im Recht zu sein, begriff er einfach nicht, wie lächerlich er wirkte. Der Gedanke an die eigene Inkompetenz kam ihm überhaupt nicht in den Sinn. Deshalb redete er mit größter Leidenschaftlichkeit, argumentierte mit höchster Inbrunst und machte daher starken Eindruck auf Gleichgesinnte. Man kann ihn nicht dumm nennen – er hat einen flinken bäuerlichen Geist wie früher Chruschtschow. Doch das Fehlen notwendigen Wissens, der Mangel an menschlicher und politischer Kultur und vor allem der Umstand, daß die Zeit solcher Leute vorbei ist, machten Ligatschow zu einem Neostalinisten. Bei aller geistiger Gewandtheit konnte er physisch nichts hinzulernen. Das war seine Tragödie, doch möglicherweise unser Glück: Es wäre uns viel schlimmer ergangen, hätten Ligatschow und seinesgleichen auch noch solides Wissen besessen.

Ich war sicher, daß Ligatschow nach dem Bericht unserer Tbilissi-Kommission als erster zurücktreten müsse. Er war schließlich einer der Hauptschuldigen an der Tragödie in Tbilissi. Doch es war Tschebrikow, der zurücktrat. Ligatschow konnte sich deshalb halten, weil der Parteiapparat, der auf ihn gesetzt hatte, einfach keinen geeigneten Ersatz für ihn fand. Man hatte es mit Gidaspow versucht, doch ohne Erfolg: Diesem war es nämlich gelungen, binnen weniger Tage in Sachen Widerwärtigkeit selbst Ligatschow zu überbieten. Erst als Iwan Poloskow aus den Tiefen des Apparats auftauchte, wurde Jegor Ligatschow in den Ruhestand geschickt.

Man kann nicht ausschließen, daß auf der politischen Bühne irgendein braver General als Diktator auftaucht. Daß tief im Inneren der

Nomenklatura eine solche Variante durchgearbeitet wird, bezeugt die offen gegen Gorbatschow gerichtete Rede General Makaschows auf dem Gründungsparteitag der Russischen Kommunistischen Partei im Sommer 1990.

Doch im Sommer 1989 erwog die Nomenklatura noch keine radikale Zügelung ihres reformwilligen Spitzenmannes. Noch ein Jahr mußte verstreichen – mittlerweile war Gidaspows »Kundgebungsrevolte« vom November 1989 schmählich gescheitert –, bis das System um der eigenen Rettung willen den Versuch eines neuen Putsches unternahm, der zwar kein Militärputsch war, bei dem man aber schon ein leises Waffengerassel hören konnte. Wäre auf dem Gründungsparteitag der KP der RSFSR und dann am Anfang des XXVIII. Parteitages der KPdSU ein politischer Umsturz geglückt, dann hätte man auch einen Militärumsturz nicht ausschließen können.

Im Sommer 1990 liefen im Kreml parallel zwei »Veranstaltungen«: der Gründungsparteitag der KP Rußlands und der Kongreß der Volksdeputierten der RSFSR. Ich nahm als Delegierter an ersterem teil.

Nach einem weiteren hysterischen Anfall eines Parteifunktionärs faßten die Kommunisten Rußlands den Beschluß, eine Abordnung, mit Gorbatschow an der Spitze, zum Kongreß der Volksdeputierten der RSFSR zu entsenden. Sie hatten den Auftrag, dort Ordnung zu schaffen und die Annahme eines Dekrets über die Entpolitisierung der russischen Straforgane zu verhindern.

Der Beschluß wurde mit zwei Dritteln der Stimmen angenommen.

Was passiert wäre, wenn Gorbatschow den Saal verlassen und sich in der Rolle des Matrosen Schelesnjak, der 1918 die Konstituierende Versammlung auseinandertrieb, zu dem von Jelzin geleiteten Kongreß begeben hätte, ließ sich an der im Saal herrschenden Atmosphäre ablesen. Ich weiß nicht, ob Anatoli Lukjanow, der damals den Vorsitz führte, dies begriff, doch mir blieb nichts anderes übrig, als an den Präsidiumstisch zu treten und um eine Stellungnahme zu den Abstimmungsmotiven zu bitten.

Lukjanow ist ein erfahrener Funktionär, doch hier war auch er ratlos:»Was für Motive? Es ist doch schon abgestimmt worden...«

Ich bat nachdrücklich ums Wort, wobei ich mich schon an Gorbatschow wandte, und jener nickte zu Lukjanow hinüber:»Laß ihn reden!«

Ich erklärte von der Tribüne, wir hätten soeben einen großen politischen Fehler gemacht. Mit der Entsendung einer Abordnung zu den Volksdeputierten Rußlands hätten wir praktisch der ganzen Welt verkündet, daß unsere Partei von den Bajonetten der Armee, der Staatssicherheit und der Inneren Truppen abhängig sei.

Lukjanow ließ erneut darüber abstimmen, ob eine Abordnung entsandt werden solle. Diesmal waren zwei Drittel der Teilnehmer dagegen.

Diese Aktion wie auch viele Aktionen, die ihr vorausgingen, waren lediglich Nachhutkämpfe der Nomenklatura, Marksteine ihres historischen Rückzugs. Das System gibt eine Position nach der anderen auf, hofft aber immer noch auf die Rückkehr besserer Zeiten.

Es gibt einiges, was sie zu verteidigen und wofür sie zu kämpfen hat.

Der Soziologe Wladimir Syssojew analysierte in einer Leningrader Zeitung unter der Überschrift »Die Nomenklatura – nach wie vor gefährlich?« das Gesamteinkommen der einfachen Bürger und der Nomenklatura.

Das Gesamteinkommen eines Bürgers bestehe aus der Summe seines Lohnes und des Gesamtwertes der Leistungen, die er aus den gesellschaftlichen Konsumfonds erhält. Diese Leistungen (kostenlose Ausbildung, ärztliche Betreuung etc.) machen Syssojews Berechnungen zufolge bis zu fünfzig Prozent des Gesamteinkommens eines Bürgers aus. Auf den mittleren und oberen Stufen der niederen Nomenklatura seien es bis zu siebzig Prozent.

Auf den oberen Stufen der niederen Schicht befinden sich nach Syssojew die Sekretäre der Rayons-, Gebiets- und Regionskomitees der KPdSU. Deren Gesamteinkommen erreicht bis zu zweitausend Rubel im Monat.

In der mittleren Schicht der Nomenklatura beträgt das Gesamteinkommen fünf- bis fünfzehntausend Rubel monatlich. Das Gehalt macht hier lediglich zehn bis zwanzig Prozent des Gesamteinkommens aus.

Bei den Mitgliedern des Politbüros – vor seiner Reorganisation – belief sich das Gehalt lediglich auf zwei bis drei Prozent des Gesamteinkommens, das dreißig- bis vierzigtausend Rubel im Monat erreichte.

Jetzt wird der Leser wahrscheinlich nicht mehr fragen, weshalb der Unionspremier Nikolai Ryschkow sich so lange und so konsequent für die Prinzipien des »gesellschaftlichen Eigentums« einsetzte und den Weg zum Markt und zur Privatisierung allein in der Erhöhung der Preise sah.

Wie die *Komsomolskaja prawda* im September 1990 berichtete, hatte unser Ministerpräsident allerdings versucht, sein staatliches Landhaus zu »privatisieren«.

Die Zeitung nannte auch die lächerliche Summe, für die der keineswegs wohlhabende Nikolai Ryschkow die Villa und ein gutes Stück Wald erwerben wollte. Die Summe war nur im Verhältnis zum tatsächlichen Wert lächerlich: Wenn man statt einer oder zwei Millionen lediglich fünfzigtausend Rubel berappt (diese Zahlen wurden zitiert), so ist das allerdings kein Preis.

Der Ministerpräsident mußte die Unabwendbarkeit des Wandels erkannt haben, wenn er mit der »Entstaatlichung« bei sich selbst beginnen wollte.

Einst konnte sich Wladimir Majakowski keinen »weinenden Bolschewiken« vorstellen. Ich weiß nicht, ob sich unser nunmehr ehemaliger Ministerpräsident als Bolschewik betrachtete, doch er hat es durchaus verdient, in einem Museum ausgestellt zu werden. Nach dem Vorbild Nikolai Ryschkows heult heute die ganze Nomenklatura. Und es sind nur zum Teil Krokodilstränen.

Wenn ich heute, Ende 1990, sehe, wie die demokratischen Prozesse stocken und die politische Führung den Rückwärtsgang einschaltet, möchte ich Michail Gorbatschow an seine eigenen, oft wiederholten Worte erinnern: »Es gibt keine Alternative zur Perestroika!«

Leider gibt es sie doch. Eine Alternative zur Demokratie kann, sei es auch für eine kurze Zeit, die Diktatur der Nomenklatura werden.

Ende November 1990 suchte ich mit Papieren aus dem Leningrader Sowjet einen der Stellvertreter Ryschkows auf. Während dieser die Dokumente unterschrieb, beschwerte er sich: »Was soll denn das? Mit Ihren Papieren kommen Sie zu uns, in der Presse aber nennen Sie Nikolai Ryschkow einen ›weinenden Bolschewiken‹…«

Ich erwiderte: »Zu Ihnen komme ich als Vorsitzender des Leningrader Sowjets, doch mein Buch schreibe ich als Anatoli Sobtschak.«

Die Nomenklatura weint nicht nur gern, sondern sie reagiert auch überaus sensibel auf jeglichen Spott. Die Zeitung hatte lediglich den Titel eines Kapitels angeführt, und der Ministerpräsident fühlte sich bereits gekränkt.

Nach dem Bericht der Tbilissi-Kommission auf dem 2. Kongreß der Volksdeputierten der UdSSR fiel die »rechte« Presse über mich her. Ich setze dieses Wort in Anführungszeichen, weil es bei uns üblich ist, mit »rechts« unsere Konservativen zu bezeichnen, also die Verteidiger des orthodoxen Marxismus. Nicht ich war derjenige, der es als erster bemerkte: In kommunistischen Regimen ist das politische Spektrum gleichsam ins Gegenteil verkehrt. Bei uns sind die »Linken« in der Sprache der Politologie die Demokraten, also diejenigen, die für Marktwirtschaft und Menschenrechte eintreten, und die »Rechten« der Apparat, die Nomenklatura, die Spitzen der Armee und die Nationalpatrioten. In unserem »Spiegelland« ist eine solche Einteilung durchaus natürlich. Unsere »Rechten« ähneln den westlichen »Rechten« allerdings insofern, als sie ein und demselben Menschentyp der Hüter und Konservativen angehören und an der äußersten Flanke Adepten des Totalitarismus und des Großmachtdenkens sind. Es ist unwesentlich, daß die einen Kommunisten und die anderen Verfechter des Privateigentums sind. Das totalitäre Verhalten der äußersten Linken läßt sich übrigens allein schon am Beispiel Lenins, Stalins und Maos veranschaulichen.

Dies ist übrigens einer der Gründe, weshalb die Nationalpatrioten und zum Teil auch die Spitzengeneralität der Streitkräfte und der Geheimdienste so leicht eine gemeinsame Sprache mit den kommunistischen Funktionären finden. Sie sind selbst Funktionäre eines Dogmas. Die »Falken« des kalten Krieges sind überall gleich.

Unsere »rechte« Presse machte sich also daran, mich auf jede nur mögliche Weise als einen Verleumder der Armee und deren heimlichen Feind anzuprangern. Anfang Februar 1990 las ich in der Leningrader Zeitung *Smena* einen Beitrag des Admirals Jegor Tomko: Der Admiral hatte es sich angelegen sein lassen, mich öffentlich zu »überführen«, in seinem Eifer aber offenbar zuviel erzählt.

Von Viktor Jugin, dem Chefredakteur dieser Zeitung, erfuhr ich später, daß Tomko geäußert hatte, Sobtschak habe sich von den Kooperativen kaufen lassen; er trete für Geld vor den Wählern auf, was könne man also von so einem Menschen erwarten?

Ich muß Reue üben, denn ich hatte tatsächlich an einer kommerziellen Veranstaltung teilgenommen, doch nicht als Deputierter, sondern als Rechtswissenschaftler. Das Thema war »Perestroika oder Apokalypse«. Einige tausend Leningrader kamen, und der gesamte Erlös, einschließlich meines Honorars, wurde an den Fonds für den Wiederaufbau des Petersburger Smolenskoje-Friedhofs überwiesen, der wie auch viele andere Geschichts- und Kulturdenkmäler der Stadt völlig verkommen ist.

Nach dem Gespräch mit Jugin begriff ich, daß zu den Pflichten eines Deputierten auch der Schutz der eigenen Würde gehört. Dies war eine passende Gelegenheit, nicht nur den Verleumder zur Rechenschaft zu ziehen, sondern auch ein Exempel zu statuieren, wie man in einem Rechtsstaat in solchen Situationen vorzugehen hat: Nicht über das ZK der Partei, wie es Jegor Ligatschow getan hatte, als ihm die Untersuchungsrichter Gdljan und Iwanow Korruption vorwarfen, sondern allein auf gerichtlichem Wege muß man sich gegen frei erfundene Anschuldigungen wehren.

Ich begab mich also zum Volksgericht des Stadtbezirks, in dem der Admiral wohnt. Dort verschlug mein in einer zivilisierten Gesellschaft völlig normaler Antrag dem Richter, den ich in dieser Sache ansprach, die Sprache. Er bat mich, die von mir zusammengetragenen Unterlagen dazulassen, und versprach, daß man sie eingehend prüfen und mich über die Resultate informieren werde.

Ich hatte nun die Möglichkeit, den undemokratischen Charakter und die ganze Abhängigkeit der sowjetischen Justiz aus eigenem Erleben kennenzulernen. Ein Verfahren wurde eingeleitet, doch der Admiral hatte nicht die geringste Lust, sich der Untersuchung zu stellen, und zwar weder in seinem Bezirk noch auf der Ebene des Stadtgerichts. Als aus Moskau ein Sonderkollegium des russischen Republikgerichts gekommen war, erklärte der Admiral, die Hauptstadt sei noch nicht nach Leningrad verlegt worden, und erschien nicht vor Gericht.

Tomko ist Chef einer Militärakademie. Mal war er zu Übungen fort, mal reiste er nach Moskau zu einem Parteitag und schickte einen der ihm unterstellten Offiziere ins Gericht. Dem Gericht wie auch diesen Offizieren war klar, daß der Admiral einfach nichts zu sagen hatte und es nicht gewohnt war, sich für seine Handlungen zu verantworten. Nichtsdestoweniger wurde er ein halbes Jahr später zu einer Geldstrafe verurteilt und vom Gericht gezwungen, sich bei mir zu entschuldigen.

Als Kläger war ich zufriedengestellt. Das Gericht hatte befunden, daß Sobtschak weder die Armee verunglimpft noch sich von Kooperativen hatte kaufen lassen. Doch rein menschlich war der Prozeß zutiefst erniedrigend gewesen: Der Wert der Nomenklatura-Entschuldigungen ist nicht größer als der Wert der Nomenklatura-Tränen.

DAS TBILISSI-SYNDROM

...eine höllische Arbeit
ist zu bewältigen,
und sie wird
bereits bewältigt.
Wladimir Majakowski

Als man auf dem 1. Kongreß der Volksdeputierten mit der Bildung
von Parlamentskommissionen begann, stand für mich fest: Es ist
meine Pflicht, in einer von ihnen mitzuwirken. Doch in welcher?

Es handelte sich um drei Kommissionen: zum Molotow-Ribben-
trop-Pakt, zur Tätigkeit der Untersuchungsgruppe von Gdljan und
Iwanow sowie zur Untersuchung der Ereignisse in Tbilissi. Hinsichtlich der ersten Kommission war alles mehr oder weniger klar: Sowohl
damals in der sowjetischen Presse bereits erschienene Veröffentlichungen als auch den Juristen und Historikern der ganzen Welt
bekannte Dokumente aus den Jahren 1939/40 ließen keinen Zweifel
daran, wie und von wem das Schicksal des Baltikums vor dem Zweiten Weltkrieg besiegelt worden war. So wichtig es war, das Komplott
zwischen Stalin und Hitler einer politischen Bewertung zu unterzie-
hen (oder genauer: sowjetischerseits einzugestehen), hatte ich weder
als Fachmann noch als Abgeordneter Interesse daran, etwas bereits
Untersuchtes noch einmal zu untersuchen. Jegliche Versuche, die
Geschichte von heutigen Positionen aus zu revidieren, sind aus-
sichtslos. Die Besetzung des Baltikums durch die Sowjetunion ist
eine geschichtliche Tatsache, und Geschichte läßt sich nicht unge-
schehen machen. Etwas anderes ist es, eine Bewertung der sowohl für
die baltischen Völker als auch für uns tragischen Monate vorzunehmen. Doch eine solche Bewertung muß von den politischen Realitäten jener Zeit ausgehen, als sich die Regierungen der ganzen Welt
wenig um die Wahrung fremder Interessen scherten, Militärblöcke
bildeten, Einflußsphären und ganze souveräne Staaten um der eigenen Interessen willen untereinander aufteilten und auf diese Weise
für ihre eigene Sicherheit zu sorgen glaubten. So schenkte der Westen
Hitler die Tschechoslowakei, so teilten sich Hitler und Stalin 1939
Polen und das Baltikum. Und das Schicksal der baltischen Staaten

war in diesem Sinne vorherbestimmt: entweder eine deutsche oder eine sowjetische Besetzung – etwas drittes gab es nicht.

Heute leuchtet ein, daß eine derartige Politik der Gruppenkonfrontation die Völker an den Abgrund eines Krieges stößt. Am anschaulichsten hat dies die Nachkriegskonfrontation des sogenannten sozialistischen und des sogenannten kapitalistischen Lagers gezeigt. Allein die »Lagerterminologie« spricht Bände: Vom Totalitarismus war im 20. Jahrhundert nicht nur unser Land befallen. Deutschland, Italien und Japan wurden sogar ohne außergewöhnliche Erschütterungen (wie in Rußland) zu totalitären Staaten. Auch im politischen Leben der bürgerlichen Demokratien schwangen in den dreißiger Jahren immer vernehmlicher totalitaristische Töne mit. Das beweist nur, daß die Welt im 20. Jahrhundert zu einem einheitlichen System wurde und daß sich das Niveau der gesellschaftlichen Unfreiheit auf dem ganzen Erdball wie nach dem Gesetz der kommunizierenden Röhren anzugleichen drohte.

Also wäre die Mitarbeit in der Kommission zur Untersuchung von Korruption und Bestechung für mich weitaus interessanter gewesen. Meine Erfahrungen als Rechtsanwalt wie als Wissenschaftler hätten hier von Nutzen sein können.

Leider konnte ich dieser Kommission nicht angehören.

Als Nikolai Iwanow in Leningrad seinen Wahlkampf führte, hatte ich mich gegen seine Kandidatur gewandt. Wir waren keine Rivalen, ja nicht einmal miteinander bekannt, doch ich ging von den Interessen der Stadt aus und unterstützte Iwanows Widersacher. Warum? Weil mir klar war, daß wir mit der Wahl eines Moskauers in einem national-territorialen Kreis jenes Mandat im Nationalitätensowjet des Obersten Sowjets der UdSSR, das traditionell auf Leningrad entfiel, verlieren würden. Rußland hat elf Mandate im Nationalitätensowjet. Und sieben davon haben Moskauer inne. Logischerweise würde niemand für einen achten Moskauer stimmen.

Genau das geschah später auch.

Zudem überzeugte mich Iwanows Wahlprogramm nicht, denn es

schien mir von eklektischem Populismus und politischem Dilettantismus gekennzeichnet. Freilich hat Iwanow, so wie wir alle damals,
rasch gelernt.

Der Nimbus eines Märtyrers, der von der Bürokratie ungerechter-
weise und wohlkalkuliert aller Todsünden bezichtigt wurde, umgab
in den Augen von Millionen Menschen sowohl ihn als auch Telman
Gdljan, die gemeinsam die Korruption in Usbekistan aufgedeckt hatten. Die beiden Untersuchungsführer, die gegen höchste Parteifunktionäre zum Schlag ausgeholt hatten, kamen vielen wie Robin Hoods
vor. Die entlarvenden Reden von Gdljan und Iwanow wurden nicht
im geringsten angezweifelt, weil man überall im Lande nicht nur vom
Hörensagen um die Gepflogenheiten und die moralische Verkom-
menheit der Partokratie wußte.

Da man mich auf dem Kongreß für alle drei Parlamentskommissionen nominiert hatte, hielt ich es für erforderlich, in einer Sitzungs-
pause an Iwanow und Gdljan (sie waren meist zusammen) heran-
zutreten und ihnen meine Gründe darzulegen. Ich erklärte, daß ich
meine Kandidatur zurückziehen würde. Denn sollte ich zu dem
Schluß gelangen, das Vorgehen von Gdljan und Iwanow während der
Ermittlung sei rechtmäßig gewesen, so würden uns ihre Gegner eines
Kuhhandels beschuldigen (Iwanow und ich gehörten beide der Leningrader Delegation an). Sollte ich aber zu der gegenteiligen Ansicht
gelangen, so würden sich Gdljan und Iwanow daran erinnern, wie ich
bei den Wahlen gegen Iwanow agitiert hatte.

Die beiden akzeptierten meine Argumente.

So kam es, daß mir schon keine Wahl mehr blieb. Ich bat, mich in
die Tbilissi-Kommission aufzunehmen, obwohl mir sehr wohl bewußt war, welch eine komplizierte Arbeit uns bevorstand und wie
schwierig meine Mitwirkung sein würde.

Diese Arbeit begann im Grunde genommen schon auf dem Kongreß, als im Saal eine scharfe und unversöhnliche Polemik über die
Ereignisse am 9. April hochschlug und General Igor Rodionow, einer
der Leiter der Operation vor dem Haus der Regierung in Tbilissi, dem

Akademiemitglied Tamas Gamkrelidse, dem Ersten Sekretär des ZK
der KP Georgiens, Giwi Gumbaridse, und dem Filmregisseur Eldar
Schengelaja ein Gefecht nach allen Regeln der Kriegskunst lieferte.

Die Wunde blutete noch, Georgien hatte den Schock noch nicht
verwunden, weiterhin trafen Informationen über die ansteigende
Zahl von durch Armeegase Vergifteten ein. Jedes Wort von der Tribüne des Kongresses drohte eine Volksexplosion auszulösen, wobei
die Zündschnur direkt im Sitzungssaal glühte. Rodionow aber fachte
diesen Funken an. Die ganze Schuld schob er Extremisten aus informellen Vereinigungen in die Schuhe, die Schläger aufgeboten und
auf dem Platz selbst erbitterten Widerstand eingefädelt hätten. Was
die umgekommenen Frauen betraf, so seien sie von den Schlägern als
Schutzschild mißbraucht worden.

Die georgischen Abgeordneten konnten eine solche Einschätzung
selbstverständlich nicht unwidersprochen lassen. Sie verwiesen darauf, daß die Armee in jener Nacht nicht nur gegen die unbewaffnete
Bevölkerung eingeschritten sei, nicht nur Pionierspaten und Kampf-
gase eingesetzt, sondern auch die Mitteilung verweigert habe, um was
für Gase es sich konkret handelte. Deswegen hätten die Ärzte nicht
gewußt, wie sie die Betroffenen behandeln sollten.

Die Situation auf dem Kongreß, ja im ganzen Lande, spitzte sich zu.
Die Erklärungen von Gorbatschow und Lukjanow vermochten sie
kaum zu entschärfen.

Nach den Wortmeldungen der Abgeordneten T. Gamkrelidse, G.
Gumbaridse, D. Patiaschwili und E. Schengelaja mußte die Führung
des Landes eine Antwort auf die Frage geben, wer konkret die Entscheidung getroffen hatte, Truppen nach Tbilissi zu beordern. Und
wer hatte den Befehl erteilt, Truppen gegen Zivilisten einzusetzen?

Die Situation war derart brenzlig, daß ein Abgeordneter sogar erklärte, er sehe keinerlei Notwendigkeit, eine Kommission zu bilden
und eine Untersuchung durchzuführen. Alles sei ohnehin klar. Man
müsse lediglich erfahren, wer den Befehl erteilt habe. Und Gorbatschow müsse dem Kongreß die Wahrheit sagen.

Ein solcher Standpunkt schien plausibel. Schließlich waren Truppen eingesetzt worden, die unmittelbar Moskau unterstanden: die Inneren Truppen zur besonderen Verwendung (Dserschinski-Division) und ein Regiment der Luftlandetruppen. Und es war klar, daß der Befehl nur aus Moskau erteilt worden sein konnte.

Wie elektrisiert warteten die Deputierten auf den Namen des Betreffenden.

Aber Gorbatschow ließ sich nicht gängeln. Er sagte, man müsse der Angelegenheit restlos auf den Grund gehen; diese Frage berühre die Existenz unserer staatlichen und politischen Ordnung. Also sei eine Kommission vonnöten.

Hier leistete sich der Generalsekretär des ZK der KPdSU einen Schnitzer, der für ihn böse hätte ausgehen können: Er erklärte, er selbst sei erst am 8. April aus Großbritannien nach Moskau zurückgekehrt. Gewiß, kein ernst zu nehmender Politiker würde über solche Dinge vorsätzlich lügen, zumal in den April-Zeitungen das Datum von Gorbatschows Rückkehr gemeldet worden war. Man kann Gorbatschow verstehen: Seine Maschine war in den späten Abendstunden des 7. April gelandet, und es ist nicht weiter verwunderlich, wenn man nach zwei Monaten das genaue Datum vergißt oder etwas durcheinanderbringt. Doch das versuche einer denjenigen zu erklären, die gerade deinen Namen hören wollen und sich im voraus ganz sicher sind, daß der Befehl für die Durchführung der Strafexpedition in Tbilissi vom Generalsekretär erteilt wurde.

Damit nicht genug, Gorbatschow verschlimmerte die Situation noch, als er Lukjanow bat, mehrere chiffrierte Telegramme zu verlesen, die das georgische Zentralkomitee geschickt und Dshumber Patiaschwili unterzeichnet hatte. Zwei verschlüsselte Telegramme wurden verlesen, und der Inhalt schlug zunächst wie eine Bombe ein. War Georgien bis dahin überzeugt, daß einzig und allein Moskau an allem Vorgefallenen schuld sei, so ging aus den chiffrierten Telegrammen nun hervor, daß die Truppen nach panischem Flehen der georgischen Führung entsandt worden waren. Und die Frage, wer in

Moskau die Entscheidung getroffen hatte, schien in den Hintergrund zu rücken.

Doch bald stellte sich heraus, daß Lukjanow das erste Telegramm nicht zu Ende gelesen und den letzten Punkt ausgelassen hatte. Dieser besagte, daß die Regierung der Republik Moskaus Erlaubnis zur Durchführung der »erwähnten Maßnahmen« erbitte. Obwohl Lukjanow von der Tribüne aus dem Kongreß (und über das Fernsehen auch der ganzen Welt) das Original des chiffrierten Telegramms zeigte, konnte man diesen letzten Punkt natürlich weder aus dem Saal noch am Bildschirm entziffern. Und der Kongreß, der bis dahin von der Schuld des Zentrums überzeugt war, glaubte nun vertrauensselig, daß an allem die georgische Obrigkeit – und nur sie allein – schuld gewesen sei.

Die Stimmung im Saal schlug um. Niemand forderte nun eine unverzügliche Antwort, und der Kongreß machte sich daran, eine Kommission zu bilden. Freilich ging es auch hierbei nicht ohne unvorhergesehene Zwischenfälle ab. Zunächst hatte man Wladimir Karpow, den Ersten Sekretär des Schriftstellerverbandes der UdSSR, als Kommissionsvorsitzenden vorgesehen. (Sein Name stand sogar in dem ausgedruckten Text, der unter den Abgeordneten verteilt wurde.)

Doch der Schriftsteller Ales Adamowitsch lehnte Karpows Kandidatur ab:

»Es sprach ein georgischer Abgeordneter, und wir klatschten Beifall, es sprach ein General, und wir applaudierten noch stürmischer. Man kann sich leicht von Emotionen überwältigen lassen, weshalb die Kommission absolut sachlich, absolut objektiv sein muß. Karpow kann eine solche objektive Gestalt nicht sein ... Erstens ist er Mitglied des ZK und folglich unmittelbar dem Druck jener Parteifunktionäre ausgesetzt, die Dreck am Stecken haben. Zweitens ist er früher bei der Armee gewesen und den Militärs besonders zugeneigt, weshalb er auch in diesem Punkt nicht objektiv sein kann.«

Am nächsten Tag nominierte das Präsidium Nursultan Nasarbajew, den Vorsitzenden des Ministerrats von Kasachstan, für diesen

Posten. Doch er selbst zog seine Kandidatur zurück. Überhaupt änderte sich die Zusammensetzung der Kommission innerhalb eines Tages sehr stark. Manche Namen verschwanden, andere tauchten auf. So kam der Name von Vizeverteidigungsminister General Wladimir Goworow neu hinzu. Schließlich stimmte man über die Zusammensetzung der Kommission in ihrer Gesamtheit ab. Am 31. Mai wurde sie bestätigt.

Völlig überraschend wurde ich Kommissionsvorsitzender. Wir traten am Tag nach der Bestätigung der Kommission durch den Kongreß zusammen, und sofort wurde die Frage nach dem Vorsitzenden aufgeworfen.

Ich sagte, vor allen Dingen müßten wir den Arbeitsablauf festlegen: Welche Fragen wir zu beantworten, welche Dokumente wir einzusehen, mit wem wir zusammenzukommen hätten.

Wir waren die erste Parlamentskommission, die auf diesem Kongreß ihre Tätigkeit aufnahm. Erfahrungen mit solchen Anhörungen hatte das sowjetische Parlament noch nicht. Eines der Kommissionsmitglieder meinte: »Da Sobtschak einen Plan hat, mag er auch den Vorsitz übernehmen!« Die anderen unterstützten ihn.

Ich versuchte abzulehnen; die Verantwortung sei zu groß. Meinerseits nominierte ich Professor Alexander Jakowlew als Vorsitzenden. Er sei ein namhafter Strafrechtler, seine Autorität und seine Erfahrungen als Jurist seien für eine parlamentarische Untersuchung besonders geeignet. Daß an der Spitze der Kommission ein Jurist zu stehen habe, sei für mich eindeutig.

Jakowlew stimmte dem letzteren Argument zu, zog jedoch seine Kandidatur zurück und nannte ebenfalls meinen Namen.

Noch konnte sich niemand vorstellen, wie die Sache laufen würde. Obwohl manche in der Parteiführung über meine Wahl bestimmt nicht erfreut waren, stieß die Kommission am Anfang auf keinerlei Hindernisse. Der Parteiapparat kontrollierte weiterhin alles, und der lästige Kommissionsvorsitzende war für ihn kein allzu hohes Tier. Auch war die Kommission ziemlich bunt zusammengewürfelt.

Da waren der bekannte Physiologe Akademiemitglied Oleg Gasenko, der profilierte Toxikologe Akademiemitglied Sergei Andronati, der Vizeverteidigungsminister, Armeegeneral Wladimir Goworow, der Vorsitzende des Komitees für Staatssicherheit Kasachstans, Generalleutnant Viktor Miroschnik (heute Stellvertreter von KGB-Chef Krjutschkow), der Vizevorsitzende des Sowjetischen Komitees der Kriegsveteranen, Generalleutnant Alexander Goljakow, der Journalist Genrich Borowik, der Schriftsteller Boris Wassiljew, die Akademiemitglieder Natalja Bechterewa und Dmitri Lichatschow, einige Vertreter der Volksfronten Estlands, Lettlands, Litauens und Moskaus (beispielsweise Sergei Stankewitsch, der schon auf dem Kongreß auf sich aufmerksam gemacht hatte), mehrere Afghanistan-Veteranen, der Deputierte Wilen Tolpeschnikow, der dadurch von sich reden gemacht hatte, daß er im Grunde genommen den 1. Kongreß der Volksdeputierten eröffnete: Als der Vorsitzende der Zentralen Wahlkommission Orlow auf der allerersten Sitzung noch in seinen Papieren kramte, bestieg Tolpeschnikow die Tribüne und schlug vor, mit einer Schweigeminute der Opfer des 9. April zu gedenken. Der Versammlungsleiter geriet noch mehr in Verwirrung, als die Kongreßdelegierten sich wie ein Mann von ihren Plätzen erhoben.

Ich war mir darüber im klaren, wie unterschiedlich all diese Kommissionsmitglieder waren, was Charakter, Temperament, Lebenserfahrung und Weltanschauung anging. Ebensowenig hatte ich Illusionen darüber, wie schwer es sein würde, die Arbeit so zu gestalten, daß keine nahezu unvermeidliche Divergenz der Meinungen oder gar eine Spaltung auftrat. Sobald in einer Kommission ein Teil der Mitglieder einen »besonderen Standpunkt« bezieht, führt dies fast immer zu einer Entwertung der Arbeitsergebnisse. Ein Teil der Deputierten wird dann bestimmt versuchen, Einspruch zu erheben. In solchen Fällen werden die Schlußfolgerungen gewöhnlich nur »zur Kenntnis genommen«. Hinter dieser Formel verbirgt sich aber das Fehlen eines realen Ergebnisses.

Konsens ist ein neues Wort im politischen Sprachgebrauch des

sowjetischen Menschen. Als jeder noch so unsinnige Vorschlag des
Präsidiums »einmütig gebilligt« wurde, war keinerlei Konsens erfor-
derlich. Nunmehr aber mußte die Arbeit so gestaltet werden, daß
Menschen mit unterschiedlichen Erfahrungen und politischen Über-
zeugungen anhand vielfältiger Tatsachen zu einer einheitlichen
Meinung gelangen konnten.

Als wir mit unserer Untersuchung begannen, mußten wir, so paradox das auch klingen mag, bereits an ihre Resultate denken. Diese
ließen sich natürlich nicht voraussehen (schon gar nicht im Anfangs-
stadium!), doch die Arbeit konnte von vornherein auf objektive
Schlußfolgerungen abzielen. Daher entschieden wir, zunächst nach
Tbilissi zu gehen und erst dann all jene zu befragen, die in Moskau
bei den Ereignissen am 9. April die Hände im Spiel hatten.

Hätten wir in Moskau begonnen, so wäre die Untersuchung unweigerlich in eine Sackgasse geraten. Viele hätten dann die Geschehnisse
»mit Moskauer Augen« betrachtet. Wie ein Ermittlungsbeamter stets
mit der Tatortbesichtigung beginnt, so flog unsere Kommission zehn
Tage nach dem 1. Kongreß nach Georgien.

An einem der letzten Kongreßtage kam Gorbatschow zu uns. Natürlich wurde er mit Fragen überschüttet. Er wiederholte, daß er am Vorabend der Tragödie in Großbritannien gewesen sei. Moskau habe ihn
zwar auf dem laufenden gehalten, doch habe er von den Einzelheiten
selbstverständlich nichts gewußt. Von der Tragödie habe er am
9. April gegen zehn Uhr morgens auf seiner Datscha erfahren, die er
schon am Abend des 7. April, gleich nach der Landung des Flugzeugs
in Moskau, aufgesucht habe. Genauer gesagt, nach einem kurzen
Empfang im Flughafengebäude.

Nach Abschluß des Kongresses trat sogleich der Oberste Sowjet der
UdSSR zusammen. Deshalb mußten wir unseren Abflug nach Tbilissi
auf Ende Juni verschieben.

Die Kommission reiste fast vollständig nach Georgien. Außer General Goworow, der sein eigenes Flugzeug benutzte, flogen wir alle
mit einer gewöhnlichen Linienmaschine. Wir landeten am späten

Abend, und man brachte uns in einen Vorort von Tbilissi in ein Gästehaus des Ministerrates von Georgien.

Schon am nächsten Morgen merkten wir, daß uns die Arbeit schwerfallen würde. Meine Kollegen und ich haben viele Bekannte in Tbilissi. Schon in der Nacht kamen die ersten Anrufe, erhielten wir die ersten Einladungen. Irgendwie hatte man unsere Telefonnummern erfahren, und die georgische Gastfreundschaft bedrohte unsere Arbeit, noch ehe wir sie aufgenommen hatten.

Ich rief die Kommissionsmitglieder zusammen und sagte, wir müßten auf jegliche privaten Kontakte verzichten, damit man uns nicht vorwerfen könne, wir seien fremder Einflußnahme ausgesetzt gewesen.

Dies fand allgemeine Zustimmung. Alle riefen sofort ihre Bekannten und Freunde in der Stadt an und stellten klar: Wir sind dienstlich hier, also nehmt es uns nicht übel, daß wir euch nicht besuchen können. Ich weiß nicht, wie es bei den anderen war, meine Kollegen von der Universität Tbilissi hatten jedenfalls Verständnis dafür.

Wir entschieden auch, daß bis zum Abschluß der Arbeit kein Kommissionsmitglied in die Stadt fahren solle, schon gar nicht allein. Auf diese Weise wollten wir von Anfang an die Möglichkeit irgendwelcher Provokationen oder Zufälle ausschließen, die unsere Arbeit ins Zwielicht rücken könnten. Und daran (vom Alkoholverbot ganz zu schweigen) hielten wir uns strikt. Mit einer einzigen Ausnahme: Der Filmregisseur Eldar Schengelaja fuhr mit uns in sein heimatliches Alasantal, wo gerade ein Museum für seine Mutter, die berühmte Schauspielerin Nato Watschnadse, eröffnet wurde.

Das alte Fürstenhaus, Besucher aus umliegenden Dörfern, eine feierliche, lichte Atmosphäre, herrliche Lieder und Ansprachen... Wir kamen gleichsam mit der Seele des georgischen Volkes in Berührung.

Arbeitet man ununterbrochen ohne Ablenkung, verliert man sein Zeitgefühl. Um neun Uhr vormittags trafen wir bereits im Haus der Regierung ein. Hier, im Saal des Präsidiums des Obersten Sowjets von Georgien, fanden sämtliche Anhörungen statt. Nach einer andert-

halbstündigen Mittagspause wurde die Arbeit bis in die Abendstunden hinein fortgesetzt. Gegen neunzehn, mitunter auch erst gegen
zwanzig Uhr, kehrten wir in unser Gästehaus zurück, zogen für uns
allein die Bilanz des Tages, analysierten die Aussagen von Augenzeugen und stellten den Plan für den nächsten Tag auf. Hier sahen wir
uns auch Video- und Filmaufnahmen an.

Als besonders wertvoll erwies sich der Streifen, der von Kameramännern des KGB gedreht worden war. Wir ließen ihn uns etliche
Male vorführen, denn auf ihm ist der gesamte Ablauf der Kundgebung und des Massakers vor dem Haus der Regierung festgehalten.
Der Timer am Bildrand ermöglichte, den jeweiligen Zeitpunkt bis auf
die Sekunde genau festzustellen. Die Kameramänner des KGB filmten
die Ereignisse ohne Unterbrechung von zwanzig Uhr am 8. April bis
um fünf Uhr am 9. April, als alles vorbei war und nur noch der aus-
gestorbene, von Stoffetzen, Schuhen, Taschen und Flaschen übersäte
Platz im Bild blieb. Den Kameramännern muß man hohes Können
bescheinigen; auch ihre Position hatten sie sehr sachkundig aus-
gesucht. Die Kamera war im Haus der bildenden Künstler, direkt
gegenüber dem Haus der Regierung, installiert worden.

Wir sahen uns auch andere Filme an, die von georgischen Profis
und Amateuren aufgenommen worden waren. Sie enthalten weniger
visuelle Informationen, doch zusammen mit dem Film des KGB sorg-
ten sie für einen dreidimensionalen Effekt. Man scheint selbst auf
dem Platz zu stehen und die Sekunden des Unheils zu zählen. Nur
eines unterscheidet dich von den Menschen auf dem Platz. Sie wissen noch nicht, wie alles enden wird. Sie sind erregt, ihre Gesichter
zeigen die ganze Palette menschlicher Gefühle. Und dann nur noch
das eine: Grauen, nichts als Grauen.

Die Befragungen waren der aufwendigste Teil unserer Arbeit. Wir
befragten die Führung sowohl der Republik als auch der Partei – alle,
die mit dem Entscheidungsprozeß und der Entsendung von verschlüsselten Telegrammen zu tun gehabt hatten. Doch am wichtigsten waren die Augenzeugen: Stadtbewohner, Notärzte, Geistliche,

Soldaten und Offiziere. Deshalb begaben wir uns in ein Fallschirm-
jägergeschwader (es war an der gewaltsamen Auflösung der Demonstration beteiligt). Dort stellen wir gleich fest: Pionierspaten sind
eingesetzt worden. Die Fallschirmjäger suchen uns zu überzeugen,
daß sie den Befehl sonst nicht hätten ausführen können. Die Vorgesetzten, die den Befehl erteilten, bestreiten dagegen, daß Pionierspaten benutzt wurden. (Auf einem anonymen Handzettel, der später,
auf dem 2. Kongreß der Volksdeputierten der UdSSR, verbreitet
wurde, sollten die Militärs abermals beteuern, man habe keine Spaten gehabt.)

Wir fahren zu den Inneren Truppen, in das 8. Regiment, das bei der
Operation infolge der unprofessionellen Anordnungen der Komman-
deure am stärksten in Mitleidenschaft gezogen wurde. Wir treffen uns
mit Mitarbeitern der Miliz und des Gesundheitswesens, mit Menschen verschiedenster Berufe und verschiedenster politischer Orien-
tierung. Sie alle sind entweder Kundgebungsteilnehmer oder Augenzeugen des Gemetzels am 9. April in Tbilissi gewesen.

Zu uns bitten wir auch die Befehlshaber des Transkaukasischen
Militärbezirks: General Rodionow, der die Operation geleitet hatte,
Stabschef General Samsonow und viele, viele andere.

Wir sehen alle militärischen Unterlagen, verschlüsselten Telegramme und Anordnungen durch. Dabei handelt es sich um vertrau-
liche Verschlußsachen, in die nur zwei unserer Kommissionsmitglieder Einblick erhalten: Generalleutnant Goljakow und ich.

Wir studieren Dokumente des KGB, des Ministerrates und des ZK
der KP Georgiens.

So entrollt sich die Tragödie in ganzem Umfang vor uns – allerdings zunächst nur auf der Ebene der Republik.

Es bleibt zu klären, was sich in Moskau abspielte. Daß General Rodionow gegen eine schriftliche Direktive des Generalstabs verstieß,
ist offenkundig. Diese Direktive beruhte auf einem Befehl von Verteidigungsminister Jasow und besagte, daß die Truppen zum Schutz der
wichtigsten Objekte der Regierung und der Stadt bereitgestellt wür-

den. Rodionow hatte für den Schutz des ZK-Gebäudes, des Flughafens und des Gefängnisses zu sorgen. Statt dessen setzte er die
ihm anvertrauten Truppenteile gegen unbewaffnete Bürger ein. Wie
konnte so etwas geschehen? Wie konnte sich ein Generaloberst eine
solche Eigenmächtigkeit erlauben, die so tragische Folgen hatte?
Würde sich dies in Moskau klären lassen?

Rodionow selbst antwortete auf unsere befremdenden Fragen: Erstens sei er der Ranghöchste gewesen, und zweitens habe das ZK der
KP Georgiens den Beschluß gefaßt, ihn zum Befehlshaber der Operation zu berufen. Er sei Mitglied des ZK-Büros und daher verpflichtet
gewesen, dem Beschluß zu gehorchen. Eine seltsame Argumentation,
besonders wenn man weiß, daß an allen Sitzungen und an der Ausarbeitung der Operation selbst General Konstantin Kotschetow, der Erste Stellvertreter des Verteidigungsministers, als »Berater« teilnahm.
Wir schlossen nicht aus, daß General Kotschetow die mündliche Berufung Rodionows zum Leiter der Operation, mit der die Demonstration gewaltsam aufgelöst werden sollte, übermittelt hatte. Oder hatte
etwa Kotschetow ebenfalls vergessen, seinem Minister nach Moskau
zu melden, daß dessen Befehl auf Beschluß des ZK-Büros der Republik abgeändert worden war? Daran konnten wir nur mit Mühe
glauben. In keiner einzigen Armee der Welt dürfte ein solches »Um-
interpretieren« eines Befehls denkbar sein. Doch die Generale behaupteten, genau so sei es gewesen.

Anhand der vorliegenden Dokumente gelangen wir zu der Schlußfolgerung, daß General Rodionow schlicht und einfach gegen den
Befehl verstieß und daß der Erste Stellvertreter des Verteidigungsministers diesen Verstoß billigte.

Der Verstoß gegen den Befehl löste die tragischen Folgen aus. Also
mußte Rodionow als Kommandeur zur Verantwortung gezogen werden. Später würde der 2. Kongreß der Volksdeputierten die Schlußfolgerungen der Kommission hinsichtlich der Verantwortung von
Kotschetow und Rodionow bestätigen. Doch man zog keinen der beiden zur Rechenschaft. Das dürfte die Version erhärten, wonach

Rodionow mündlich befohlen wurde, die Operation zur gewaltsamen Säuberung des Platzes einzuleiten. Ich möchte es gleich vorwegnehmen: Bei dieser Vermutung handelt es sich um einen natürlichen Schluß, der allein von der Logik des Geschehens untermauert
wird. Die Schlußfolgerungen und Empfehlungen der Kommission
dagegen gründen sich auf die vorliegenden Dokumente. Danach waren wir zu der Feststellung verpflichtet: General Rodionow verstieß
gegen den ihm erteilten schriftlichen Befehl.

Aus dem Stenogramm einer Sitzung der Kommission des Kongresses der Volksdeputierten, Moskau, den 25. Juli 1989:

»JASOW: Aus dem Verteidigungsministerium hatte niemand An-
weisung erteilt, die Demonstration gewaltsam aufzulösen. Ich habe
solche Anordnungen nicht erteilt. Erfahren habe ich davon, als es
bereits geschehen war.

SOBTSCHAK: Sind Sie von den Genossen Rodionow und Kotschetow am 8. April über die vorgesehene Operation zur Vertreibung der
Kundgebungsteilnehmer vom Platz informiert worden?

JASOW: Das letzte Gespräch mit dem Genossen Rodionow fand
zwischen siebzehn und achtzehn Uhr statt, nach meiner Rückkehr
aus dem Zentralkomitee. Das war am späten Nachmittag des 7.

SOBTSCHAK: Uns interessiert der 8., denn der Beschluß über die
Operation wurde ja am 8. gefaßt.

JASOW: Am 8. sprachen wir zwischen zwölf und dreizehn Uhr miteinander. Nach Beendigung des Parteiaktivs. Er sagte, die Parteiaktiv-
tagung sei zu Ende, und man habe die und die Entscheidung getroffen-
fen. Doch es war keine Rede davon, daß man den Platz säubern
würde. Die Entscheidung darüber wird wohl später gefallen sein.

SOBTSCHAK: Also hat es keinerlei Informationen gegeben?

JASOW: Nein.

SOBTSCHAK: Halten Sie dieses Vorgehen der Genossen Rodionow
und Kotschetow für richtig?

JASOW: Nein. Sie hätten mich informieren, mir das melden
können.

SOBTSCHAK: Jedenfalls gingen sie im Rahmen ihrer Vollmachten vor?

JASOW: Nun, ich meine, der Befehlshaber und der Erste Stellvertreter hatten solche Vollmachten. Niemand dachte doch, daß so etwas passieren würde...

SOBTSCHAK: Mich interessiert dennoch, ob Sie der Ansicht sind, daß gewisse Verstöße vorkamen. Besteht die Notwendigkeit, Rodionow bzw. Kotschetow wenigstens disziplinarisch zu bestrafen, weil sie irgendwie falsch gehandelt und ihre Vollmachten überschritten haben? Oder liegt für irgendeine Reaktion durch das Ministerium und Sie persönlich kein Grund vor? Was meinen Sie selbst?

JASOW: Sie wissen, es gibt Vorkommnisse, Straftaten, die mit guten Vorsätzen begangen werden. Betrachtet man Rodionows Tun in seiner Gesamtheit vom staatlichen, politischen Standpunkt aus, so hat er doch nicht das Ziel verfolgt, jemanden zu töten. Rodionow hat das Ziel verfolgt, Ordnung zu schaffen.«

Aus dem Diskussionsbeitrag von General Rodionow auf dem 1. Kongreß der Volksdeputierten der UdSSR:

»Die überwiegende Mehrheit der Mitglieder des Parteiaktivs der Stadt und die meisten Abgeordneten Georgiens nahmen um zwölf Uhr am 8. April an der Versammlung des Parteiaktivs der Stadt teil. Das Parteiaktiv unterstützte die Feststellung des Büros, daß die Situation hochexplosiv und in ihren Folgen unkalkulierbar sei. Alle Möglichkeiten zur Einwirkung und zum Appell an die Vernunft waren erschöpft, und es blieb nur noch als extreme Maßnahme, Gewalt anzuwenden. Ergreift man aber extreme Maßnahmen, so kann das schwerwiegende Folgen haben.«

Der Leser mag den Text des Stenogramms mit dem Wortlaut des Diskussionsbeitrages von Rodionow vergleichen. Vielleicht war es gar kein Zufall, daß dem Verteidigungsminister das Telefongespräch mit seinem General am 8. April zunächst entfallen war? Und als er sich doch daran erinnerte, behauptete er, in der Aktivsitzung sei »die und die [!] Entscheidung getroffen worden. Doch es war keine Rede

davon, daß man den Platz säubern würde. Die Entscheidung darüber
wird wohl später gefallen sein.« Von welcher Entscheidung berichtete der General nach Moskau, wenn er bereits nach der Parteiaktiv-
tagung wußte, daß »nur noch als extreme Maßnahme« Gewaltanwendung geblieben war? Und kann man denn an die Naivität des
Generals glauben, wenn er bereits am Tage des 8. April annahm, daß
dies »schwerwiegende Folgen« haben kann? Inzwischen, da schon
fast zwei Jahre verstrichen sind, da auf dem Parteitag der KP Rußlands
ein anderer Generaloberst über Gorbatschow und die ganze Perestroika herfiel und dabei das chauvinistische und militärische Schreiben
Rodionows (das dieser kurz zuvor im ganzen Lande versandt hatte)
ausgiebig zitierte, bleiben mir wenig Zweifel, daß Rodionow Vollstrecker und Marionette an den Fäden jener Kräfte war, die sich von
Anfang an das Ziel gesetzt hatten, durch die Ereignisse in Tbilissi sowohl die Perestroika als auch deren führende Persönlichkeit in Mißkredit zu bringen. Nicht umsonst schleuderte Rodionow auf dem
Kongreß dem ganzen Volk Georgiens die Worte entgegen: »Da haben
wir die georgische Variante der Perestroika und des Meinungsplura-
lismus.« Dieser Satz verrät seine Abneigung sowohl gegen die Perestroika als auch gegen den Pluralismus.

Der General wurde später nach Moskau versetzt und übernahm die
Leitung der Akademie des Generalstabs. Obwohl der 2. Kongreß der
Volksdeputierten ihn für schuldig befunden hatte, konnte sich
Rodionow seiner Verantwortung entziehen.

Das erste Resultat unserer Arbeit war, wie mir scheint, der über-
stürzte Rücktritt von Viktor Tschebrikow, ZK-Sekretär, Mitglied des
Politbüros und Vorsitzender der Kommission für Fragen der Rechts-
politik des ZK der KPdSU. Bei der ersten Beratung im ZK, auf der am
7. April der Beschluß gefaßt wurde, Truppen nach Georgien zu entsenden, hatte Ligatschow den Vorsitz geführt. Tschebrikow aber leitete die zweite Beratung am nächsten Tag.

Für mich kam dieser Rücktritt ganz überraschend (bedenkt man die
Position Tschebrikows und sein reales Gewicht im damaligen Polit-

büro). Er ging nicht nur hastig, sondern auch in verblüffender Stille
vor sich: Weder die Presse noch die Deputierten ließen sich mit Kom-
mentaren vernehmen. Soweit mir bekannt ist, gab es keinerlei andere
Gründe, diesen sehr mächtigen Mann in den Ruhestand zu schicken.
Jegor Ligatschow würde erst ein Jahr später, im Sommer 1990, von der
politischen Bühne abtreten müssen: auf dem XXVIII. Parteitag der
KPdSU, als die Delegierten durch ihre Abstimmung einen Schlußpunkt auch unter meine politische Diskussion mit ihm setzten. Beginnen würde diese Diskussion schon im Sommer 1989 in einer
Sitzung der Tbilissi-Kommission, und zu Ende gehen sollte sie am
Mikrofon des Parteitages, als man mir Gelegenheit gab, Ligatschow
öffentlich der Lüge zu überführen.

Doch bis dahin würde noch ein Jahr vergehen. Jetzt aber kehrten
wir aus Tbilissi nach Moskau zurück, und jener Satz aus dem chiffrierten Telegramm, den man auf dem 1. Kongreß der Volksdeputierten unterschlagen hatte, ließ mir keine Ruhe. Was verbarg sich
dahinter? Zufall? Oder Absicht?

Aus dem Stenogramm einer Kommissionssitzung:

»JASOW: Rodionow schlief die ganze Nacht nicht. Er befaßte sich
mit der Räumung des Platzes.

SOBTSCHAK: Also sind Sie der Ansicht, am Genossen Rodionow
sei von seiten des Verteidigungsministeriums nichts auszusetzen?

JASOW: Rodionow ist kein Anfänger, dem man dauernd Ohrfeigen
verpassen müßte. Er befehligte zwei Jahre lang die Armee in Afghanistan. Dort besuchte ich ihn wiederholt. Ich weiß, welch ein mutiger,
welch ein reifer Mann er ist. Rodionow würde sich nie auf Morde ein-
lassen. Wenn trotzdem Morde begangen wurden, so trifft ihn natürlich eine gewisse Schuld: Er muß etwas übersehen haben. Doch das
bedeutet keineswegs, er gehöre auf die Anklagebank.

SOBTSCHAK: Von einer Anklagebank ist zur Zeit nicht die Rede.
Wir möchten jetzt klären, wie Sie als Minister reagierten...

JASOW: Ich sage es ein weiteres Mal, ich reagierte mit Bedauern
darauf. Ich habe mich nicht bei Rodionow bedankt, sondern ihn ge-

fragt: Weshalb haben Sie sich eingemischt, wo es doch das Innenministerium gibt? Nun, dort ist ein Beschluß gefaßt worden, und er war der Oberbefehlshaber... Ich setze Sie davon in Kenntnis, daß Genosse Rodionow als Kommandeur das Recht hatte, die Räumung des Platzes anzuordnen. Sollte es die Kommission für notwendig befinden, daß Rodionow oder ich dafür die Verantwortung zu tragen haben, so steht es weder mir noch Rodionow zu, diese Verantwortung in moralischer oder sonstiger Hinsicht zurückzuweisen. Da die Truppen nun einmal eingriffen, so heißt das, daß im gewissen Grade...«

Eben auf einen »gewissen Grad« würde sich dann auch die Verantwortung des Ministers selbst beschränken. Doch einstweilen wußte ich das noch nicht. Wir standen zunächst vor der Frage: Was tun, damit die Mitglieder des Politbüros geruhen, vor der Kommission zu erscheinen? Die Erfahrung, über das eigene Tun Rechenschaft ablegen zu müssen, hatten sie in der ganzen Geschichte der KPdSU noch nicht gemacht. Ich möchte daran erinnern, daß Artikel 6 der Verfassung noch in Kraft war. Man schrieb den Sommer 1989.

Die Moskauer Etappe begannen wir damit, Dokumente im Komitee für Staatssicherheit, im Zentralkomitee der KPdSU, im Ministerrat, Verteidigungsministerium und Innenministerium zu sichten.

Man gewährte uns anstandslos Einblick in die Dokumente; die Mitarbeiter der Ministerien, des ZK und des KGB erschienen genauso anstandslos zu den Anhörungen der Kommission. Doch wie mit Mitgliedern des Politbüros verfahren, vor allen Dingen mit Ligatschow und Tschebrikow, die im ZK am Vorabend der Tragödie Beratungen über Tbilissi abgehalten hatten?

Über verschiedene Kanäle versuche ich, mich mit ihnen in Verbindung zu setzen: sowohl über die Organisationsabteilung des Zentralkomitees als auch über ihre persönlichen Mitarbeiter. Ergebnislos. Ich wende mich an den Genossen Rasumowski – der gleiche Effekt. Die Zeit vergeht, alle meine Bemühungen scheinen im Sand zu verlaufen.

Dann fällt mir ein, daß sich die einfachsten Züge gewöhnlich als

die wirksamsten erweisen. Ich setze mich hin und schreibe einen
Brief an Gorbatschow:

»Verehrter Michail Sergejewitsch, die Kommission des Kongresses
der Volksdeputierten zur Untersuchung der Ereignisse in Tbilissi hat
ihre Arbeit abgeschlossen. Wir haben uns mit sämtlichen Dokumenten vertraut gemacht und alle beteiligten Personen gehört, mit Ausnahme der Mitglieder des Politbüros und jener Partei- und Staatsfüh-
rer, die am 7. April an der ZK-Beratung teilnahmen, in welcher der
Beschluß über die Entsendung von Truppen nach Tbilissi gefaßt
wurde. Falls die erwähnten Personen in den nächsten zwei Tagen
nicht vor der Kommission erscheinen, werden wir genötigt sein, unsere Arbeit einzustellen, sie zum Abschluß zu bringen und in unserem Gutachten zu vermerken, daß die Betreffenden die Vorladung
der Kommission zur Abgabe von Erklärungen mißachtet und die
damit verbundene politische Verantwortung zu tragen haben.«

Dieses Schriftstück übergebe ich Gorbatschow persönlich Ende Juli
in einer Sitzung des damals noch alten Obersten Sowjets der Russischen Föderation. Am nächsten Tag werde ich in aller Frühe angerufen: »Guten Morgen, Anatoli Alexandrowitsch! Hier ist der persönliche Referent von Tschebrikow...« Sein Chef wolle mit mir sprechen
und könne sofort den Hörer abnehmen.

Wir sind nicht miteinander bekannt, daher stellt sich Tschebrikow
erst einmal vor; er habe gehört, die Kommission wolle mit ihm zusammentreffen, und er sei bereit. Umgehend vereinbaren wir, daß er
in drei Stunden, gegen elf Uhr, zur Kommission kommen wird.

Ich lege auf, doch fünfzehn Minuten später ein weiterer Anruf.
Diesmal ist die Stimme von Ligatschow höchstpersönlich zu vernehmen. Haargenau der gleiche Austausch von Höflichkeiten. Ich
schlage vor, daß er gegen halb drei kommen möge. Warum nicht früher? Weil Tschebrikow um elf Uhr einen Termin habe und die Aussprache allem Anschein nach länger dauern werde. Eine Pause von
fast einer Minute. Mein Gesprächspartner ist offenbar nicht darauf gefaßt gewesen, daß die Aussprache in der Abgeordnetenkommission

so gründlich sein soll. Doch was ist zu machen? Er stimmt meinem
Terminvorschlag zu.

Übrigens mußte er sich an jenem Tag ein Weilchen gedulden. Denn
die Kommission befaßte sich noch länger mit Tschebrikow, als ich
ursprünglich angenommen hatte. Die Aussprache mit beiden dauerte
länger als jeweils drei Stunden.

Freilich war es nicht unsere Schuld, daß sich die Dialoge Tschebrikows und Ligatschows mit der Kommission so sehr ausdehnten. Mal
gaben sie ungenaue Antworten, mal ließen sie sich lang und breit
über allgemeinpolitische Themen aus und zogen es vor, heiklen Fragen auszuweichen.

Ligatschow führte aus, am 7. April habe er im ZK eine gewöhnliche
Zusammenkunft, »einfach einen Meinungsaustausch«, abgehalten.
Man habe nicht Protokoll geführt, denn wenn über alle derartigen Beratungen in der Presse berichtet würde, dürfte den Zeitungen das Papier ausgehen. Unmittelbar nach der Beratung sei er in den Urlaub
abgereist und habe das weitere aus der Presse erfahren.

An dieser Stelle dürfte es wohl angebracht sein, an den berühmten
Ausruf von Pawel Miljukow in einer Dumasitzung zu erinnern: »Was
ist das – Verrat, oder etwas noch Schlimmeres – Dummheit?«

Aus dem damaligen Gespräch sind mir zwei Sätze von Jegor Kusmitsch Ligatschow im Gedächtnis geblieben: »Ich bin mir sicher, daß
wir ein Einparteisystem haben werden«; »Wir werden letzten Endes
dahin gelangen, daß mancherorts einzelne, Dutzende – mehr sind es
nicht – unbedingt isoliert werden müssen, damit die Menschen ein
ruhiges, normales Leben führen können.« (Zitiert nach dem Stenogramm.) Der zweite Satz liefert wohl den Schlüssel zum Verständnis
von Politikern vom Schlage Ligatschows. Sie glauben, im Besitz der
höchsten Wahrheit zu sein. Und zur Erreichung ihrer Ziele ist ihnen
jedes Mittel recht. Der eigenen Ruhe wegen einzelne, Dutzende oder
auch Tausende von »Extremisten« zu »isolieren« ist für sie kein Problem. Ebensowenig schrecken sie vor Heuchelei zurück, wenn dadurch, wie sie meinen, die »wunderbare Zukunft« nähergebracht

wird. Wundert es da noch, daß als Fazit eines »Meinungsaustausches« Truppen nach Tbilissi beordert wurden?

In Erinnerung geblieben ist mir ferner ein Satz, den Tschebrikow wie nebenbei fallenließ: »Wir haben bestimmte Kräfte bereitgestellt, damit sie an Ort und Stelle bei der Entscheidung darüber helfen konnten, was zu tun sei.«

Exakter läßt sich die Idee von jener kollektiven Verantwortungslosigkeit wohl kaum formulieren, die in der Sprache der Parteifunktionäre als Kollegialität des Entscheidungsprozesses bezeichnet wird. So entsteht das sattsam bekannte »kollektive Denken« – ein kollektives, schwarmhaftes Denken des Systems, das eher an tierische Instinkte erinnert. Und ich schließe nicht aus, daß die Tragödie von Tbilissi auf solch einen im Unterbewußtsein angesiedelten Selbsterhaltungstrieb des Systems zurückzuführen ist. Am Vorabend des politischen Bankrotts, als der Totalitarismus bei den Wahlen der Volksdeputierten gerade eine Niederlage erlitten hatte, waren die krampfhaften Aktionen vom 9. April nicht allzu erstaunlich. Umsichtig (wenn auch unbewußt!) versuchte das System, eine Zuspitzung des Geschehens zu provozieren, die zu einer Umkehr der Perestroika (diese hatte damals noch nicht die Etappe einer einfachen Liberalisierung des Regimes durchlaufen) und vor allem zur Ablösung des Parteichefs oder zumindest zu seiner Loslösung von den Volksmassen führen konnte. Wie die weitere Entwicklung zeigte, vermochte Gorbatschow im Sattel zu bleiben, aber ein kaum sichtbarer Riß des Mißtrauens zwischen ihm und der breiten Front der Demokratie zeichnete sich dennoch ab.

»Kollektive Verantwortung« ohne persönliche Verantwortung schuf jenen Mechanismus, mit dessen Hilfe man auch ohne eine direkte Verschwörung, ohne eine direkte, mühselige und in ihrer Verwirklichung gefahrvolle Palastrevolte hätte auskommen können. Hier muß man an ein erstaunliches Zusammentreffen von Ereignissen zurückdenken: Der berüchtigte Erlaß über die verstärkte Verantwortung wegen staatsfeindlicher Aktivitäten – mit seinem Artikel 11[1]

(der übrigens vom 1. Kongreß wieder außer Kraft gesetzt wurde) –
kam am 8. April 1989 heraus. Ein Zusammentreffen, das zu denken
gibt!

Ich möchte auf eine Reihe von Fakten aufmerksam machen, die
sich bis heute nicht eindeutig interpretieren lassen.

General Rodionow sagte vor der Kommission aus, der Zweite Sekretär des georgischen ZK, Boris Nikolski, habe schon am 6. April
achttausend Soldaten bei ihm angefordert, um in Tbilissi Ordnung zu
schaffen. Nikolski bestreitet das.

Aus dem Stenogramm. General Samsonow, Stabschef des Transkaukasischen Militärbezirks:

»Am 6. April, etwa um halb sieben abends, rief Nikolski an und bat
mich, Truppen bereitzustellen, die Ordnung schaffen sollten. Ich erwiderte, der Militärbezirk könne das nicht tun.

Dann, ungefähr dreißig bis vierzig Minuten später, rief mich Genosse Nikolski nochmals an und sagte, er könne den Chef des Militärbezirks nicht erreichen. Ich meldete ihm, daß ich mich mit dem Chef
in Verbindung gesetzt und dieser mir zugestimmt habe, daß keine
Truppen zur Schaffung von Ordnung bereitzustellen seien. Gleichzeitig sagte ich, daß ich ohne einen Befehl nichts unternehmen
würde. Nikolski antwortete, ein Befehl werde erfolgen. Zwanzig Minuten später, etwa um zwanzig Uhr, rief Jasow an und erkundigte sich
nach der Situation. Genosse Jasow sagte, ich solle mich mit der Führung der Republik in Verbindung setzen und in Kontakt bleiben, aber
ohne seinen Befehl keine Truppen bereitstellen. Genosse Nikolski
rief mich ein drittes Mal ungefähr um halb neun an und fragte, ob ich
einen Befehl erhalten hätte.«

Vor unserer Kommission bezeichnete Nikolski diese Aussage als
»ungenau«. Niemand habe Jasow angerufen. Aber er erinnerte sich,
daß es »mit Rodionow ein solches Gespräch gegeben hat. Auch mit
Samsonow wurde ein Gespräch geführt... Man suchte um Streitkräfte nach, damit das ZK und der Ministerrat geschützt werden
konnten.«

Viktor Tschebrikow: »Einmal kam Nikolski zu mir... Warum unterstütze uns das ZK nicht bei Repressivmaßnahmen? Ich sagte ihm, das ZK werde niemals bei Repressivmaßnahmen Unterstützung leisten. Heutzutage hätten sich die Umstände gewandelt.«

Jedoch möchte ich daran erinnern, daß Jegor Ligatschow selbst nach der Tragödie von Tbilissi weiter überzeugt war, daß eben Repressivmaßnahmen vonnöten gewesen seien. Übrigens bestritt Ligatschow entschieden, Unterredungen mit Nikolski geführt zu haben.

In einigen Erklärungen von Mitgliedern des ZK-Büros der KP Georgiens heißt es, Nikolski habe die Idee gehabt, am 8. April auf den Straßen von Tbilissi militärische Kraft zu demonstrieren. Dieser bezeichnete solche Behauptungen als »Hinterlist«. Er habe nicht über die Macht verfügt, so wichtige Entscheidungen zu treffen.

(Hat der Leser die Unterstellung mitbekommen? Die Rede war doch von der Idee, nicht von der Entscheidung! Auf einem anderen Blatt steht, daß die Entscheidung in der Tat nicht von Nikolski selbst getroffen wurde.)

Übrigens wurde militärische Kraft damals auch in einigen Städten des Baltikums demonstriert: in Riga, Tallinn, Pärnu, Šiauliai. Wir fragten, was Verteidigungsminister Dmitri Jasow von dieser Aktion gehalten habe. Zunächst antwortete er, dies sei »zur Vorbereitung einer Übung« geschehen und habe keine »Einschüchterung der Genossen in den baltischen Republiken« bezweckt. Allerdings präzisierte er gleich: Die Kampffahrzeuge auf den Straßen und Plätzen von friedlichen Städten hätten an jenem Tag eine »gewisse Reaktion« auf die Absperrung des Stabsgebäudes des Baltischen Militärbezirks signalisiert.

Ich möchte nochmals daran erinnern, daß just am 8. April der berüchtigte Erlaß mit seinem Artikel 11[1] unterzeichnet wurde.

Aus einem Handzettel, den Militärs auf dem 2. Kongreß der Volksdeputierten vor dem Bericht der Kommission verteilten:

»Verlangt die Wahrheit über Tbilissi!... An keinem einzigen Kör-

per der am 9. April in Tbilissi Umgekommenen gibt es Stich-, Hieb-,
Quetschwunden! Die Greuelgeschichten über blutige Spaten sind er-
funden. Von wem und wozu?... Verlangt die Wahrheit!«

Wir forderten Dokumente an und stellten fest: Vor dem 9. April gab
es in Tbilissi keine einzige Straftat, kein einziges Tötungsverbrechen,
kein einziges Gewaltdelikt, die etwas mit den Beziehungen zwischen
den Nationalitäten oder mit der Haltung zur Armee zu tun gehabt
hätten.

Aus dem Stenogramm:

»KOTSCHETOW: Die Frage der Verwendung von Pionierspaten
wurde am 9. April in der Sitzung des ZK-Büros aufgeworfen: Angeblich seien Pionierspaten verwendet worden; davon zeuge der Charakter aller Verletzungen. Nun, wie will man das erklären: Eine Kom-
panie wurde eingesetzt, sie hatte keine Ausrüstung mit, nur zum
Schutz...

SOBTSCHAK: Soll man das so verstehen, daß Ihnen die Komman-
deure die Verwendung der Pionierspaten nicht meldeten?

KOTSCHETOW: Ja. Die gehören unmittelbar zur Ausrüstung der
Soldaten, zur Norm. Die Soldaten benutzen sie zur Ausführung von
Pionierarbeiten. In diesem Fall aber konnten sie zur Selbstvertei-
digung benutzt worden sein.

FRAGE AN KOTSCHETOW: Konstantin Alexejewitsch, sind Sie bis
jetzt davon überzeugt, daß von Spaten kein Gebrauch gemacht worden ist, jedenfalls nicht, um Menschen Schläge zu versetzen?

KOTSCHETOW: Eine Analyse der Wunden der Umgekommenen,
der sechzehn Personen, bestätigt, daß keine Stich- und Hiebwunden
vorliegen.

ZWISCHENRUF: Aber dort gab es doch eine Menge von Verletzten,
die mit Hiebwunden Ärzte aufsuchten. Keine Toten, sondern Ver-
letzte.

KOTSCHETOW: Vielleicht hat es einzelne Fälle gegeben.

FRAGE AN GASENKO: Oleg Georgijewitsch, wie viele Personen
wiesen solche Wunden auf?

GASENKO: Vierundzwanzig.

FRAGE AN KOTSCHETOW: Wurde eine Untersuchung bezüglich des Einsatzes von Pionierspaten durchgeführt?

KOTSCHETOW: Ja, von der Staatsanwaltschaft.

FRAGE AN KOTSCHETOW: Nur von der Staatsanwaltschaft? Und Sie selbst haben eine solche Untersuchung nicht durchgeführt?

KOTSCHETOW: Ich selbst habe eine solche Untersuchung nicht durchgeführt.

FRAGE AN KOTSCHETOW: Wann erfuhren Sie vom Einsatz der Gase?

KOTSCHETOW: Einen Gaseinsatz habe ich überhaupt nicht vermutet. Im Plan war das nicht vorgesehen. Diese Frage wurde nicht aufgeworfen. Erfahren haben wir das wahrscheinlich am dritten Tag. Und abermals haben wir das nicht von den Organen, die Gase einsetzten, sondern von der Öffentlichkeit über das Büro des ZK erfahren.«

Ich wiederhole: »Kollektive Verantwortung« führt unausbleiblich zur Einbuße von individueller Verantwortung. Das ist wie bei den asiatischen Horden im Mittelalter: War ein einziger geflüchtet, ließ der Khan die ganze Hundertschaft hinrichten. Alle wissen das, und daher sind Heldentum und individueller Mut unmöglich. Allein auf die Kraft der lebenden Masse, auf die Energie einer entpersönlichten Menge menschlicher Muskeln wird Wert gelegt. Die Triebkraft ist der Befehl. Und die Angst. Begriffe wie Gewissen oder Moral sind unvorstellbar. Unvorstellbar ist alles, was die Grundlage einer Persönlichkeit bildet, denn die Persönlichkeit als solche löst sich im »Kollektiv« auf.

Warum wurde bei der Beratung im Zentralkomitee am 7. April 1989 kein Protokoll geführt? Weder von Ligatschow noch von anderen hochrangigen Amtsträgern bekamen wir auf diese Frage eine Antwort. Wußten sie, welch wichtige Entscheidung sie trafen? Ich bin mir dessen sicher. Meiner Ansicht nach waren sie gerade aus diesem Grunde darauf bedacht, keinerlei Dokumente zu hinterlassen und keinerlei Aufzeichnungen zu führen. Die gegenseitige Bürgschaft der

Verantwortungslosigkeit garantiert dem bürokratischen System in jedem Fall einen Erfolg.

Der Beschluß war also auf keine Weise fixiert worden, doch zwei Teilnehmer an jener Beratung (der Stellvertretende Innenminister Truschin und Verteidigungsminister Jasow) schickten sich unverzüglich an, ihn in die Tat umzusetzen: In den Abendstunden desselben Tages treffen in Tbilissi die ersten Einheiten der Inneren Truppen und der Truppen zur besonderen Verwendung ein, und am Morgen des 8. April folgten auch Luftlandetruppen. Gorbatschow war nicht in Moskau, doch die Teilnehmer der »Beratung« erachteten es nicht einmal für notwendig, Regierungschef Ryschkow in Kenntnis zu setzen. Und als sich unsere Kommission einmütig darüber wunderte, wie so etwas geschehen konnte, setzte man uns auseinander, daß man eine politische Frage entschieden habe, während der Regierungschef ja für Wirtschaftsfragen zuständig sei. Er stehe in der Wirtschaft des Landes obenan, keineswegs aber in der Politik. Gemäß der im Politbüro üblichen Aufgabenverteilung gehörten derartige Fragen nicht in den Zuständigkeitsbereich des Regierungschefs. Doch was ist das denn für ein Regierungschef, wenn man über seinen Kopf hinweg etwas *Derartiges* beschließen und verwirklichen kann? Auf diese Frage erhielten wir ebenfalls keine Antwort.

Auch mit Eduard Schewardnadse sprach unsere Kommission. Mit seiner Aufrichtigkeit und seinen emotional gefärbten Antworten machte er starken Eindruck auf uns. Er erklärte, daß die Ereignisse in Tbilissi zu einer persönlichen Tragödie für ihn geworden seien. Er war am 9. April nach Tbilissi geflogen, um die Einzelheiten des Kampfstoffeinsatzes zu klären. Die Militärs behaupteten lange, Kampfstoffe seien nicht zum Einsatz gekommen. Erst nachdem Mediziner belegt hatten, daß Menschen, die auf dem Platz gewesen waren, eindeutige Symptome einer Vergiftung durch stark wirkende chemische Stoffe aufwiesen, gaben die Militärs zu, daß zunächst verschiedene Abarten von »Tscherjomucha« (Faulbeere) und dann auch von CS-Gas eingesetzt worden seien.

Warum empfand Schewardnadse die Tragödie von Tbilissi als seine persönliche? Ich denke, nicht nur deshalb, weil er Georgier ist und aus Tbilissi stammt. Hätte sich Schewardnadse am 7. April in Moskau und nicht in London aufgehalten und wäre er in der Nacht zum 8. April nach Georgien geflogen, wie es Gorbatschow vorschlug, so hätte man das Massaker vor dem Haus der Regierung wahrscheinlich verhüten können. Aber mit dem von Nikolski abgefaßten und von Patiaschwili unterzeichneten chiffrierten Telegramm vom 8. April wurde der Eindruck erweckt, daß sich die Situation stabilisiere und die Leidenschaften auf dem Platz abebbten. Doch das Schwungrad der militärischen Operation war bereits angekurbelt. Und General Rodionow stellte sich darauf ein, »die ganze Nacht nicht zu schlafen«, wie sich der Verteidigungsminister auszudrücken pflegte.

Wir befragten auch Anatoli Lukjanow.

Und dann mußte ich erneut ein Schreiben an Gorbatschow aufsetzen:

»Verehrter Michail Sergejewitsch, die Kommission zur Untersuchung der Ereignisse in Tbilissi hat ihre Arbeit abgeschlossen, alle Interessierten und an diesen Ereignissen Beteiligten angehört und sich mit allen Dokumenten vertraut gemacht. Wir sind zu bestimmten Schlußfolgerungen gelangt und haben ein Gutachten angefertigt, würden uns aber gern noch einmal mit Ihnen treffen, damit unserer Kommission nicht vorgehalten werden kann, sie habe es nicht gewagt, von Ihnen entsprechende Klarstellungen zu verlangen, und damit Ihnen nicht vorgeworfen werden kann, Sie hätten der Kommission keine Möglichkeit geboten, die erforderlichen Klarstellungen zu erhalten.«

Gorbatschow willigte ein, und ein Treffen mit ihm kam zustande. Das war bereits in den Tagen, als der 2. Kongreß der Volksdeputierten seine Arbeit aufgenommen hatte.

Das Gespräch dauerte etwa eine Stunde. Wir baten Gorbatschow um eine Klarstellung, weshalb er auf dem 1. Kongreß das Datum seiner Rückkehr aus Großbritannien falsch angegeben habe, wann und wie er über die Lage in Tbilissi informiert worden sei. Wir stellten die Fragen ohne Umschweife. Genauso ohne Umschweife gab er seine Antworten.

Gorbatschow sagte, auf dem Kongreß habe er sich einfach versprochen und das Politbüro sei zur Erörterung der Tbilissi-Frage nicht zusammengetreten. Es habe lediglich die gewöhnliche Begrüßung im Empfangsraum des Flughafens gegeben. Er könne sich nicht einmal erinnern, wer konkret ihn über die Lage in Georgien informiert habe (»entweder Tschebrikow oder Ligatschow«). Hier habe er auch erfahren, daß man für alle Fälle beschlossen habe, Georgien mit Truppen zu helfen und die strategischen Objekte und Regierungsgebäude unter Bewachung zu stellen. Gorbatschow schlug Schewardnadse und Rasumowski sofort vor, nach Tbilissi zu fliegen, und machte sogar ein Flugzeug startklar. Aber Schewardnadse rief Patiaschwili in Tbilissi an, und dieser versicherte ihm, es sei nicht so dringend, die Situation entschärfe sich.

Zum Vergleich einige Zeilen aus dem Stenogramm:

»JASOW: Etwa gegen halb zwölf traf Michail Sergejewitsch aus England ein. Alle hatten sich zum Empfang eingefunden. Nachdem uns Michail Sergejewitsch kurz darüber unterrichtet hatte, wie die Reise nach Kuba und anschließend nach England verlaufen war, fragte er, wie die Lage bei uns sei. Darüber, was sich in Tbilissi abspielte, wußte er im großen und ganzen Bescheid. Genosse Ligatschow sagte, er habe heute vom Genossen Patiaschwili ein chiffriertes Telegramm bekommen. Welche Entscheidung sei zu treffen? Man beschloß, die Genossen Schewardnadse und Rasumowski dorthin zu entsenden, damit sie an Ort und Stelle alle Probleme lösten. Und falls sie entscheiden sollten, Sperrstunden einzuführen, werde man erneut den Beschluß fassen, ein Regiment einer Luftlandedivision und einige andere Truppenteile zum Schutz öffentlicher Objekte abzuordnen.«

Lesen wir diese Zeilen aufmerksam durch: »...werde man erneut den Beschluß fassen...« Die Begrüßungsdelegation verschwieg Gorbatschow offensichtlich, daß bereits Innere Truppen nach Tbilissi beordert waren und daß Luftlandetruppen wenige Stunden später in Georgien eintreffen würden. Gorbatschow gab seine Zustimmung zur Truppenverlegung nur für den Fall, daß Schewardnadse und Rasumowski an Ort und Stelle eine Entscheidung über die Einführung von Sperrstunden trafen. Anders ausgedrückt: Gorbatschow stoppt die Truppenverlegung, alle pflichten ihm bei, Jasow aber »vergißt«, den bereits erteilten Befehl rückgängig zu machen. Im Gegenteil, alles wird daran gesetzt, die Vorbereitung der Operation zu forcieren und Schewardnadse nicht nach Georgien kommen zu lassen. Soweit die Tatsachen. Der Leser kann daraus seine eigenen Schlußfolgerungen ziehen.

Aus dem Stenogramm:

»TSCHEBRIKOW: Auf dem Flughafen drehte sich das Gespräch darum, welche Maßnahmen zu ergreifen seien. Gorbatschow riet, Genosse Schewardnadse und Genosse Rasumowski sollten nach Tbilissi fliegen. Macht es jedoch so: Wägt es ab, überlegt euch, wann ihr hinfliegt. Ich bin damit einverstanden, euch unverzüglich hinzuschicken. Aber das ist so eine Sache... In der Nacht wurde Rücksprache gehalten... Wir kamen ein weiteres Mal zusammen. Das war bereits am nächsten Tag, am Sonnabend (d. h. am 8. April; Anm. d. Verf.). Diese Beratung hatte ich zu leiten. Eine Gruppe von Genossen und ich erörterten das Problem. Wir wägten das Für und Wider ab und baten, noch einmal anzurufen. Wiederum hieß es, nichts sei erforderlich, die Maschine stehe auf dem Flughafen, alles sei normal... Und darum wurde beschlossen, daß Genosse Schewardnadse und Genosse Rasumowski nicht hinfliegen. Es wurde aufgeschoben...«

Also begibt sich Gorbatschow nichtsahnend auf seine Datscha, um sich nach der Reise nach Kuba und Großbritannien ein wenig zu entspannen. Ligatschow fährt schleunigst in Urlaub, während die vorher aufgezogene Feder bereits losschnellt und nicht mehr gestoppt werden kann.

Schweigen ist mitunter beredter als ein Geständnis. Ich möchte hier ein Schreiben Ligatschows samt einem Begleitvermerk anführen, das ich im Oktober 1989 erhielt:

»Anatoli Alexandrowitsch, im Zusammenhang mit der Veröffentlichung der Schlußfolgerungen der georgischen Kommission über die Ereignisse vom 9. April in Tbilissi, wo man sich auf Unterlagen der Unionskommission beruft, halte ich es für notwendig, Ihnen die nachstehende Notiz zukommen zu lassen.

Hochachtungsvoll
Ligatschow
6. Oktober 1989

An den Vorsitzenden der Kommission des Obersten Sowjets der UdSSR zur Untersuchung der Ereignisse vom 9. April 1989 in der Stadt Tbilissi, Genossen A. A. Sobtschak

Verehrter Anatoli Alexandrowitsch, dieser Tage machte ich mich mit den Schlußfolgerungen der Kommission des Obersten Sowjets der Georgischen SSR zur Untersuchung der Ereignisse vom 9. April 1989 in Tbilissi vertraut, die in der Republikzeitung *Kommunist* (vom 23. September 1989) veröffentlicht wurden.

Ich halte es für erforderlich, Ihre Aufmerksamkeit auf folgendes zu lenken: Die Verfasser dieses Dokuments behaupten vielsagend, in der Beratung, die am 7. April dieses Jahres im ZK der KPdSU unter dem Vorsitz von J. Ligatschow stattfand, ›hat man beschlossen, dem Ersuchen des ZK der KP Georgiens um Hilfeleistung mit militärischen Kräften stattzugeben‹. Weiter heißt es, dies ›wird durch Untersuchungsunterlagen der Kommission bekräftigt, die vom Kongreß der Volksdeputierten der UdSSR eingesetzt wurde‹. Indes hat die von Ihnen geleitete Kommission, soweit mir bekannt, die Resultate ihrer Arbeit noch nicht publik gemacht. Dieser Umstand hat mich bewogen, mich an Sie persönlich zu wenden.

Ich möchte das bekräftigen, was ich in der Sitzung der Kommission des Obersten Sowjets der UdSSR gesagt habe. In der Tat, am 7. April dieses Jahres fand im ZK der KPdSU ein Meinungsaustausch über die

Lage in Georgien statt, an dem Mitglieder des Politbüros, Kandidaten
des Politbüros und Sekretäre des ZK teilnahmen.

Zum Schluß der Beratung machte ich darauf aufmerksam, daß die
Ersuchen um Bereitstellung von Truppen zur Aufrechterhaltung der
öffentlichen Ordnung und zur Einführung von Sperrstunden nicht
kollektiv in den Republikorganen Georgiens erörtert worden und faktisch mündlich vom Genossen D. I. Patiaschwili ausgegangen seien.
In Anbetracht dessen unterbreitete ich den Vorschlag, dem ZK der KP
Georgiens zu empfehlen, die entstandene Situation in den Staats-
und Parteileitungsorganen der Republik zu behandeln: im Präsidium
des Obersten Sowjets, im Ministerrat und im ZK der KP. Dabei wurde
besonders hervorgehoben, daß man mit politischen Methoden vorzugehen, die Arbeit unter den Kundgebungsteilnehmern und in den Belegschaften zu verstärken und sich nicht in den Büros zu verkriechen
habe.

Die Vorschläge wurden dem Genossen D. I. Patiaschwili von ZK-
Sekretären übermittelt. Bedauerlicherweise fanden diese prinzipiell
wichtigen Weisungen des ZK der KPdSU in den Schlußfolgerungen
der Kommission keinen Niederschlag.

Bald darauf sandte das ZK der KP Georgiens mehrere chiffrierte
Telegramme nach Moskau (ihr Wortlaut wurde vom Genossen A. I.
Lukjanow auf dem Kongreß der Volksdeputierten verlesen). Zu diesem Zeitpunkt, genauer gesagt, am Morgen des 8. April, reiste ich in
meinen zuvor geplanten Urlaub ab.

Bei der Erörterung der Frage am 7. April wurden der Wunsch geäußert und die Aufmerksamkeit der Führung des Innenministeriums
und des Verteidigungsministeriums auf die Notwendigkeit gelenkt,
die Bereitstellung von Kräften und Mitteln für den Fall einer gefährlichen, Menschenleben bedrohenden Entwicklung der Ereignisse zu
gewährleisten. Damit sollten die Fehler vermieden werden, die es
nicht gestatteten, die bekannte Tragödie in Sumgait abzuwenden.
Leider wurden unsere Befürchtungen durch die späteren Ereignisse
in Abchasien und Fergana bestätigt, als dringend Truppen aus ande-

ren Gebieten verlegt werden mußten und es trotzdem zu Tod und
Verletzungen, Unglück und Leid kam.

Ich möchte daran erinnern, daß sich laut Informationen der Führung des ZK der KP Georgiens, des Innenministeriums der UdSSR und
von Abteilungen des ZK der KPdSU die Situation in Tbilissi schon zu
jener Zeit zugespitzt hatte und gefährlicher Extremismus um sich
griff. Kategorisch weise ich die Behauptung der Georgischen Kommission der genannten Zeitung zurück, daß ›die Ereignisse vom
9. April für die Führung des Landes, darunter auch Ligatschow, kein
Geheimnis waren‹. Die Führung des Landes erfuhr von den tragischen Ereignissen erst, nachdem sie sich bereits abgespielt hatten.
Was mich angeht, so kann ich sagen, daß ich davon durch eine Fern-
sehmeldung erfuhr.

Strenggenommen war ich vor dem 7. April und danach an der Erörterung der Georgien betreffenden Fragen nicht beteiligt.

Soweit die Tatsachen. Ich möchte Sie bitten, die Mitglieder der
Kommission des Obersten Sowjets der UdSSR mit dieser Notiz vertraut zu machen.

Hochachtungsvoll

J. Ligatschow

6. Oktober 1989.«*

Was vergaß Jegor Ligatschow, sowohl in der Kommissionssitzung als
auch in diesem Schreiben mitzuteilen? Daß mit der Truppenverlegung ausgerechnet nach der von ihm geleiteten Beratung begonnen
wurde. Dies verschwieg er »lediglich«, doch hier ist die Lüge: »Zum
Schluß der Beratung machte ich darauf aufmerksam, daß die Ersuchen um Bereitstellung von Truppen zur Aufrechterhaltung der
öffentlichen Ordnung und zur Einführung von Sperrstunden nicht
kollektiv in den Republikorganen Georgiens erörtert worden seien.«

---

* In dem angeführten Schreiben ist der Stil Jegor Ligatschows beibehalten. Die Kommission des Kongresses der Volksdeputierten der UdSSR wurde von ihm irrtümlich als
Kommission des Obersten Sowjets der UdSSR bezeichnet. (Anm. d. Verf.)

Der springende Punkt ist nicht, daß man kein Protokoll führte und nicht überprüfbar ist, ob Ligatschow »darauf aufmerksam machte« oder nicht. Es sei an General Samsonows Aussage erinnert: Nikolski habe bei ihm schon am 6. April Truppen angefordert und ebenfalls am 6. habe Samsonow diesbezüglich Jasow angerufen. Die Lüge besteht in etwas anderem: Jegor Ligatschow, inzwischen Empfänger einer »persönlichen Pension«, weiß besser als jeder andere um den Mechanismus der Tragödie von Tbilissi. Unter seiner Leitung wurde die verhängnisvolle Entscheidung getroffen, wiewohl dann vielleicht Exzesse der Vollstrecker folgten, die er nicht abzusehen vermochte.

Immer näher rückten die Tage, da unsere Kommission Bericht zu erstatten hatte. Nun war es an der Zeit, das Gutachten abzufassen und den Vortrag vor dem Kongreß auszuarbeiten.

Ich möchte nochmals daran erinnern, daß die Kommission in ihrer Zusammensetzung recht breit gefächert war. Ihr gehörten Deputierte an, die sich in ihren politischen Neigungen, ihrer sozialen Stellung, ja auch in ihrem Vorbereitungsgrad und ihrer Kompetenz sehr unterschieden. Einerseits waren da weltbekannte Wissenschaftler, Schriftsteller, Journalisten und Generale, andererseits Veteranen des Krieges in Afghanistan, junge, aufrichtige, doch in derartigen Untersuchungen absolut unerfahrene Männer. Die letzteren waren zunächst befangen und saßen schweigend da, doch später leisteten sie uns enorme Hilfe, als wir zu den Luftlandesoldaten fuhren und diese bewogen, die Wahrheit über den 9. April zu sagen. Sie waren es auch, die eine größere Gruppe in Tbilissi wohnender »Afghanistan-Kämpfer« vor die Kommission brachten; diese machten wertvolle und wahrheitsgetreue Aussagen über jenen tragischen Sonntagmorgen.

Als wir unsere Arbeit in Angriff nahmen, schien es einfach unmöglich, zu einer einheitlichen Meinung zu gelangen. Und dennoch sollte unsere Kommission die einzige unter allen vom Kongreß eingesetzten Kommissionen sein, deren Gutachten von *allen* Mitgliedern unterzeichnet wurde.

Zu Hause in Leningrad

Oben: Meine
Wahlkampfmannschaft
im Jahre 1989

Unten:
Im Wahlkampf

1. Kongreß der Volksdeputierten der UdSSR.
Moskau 1989

Oben:
Der Schriftsteller Juri
Tschernitschenko

Rechts:
Juri Afanasjew, Rektor
der Moskauer Hoch-
schule für Archivwesen

Links: Gawriil
Popow, Bürgermeister
von Moskau

Unten:
Der Philosoph Juri
Karjakin

Oben:
Mit der Historikerin
Galina Starowoitowa

Rechts:
Akademiemitglied
Dmitri Lichatschow,
Vorsitzender des Sowje-
tischen Kulturfonds

Links:
Alexander Jakowlew

Unten:
Eduard Schewardnadse

Oben:
Jelzin und Gorbatschow
im Präsidium der Russi-
schen Parteikonferenz

Rechts: Boris Jelzin
auf einer Kundgebung
in Luschniki

Links: Der Abgeordnete
Boris Jelzin
in der Diskussion um
Gorbatschows Referat
»Über die wichtigsten
Richtungen der Innen-
und Außenpolitik«

Unten:
Zusammen mit Boris
Jelzin im Kreuzverhör
der Journalisten

In einträchtiger Reihe

Nach einer Ansprache
auf der Tagung des Obersten Sowjets der UdSSR

Oben: Dschumber
Patiaschwili (Mitte),
ehemaliger Erster
Sekretär des ZK der
KP Georgiens

Unten: Tbilissi, Nacht
vom 8. auf den 9. April
1989. Vor dem Sturm

Oben:
General Igor Rodinow
unter Journalisten

Unten: Die
Tbilissi-Kommission

Oben:
Gorbatschow verteidigt
Sacharow

Unten:
Tscherwonopiski
contra Sacharow

Oben: Sitzung der
Interregionalen
Deputiertengruppe am
14.Dezember 1989. Das
Foto entstand wenige
Stunden vor dem Tod

von A. D. Sacharow
(rechts)

Unten: Abschied
von A. D. Sacharow

Vor meinem Austritt aus der KPdSU

Gibt man sich einer ehrlichen Arbeit restlos hin, dann bleibt einem keine Zeit für Ambitionen. Was haben etwa ein General und ein Angehöriger einer informellen Volksfront miteinander gemein? Doch wenn beide auf Wahrheitssuche sind, wenn beide in gleichem Maße die Verantwortung für das Resultat ihrer Arbeit teilen, dann gibt es weder Generale noch Gemeine. Alle gehören einfach derselben Mannschaft an, die dasselbe Ziel im Auge hat.

Prüfend, zweifelnd, einander widersprechend, doch schließlich von der Richtigkeit der Fakten überzeugt, gelangten wir zu gemeinsamen Standpunkten. Und wir siebten alles Unbeweisbare und Unbewiesene aus. Als die allgemeinen Schlußfolgerungen jedem von uns offenkundig waren, wurde eine Redaktionsgruppe der Kommission gebildet. Ihr gehörten der Schriftsteller Boris Wassiljew, Akademiemitglied Oleg Gasenko, General Alexander Goljakow und Professor Alexander Jakowlew an. Bald stießen auch der Journalist Vytas Tomkus aus Litauen und Hardo Aasmäe, Ingenieur aus Tallinn und heute Bürgermeister der estnischen Hauptstadt, zu uns.

Wir fuhren aufs Land und debattierten im Ferienheim der *Iswestija* an der Krasnaja Pachra zehn Tage lang, vom frühen Morgen bis zum späten Abend, über jedes Wort. Dutzende und Aberdutzende von Malen schrieben wir das Gutachten unserer Kommission um.

Praktisch ging das folgendermaßen vor sich: Wir hatten die Abschnitte des Gutachtens untereinander aufgeteilt, und jeder schrieb erst einmal seinen Abschnitt nieder. Dann wurden jeder Satz, ja jedes Wort besprochen. Wir stellten eine neue Fassung her. Wiederum wurde der Text besprochen, jede Gedankenschattierung abwägend, schalteten wir Emotionen und Doppeldeutigkeiten aus, überprüften die Logik und feilten am Stil.

Noch heute denke ich mit Dankbarkeit an jene Tage zurück, die ich mit so integren Menschen, den Mitverfassern unseres Gutachtens, verbrachte. Ungeachtet der heutigen Zerwürfnisse und Wirren in unserer Gesellschaft, ungeachtet unvereinbar scheinender Positionen und Ansichten kann man eine gemeinsame Sprache finden, kann

man zu Einvernehmen und Verständigung gelangen. Vorausgesetzt
natürlich, alle Seiten sind ehrlich, streben wirklich ein Ergebnis an,
wollen der Wahrheit und ihrem Volk dienen. Davon hat mich die Arbeit der Kommission überzeugt.

Vielleicht war unsere Kommission ein kleines Modell der gesamten Gesellschaft, vielleicht ist ihr Erfolg eine Gewähr für das Gelingen
dessen, was vor fünf Jahren den Namen Perestroika erhielt. Man
möchte es hoffen...

Als Jegor Ligatschow dann auf dem XXVIII. Parteitag der KPdSU für
den Posten des Stellvertretenden Generalsekretärs der Partei kandidierte, unternahm ich den Versuch, diese Kandidatur zurückzuweisen. Ich fragte, wann Ligatschow die Wahrheit gesagt habe: Als er vor
unserer Kommission behauptete, es habe keine Sitzung des Politbüros gegeben, oder später, auf einer Plenartagung des Zentralkomitees,
als er genau das Gegenteil erklärte.

Eine Tonbandaufzeichnung hat Stil und Geist der Antwort Ligatschows bewahrt.

»LIGATSCHOW: Anatoli Alexandrowitsch, ich muß Ihnen auf
diese Frage antworten...

SOBTSCHAK: Unbedingt!

LIGATSCHOW: Wobei ich meinerseits eine Frage an Sie stelle, Genosse Sobtschak! Dort in meiner Mappe liegt Ihr Diskussionsbeitrag.
Jetzt möchte ich folgendes sagen: Ligatschow hat dort wie hier das
gleiche gesagt. Letzten Endes bitte ich auch diejenigen, die hier näher
sind, gemeinsam mit mir wenigstens ein einziges Wort zu sagen: daß
nämlich jene Beschlüsse von allen Mitgliedern des Politbüros gefaßt
wurden. Unter der Leitung von Michail Sergejewitsch Gorbatschow.
Letzten Endes, Michail Sergejewitsch, ich bitte... ich kann als Genosse und Kommunist bitten... (Lärm im Saal.) Und Sie müssen
schon entschuldigen, ich habe die Wahrheit gesagt, die reine Wahrheit...Damals habe ich davon gesprochen, daß wir, eine Kommission
aus mindestens zwei Dritteln der Politbüromitglieder, den Beschluß
faßten... Den einzig weisen Beschluß. Ich habe bis auf den heutigen

Tag recht behalten... Ich bedaure es sehr und bitte die georgischen Genossen, mich zu entschuldigen, daß es bei ihnen zu einer solchen Tragödie gekommen ist... Das sage ich als Mensch, und das macht mir sehr zu schaffen... Es wird mich mein ganzes Leben lang verfolgen, aber wir Mitglieder des Politbüros... haben an diesem außerordentlich tragischen Ereignis keinen Anteil... Wir hatten die feste Abrede getroffen, die Fragen mit politischen Methoden zu lösen. Wir haben dies der ehemaligen Führung Georgiens klipp und klar, eindeutig gesagt... Und warum ich vom Politbüro gesprochen habe... Was für einen Grund hatten Sie denn, Anatoli Alexandrowitsch, nachdem Sie auf dem 2. Kongreß der Volksdeputierten mehr oder weniger objektiv Bericht erstattet hatten – und dies wurde in der Zeitung *Iswestija* veröffentlicht –, ein Interview vom Stapel zu lassen?... Niemals, nirgends habe ich das erwähnt, doch wollen wir uns vor Tausenden von Menschen aussprechen... Sie haben Ihr Interview zwei Wochen später im *Ogonjok* vom Stapel gelassen und geschrieben... Wissen Sie, was Sie geschrieben haben? Ich zitiere, ich bitte, diese Sache zu vervielfältigen... Was hat Genosse Sobtschak geschrieben? Kaum war Genosse Gorbatschow weggefahren... Wohin waren Sie, Michail Sergejewitsch, gefahren – nach England? (Lärm und Gelächter im Saal.) Nach England? Da hat Genosse Ligatschow hinter seinem Rücken und hinter dem Rücken von Genosse Ryschkow, der hier war, verstehen Sie, losgelegt..., hat eine Kommission zusammengerufen und erneut* eine Verschwörung eingefädelt. Von der Art... Eben dagegen wandte ich mich, und nun antworten Sie, warum Sie sich so verhalten: Auf der einen Seite sagen Sie das eine, auf der anderen tun Sie das andere! (Lärm, Ausrufe, Beifall.)

SOBTSCHAK: Ich, Jegor Kusmitsch, bewerbe mich nicht...

GORBATSCHOW: Drittes Mikrofon!

SOBTSCHAK: ...um den Posten des Stellvertretenden Generalsekretärs.

* Der Leser wird sicherlich auch den ungewollt falschen Zungenschlag Ligatschows zu würdigen wissen. (Anm. d. Verf.)

GORBATSCHOW: Jegor...
SOBTSCHAK: Aber ich behaupte...
GORBATSCHOW: Drittes Mikrofon! Drittes Mikrofon!...
SOBTSCHAK: Aber ich behaupte, daß...
GORBATSCHOW: Ich bitte noch mal, das dritte Mikrofon einzuschalten...
STIMME: Schalte das Mikrofon aus!...
EINE STIMME VOM DRITTEN MIKROFON: Gerassimow, Delegation der Komi...«

Bedauerlicherweise unterbrach Gorbatschow diesen recht dramatischen Dialog. Eigentlich schade, denn Ligatschow war gerade dabei, bereits eine dritte Version zu entrollen: Die Entscheidung, Truppen in Georgien einmarschieren zu lassen, sei nicht in einer »Beratung im ZK« und auch nicht in einer »Sitzung des Politbüros« gefällt worden, sondern in der Sitzung einer »Kommission aus mindestens zwei Dritteln der Politbüromitglieder«.

Es würde mich nicht wundern, wenn sich diese Ligatschowsche »Kommission« morgen in ein Symposium unter Beteiligung des Verteidigungsministeriums oder in irgendein militärisch-praktisches Seminar verwandelte.

Eine Antwort auf meine Frage bekam ich nicht von Ligatschow, sondern von den Delegierten dieses in seiner Zusammensetzung ziemlich konservativen Parteitages: Drei Viertel der Anwesenden stimmten an jenem Tag gegen die Kandidatur von Ligatschow. Stellvertretender Generalsekretär wurde Wladimir Iwaschko, bei weitem kein Konservativer, während Jegor Ligatschow, der »teuflisch gern arbeiten möchte«, von seinen Parteigenossen endlich zur allgemeinen Genugtuung in den Ruhestand geschickt wurde.

Wie heißt es doch hierzulande: Ein heiliger Platz bleibt nicht leer.

LEIDENSCHAFTEN UM GDLJAN UND IWANOW

Wenn bei uns jemand mancherorts mitunter...
Kritik in der Stagnationszeit

Die Namen der Untersuchungsführer für besonders wichtige Fälle, Telman Gdljan und Nikolai Iwanow, sind mit der 19. Parteikonferenz der KPdSU dem ganzen Land bekannt geworden. Als Vitali Korotitsch, Chefredakteur der Zeitschrift *Ogonjok*, dem Generalsekretär in der Stille des erstarrten Saals einen Umschlag mit den Namen von vier korrupten Delegierten überreichte, schien es, als reckten viele Mitglieder des damaligen Präsidiums den Hals, um Gorbatschow über die Schulter zu schauen: War womöglich ihr Schicksal in diesem Umschlag verborgen?

Die »glaubwürdigsten« und die phantastischsten Gerüchte hatten unser Land von den Karpaten bis zur Kamtschatka überrollt. Auf drei tippten fast alle: nämlich auf Solomenzew, Gromyko und Ligatschow. Nur über den vierten Kandidaten war man sich nicht einig.

Das war der Volksmund. Wer aber die obersten Machtsphären nicht nur vom Hörensagen kannte, wußte sehr gut: Hätte dieser Umschlag Materialien über Führungspersonen unseres Landes enthalten, wäre Korotitsch unter den politischen Verhältnissen ganz zu Beginn der Perestroika gar nicht erst bis an die Tribüne herangekommen, wäre auch der zuvor im *Ogonjok* veröffentlichte Artikel von Untersuchungsführer Iwanow niemals erschienen. Selbst dann nicht, wenn der Generalsekretär höchstpersönlich befohlen hätte, den Beitrag zu drucken. In jenen nicht fernen Jahren paßte der Parteiapparat allzu sorgfältig auch auf Gorbatschow selbst auf.

Die Tatsache, daß Raschidow posthum in Ungnade gefallen war, und die Entlarvungen der Partei- und Wirtschaftsmafia in Usbekistan hatten die Gesellschaft natürlich stark beeindruckt. Alle fieberten der Fortsetzung des Krimis entgegen. Beim Volke gab es bereits keinerlei Zweifel mehr an den Ausmaßen der Korruption in unserem Lande. Doch man war noch nicht zu der Einsicht gelangt, daß Korruption eine unvermeidliche Folge des Parteimonopolismus sowie der totalitären Verantwortungslosigkeit und strafrechtlichen Immunität der Nomenklatura ist. Später begriff man, daß in dem Fall, den Gdljan und Iwanow in Usbekistan untersuchten, die Wurzel des allgemeinen Übels liegt. Ich möchte an ein russisches Märchen erinnern: Der Tod des unsterblichen Koschtscheis, des greisen Herrschers im Reich der Finsternis, verbirgt sich in der Spitze einer Nadel, die Nadel in einem goldenen Ei, das Ei in einer Ente und die Ente in einem Schrein hinter drei Meeren. Und obwohl Koschtscheis Schloß völlig ungeschützt wirkt, ist dem abscheulichen Greis selbst mit dem schärfsten Wunderschwert nicht beizukommen. Nur die Nadel kann ihm gefährlich werden. Nichts anderes.

Unsere Gesellschaft ist allzustark mythologisiert (und die marxistische Utopie zog daraus sieben Jahrzehnte lang Nutzen!), als daß sie allein Fakten Glauben schenken würde. Es schien, die beiden heldenmütigen Untersuchungsführer hätten zumindest das goldene Ei angetastet und erst im letzten Augenblick sei es ihnen von Koschtscheis Dienern entrissen worden. Deshalb erreichten die Emotionen um den von Gdljan und Iwanow untersuchten Bestechungsfall einen Höhepunkt, besonders als Gdljan und Iwanow selbst Amtsmißbrauch vorgeworfen wurde.

Dieser Fall legte alle Mängel des in unserem Lande bestehenden Rechtssystems bloß und enthüllte die schmähliche Rolle der Parteiorgane in diesem System. Er trug vorrangig dazu bei, daß sich die Gesellschaft der wahren Gründe für die Korruption und für die mafiaähnliche Machtstruktur bewußt wurde.

Auf allen drei ersten Kongressen der Volksdeputierten der UdSSR stand dieser Fall im Mittelpunkt, war Gegenstand heftiger Debatten und Auseinandersetzungen. Auch bei den Tagungen des Obersten Sowjets kam man wiederholt auf ihn zurück.

Der Schlußpunkt ist in dieser »Story« noch nicht gesetzt. Ich bin überzeugt, wir werden noch mehrfach auf die handelnden Personen dieses Dramas zurückkommen, auf jene »Helden« des Korruptions-

wesens und der Mafiaorganisationen, deren Namen bisher im Schatten blieben. Wir werden auch auf die recht widerspruchsvollen Gestalten der Untersuchungsführer zurückkommen, die den Kampf
gegen diese Organisationen begannen.

Also der Reihe nach.

Die Untersuchungsgruppe Gdljans und Iwanows war schon unter
Juri Andropow entstanden. Der ehemalige KGB-Vorsitzende, der
Ende 1982 auf den Posten des Generalsekretärs berufen wurde, versuchte, der Korruption und der organisierten Kriminalität einen
ersten Schlag zu versetzen (was natürlich noch nicht von seinen
demokratischen Bestrebungen zeugt). Es gibt eine Logik des politischen Kampfes, und nach dieser Logik mußte sich Andropow des
Innenministers Schtscholokow entledigen, mußte er jenen hohen
Amtsträgern im Staats-, Partei- und Wirtschaftsapparat zu Leibe rük-
ken, die ihn entweder behinderten, ein straffes politisches Regime
aufzuziehen und die nötige Ordnung zu schaffen, oder die zuviel
»Dreck am Stecken« hatten. Damals gelangte der milliardenschwere
»Baumwollfall« in Usbekistan an die Oberfläche, und man beorderte
eine starke Untersuchungsgruppe in die Republik.

Konstantin Tschernenko, der bald darauf an die Stelle des verstorbenen Andropow trat, wollte oder, was wahrscheinlicher ist, konnte
die Ermittlungen nicht abbrechen. Die Untersuchungsgruppe leitete
Strafverfahren gegen eine größere Zahl von usbekischen Parteifunktionären ein. Darunter waren der Erste Sekretär und weitere Sekretäre
des ZK der KP Usbekistans, Sekretäre von Gebiets-, Stadt- und Rayonskomitees der Partei, etliche Minister sowie führende Vertreter des
Innenministeriums der Republik und der Gebietsverwaltung für innere Angelegenheiten. Erstmals landeten Personen, die als unantast-
bar gegolten hatten, auf der Anklagebank. Erstmals traten Untersuchungsführer über die Schwelle der Büros von ZK-Sekretären einer
Unionsrepublik und eines Ministerratsvorsitzenden, ganz zu schweigen von den kleineren Nomenklatura-Fischlein, die in ihre Netze gerieten. Ihr Zusammenhalt, ihre mafiahafte Verfilzung – offiziell als

Parteidisziplin bezeichnet! – hatte den Betreffenden ermöglicht, sich absolut sicher zu fühlen, welche Gesetzesverletzungen sie auch auf dem Kerbholz haben mochten.

Lange hörte man nur knappe offizielle Meldungen über die Tätigkeit der Untersuchungsgruppe: Der »Herrscher« des Gebiets Soundso sei verhaftet, gegen diesen oder jenen sei ein Strafprozeß angestrengt worden. Publik wurde auch, daß einige hohe Generale des Innenministeriums Selbstmord begangen hatten. Man konnte nur rätseln, was sich hinter alledem verbarg.

Im Jahre 1988 flimmerten Reportagen über die heldenhafte Arbeit der Untersuchungsführer in Usbekistan über die Bildschirme. Die Presse wollte nicht hinterherhinken. Ein Farbfoto der Wochenzeitung *Sobessednik* ist mir in Erinnerung geblieben: Berge von Geld und Gold aus den Verstecken usbekischer Mafiosi; daneben die Gesichter bescheidener, übermüdeter Untersuchungsführer, die angeblich sogar im Bett ihre kugelsicheren Westen nicht ablegen konnten. Das Gerede von Recken ohne Fehl und Tadel, die ständig ihr Leben aufs Spiel setzten, damit die soziale Gerechtigkeit wiederhergestellt und die Verbrechen geahndet würden, prägte ein Image von Volkshelden und Volksbeschützern.

Mitteilungen über Attentate auf Untersuchungsführer wurden im Nu aufgegriffen und verbreitet. Niemand wußte, was eigentlich vorging, doch kaum jemand zweifelte daran, daß man die kühnen Burschen zur Räson bringen wolle.

Etwa ein Jahr lang wurde die Untersuchungsgruppe Gdljans und Iwanows von den Massenmedien nur mit Superlativen bedacht. Die Situation änderte sich jäh im Frühjahr 1989. Iwanow wie Gdljan kandidierten bei der Wahl der Volksdeputierten der UdSSR und starteten in der Presse und auf Wahlveranstaltungen eine Kampagne zur Entlarvung des Apparats. Es waren stürmische Vorwürfe an die Adresse des Systems und einiger seiner Diener. Man behauptete, der »usbekische Fall« sei in Wirklichkeit nur ein Bruchstück eines »Moskauer Falls« und die Untersuchungsführer seien bis zu Beispielen von Kor-

ruption im Kreml vorgestoßen. Daraufhin habe ihnen der General-
staatsanwalt der UdSSR, Sucharew, die Untersuchungen entzogen.
»Der Fall brach zusammen« – diese Formel wurde von Gdljan und
Iwanow auf jeder Kundgebung wiederholt.

Ein Generalstaatsanwalt der UdSSR läßt seine eigenen Untersuchungsführer im Stich? Wieso eigentlich nicht? Wenn in italienischen Krimis über Staatsanwälte und Ermittlungsbeamte, die im
Alleingang furchtlos die Mafia herausfordern, eine solche Sujetwen-
dung bereits zum Klischee geworden ist, weshalb sollte dann derartiges in unserem Lande nicht auch in Wirklichkeit passieren können?

Die Untersuchungsführer nannten die Namen von hochrangigen
Missetätern: Zum einen sei da Smirnow, Sektorenleiter der Abteilung
Organisatorische Parteiarbeit des ZK der KPdSU, zu diesem Zeit-
punkt schon zum Zweiten Sekretär des ZK der moldauischen KP be-
rufen, zum anderen Ligatschow, Sekretär des ZK der KPdSU und
Mitglied des Politbüros.

Abgesehen von den Stalinschen Repressionen hatten Untersu-
chungsorgane noch nie ein Gefecht mit so hohen Politikern aufgenommen. Zudem agierten die Repressionsorgane in den dreißiger
Jahren ja auf Befehl des »Führers der Völker«, während es sich hier
um eine nahezu persönliche Initiative von zwei Untersuchungsführern handelte.

Wie auf Kommando werden lobende Artikel und Reportagen von
»Enthüllungen« abgelöst: Die Untersuchungsführer hätten das Gesetz mit Füßen getreten, keinerlei prozessuale Normen eingehalten
und überhaupt für die Ermittlung nichts getan. Und was hatte es mit
dem Gold und den Banknoten aus den Verstecken auf sich? Die Zeitungen stellten klar: Die »Schatzkammern« in Usbekistan seien nicht
von Gdljan und Iwanow, sondern vom KGB-Apparat aufgespürt worden, der ihnen ohnehin das Gros der Arbeit abgenommen habe. Iwanow und Gdljan hätten sich die Früchte fremder Untersuchungen
angeeignet und Schindluder mit den Gefühlen der Bevölkerung
getrieben.

Das Volk schenkte den Veröffentlichungen keinen Glauben. Gdljan vereinigte im Moskauer Wahlkreis Tuschino (zu dem auch die Stadt Selenograd gehört) fast drei Viertel aller Stimmen auf sich. Genauso souverän siegte der Moskauer Iwanow in Leningrad, wobei er recht bekannte und populäre Leningrader weit hinter sich ließ. Iwanow wurde in der Stadt gar »unser Jelzin« genannt, denn er kandidierte im national-territorialen Wahlkreis, so daß er von ganz Leningrad wie Jelzin von ganz Moskau gewählt wurde.

Nachdem der Apparat gemerkt hatte, daß es nicht gelungen war, den Untersuchungsführern Paroli zu bieten, wurde im April 1989 in Moskau ganz überraschend eine Kommission aus bekannten und sehr angesehenen Juristen gebildet. Folgende Professoren zierten die Kommission: Alexander Jakowlew, Sektorenleiter am Institut für Staat und Recht der Akademie der Wissenschaften der UdSSR, Juri Kalmykow (heute Vorsitzender des Gesetzgebungsausschusses des Obersten Sowjets der UdSSR), Dschangir Kerimow sowie etliche andere in Juristenkreisen nicht weniger namhafte Personen. Erwähnt seien noch Wladimir Kudrjawzew, Vizepräsident der Akademie der Wissenschaften der UdSSR, und Weniamin Jakowlew, künftiger Vorsitzender des Obersten Arbitragegerichts der UdSSR. Ferner gehörten der Kommission an: der KGB-Vorsitzende Wladimir Krjutschkow, der Generalstaatsanwalt der UdSSR Alexander Sucharew (heute im Ruhestand), Innenminister Wadim Bakatin (inzwischen durch einen Erlaß des UdSSR-Präsidenten von seinen Pflichten entbunden) und der damalige Justizminister Boris Krawzow.

Von der Arbeit dieser Kommission war nichts bekannt, doch kurz vor dem 1. Kongreß wurde in der *Iswestija* und der *Prawda* unter der Rubrik »Mitteilungen des Präsidiums des Obersten Sowjets der UdSSR« ein Beitrag abgedruckt, der fast eine ganze Zeitungsseite einnahm. Aus dem Artikel ging hervor, die Kommission höchst kompetenter Juristen und Amtspersonen sei zu dem Schluß gelangt, die Untersuchungsgruppe Gdljans und Iwanows habe sich gröbster Rechtsverletzungen schuldig gemacht; die Staatsanwaltschaft der

Sowjetunion habe gründliche Ermittlungen vorzunehmen und die
Schuldigen zur Verantwortung zu ziehen.

Als ich diesen Beitrag las, konnte ich mich als Jurist nur wundern:
Sowohl namhafteste Rechtswissenschaftler als auch der Generalstaatsanwalt, der dieses Dokument mitunterzeichnet hatte, beriefen
sich auf Materialien und Unterlagen, die sie von Mitarbeitern des Komitees für Staatssicherheit erhalten hatten. Der Artikel verriet, daß
KGB-Mitarbeiter die Tätigkeit einer Untersuchungsgruppe der Staatsanwaltschaft der UdSSR kontrolliert und überprüft hatten. Eben das
war eine grobe Rechtsverletzung! Laut Gesetz kontrolliert und überprüft nicht das KGB die Tätigkeit der Staatsanwaltschaft, sondern
umgekehrt: Die Staatsanwaltschaft übt die oberste Aufsicht über die
Gesetzlichkeit im Lande aus und damit auch über die Tätigkeit der
Staatssicherheitsorgane.

Das war der schnurgerade Weg zum Neostalinismus!

Ich will hier nicht aufzählen, was alles ich an dieser Veröffentlichung zu beanstanden hatte, was alles mich mehr oder weniger
befremdete. Ich möchte mich auf folgendes beschränken: Ein vom
Generalstaatsanwalt mitunterzeichnetes Gutachten empfiehlt dem
Generalstaatsanwalt, einen Strafprozeß anzustrengen und zur Staatsanwaltschaft der UdSSR gehörende Untersuchungsführer für besonders wichtige Fälle, also dem Generalstaatsanwalt selbst unmittelbar
unterstellte Mitarbeiter, zur Verantwortung zu ziehen. Etwas Absur-
deres kann man sich vom juristischen Standpunkt aus schwerlich
vorstellen. Geradezu ein klassisches Beispiel!

Was ich nicht verstehen konnte: Weshalb hatten meine gelehrten
Kollegen, die sich mit den Gesetzen vorzüglich auskennen und natürlich wissen, daß die Fragestellung unzulässig ist, so etwas unterzeichnet?

Und was für ein Tonfall? Welches Maß an Unbewiesenem!

Gdljan und Iwanow gaben unverzüglich bekannt, die Kommission
habe hinter verschlossenen Türen getagt und sich nicht bemüßigt
gefühlt, sie zu einer Anhörung vorzuladen.

Am nächsten Tag erschien in der Presse ein Beschluß der Staatsanwaltschaft der UdSSR darüber, daß das Verfahren gegen Smirnow
eingestellt worden sei. Wie war das zu verstehen? War es ein demon-
strativer Akt?

Smirnow stand Ligatschow nahe. Er hatte zugegeben, bestochen
worden zu sein, zog freilich eine euphemistische Ausdrucksweise
vor und sprach von »wertvollen Geschenken«. Auf dem 2. Kongreß
der Volksdeputierten, auf dem das Gutachten der Parlamentskommission zur Tätigkeit der Untersuchungsgruppe in Usbekistan erörtert wurde, erläuterte KGB-Untersuchungsführer Oberst Duchanin
mit für seinen Posten und seinen Rang erstaunlicher Naivität: Ja, Genosse Smirnow habe Geschenke entgegengenommen, sie dann aber
an Generalsekretäre ausländischer kommunistischer Parteien, etwa
Ceauşescu, weiterverschenkt. Wie komisch sich derartige Erläute-
rungen ausnehmen mögen, mit ihnen wurde Smirnows Befreiung
von strafrechtlicher Verantwortung begründet. Übrigens wußten sowohl Duchanin als auch jene, die diese Version ausgetüftelt hatten:
Im Herbst 1989, in diesem für Europa revolutionären Jahr, konnte
man bereits nicht mehr überprüfen, was wem geschenkt worden war.

Unverkennbar wurde der Kampf gegen die widerspenstigen Untersuchungsführer mit allem Ernst geführt. In der Presse erschien ein Beschluß des Obersten Gerichts der UdSSR, der das Urteil im Fall des
estnischen Wissenschaftlers J. Hint aufhob. Seinerzeit war dieser Fall
Gdljan übertragen worden. Nunmehr brandmarkten auch schon estnische Abgeordnete und die estnische Presse die Untersuchungsmethoden wie auch die Persönlichkeit Gdljans. Es war offensichtlich,
daß die Verfolger einstweilen keinen hundertprozentigen Beweis in
der Hand hatten. Sonst hätten sie nicht einen Fall hervorgekramt, der
Jahre zurücklag und mit der Arbeit der Untersuchungsgruppe in
Usbekistan nicht das geringste zu tun hatte.

Hint hatte die erste Unternehmerfirma des Landes aufgezogen. In
einem Land, in dem jegliches Unternehmertum verfolgt wurde,
konnte die Firma ohne Verletzung der damaligen Gesetze nicht funk-

tionieren. Als Fachmann zweifelte ich nicht: Laut der damals geltenden Gesetzgebung mußte Hint verurteilt werden. Er hatte sich während der Verhandlung auch selber schuldig bekannt. Das war der
Preis, genauer die Buße dafür, daß jemand seiner Zeit zehn Jahre voraus war. Heute bleibt uns der Atem weg, weil es in der Gesellschaft
an Unternehmerinitiative mangelt, in den siebziger Jahren aber wurden Urteile wie im Falle Hint zu Tausenden gefällt.

Und es ist absurd, Gdljan das anzukreiden, was man dem totalitären System anlasten muß. Gdljan diente wie alle anderen Mitarbeiter
der Rechtsschutzorgane dem System, und wenn nicht nachgewiesen
wird, daß er während der Untersuchung unerlaubte Methoden an-
wandte, sind jegliche Vorwürfe gegen den Untersuchungsführer unbegründet. Hint wurde schließlich nicht vom Untersuchungsführer,
sondern vom Gericht zu einer Haftstrafe verurteilt. Der Zynismus jener, die Gdljan dieses Urteil in die Schuhe schieben wollten, stützte
sich auf die Mythologie rechtlicher Mißverständnisse: Bei uns im
Volk ist die Ansicht verbreitet, es sei der Untersuchungsführer, der
jemanden »einsperrt«, ebenso wie es zu Stalins Zeiten der Denun-
ziant war, der andere »einsperrte«.

War dies also die Rache der Machthaber? Das kam der Wahrheit
nahe: Gdljan und Iwanow hatten Beschuldigungen gegen Terebilow,
den Vorsitzenden des Obersten Gerichtshofes der UdSSR und Deputierten Usbekistans, erhoben. Und dieser war genötigt, seinen Abschied einzureichen, obwohl man selbstverständlich nicht zugelassen hätte, daß der höchste Richter des Landes auf der Anklagebank
landete: In einem Nicht-Rechtsstaat käme so etwas einem Verstoß
gegen die Ethik gleich.

Auf dem 1. Kongreß baten die beiden in Ungnade gefallenen Untersuchungsführer in der Diskussion über die Tätigkeit ihrer Gruppe
ums Wort. Sie wurden von den Deputierten unterstützt, und so blieb
dem Präsidium nichts anderes übrig, als ihnen das Wort zu erteilen.

Der Saal wartete auf Entlarvungen. Und die erklangen auch.

Doch ohne Enttäuschung konnte man sich auf dem Kongreß die

Palette von Kundgebungsschlagworten nicht anhören. Was auf Wahlveranstaltungen Beifall fand, sah man in diesem Saal lediglich als Demagogie. Ich konnte nicht umhin, über die professionelle Hilflosig-
keit der beiden Untersuchungsführer zu staunen. Sie gingen nicht
einmal auf jene Anschuldigungen ein, die sie ohne weiteres hätten
widerlegen können. Wenn man ihnen anlastete, sie hätten sich bei
Durchsuchungen in Usbekistan nicht die Mühe gemacht, jeden aus
Verstecken stammenden Wertgegenstand zu beschreiben, und das
habe einen Schatten auf die Ehrlichkeit der Untersuchungsführer ge-
worfen, so wäre es für sie ein Kinderspiel gewesen, die Haltlosigkeit
solcher Beschuldigungen nachzuweisen. Unter Gdljan und Iwanow
arbeiteten mehr als zweihundert Untersuchungsführer, und hätten
die Leiter der Untersuchungsgruppe jedes bei den Beschuldigten ein-
gezogene Objekt eigenhändig eingetragen, so hätte allein dies Monate in Anspruch genommen! Nicht Gdljan und Iwanow, sondern ihre
Mitarbeiter schilderten später: Wertgegenstände seien an Ort und
Stelle gewogen, versiegelt und anschließend unter Bewachung ins
KGB oder in die Staatsanwaltschaft überführt worden, wo eine Son-
derkommission das Siegel entfernt und jeden Gegenstand sorgfältig
registriert habe.

Gdljan und Iwanow schienen die an sie gerichteten konkreten Beschuldigungen einfach überhört zu haben, ja es auch selbst vorzuzie-
hen, nicht mit Fakten, sondern mit Ausführungen über Kreml-Kor-
ruption und dergleichen zu operieren. Da hatten wir keine Fachleute
vor uns, die um den Wert von Beweisen wissen, keine Parlamentarier, die Spezifisches mit Allgemeinem in Verbindung zu bringen verstehen, sondern Redner auf einem Marktplatz, die sich über die Köpfe
der Abgeordneten hinweg an Millionen Fernsehzuschauer wandten,
die gierig jedem Wort lauschten. Übrigens, wer sich vor der Fernseh-
kamera nicht anders als auf einer Großkundgebung benimmt, der
wirkt ebenso absurd wie jemand, der in einem Raum brüllt, in dem
jeder Flüsterton zu vernehmen ist.

Daß der Parteiapparat korrupt ist, daß Bestechungsgelder entgegengenommen wurden und werden, weiß jeder; daran hatten die Abgeordneten nicht eine Spur des Zweifels gehabt. Die Minuten, Dutzende von langen Minuten, zogen sich hin, doch die beiden Untersuchungsführer machten keine Anstalten, dem Kongreß außer Allgemeinplätzen etwas mitzuteilen.

Dies zeigt, daß der Populismus eine organische Krankheit unserer gerade erst aus der Taufe gehobenen Demokratie ist.

Ich wußte, die beiden Untersuchungsführer waren nun in eine sehr schwierige Lage geraten: Sie hatten die gesamte offizielle (auch die liberale) Presse gegen sich. Ich wußte, die Untersuchungsführer waren bei jenem Niveau von Entlarvungen angelangt, wo es keine Gnade gibt. Das löste Sympathie für sie aus und weckte den Wunsch, die Waghalsigen zu unterstützen. Doch bleiben Anschuldigungen, gegen wen auch immer, unbewiesen, so ruft das stets Protestgefühle hervor. Ganz streng genommen verfuhren Gdljan und Iwanow unter neuen sozialen Bedingungen weiter im Sinne des Repressionsapparats der dreißiger Jahre. Wie bitter es auch sein mag: Wenn jemand, zumal ein Untersuchungsführer der Staatsanwaltschaft der UdSSR, einen anderen öffentlich zum Verbrecher abstempeln kann, sich jedoch nicht die Mühe macht, Beweise vorzulegen, und Millionen von Menschen ihm einzig und allein aufgrund ihres »Klasseninstinkts« Glauben schenken und den Beschuldigten zu zerreißen bereit sind, dann fragt sich doch, ob wir alle uns weit von den Gepflogenheiten des Stalinismus entfernt haben.

Hätten Gdljan und Iwanow einen Strafprozeß gegen Ligatschow angestrengt und wären sie auf den Widerstand ihrer Vorgesetzten gestoßen, dann hätten die Abgeordneten gewußt, was sie fordern und was sie erwirken mußten. Eine solche Chance hatten Iwanow und Gdljan gehabt, doch sie machten keinen Gebrauch von ihr, gingen den Aussagen Usmanchodschajews über Ligatschow nicht nach und erinnerten sich zu spät daran, als ihre Untersuchungsgruppe faktisch schon nicht mehr bestand. Eine Fehlkalkulation? Mangelndes fachliches Können? Ein Manko an Zivilcourage? Ich wage da kein Urteil.

Ich wußte, wie gefährlich das ist: Ein Untersuchungsführer, der Politik betreibt und dazu ungeprüfte Unterlagen eines schwebenden Verfahrens nutzt. Erinnern wir uns an den Fall Dreyfus, erinnern wir uns an eine Reihe von Strafprozessen gegen politische Widersacher in der Weimarer Republik, vor der Machtergreifung durch die Nazis. So war es, und so bleibt es: Wann immer man Gerichtsfälle zu politischen Zwecken zu nutzen beginnt, geraten Rechtsprechung und Gesetz in Gefahr. Dadurch, daß Gdljan und Iwanow gegenüber konkreten Tatsachen taub blieben, daß sie nicht auf professionelle Art Beweise erbringen wollten, lieferten sie eine Illustration der traurigen Erfahrungen unserer Bürger mit juristischer Rechtlosigkeit. Wären die beiden nicht von einigen der höchsten Apparatschiks bedrängt worden, so hätte ihr Auftritt auf dem Kongreß Zweifel daran aufkommen lassen, ob sie tatsächlich Streiter für die Demokratie waren.

Das Bewußtsein unserer Gesellschaft ist immer noch durch die Zeiten des Totalitarismus deformiert. Das Aufspüren von Feinden ist zu lange eine soziale Gewohnheit, ja sogar etwas Heldenhaftes gewesen, als daß man heute die Möglichkeit eines Rückfalls in die Massenpsychose vergessen dürfte. Gdljan und Iwanow führten ihren Wahlkampf gerade an solch einer gefährlichen Grenzlinie.

Wie man gemerkt hat, zähle ich nicht zu Ligatschows Verehrern; aber ich entsinne mich der klassischen Formel der dreißiger Jahre nur zu gut: Wer nicht für uns ist, der ist gegen uns. Und klingt dies in der modernen Variante, »Wer nicht für Gdljan ist, der ist für die Mafia«, etwa angenehmer? Eine solche Dogmatik haben wir bereits hinter uns, und wir wissen sehr wohl, womit sie endet.

Als auf dem 1. Kongreß die Kommission zum Fall Gdljan und Iwanow gebildet wurde, forderte ich, sie Kommission zur Untersuchung von Korruption in höchsten Partei- und Staatsorganen zu nennen. Sie solle den Wahrheitsgehalt der Behauptungen von Gdljan und Iwanow überprüfen, die Untersuchungsgruppe sei von der Staatsanwaltschaft der UdSSR aufgelöst worden, nachdem die Untersuchungsführer hohe Amtsträger in Staat und Partei aufs Korn genommen hätten. Sollten die Betreffenden schuldig sein, so müßten sie unbedingt straf- rechtlich zur Verantwortung gezogen werden.

Ich erlaube mir, einige meiner Worte zu zitieren:

»Wir bilden eine Parlamentskommission, nicht aber eine Kommis- sion zur Untersuchung des Falles Gdljan und Iwanow. Wir bilden eine Parlamentskommission, die wir ohnehin zu bilden haben, denn heute wurde hier bekanntgegeben, gegen die Kollegen Gdljan und Iwanow sei bereits ein Strafverfahren eingeleitet worden. Da sie Volksdeputierte der UdSSR sind, haben wir alle über die Frage zu ent- scheiden, ob ihnen die Immunität zu entziehen ist...

Zweitens. Wozu bilden wir diese Kommission? Meiner Ansicht nach muß eine solche Kommission vor allem zur Überprüfung jener Anschuldigungen dienen, welche die Kollegen Gdljan und Iwanow gegen einige Staats- und Parteifunktionäre erhoben haben. Eben darin muß das Ziel der Tätigkeit dieser Kommission bestehen, nicht aber in der Überprüfung dessen, welche Verstöße von Gdljan und Iwanow begangen wurden bzw. ob es diese oder jene Verstöße über- haupt gegeben hat. (Lärm im Saal.)

Ich bitte um Ihre Aufmerksamkeit. Erst nach einer Überprüfung – und das ist juristisch absolut einwandfrei –, nach einer Überprüfung der Anschuldigungen, welche die Kollegen Gdljan und Iwanow vor- gebracht haben, und je nach den Resultaten einer solchen Überprü- fung, wird die Kommission die Tätigkeit der Untersuchungsgruppe selbst überprüfen können. Dazu aber muß die Kommission wie jede parlamentarische Untersuchungskommission mit weitreichenden Vollmachten ausgestattet werden, etwa mit dem Recht, eine jegliche Amtsperson zu einer Aussage vorzuladen. Und deshalb empfehle ich, jetzt allein über die vorgeschlagene Zusammensetzung der Kommission zu sprechen. Falls es konkrete Einwände gegen konkrete Personen gibt, so hat man sie zu erörtern. Wenn nicht, müssen wir die Kommission bestätigen und ihr die Möglichkeit zum Arbeiten geben.«

Leider stieß mein Vorschlag auf taube Ohren. Die Bildung einer Kommission zur Untersuchung von Korruption in den höchsten Partei- und Staatsgremien gehörte wohl am allerwenigsten zu den Plänen der Führung. Übrigens wagte es die Staatsanwaltschaft damals auch nicht, einen Prozeß gegen Gdljan und Iwanow anzustrengen.

Auf dem 1. Kongreß wurde beschlossen, daß die Pressekampagne eingestellt werden müsse: Während der Tätigkeit der Kommission sollten die Staatsanwaltschaft von Erklärungen und Gdljan und Iwanow ihrerseits von Beschuldigungen gegen die Staatsanwaltschaft Abstand nehmen. Bedauerlicherweise wurde der Waffenstillstand bald gebrochen, und beide Seiten versuchten zu beweisen, daß nicht sie schuld daran seien. Anschuldigungen und Beleidigungen ertönten wieder in voller Lautstärke, und es war schon nicht mehr möglich, die Woge der Erklärungen und angekündigten Entlarvungen einzudämmen.

Das Drama artete zu einer Farce aus. Gdljan sprach von irgendwelchen Dokumenten, die an einem sicheren Ort versteckt seien (und die Öffentlichkeit glaubte ihm); die Untersuchungsgruppe habe kompromittierendes Material auch gegen Gorbatschow zusammengetragen. Später erklärte er, sich selbst widersprechend, Gorbatschow sei in die Sache nicht verwickelt, solche Behauptungen seien Ränke der Feinde. Der Kurs der Verteidigung und die Argumentation änderten sich ganz augenscheinlich je nach der politischen Lage und der persönlichen Lage der Untersuchungsführer. Bekanntlich ist das nicht gerade die beste Art der Verteidigung und eine für den Angriff schon ganz und gar ungeeignete Methode, zumal bei der heutigen Dynamik der sozialen Prozesse.

In einem Rechtsstaat ist es schlechthin undenkbar, daß jemand den höchsten Repräsentanten des Landes ohne jegliche Beweise schwerster Delikte beschuldigt und diese Beschuldigung im Raum stehenbleibt. In einem normalen Rechtsstaat wäre der Präsident verpflichtet, einen Prozeß zum Schutz seiner Ehre und Würde anzustrengen sowie Verleumdungsklage zu erheben. Eigens zu dieser Frage – zur

Tatsache der Beschuldigung des höchsten Repräsentanten des Landes – hätte man eine Parlamentskommission bilden müssen. Und
nach der Untersuchung hätte die Kommission folgendes zu entscheiden gehabt: Entweder ist der Beschuldigte zur politischen Verantwortung zu ziehen (was zumindest mit seinem Rücktritt einher-
zugehen hat), oder aber gegen die Verleumder ist ein Strafprozeß
anzustrengen. Die Unterlagen einer solchen Kommission hätten der
Staatsanwaltschaft bzw. den Untersuchungsorganen übergeben werden müssen.

Hätte man so gehandelt, wären die Leidenschaften um den »Fall
Gdljan und Iwanow« längst erloschen. Wie die Ereignisse der letzten
Monate zeigen, hätten die Betreffenden längst im politischen Nichts
verschwinden müssen. Und Gorbatschow hätte eine reale Chance gehabt, diejenigen in die Schranken zu weisen, die nach dem Motto
»Die Hunde bellen, die Karawane zieht weiter« leben. Aus unerklär-
lichen Gründen tat er es nicht. Gdljan faßte noch mehr Mut und setzte
bald darauf sogar das Datum für den Sturz des Gorbatschow-Regimes
fest: Dies werde, so meinte Gdljan, während der Demonstration am
1. Mai auf dem Roten Platz geschehen. Hier scheint mir jeder Kommentar überflüssig.

Eine Provokation bleibt eine Provokation, welch gute Absichten
der Drahtzieher auch gehabt haben mag. Und die Vorgänge am 1. Mai
1990 auf dem Roten Platz waren eher eine klägliche Parodie auf die
osteuropäischen Revolutionen vom Herbst 1989. Eine Gruppe von
Radikaldemokraten zwang mit ihren beleidigenden Parolen und Aus-
rufen Gorbatschow und die gesamte Regierung, die Mausoleums-
tribüne vor Abschluß der Demonstration zu verlassen. Das Mitglied
des ehemaligen Präsidialrates, Alexander Jakowlew, bezeichnete den
Zwischenfall am 1. Mai, meines Erachtens mit Fug und Recht, als eine
»Aktion der Rechten«. Konservative können schließlich unter ultra-
linken Losungen auftreten, um ihre Ziele durchzusetzen.

Gdljan und Iwanow haben sich als Politiker erwiesen, die nur ein
einziges Thema bewältigen können. Ihre gesamte aktive und markt-

schreierische politische Tätigkeit dreht sich um den Fall der Untersuchungsgruppe, um die Entlarvungen hoher Politiker und Staatsmänner. Irgendeinen realen Beitrag zur Lösung anderer politischer Fragen
haben diese beiden Deputierten nicht geleistet. Und als der nächste
mit sensationellen Entlarvungen aufwartende Held erschien, hervorgegangen aus dem Schoße einer anderen Rechtsschutzorganisation,
an der das breite Publikum weitaus interessierter ist als an der Staatsanwaltschaft der UdSSR, wurden die Untersuchungsführer Gdljan
und Iwanow auf natürliche Weise an die Peripherie gedrängt: Der
ehemalige KGB-Generalmajor Oleg Kalugin stellte sie binnen weniger
Tage in den Schatten.

Übrigens ist Nikolai Iwanow Mitglied des Gesetzgebungsausschusses des Obersten Sowjets der UdSSR. Doch kaum eines der Ausschuß-
mitglieder dürfte erläutern können, welchen konkreten Beitrag er zu
unserer gemeinsamen Arbeit geleistet hat. Was kann man schon sagen, wenn Iwanow sich nur selten im Ausschuß sehen ließ? Er zog
Kundgebungen und Treffen mit den Wählern vor; wie es so schön
heißt, mag Gott sein Richter sein.

Die Arbeit der Parlamentskommission zum »Fall Gdljan und Iwanow« spielte sich vor unseren Augen ab. Die dort auftretenden Konflikte und Zerwürfnisse sollten für unsere Tbilissi-Kommission eine
ernste Warnung sein.

Wir verstanden nur zu gut: Sollte uns das gleiche wie unseren Kollegen widerfahren, würde es schier unmöglich sein, dem Problem auf
den Grund zu gehen. Nicht von ungefähr lag der Tätigkeit der Parlamentskommission zum »Fall Gdljan und Iwanow« von Anfang an
Dilettantismus zugrunde: Zu ihrem Vorsitzenden wurde der Abgeordnete Roy Medwedew, kein Jurist, sondern ein Historiker, gewählt.
Gleich die erste Krise in der Arbeit dieser Kommission endete mit der
Ernennung von Co-Vorsitzenden. Nun leiteten bereits drei Deputierte
die Untersuchung: Weniamin Jarin, Nikolai Strukow und Roy Medwedew. Beim 2. Kongreß der Volksdeputierten der UdSSR lagen nur
vorläufige Schlußfolgerungen vor. Der Abgeordnete Jarin, damals

noch nicht Mitglied des Präsidialrates, beschränkte sich auf dem Kongreß auf eine Informationsmitteilung. Diese erwies sich als deprimierend vage: Die Untersuchungsgruppe habe in Usbekistan erhebliche Arbeit zur Aufdeckung von Korruption geleistet, doch während der Tätigkeit der Parlamentskommission seien bestimmte Verletzungen der Legalität von seiten der Untersuchungsgruppe festgestellt worden.

Na schön, Information bleibt Information. Man nahm sie zur Kenntnis und beauftragte den Obersten Sowjet, das endgültige Gutachten der Kommission entgegenzunehmen.

Auf der 3. Tagung des Obersten Sowjets loderten dann die Leidenschaften um diesen Fall am heftigsten auf.

Die Anhörung war mehrmals anberaumt und dann wieder verschoben worden, doch endlich kam der Tag, an dem sie stattfinden sollte. Der Saal war so voll wie noch nie. Auch zahlreiche Deputierte, die keine Mitglieder des Obersten Sowjets waren, hatten sich eingefunden. Vollzählig erschienen war das Kollegium der Staatsanwaltschaft der UdSSR. Viele Mitglieder des Politbüros und der Regierung waren anwesend, und die Presseloge war zum Bersten voll. Nur die Deputierten Gdljan und Iwanow glänzten durch Abwesenheit.

Im Ersuchen der Staatsanwaltschaft der UdSSR ging es darum, die beiden strafrechtlich zur Verantwortung zu ziehen, ihre Immunität aufzuheben und sie eventuell zu verhaften. Die wackeren Untersuchungsführer wollten anscheinend kein Risiko eingehen und hatten sich vor der Anhörung ungeschoren nach Armenien begeben. Dieser einer Flucht gleichende Rückzieher wurde natürlich als Kapitulation aufgefaßt. Selbst jene Verehrer von Gdljan und Iwanow, die davon überzeugt waren, daß ihre Idole im Recht waren, fühlten sich unwohl in ihrer Haut. Es blieben keine Zweifel mehr: Die Untersuchungsführer hatten nichts mehr hinzuzufügen. Bei der Berufung auf Dokumente, die angeblich an sicheren Orten verwahrt wurden, hatte es sich lediglich um taktische Spielerei, oder, einfacher gesagt, um Bluff gehandelt.

Übrigens kam die rasche Abreise nach Armenien dem Deputierten-
schicksal der beiden wahrscheinlich doch zugute. Wer weiß, wie
sich der Oberste Sowjet verhalten hätte, wäre er erneut genötigt gewesen, sich Kundgebungsdemagogie, im Grunde genommen leeres Ge-
schwätz, anzuhören?

Gewiß, auch diesmal waren die Deputierten aus den mittelasia-
tischen Republiken besonders kritisch gestimmt. Einer nach dem anderen stand auf und sprach von einem durch die Untersuchungsrichter aus der Hauptstadt eingeleiteten »Genozid am usbekischen Volk«.
Zu derartig »kräftigen« Erklärungen mag man stehen, wie man will,
doch der Oberste Sowjet mußte nolens volens damit rechnen, daß
sich Vorwürfe von Verstößen gegen die Legalität in politische Ankla-
gen verwandelten.

Nun mußten die beiden die Suppe auslöffeln, die sie sich einge-
brockt hatten, wie es im Volksmund heißt. Gegen Gdljan und Iwanow
bedienten sich ihre Opponenten der gleichen Methoden politischer
Erpressung, wie sie die Untersuchungsführer selbst mit so aufsehen-
erregendem Erfolg angewandt hatten. Eine der Wirkung gleiche Ge-
genwirkung sollte diese widerspruchsvollen (schon schwer zu sagen,
ob tragischen oder possenhaften) Gestalten unweigerlich aus der
Partie verdrängen.

Da ich wußte, daß politische Hysterie im Parlament unvorhersag-
bare Folgen haben kann, hatte ich mich beizeiten auf diese Tagung
vorbereitet. In meiner Wortmeldung nahm ich die abwesenden Ur-
heber dieser Zusammenkunft in Schutz.

Im Endergebnis lehnte der Oberste Sowjet den Antrag der Staatsanwaltschaft der UdSSR ab, den Deputierten Gdljan und Iwanow die
Immunität zu entziehen, verurteilte das Vorgehen der Staatsanwaltschaft selbst und stimmte der Entlassung der oppositionellen Untersuchungsführer zu. In den letzten Monaten waren sie ohnehin nur
noch nominell Untersuchungsführer gewesen, waren nicht mehr
zum Dienst erschienen, hatten neue Anträge abgelehnt (was man übrigens verstehen kann) und verlangt, sich weiter mit Usbekistan, der

Baumwollaffäre und dem Fall von Korruption in der obersten Parteiführung befassen zu dürfen.

Den Widerstreit zwischen Untersuchungsführern und Staatsanwaltschaft ließ der Oberste Sowjet sozusagen mit einem Unentschie-
den enden. Mehr ließ sich in jener Situation auch nicht machen.

Gdljan und Iwanow waren arbeitslos. Übrigens bot man ihnen eine
Tätigkeit im Gesetzgebungsausschuß des Obersten Sowjets an, die
(zumindest materiell) den Verlust des Arbeitsplatzes voll ausge-
glichen hätte. Doch sie zogen einen anderen Weg vor. Als Volksdeputierte der UdSSR stürzten sich Gdljan und Iwanow mit Leiden-
schaft in eine neue politische Kampagne und hatten hierbei bald
Erfolg, denn sie wurden auch noch zu Deputierten des armenischen
Parlaments gewählt. Die zusätzlichen Mandate garantierten ihnen
Immunität für den Fall, daß der Oberste Sowjet der UdSSR sie dennoch dem Generalstaatsanwalt auslieferte.

So verwandelten sich die beiden Untersuchungsführer endgültig
in Berufspolitiker, und zwar in Politiker, die weiterhin das zu beweisen suchen, was sie in ihrer früheren Tätigkeit als Untersuchungsführer nicht zu beweisen vermochten. Man wird abwarten müssen, ob
die ehemaligen Untersuchungsführer Gdljan und Iwanow in der Lage
sind, den engen Rahmen ihrer Vergangenheit als Ermittlungsbeamte
und ihres »Falls« zu sprengen.

Die Leidenschaften um Gdljan und Iwanow ebbten nach der 3. Tagung des Obersten Sowjets ab. Ihr »Fall« löste sich in Wohlgefallen
auf. Wohl zum letztenmal flackerte das Interesse an ihm auf, als im
Frühjahr 1990 das Leningrader Fernsehen von Deputierten des Stadtsowjets »besetzt« wurde.

Eine »Besetzung« fand in Wirklichkeit natürlich nicht statt. Der
neugewählte Leningrader Stadtsowjet hatte einfach den Beschluß
gefaßt, dem Volksdeputierten der UdSSR Nikolai Iwanow die Teilnahme an einer Live-Sendung zu gestatten. Doch die Fernseh-
behörde, welche an die in erfundenen Verstecken verwahrten Dokumente glaubte, hatte Angst, sich vor Moskau verantworten zu

müssen. Obwohl die Abordnung des Stadtsowjets, die Iwanow zum
Studio begleitete, den Leitern des Senders nicht die Arme verdrehte
und sich überhaupt ziemlich friedlich benahm, wurde von den Massenmedien das Ammenmärchen über eine »Besetzung« des Fernsehens aufgegriffen.

Mehrere Stunden lang sprach der Deputierte im Leningrader Fernsehen, ließ Kameraaufnahmen der früheren Untersuchungen zeigen,
drohte den Moskauer Apparatschiks und ritt auf Themen herum, die
in der Presse schon wiederholt behandelt worden und allen längst bekannt waren. Bis tief in die Nacht hinein hinderte ihn niemand, sich
auf dem Live-Kanal auszusprechen. Am Morgen war die Stadt nicht
nur unausgeschlafen, sondern auch enttäuscht. Das gestrige Idol war
gestürzt. Von eigener Hand zu Fall gebracht.

Ein politisches Remis also?

Ja, aber mit einem Vorbehalt. Die von den Untersuchungsführern
ausgestellten Wechsel mußten aus der Tasche der Wähler gedeckt
werden. Und ich meine natürlich nicht jene Stunden Sendezeit, die
ebenfalls allerhand kosten. Vielmehr meine ich, daß nach einer derartigen Episode unweigerlich das politische Interesse in einem Land
nachläßt, in dem es viele Jahrzehnte lang überhaupt keine Politik gab,
daß nach einem solchen parlamentarischen Remis eine Welle staats-
bürgerlicher Apathie um sich greift.

Daher sollten wir Lehren aus dieser Tragikomödie ziehen.

Der »Fall Gdljan und Iwanow« hat uns vor Augen geführt, daß das
System jeglichen Versuch, Verbrechen gegen das Volk und den Staat
aufzudecken, torpedieren kann. Uns wurde ein Mechanismus vorge-
führt, durch den schwerste Strafsachen null und nichtig werden.

Im Oktober 1990 meldete das Fernsehen, Geidar Alijew, der ein-
stige »Herrscher« von Aserbaidschan, sei in die Politik zurückgekehrt und zum Volksdeputierten Aserbaidschans und der Autonomen Republik Nachitschewan gewählt worden. Man wird abwarten
müssen, ob eine solche Wiederbelebung eines politischen Leichnams

von Nutzen sein kann. Während dieses Kapitel geschrieben wurde, tauchte Alijew tatsächlich aus der politischen Versenkung auf und erhielt in Nachitschewan fünfundneunzig Prozent der Wählerstimmen. Nun wird ihm die Präsidentschaft von Aserbaidschan prophezeit. Urteilt man nach den Artikeln – sogar in der zentralen Presse –, die diesen Mitstreiter Breschnews von Tag zu Tag positiver beschreiben, nach dem Ton, in dem Journalisten Geidar Alijew interviewen, und nach ihren Fragen, so ist das gar nicht so unwahrscheinlich. Alijew biedert sich bei der Volksfront der Republik an und macht aus seiner harten Position in der Karabach-Frage kein Hehl. Morgen kann ein totaler Krieg in Transkaukasien ausbrechen, und das wäre der Preis für die Unentschlossenheit der Union und ihres Präsidenten. Der Preis dafür, daß das Tun Alijews und seiner Mitstreiter seinerzeit nicht untersucht und vor Gericht gebracht wurde.

Vor diesem Hintergrund nimmt sich der »Fall Gdljan und Iwanow« zweitrangig und durchschnittlich aus. Zu diesem »Fall« kam es nur, weil die Untersuchungsführer *gegen das System* antraten, wenn auch mit vielfach unprofessionellen und unbewiesenen Vorwürfen.

Analysiert man die Beschuldigungen, die gegen Iwanow und Gdljan vorgebracht wurden, so erkennt man, daß die von ihnen angewandten Untersuchungsmethoden gewöhnliche, routinemäßige Methoden des sowjetischen Ermittlungssystems sind. Bei den »Unregelmäßigkeiten« handelt es sich lediglich um die üblichen Praktiken von Hunderten, ja Tausenden unserer Untersuchungsführer.

Ich bin Jurist, und viele meiner Schüler sind inzwischen in Rechtsschutzorganen unseres Staates tätig. Wiederholt habe ich von ihnen zu hören bekommen: So, wie Gdljan und Iwanow vorgingen, arbeiten auch heute alle Untersuchungsführer der Sowjetunion.

Die Gesetzesbrüche seien durch das System legitimiert. Wenn dem so ist, veranschaulicht der »Fall Gdljan und Iwanow«, wie tief das sowjetische Rechtssystem gesunken, in welchem Maße es moralisch und juristisch bankrott gegangen ist.

Und es liegt nicht daran, daß in der Staatsanwaltschaft und in den

Gerichten ehrlose und eigennützige Menschen arbeiteten. Im Gegenteil, dort sind viele gewissenhafte und zutiefst anständige Menschen tätig. Sie sind in der Mehrheit. Doch das ganze System, der gesamte Mechanismus der Rechtsschutzorgane, der ein repressives Anhängsel in der Parteimaschine der ideologischen Unterdrückung war, hat zur »üblichen Verrenkung« des Gesetzes, zum »Telefonrecht« und zu menschlicher Rechtlosigkeit aller geführt: sowohl der Personen, gegen die eine Untersuchung läuft, als auch der Untersuchungsführer – sowohl der Angeklagten als auch der Richter.

Wenn ein Prozeß auf Beschluß von Parteiorganen angestrengt wird, wenn der Sekretär eines Gebietsparteikomitees »das Urteil voraussehen« oder umgekehrt den Fall vom Tisch fegen kann, wenn die zur Nomenklatura Zählenden überhaupt nicht rechenschaftspflichtig sind, verwandelt sich das gesamte Rechtsschutzsystem in ein System zum Unrechtsschutz korrupter Bevölkerungsschichten, die fast zwangsläufig kriminell werden. Und das ist die betrüblichste Schlußfolgerung aus dem »Fall Gdljan und Iwanow«.

Wohin aber sind die Milliarden verschwunden, die das Land für den Kauf von nicht existierender Baumwolle und für die Herstellung nicht vorhandener Stoffe ausgab? Der »Baumwollfall« hat darauf keine erschöpfende Antwort gegeben. Gewiß, manche gestrigen Parteifürsten sind verurteilt, einige ihrer »Schatzkammern« gefunden und ausgeräumt worden, doch all das sind nur einzelne Metastasen, kleinere oder mittlere Episoden jener Korruption, von der das ganze Land befallen ist. Die Krebsgeschwulst, der Herd der sozialen Krankheit, ist erhalten geblieben, und sie wird fürsorglich weiter vor den Augen des Volkes verborgen. Den usbekischen »Baumwollfall« könnte man als Verbrechen des Jahrhunderts bezeichnen, hätte sich ähnliches nicht im ganzen Lande und in anderen Bereichen unserer »Volkswirtschaft« abgespielt.

Und das ist einer der Gründe dafür, daß wir, ein sehr reiches Land, von der Hand in den Mund leben und am Rande des wirtschaftlichen Ruins angelangt sind.

Dies ist eine weitere wichtige Schlußfolgerung aus dem »Fall Gdljan und Iwanow«.

Hat sich denn mittlerweile viel geändert? Leider nicht.

Was ist aus der Forderung von Deputierten geworden, eine Parlamentskommission zur Untersuchung des Konzerns ANT zu bilden? Regierung und Staatsanwaltschaft der UdSSR beteuerten, sie würden der Sache auf den Grund gehen und Klarheit schaffen. Abermals Schweigen. Verbrecherische Machenschaften liegen auf der Hand, Verbrecher aber gibt es nicht.

Und die Schlußfolgerungen unserer Kommission zum Fall von Tbilissi? Wie werden sie, bekräftigt durch einen Beschluß des Kongresses der Volksdeputierten, in die Tat umgesetzt? Überhaupt nicht. Niemand ist zur Verantwortung gezogen worden, obwohl im Kommissionsbericht alle an der Tragödie vom 9. April Schuldigen beim Namen genannt werden. Sogar die einfachste Entscheidung des 2. Kongresses, den von Kameraleuten des KGB in jener Blutnacht vor dem Haus der Regierung aufgenommenen Film im Fernsehen zu zeigen, ist sacht abgebremst worden, als habe es weder einen Beschluß noch das Massaker selbst gegeben.

Dieses und vieles andere mehr beweist: Die Kräfte und die Energie der Reformer, die sich 1985 an die Spitze der Perestroika stellten, reichen bei weitem nicht aus, das verbrecherische Gesellschaftssystem zu zerstören, das jeden Reformversuch zu unterdrücken weiß.

Gewiß, die »Revolution von oben« hat unserem Land Glasnost gebracht und dann auch fast echte Redefreiheit, die Abschaffung der Zensur und die Aufhebung von Artikel 6 der Verfassung, die Beseitigung des Parteimonopols der KPdSU und vieles andere mehr. Wir haben begonnen, uns in der Außenpolitik zivilisiert zu verhalten. Gorbatschow und seine Leute haben vermocht, die Befreiung der Völker Osteuropas vom Lagersozialismus zu fördern und auch im eigenen Lande erste Keime von Parlamentarismus zu säen.

Doch der Übergang zur Marktwirtschaft ist zu jener Schwelle geworden, die das totalitäre System nicht überschreiten will. Und an dieser Schwelle kämpft es auf Leben und Tod. Schon seit sechs Jahren verzehrt unser Land seine Kraft im Widerstreit mit dem in seiner Agonie zuckenden totalitären System, einem System des Sozialismus mit unmenschlichem Antlitz. Schon seit sechs Jahren besteht unser Leben allein aus Kampf und Erwartung. Und wenn wir gestern vom Rücktritt des Generalstaatsanwalts der UdSSR, Sucharew, erfuhren – jenem Rücktritt, den eine Gruppe von Deputierten, darunter auch ich, schon vor einem Jahr forderten –, wird es uns durch diesen weiteren Mikrosieg, der um den Preis solcher Anstrengungen gewonnen wurde, kaum leichter ums Herz.

Den Staatsanwalt Sucharew wird man noch rascher vergessen als die mit ihm streitenden Untersuchungsführer. Er wird nach Ligatschow und Tschebrikow, Romanow und ihresgleichen in der politischen Versenkung verschwinden.

Heute aber wissen wir: Politische Leichname können wiederauferstehen. Ein krepierender Drache kann in seinen Todeszuckungen alles Lebende um sich vergiften und vernichten.

DER ÄNDERUNGSANTRAG DES DEPUTIERTEN SACHAROW

Freund, sei getrost!...
Alexander Puschkin

Der Kampf um die Aufhebung oder Änderung von Artikel 6 der Unionsverfassung wurde zum Schwerpunkt des Jahres 1989. Artikel 6 verankerte die führende Rolle der KPdSU im Leben unserer Gesellschaft. Erstmals kam die Frage nach der Aufhebung des ideologischen und politischen Monopols der Kommunistischen Partei während der Wahl der Volksdeputierten der UdSSR auf. Schon damals, im Frühjahr 1989, sprachen viele Kandidaten von der Notwendigkeit, zu einem Mehrparteiensystem überzugehen, von politischer Entmonopolisierung und von der Abschaffung des Artikels 6 in seiner Breschnewschen Form.

Auch mein Programm enthielt eine solche Forderung, und das löste beim Parteiapparat sogleich Unzufriedenheit aus. Man erklärte mir den Krieg und führte ihn bis zum Wahltag in aller Härte und nach dem jahrzehntelang erprobten Schema: Weder in den gegen mich gerichteten anonymen Handzetteln, gedruckt von Rayonskomitees, noch in häßlichen Aktionen bei Zusammenkünften mit Wählern wurde mein Standpunkt zu Artikel 6 kritisiert. Kübelweise überschüttete man mich mit Schmutz, man versuchte, mich als Menschen zu diskreditieren, verriß andere Abschnitte meines Programms, aber zu Artikel 6 kein Wort, keine Andeutung.

Als klar wurde, daß fast alle Leningrader Parteifunktionäre, die sich in die Fluten des Wahlkampfes gestürzt hatten, untergegangen (genauer: in der allgemeinen Unzufriedenheit der Bevölkerung ersoffen) waren, wurde auf dem April-Plenum der Leningrader Gebietsparteileitung die Frage aufgerollt, welche Farbe die Parteimitgliedsbücher jener Kommunisten hätten, die sich für die Aufhebung von Artikel 6 aussprachen.

Ehrlich gesagt, als ich auf dem 1. Kongreß der Volksdeputierten eintraf, erwartete ich nicht, daß dieses leidige Problem dort eine Rolle

spielen würde. Ich nahm an, man werde sich auf die Bildung neuer
Machtorgane, auf ein Dekret über die Macht und die Bestätigung des
Kongresses und des Obersten Sowjets als neuer höchster Staatsorgane konzentrieren. Den Vorrang hatte folglich der Kampf für die
Übergabe der gesamten Macht an die Sowjets und nicht der Kampf
gegen Artikel 6. Diese Fragen hängen unzweifelhaft zusammen, aber
der erste Schritt bei der Übergabe der politischen Macht an die Sowjets konnte auch ohne Aufhebung des ideologischen Monopols der
KPdSU getan werden, was vollauf der Formel der 19. Parteikonferenz
von der Funktionsteilung zwischen Staats- und Parteiorganen entsprach. Nun bot sich die reale Möglichkeit, diesen Schritt zu tun.

Was man auf der 19. Parteikonferenz beschlossen hatte, war im
Grunde genommen eine Halbherzigkeit: Die Staatsorgane regieren
das Land, während die Parteiorgane die Ideologie erarbeiten. Solange
Artikel 6 existierte, würde sich eine solche Teilung über kurz oder
lang als imaginär erweisen. Im Sommer 1989 ermöglichte die Formel
der Parteikonferenz allerdings zunächst, alle Bemühungen auf die
Schaffung neuer Machtorgane zu konzentrieren.

Wir Deputierten durften nicht zulassen, daß die neuen Machtorgane nach dem alten Nomenklaturaprinzip gebildet wurden. In gewissem Maße gelang uns das, aber unter welchen Mühen! Die Tatsache, daß es uns nicht völlig gelang, beweist denn auch: Wir hatten
sowohl unsere eigenen Kräfte als auch die des Parteiapparats nicht
richtig eingeschätzt. Danach begannen wir nun mit dem Notwendigen: mit der Begrenzung der Allmacht der Nomenklatura. Auf dem
1. Kongreß mehr anzustreben wäre politisches Abenteurertum gewesen. Oder Naivität.

Die Frage nach der Aufhebung von Artikel 6 erklang jedoch auf dem
Kongreß schon vor Beginn der Tagungen. Es war Andrei Sacharow,
der sie bei verschiedenen Treffen von Deputierten mit der Parteiführung aufwarf.

Sacharow wußte wohl selbst, daß seine Worte sich immer auf die
Zukunft richteten. Ebendeshalb mußte er von der Aufhebung des Ar-

tikels 6 sprechen. Auf einem anderen Blatt stand, wann dies geschehen würde. Hier zeigte sich das Wesen der Vorschläge Andrei Sacharows, das Wesen seiner Politik. Er sagte stets Dinge, die den Zeitgenossen noch unzeitgemäß schienen. Daher veralteten seine Ideen nicht schon am nächsten Tag.

Sacharow wurde von den Deputierten unterstützt, die später die Interregionale Deputiertengruppe bilden sollten. Besonders markant war die Stellungnahme von Juri Afanasjew, dem Rektor des Moskauer Archivhistorischen Instituts. Und dennoch wurde die Beseitigung des Artikels 6 und der Avantgarderolle der Kommunistischen Partei auf dem Kongreß nur hin und wieder angesprochen. Warum? Weil die Deputierten und das Volk als Ganzes psychologisch und politisch auf eine solche Fragestellung noch nicht vorbereitet waren. Ich kenne von kommunistischen Anschauungen weit entfernte Personen, die im Sommer 1989 meinten, die Aufhebung von Artikel 6 könne zu einem blutigen Chaos und zum Bürgerkrieg führen. Andere hielten die führende Rolle der Partei für etwas Selbstverständliches. Diese These war uns so lange eingetrichtert worden, daß es seine Zeit brauchte, sie dem gesellschaftlichen Bewußtsein zu entziehen. Die Deputierten vertraten zumeist den gleichen Standpunkt wie auf der Parteikonferenz: Die Partei dürfe sich nicht in Wirtschaftsfragen und in die freie Bildung der Sowjets einmischen... Weiter gingen vorerst nur einzelne. Aber auch sie erwähnten Artikel 6 nur am Rande, das heißt, sie unterstützten Sacharow lediglich nominell. Er blieb nach wie vor der demokratische Führer sowohl des Kongresses als auch des ganzen Volkes – ein unerreichbarer, allzu weit voranschreitender Idealist.

Ich kann bezeugen, daß der Änderungsantrag Sacharows fast nie, nicht einmal in den Wandelgängen, erörtert wurde. Mit anderen Worten: Gegner wie Anhänger Sacharows hielten das Thema für nicht aktuell.

Ich selbst sprach auf dem 1. Kongreß nur einmal von der Aufhebung des Artikels 6, als ich mich für den Deputierten Obolenski einsetzte, der sich neben Gorbatschow um den Posten des Vorsitzenden des Obersten Sowjets bewarb. Meine Unterstützung begründete ich damit, daß Obolenski nicht der KPdSU angehöre und daß in der Verfassung festgeschrieben werden müsse: Jegliches Amt im Staatsapparat kann von einem Parteilosen bekleidet werden. Im Grundgesetz sei zu verankern, daß Kommunisten bei der Besetzung von Staatsposten, und zwar bis hin zum Vorsitzenden des höchsten gesetzgebenden Organs des Landes, nicht bevorzugt werden dürften. Selbstverständlich war dazu eine Änderung von Artikel 6 erforderlich, was ich aus taktischen Erwägungen jedoch nicht erwähnte.

Alle, Obolenski nicht ausgenommen, wußten natürlich, daß Gorbatschow gewählt werden würde. Es ging jedoch um das Prinzip der Alternative, und mehr als achthundert Abgeordnete votierten für die Aufnahme Obolenskis in die Kandidatenliste. Allerdings genügte diese Zahl nicht, und Gorbatschow wurde ohne Gegenkandidaten gewählt. Schon ein Jahr später würde sowohl bei der Wahl des Präsidenten als auch bei der Wahl des neuen Vorsitzenden des Obersten Sowjets eine erhebliche Zahl von Bewerbern antreten.

Immerhin, mehr als achthundert Deputierte hatten ihren wagemutigen Kollegen unterstützt.

Dies war der Ausgangspunkt dafür, daß sich radikale Volksvertreter in der Interregionalen Deputiertengruppe zusammenschlossen. Die von Gawriil Popow und Juri Afanasjew nach der Abstimmung vorgebrachte Idee einer radikaldemokratischen Parlamentsfraktion nahm Gestalt an. Es war eine Lehre für die Machthaber: Gorbatschow hätte nur die Alternativwahl zu unterstützen und mit seiner Autorität die Aufnahme von Obolenskis Namen in die Stimmzettel zu erwirken brauchen, und die Bildung der interregionalen oppositionellen Fraktion wäre wahrscheinlich verhindert worden.

Die von Andrei Sacharow auf dem 1. Kongreß geäußerte Idee wurde nicht von Deputierten, sondern von der Presse gefördert. Anhand der Zeitungen läßt sich leicht verfolgen, wie die öffentliche Meinung im Jahre 1989 diesen im Grunde einfachen demokratischen

Gedanken verarbeitete. Zunächst kamen einzelne, seltene Stellungnahmen radikaler Publizisten und Politologen in radikalen Tages-
und Wochenzeitungen, dann forderten Bergleute die Änderung oder
Aufhebung von Artikel 6. Und die Hauptsache: Die Interregionale Deputiertengruppe wurde gegründet und verlangte die Auflösung des
Machtmonopols in ihren Programmdokumenten. Sacharow wurde
einer der Co-Vorsitzenden der IAG, und er bestand darauf, die Aufhebung von Artikel 6 zu einem Ziel der »Interregionalen« zu machen.

Es war wie eine Lawine. Nun wurde Artikel 6 schon in jeder Sitzung des Obersten Sowjets zur Sprache gebracht. Die Machthaber
waren bereits außerstande, die Frage einfach zu überhören.

Auf dem 2. Kongreß löste Artikel 6 eine stürmische Polemik aus.
Dem waren freilich sehr ernste Ereignisse vorausgegangen, die mit
dem Sieg der demokratischen Kräfte auf der 2. Tagung des Obersten
Sowjets zu tun hatten.

Man erörterte die Tagesordnung des 2. Kongresses, und die IAG
schlug vor, auch die Frage einer Verfassungsänderung und der Aufhebung von Artikel 6 zu berücksichtigen. Natürlich entbrannte sogleich eine heftige Diskussion, an der sich auch Sacharow, der nicht
Mitglied des Obersten Sowjets war, beteiligte. Ich unterstützte ihn,
indem ich die Abschaffung von Artikel 6 hauptsächlich mit rechts-
technischen Erwägungen begründete: Artikel 6 widerspreche Artikel
1 und 2 der Verfassung, in denen von einer Volksherrschaft in unserem Lande die Rede ist.

Bei der Abstimmung im Obersten Sowjet fehlten uns für die Aufnahme dieses Punktes auf die Tagesordnung nur drei Stimmen. Es
war klar, daß diese Frage auf dem Kongreß ohnehin zur Sprache kommen würde. Sowohl wir als auch die Parteifunktionäre begriffen: Nur
noch eine Anstrengung der Demokraten, und der Sieg gehört ihnen.

Nun beschloß die IAG, auf dem 2. Kongreß dafür zu sorgen, daß
dieser historisch wichtigste Punkt auf die Tagesordnung gelangte.
Gesagt – getan. Gleich am ersten Sitzungstag des Kongresses wurde
im Namen der IAG ein solcher Antrag gestellt.

Erneut folgte eine Aussprache, erneut eine Abstimmung. Wir hatten das Gefühl, historisch im Recht zu sein; Siegeszuversicht herrschte. Die Deputierten würden natürlich für die Aufnahme dieses Punktes stimmen... Doch leider hatten wir die gründlichen Vorbereitungen des Apparats auf den 2. Kongreß unterschätzt. Dieser Kongreß folgte dem Dirigentenstab viel willfähriger als der erste und war viel zaghafter, was selbständige Überlegungen und Entscheidungen betraf.

Wir erhielten keine Mehrheit, ja erwiesen uns sogar in einer beträchtlichen Minderheit. Rund sechzig Prozent der Deputierten versagten uns die Unterstützung.

Artikel 6 der Verfassung hatte den Zweck, die Voraussetzungen für das Aufkommen eines politischen Pluralismus für die Entstehung anderer Parteien zu beseitigen. Bei Beibehaltung dieses Artikels blieb lediglich die Möglichkeit eines »sozialistischen Pluralismus« – ein Begriff, den uns Jegor Ligatschow so lange einzutrichtern suchte. Indes ist »sozialistischer Pluralismus« ein ebensolcher Nonsens wie ein »lebendiger Leichnam« oder eine »sozialistische Demokratie«.

Ohne ein Mehrparteiensystem gibt es in einer zivilisierten Gesellschaft keinen parlamentarischen Meinungswiderstreit und folglich auch keinen Konsens. Ohne ein Mehrparteiensystem kann es nur ein »sozialistisches Parlament« geben, eine Variante der Bojarenduma unter Väterchen Zar: »Der Zar hat befohlen, und die Bojaren haben das Urteil gefällt...«

Die Deputierten empfanden Artikel 6 auch auf dem 2. Kongreß nicht einmal als Willen der politischen Führung des Landes, sondern als Ausdruck der offiziellen Ideologie, die von Staats wegen als einzig richtige anerkannt ist. Die kommunistische Ideologie ist ja nicht erst gestern zur Staatsreligion unseres Landes geworden, und das politische Regime hat sie zum Pflichtbekenntnis für jeden Bürger gemacht, der auch nur irgendeine Beziehung zum Machtsystem hat.

Die Fürsprecher von Artikel 6 fragten: Bestand er denn etwa zu Stalins Zeiten? Nein. Dieser Artikel, der für die Kommunistische Par-

tei eine richtungweisende Avantgarderolle festschreibt, tauchte erst
in der Breschnewschen Verfassung von 1977 auf. Auch ohne Artikel
6 habe die Partei die Gesellschaft geleitet. Also sei an den Gesetzwid-
rigkeiten nicht der besagte Artikel schuld, und man müsse sich nicht
für seine Abschaffung, sondern für seine Erweiterung einsetzen…
Na, und so weiter.

Das ist ein Musterbeispiel verdrehter Logik. Die Breschnewsche
Verfassung verankerte lediglich de jure, was sich bereits in den zwanziger Jahren ausgeprägt hatte, was in der Zeit des Stalin-Regimes
schon de facto als ideologischer Imperativ der Kommunistischen Partei besiegelt worden war. Die grundgesetzliche Verankerung dieser
Rolle unter Breschnew diente dazu, die Nichtigkeit der einstigen
Sowjetmacht juristisch zu untermauern. Die Sowjets wurden juristisch zu Stuckverzierungen an der partokratischen Fassade. Artikel
6 war eine Reaktion auf Chruschtschows »Tauwetter«. Mit seiner
Einführung wurden die Wiedergeburt des Stalin-Regimes und die
Renaissance des Totalitarismus bestätigt.

Andere behaupteten, die KPdSU sei als einzige reale politische
Kraft imstande, das Beste in der Gesellschaft zu vereinen, und in
einer Zeit der Wandlungen dürfe man nicht an der einzigen Stütze
und Hoffnung auf Erneuerung rütteln. Die KPdSU sei der Initiator
der Perestroika gewesen, und wir hätten ihr, nur ihr allein, für die
Reformideen, für die Bemühungen um eine Modernisierung des politischen Systems zu danken. Nach einer Streichung von Artikel 6
werde das Land auseinanderfallen.

Ein Quentchen Wahrheit steckte in diesen Erwägungen. Nachdem
die Partei die Stelle der Staatsmachtorgane eingenommen hatte, war
sie tatsächlich zum Rückgrat geworden, das auch die Staatsmacht
stützte. Und die Aufhebung von Artikel 6 mußte unweigerlich zu
einer Verlagerung des Schwerpunkts im politischen System, zum
Übergang der realen Macht von der Partei an den Staat führen.

Die Gefahr unvorhersehbarer Folgen bestand in der Tat. Doch nicht
Reformen bewirken gesellschaftliche Explosionen, dafür ist vielmehr

die Verschleppung von Reformen verantwortlich. Die von der Partei verkündete Schaffung eines Rechtsstaates war nicht anders zu verwirklichen als durch die Streichung von Artikel 6. Anderenfalls mußte es im Lande über kurz oder lang zu einer »Revolution von unten« kommen.

Daraus folgte, daß die Fürsprecher der Beibehaltung von Artikel 6 in einem unüberbrückbaren Widerspruch standen: entweder Rechtsstaat oder Artikel 6.

In einem Rechtsstaat kann es kein Machtmonopol einer einzigen politischen Partei geben. Nicht genug damit, das Bestehen einer einzigen politischen Partei ist ein Nonsens. Nach dem 6. Juli 1918, als die Bolschewiki die Tätigkeit aller anderen Parteien Rußlands verboten, verwandelte sich die Kommunistische Partei in eine staatliche Struktur und hörte auf, eine politische Partei zu sein. Damit erklärt sich übrigens die verblüffende Tatsache, daß die Kommunistische Partei in unserem Lande nie offiziell registriert und nie de jure anerkannt worden ist.

Pluralismus und Mehrparteiensystem sind eine Norm und eine unerläßliche Bedingung des Rechtsstaates. Deshalb gebührt Gorbatschow Dank, der die politische Reform einleitete, und zwar gerade mit der Idee vom Rechtsstaat. Nicht nur die Konservativen, sondern auch viele demokratisch gesinnte Deputierte erkannten zunächst nicht, daß die Idee vom Rechtsstaat den Monopolismus der KPdSU von Anfang an ad absurdum führte. Es war klar, Rechtsstaat bedeutet Einhaltung der Gesetze und der Menschenrechte. Kaum jemand begriff das Offenkundige: Die Speerspitze der Rechtsidee zielte genau ins Herz des Systems.

Übrigens glaube ich, daß es außer zwei, drei Politikern in der Umgebung Gorbatschows nur einen gab, der alles von Beginn an durchschaute: nämlich Andrei Sacharow. Er war kein Jurist, doch diese Idee schien ihm wie eine hilfreiche Hand, die ihm persönlich entgegengestreckt wurde.

Die weiteren Ereignisse mußten Uneingeweihten erstaunlich und unkalkulierbar vorkommen. Erst zwei Monate waren nach Beendigung des 2. Kongresses vergangen, als im Februar auf der Tagung des ZK nahezu einmütig der Beschluß über die Aufhebung von Artikel 6 gefaßt wurde. Die Partei nahm vom Machtmonopol Abstand und legte den Weg zu einem Mehrparteiensystem frei.

Man kann sagen, im Februar 1990 wurde die Kommunistische Partei in der UdSSR wieder zu einer politischen Partei. Seither stellt sie nicht mehr einen Teil der staatlichen Struktur oder deren ideologisierten Ersatz dar. Für die einfachen Parteimitglieder erhob sich die Frage: Wer sind wir – Fanatiker einer Utopie oder Menschen, die sich durch historische und politische Gründe in den Reihen einer Partei wiederfinden, die nicht die unsere ist?

Was war geschehen? Warum hatte sich innerhalb von zwei Monaten alles so jäh verändert?

Für mich kamen die Beschlüsse des Februarplenums völlig überraschend. Analysiert man aber die politische Situation, die sich im Februar 1990 herausgebildet hatte, wird klar, daß es gar nicht anders hätte kommen können. Artikel 6 wurde für das System selbst zu einer Gefahr. Nicht nur die reformerische Führung von Partei und Staat, sondern auch die Konservativen erkannten zu diesem Zeitpunkt: Die Steuer für diese Erbschaft kann sich als übermäßig erweisen, auf diese Erbschaft müssen wir verzichten. Und je eher, desto besser.

Gerade waren die kommunistischen Regime in Europa zusammengebrochen. Am 4. Februar, vor der Plenartagung des ZK, wälzte sich eine fünfhunderttausendköpfige Demonstration durch die Sadowaja-Ringstraße in Moskau und mündete in eine stundenlange Kundgebung auf dem Manegeplatz. Die Tribüne wurde auf einem Lastwagen errichtet, unmittelbar vor den Fenstern des Hotels »Moskwa«, wo die aus der Provinz eingetroffenen ZK-Mitglieder abgestiegen waren.

Die Plenartagung begann am 5., doch schon am 4. hatte einer der Demonstranten die Aktion der Moskauer als »Februarrevolution« bezeichnet. Genau das war sie auch.

Bekanntlich waren die Veranstalter vor der Demonstration von

Anatoli Lukjanow empfangen worden. Bei dieser Begegnung wurde den Moskauern erlaubt, nicht nur vor dem Gebäude des Moskauer Sowjets, sondern auch unter den Fenstern des Hotels »Moskwa« zu demonstrieren. Und die Polizei erhielt den Befehl, die Kolonne zu begleiten und den Veranstaltern zu helfen.

Die Führung des Staates bewies diesmal genügend Realitätssinn und politisches Fingerspitzengefühl. Wenn das doch immer so wäre... Die Verknöcherung des rechtsfremden, herrschaftsbesessenen Systemdenkens wird von den Kreml-Reformern nur mühevoll überwunden. Sumgait, Karabach, Tbilissi, Fergana, Baku, Vilnius... Ich halte hier ein, da die Liste der Fehlgriffe allzu lang ist. Im gesamten Land hatten Volksfronten und andere informelle Organisationen bis Februar 1990 bereits ihre Haltung zur Allmacht der Parteistrukturen geäußert. Die Spannungen in der Gesellschaft waren kritisch geworden. Dem mußten sogar die Konservativen Rechnung tragen. Hier nur ein bezeichnendes Detail: Fast alle Redner auf jener Tagung reagierten negativ auf den Vorschlag des Generalsekretärs zur Aufhebung von Artikel 6. Nicht genug damit, sie geißelten in schärfsten Tönen »all diese Informellen«, die »sogenannten Demokraten« mit ihrem Pluralismus und anderen Neuerungen. Man sprach von einer Diskreditierung der Partei und des Sozialismus und gebärdete sich sehr entschlossen. Dann aber wurde ebenso einmütig für die Abkehr der Partei vom Machtmonopol gestimmt. War das nur ein Gehorsamsreflex gegenüber der Führung? Für mich bleibt nach wie vor ein Rätsel, wie Gorbatschow es vermochte, »sein« Zentralkomitee zu überzeugen. Das war vielleicht einer seiner wichtigsten Siege.

Trotzdem war es ein verspäteter Sieg. Wäre Artikel 6 vom 2. Kongreß der Volksdeputierten aufgehoben worden, hätte sich die Situation im Lande schon im Dezember erheblich stabilisiert.

Am 12. August 1990 veröffentlichte die Zeitung *Moskowskije nowosti* die Ergebnisse einer unabhängigen Untersuchung über das Einschreiten von Truppen im Januar in Baku. Experten gelangten zu dem Schluß, die Truppen seien eingesetzt worden, nachdem die Armenierpogrome in der aserbaidschanischen Hauptstadt bereits beendet waren. Nicht zur Rettung friedlicher Bürger, sondern um einer Strafaktion willen seien Panzer und Schützenpanzerwagen in die Stadt gerollt.

Ein Zitat aus dem Beitrag der *Moskowskije nowosti*: »Als der Ausnahmezustand verhängt wurde, ereignete sich in Baku folgendes:

– Beschießung von Bürgern aus kurzer Entfernung und mit besonderer Brutalität. Geschossen wurde z. B. auf einen ›Ikarus‹-Omnibus der Linie 39 mit Fahrgästen, darunter auch Kinder;

– absichtliches Auffahren von Panzern und Schützenpanzern auf Personenwagen und Tötung ihrer Insassen;

– Beschießung von Krankenhäusern und Unfallwagen. Beispielsweise beschossen Panzer die Unfallwagen AGP 67-50, AGP 67-51 und AGS 39-97; die Ärztin A. Marchewka wurde getötet;

– Verwendung von Kalaschnikow-Maschinenpistolen mit Kugeln vom Kaliber 5,45 und mit verlagertem Schwergewicht, so daß sie beim Eindringen in den Körper die Bewegungsrichtung ändern. Eine solche Kugel setzt den Getroffenen nicht bloß außer Gefecht, sondern erhöht auch seine Qualen um ein Vielfaches;

– Leichenfledderei, Plünderung von Wohnungen und Bürgern, Beleidigung von Festgenommenen, Herabsetzung ihrer Menschenwürde.«

Eine Kommission unabhängiger Untersuchungsführer gelangte zu dem Schluß, daß im Januar 1990 in Baku ein Kriegsverbrechen begangen wurde, und forderte, gegen den Verteidigungsminister der UdSSR, Dmitri Jasow, ein Strafverfahren anzustrengen. Ich weiß noch nicht, wie dieser Fall, welcher der Staatsanwaltschaft übergeben wurde, enden wird. Als Jurist ziehe ich keine voreiligen Schlüsse. Aber wie man auch zur aserbaidschanischen Volksfront stehen mag, die Armenierpogrome nutzten nicht ihr, sondern dem System. Die Truppen wurden in die Stadt beordert, als die Macht faktisch an die Volksfront übergegangen war. Damit war für das System offenbar die »Ultima ratio regum« (das letzte Mittel der Könige) angezeigt. Dieser

Spruch pflegte in alten Zeiten Kanonenrohre zu zieren. Als aber das
»letzte Mittel« seine Wirkung verfehlte, kapitulierte das System.
Wohlgemerkt, zu den von ihm selbst diktierten »ehrenhaften Bedingungen«.

Nach dem Februarplenum mußte Artikel 6 zwangsläufig zur zentralen Frage auf dem 3. Kongreß der Volksdeputierten werden. Doch
auch jetzt schickten sich keineswegs alle Volksvertreter in das Unvermeidliche. Und die Parteifunktionäre drohten wiederum mit dem
Verlust von Parteiautorität, der Schwächung der Obrigkeit und mit
Chaos. Erneut hörten wir das Verlangen nach einer »Konsolidierung
aller gesunden Kräfte um die KPdSU«. Dies erinnerte an das Jammern
des unverbesserlichen Don Juan nach der Ehescheidung, bei der er
sowohl seine Frau als auch sein Vermögen verloren hatte. Der Apparat drehte und wendete sich, um wenigstens einen Schatten von Artikel 6 zu retten. Eine neue Formulierung wurde vorgeschlagen: »Die
Kommunistische Partei und andere Parteien und politische Organisationen haben das Recht auf politische Betätigung...« Der Deputierte Konstantin Lubentschenko warf ein, damit werde gleichsam in
der Verfassung verbrieft: »Jegor Kusmitsch Ligatschow und andere
Sowjetbürger haben das Recht auf Arbeit, Erholung usw.« Im Saal
brach Gelächter aus, und die Formulierung wurde fallengelassen. Die
überwältigende Mehrheit der Abgeordneten (mehr als zwei Drittel!)
sprach sich für die »Scheidung« (von Artikel 6) aus. Die Abstimmungsergebnisse wurden von den Anwesenden mit stehendem
Applaus begrüßt.

Statt des angekündigten Chaos erhielten wir eine offensichtliche
Beschleunigung des Demokratisierungsprozesses. Sowohl der Entwurf des Gesetzes über Parteien und gesellschaftliche Organisationen als auch der Entwurf des Gesetzes über Pressefreiheit wurden
vorangetrieben. Auch das Klima des Kongresses änderte sich, als
hätte sich eine seit langem währende Spannung gemildert: Das Depu-
tiertenschiff war von den Klippen abgedreht, auf die es direkt zuge-
halten hatte.

Ich meine, die Aufhebung von Artikel 6 hing auch unmittelbar mit der Einführung der Präsidentschaft in der UdSSR zusammen. Als nüchtern denkender Politiker mußte Gorbatschow begreifen: Überzeugt er die Konservativen nicht, daß Artikel 6 abgeschafft werden muß, so bleiben ihm selbst kaum Chancen, Präsident zu werden! Dann hätten sich sämtliche demokratischen Kräfte gegen einen Präsidentschaftsbewerber vereint, der an der Spitze einer »Avantgarde-Partei«, einer Partei »neuen Typs«, stand.

Auch ich hatte Gelegenheit, bei der Erörterung der Kandidatur Gorbatschows Stellung zu nehmen. Mein Hauptargument zugunsten der Präsidentschaft war folgendes: Artikel 6 ist aufgehoben, die Partei hat kein Monopol mehr auf die staatliche und politische Macht. Das ist ohne Zweifel zu begrüßen. Aber das Land braucht ein Rückgrat, an dem sich ein zivilisierter Staat ausrichten kann. Und die Erfahrungen der Geschichte zeigen, daß eine Präsidialregierung zu einem solchen Rückgrat werden kann. Sonst wird es uns auch nicht gelingen, die Leitungsorgane des Landes dem Parteidiktat zu entziehen.

»Der Änderungsantrag des Deputierten Sacharow.«
Ich entsinne mich nicht mehr, wer in jenen Tagen des 3. Kongresses die Abschaffung von Artikel 6 so bezeichnete. Andrei Sacharow hatte den Kampf für die Beseitigung des Machtmonopols der Kommunistischen Partei bereits auf dem 1. Kongreß aufgenommen. Und dies war vielleicht sein größter Sieg.

Ein Sieg, errungen um den Preis des eigenen Lebens.

Mehr als ein Jahr ist seit dem Tag von Sacharows Beisetzung vergangen. Sacharow hat weder die Armenierpogrome in Baku noch das Blutbad, das durch den Einmarsch von Truppen in der aserbaidschanischen Hauptstadt angerichtet wurde, noch die Moskauer »Februarrevolution« miterlebt.

Und noch ein Letztes: Artikel 6 fiel im März 1990, doch sowohl auf dem Gründungsparteitag der Kommunistischen Partei Rußlands als auch auf dem XXVIII. Parteitag der KPdSU erlaubten sich viele Delegierte so zu reden, als sei nichts geschehen. Die Menschen lassen von ihren schlechten Gewohnheiten nur langsam ab, und manche können sie bis zu ihrem Lebensende nicht mehr loswerden.

Übrigens konnte man sich noch folgenden ideologischen Luxus leisten: Aus Artikel 6 wurde zwar der Passus von der führenden Rolle der KPdSU entfernt, doch war keine Rede von einer Entpolitisierung der Straforgane des Systems: der Armee, des KGB und des Innenministeriums. Im KGB sind faktisch hundert Prozent der Mitarbeiter Kommunisten, in Armee und Polizei bilden sie die Mehrheit. Diese Situation widerspricht heute der Verfassung der UdSSR (worauf ich in den Sitzungen des Obersten Sowjets mehrmals hinwies), denn man bewahrt de facto etwas, das de jure abgeschafft wurde. Zur Ehre der Deputierten sei gesagt, daß sie vorschlugen, eine Zeile über die Entpolitisierung der Armee sowie der öffentlichen und der geheimen Polizei in die Verfassung einzufügen. Darauf kam Sacharow wiederholt zu sprechen. Obwohl er damals nicht erhört wurde, ist dieser Prozeß inzwischen im Gange. Auf Ersuchen von Volksdeputierten ließen viele Mitarbeiter der Polizei, der Gerichte und der Staatsanwaltschaft im Sommer 1990 ihre Parteimitgliedschaft ruhen oder traten aus der Partei aus. Dieser Prozeß setzt auch in den Staatssicherheitsorganen ein. Gewiß, das ist erst der Anfang. Und dennoch hat es meines Erachtens seit Oktober 1917 im Leben unseres Landes nichts Radikaleres als die juristische Aufhebung des Artikels 6 gegeben. Die Geschichte hat die Einparteienherrschaft, ein seinem Wesen nach menschen- und volksfeindliches Regime, das der Bolschewismus über lange Jahrzehnte etablierte, beiseite geschoben. Dieses Regime war mal blutiger, mal weniger blutig. Blutig war auch seine Agonie.

Nur sein Sturz verlief unblutig. Freilich werden wir erst nach der Entpolitisierung der Straforgane am Grabe Sacharows sagen können: Andrei Dmitrijewitsch! Ihr Lebenswerk hat gesiegt.

Andrei Sacharows Verfassungsentwurf der Union der Sowjetrepubliken Europas und Asiens ist für uns alle ein geistiges Vermächtnis.
Dieses Dokument kann man strenggenommen nicht als Entwurf eines
Grundgesetzes bezeichnen. Es enthält keine präzisen juristischen
Formulierungen, die für ein Grundgesetz erforderlich sind. In ihm
bleiben viele Fragen unerwähnt, die unbedingt in den Wortlaut einer
Verfassung gehören. Dafür findet man in diesem Dokument Ideen, die
von großer Wichtigkeit für die Schaffung eines einheitlichen europäischen und weltweiten Hauses sind – Ideen, die von Politikern
und Juristen aufmerksam studiert werden sollten.

Auf diese Ideen möchte ich hier eingehen.

Im Artikel 2 von Sacharows Entwurf wird als Ziel des Volkes und
des Staates proklamiert: »... ein glückliches, sinnvolles Leben, materielle und geistige Freiheit, Wohlstand, Frieden und Sicherheit für
die Bürger des Landes, für alle Menschen der Erde, unabhängig von
Rasse, Nationalität, Geschlecht, Alter und sozialer Stellung.«

In keiner der in der Welt gültigen Verfassungen werden wir derartiges finden. In allen Verfassungen ist die Rede von den Rechten und
Freiheiten der Bürger, von Wohlstand usw., nirgends aber von einem
glücklichen und geistig sinnvollen Leben als wahrem Ziel jeder
menschlichen Gesellschaft, jedes menschlichen Wesens. Gibt es etwa
ein höheres Ziel?

Ein Übermaß an materiellen Gütern allein ist nicht imstande, die
Menschen glücklich zu machen. Es ist lediglich eine notwendige Bedingung, ein Fundament, auf dem eine Gesellschaft von allgemeinem
Wohlstand errichtet werden kann, eine Gesellschaft, in der den Menschen ein Leben voller Sinn und Glück erwartet.

Ein weiterer Gedanke Sacharows, der meines Erachtens in allen
Verfassungen seinen Niederschlag finden sollte, ist die Idee von der
Priorität des Überlebens der Menschheit gegenüber jeglichen regio-
nalen, staatlichen, nationalen, klassenbezogenen, parteigebundenen,
gruppenabhängigen und persönlichen Interessen (Artikel 3).

So etwas enthält derzeit noch keine einzige Verfassung; in allen

Verfassungen überwiegt die Idee der Souveränität. Doch Sacharow vermochte, in die Zukunft zu blicken. In ihr aber werden die Menschen allein schon aus rein ökologischen Gründen ohne Priorität der globalen, allgemeinmenschlichen Ziele nicht überleben können. Man muß kein Prophet sein, um vorauszusagen, daß die Zeit schon nicht mehr fern ist, da ein solcher Prioritätspassus als ein Hauptprinzip der Verfassungsgesetzgebung auf den Plan treten wird.

Damit verbunden ist eine andere Idee, die Sacharow propagierte: die Idee von der Konvergenz (Annäherung) des sozialistischen und des kapitalistischen Systems, die allein imstande sei, eine grundlegende Lösung der globalen und innenpolitischen Probleme in der Entwicklung der Menschheit zu gewährleisten.

Die von John Kenneth Galbraith und anderen westlichen Gelehrten an der Schwelle der siebziger Jahre vorgebrachte Konvergenzidee ist von Sacharow, angewandt auf die sowjetische Gesellschaft, weiterentwickelt worden. Zunächst diente dies als Handhabe, Sacharow des Verrats an seiner Heimat zu bezichtigen und die Hetze gegen ihn zu verschärfen. Doch seitdem ist einige Zeit vergangen, und heute ist das gesellschaftliche Bewußtsein bereits reif zur Rezeption dieser Idee, mit der eine Brücke zum künftigen einheitlichen Europa und zur einheitlichen Menschheit geschlagen werden kann.

Ich bin überzeugt, daß die Konvergenzidee bald bestimmend für jene Konsolidierung unseres Landes werden wird, die unweigerlich den jetzigen Wirren, den separatistischen und nationalistischen Tendenzen folgen wird. (Natürlich kann man sich über den Begriff »Konvergenz« streiten; doch dazu mehr in einem anderen Kapitel.)

Nicht unerwähnt bleiben darf auch der Passus im Artikel 13, demzufolge »die Union keine expansiven, aggressiven und messianistischen Ziele hat«. Allzuoft in der Geschichte des 20. Jahrhunderts haben aggressive Ignoranz und vulgäre Überheblichkeit zu dem Glauben verleitet, man könne die Menschheit sogar gegen ihren Willen beglücken, was ganze Völker in die Tragödie stürzte.

Der kommunistische Erlösungsglaube mit seiner Verheißung,

schon die heutige Generation der Sowjetbürger werde im Kommunismus leben, mit seiner Anmaßung, die einzig richtige Vorstellung
davon zu besitzen, wie sich die Menschheit zu entwickeln habe, hat
unserem Volk wie anderen Völkern nichts als (sittlichen und materiellen) Verfall gebracht. Daher scheint mir die in einer neuen sowjetischen Verfassung zu verbriefende Absage an Messianismus, Expan-
sion und Aggression notwendig, sowohl für uns selbst als auch dafür,
daß die anderen Völker Vertrauen zu einem wiedergeborenen Rußland gewinnen.

Sacharow war kein Jurist, doch im Entwurf seiner Verfassung
schlug er eine Vielzahl von politischen Lösungen vor, die schon jetzt
teilweise realisiert sind (etwa die Reduzierung der Zahl der Unions-
ministerien und die prinzipielle Veränderung der Funktionen der
Zentralregierung usw.), während andere noch verwirklicht werden
müssen (unterschiedliche Bedingungen für die Eingliederung unterschiedlicher Republiken in die Union, Anerkennung von zwei- und
mehr Amtssprachen in den Republiken neben Russisch als Kommu-
nikationsmittel zwischen den Nationalitäten usw.).

Bei der bevorstehenden Reform des politischen Systems in der
UdSSR und bei der Verabschiedung eines neuen Unionsvertrages
müssen die Verfassungsideen Sacharows unbedingt berücksichtigt
werden.

Die Zeit seiner Gesellschaftsideen liegt noch vor uns.

GIDASPOWS »KUNDGEBUNGSREVOLTE«

Na, und dann wird der Aufruhr beginnen!
Ein Rütteln und Schwanken wird sich begeben,
wie es die Welt noch nie gesehen hat... Ein
dunkler Nebel wird sich über Rußland breiten;
das Land wird sich unter Tränen nach seinen
alten Göttern zurücksehnen...
 Na, und dann lassen wir ihn auftreten...
Fjodor Dostojewski

Die Fronde-Zeit unserer Perestroika ist vorbei. Hatte der Apparat die Demokraten bis zum 2. Kongreß nicht ernst genommen, so sieht jetzt alles anders aus. Noch auf dem 1. Kongreß konnte es sich ein damaliges Politbüromitglied erlauben, im Wandelgang lauthals von sich zu geben: »Was für ein Pack sich hier eingefunden hat!«

Lange Zeit schien er fast recht zu haben: Gott weiß was für Leute faselten auf der Tribüne und an den im Saal aufgestellten Mikrofonen vor sich hin. Sie wollten sich partout nicht der Weisheit und Autorität der Bosse beugen, verweigerten ihnen den Gehorsam und erstürmten fast mit Gewalt die Mikrofone. Zunächst aber stellten sie für das Machtsystem keinerlei Gefahr dar.

Dann aber sollte es ernst werden. Das erste Alarmsignal ertönte, als das »Pack« die gesetzgebende Gewalt vollständig unter seine Kontrolle nahm und die Gesetzentwürfe nicht mehr in der Stille der Arbeitszimmer von Bürokraten, sondern in turbulenten Sitzungen von Parlamentsausschüssen und -kommissionen entstanden.

Auf dem 1. Kongreß war es uns noch nicht gelungen, aber auf der Tagung des Obersten Sowjets – nach der Bildung des Gesetzgebungsausschusses, vielleicht des demokratischsten unter allen Ausschüssen und Kommissionen – begann die Macht, real an das »Pack« überzugehen. Warum gerade in diesem Ausschuß? Weil sich hier Fachleute zusammengefunden hatten, die einander seit Jahrzehnten kannten und achteten.

Auf der 1. Tagung des Obersten Sowjets der UdSSR war der Apparat bereit, uns eine Schlacht zu liefern. Als der Entwurf des Pressegesetzes, dessen Ausarbeitung vom Apparat auf jede erdenkliche Weise hinausgezögert worden war, endlich vorlag, geschah etwas Außerordentliches: Man versuchte, uns einen anderen Entwurf unterzuschieben.

Gleich einem Kartenspieler, der ohne Trümpfe dasitzt und ge-
zinkte Karten aus dem Ärmel hervorzaubert, war der Apparat überzeugt, sein Trick werde ziehen. Doch es kam zu einem Skandal und
einer Schlappe für den Apparat, was wohl das wichtigste Ergebnis
dieser Tagung war.

Von nun an nahm man uns ernst und fuhr schwereres Geschütz auf.

Im Spätherbst 1989 fand in einem Repräsentationssaal der Hauptstadt ein Benefizabend meiner Lieblingszeitung *Moskau News* statt,
der bei mir einen bitteren Nachgeschmack hinterließ. Alles nahm
sich sehr nett aus. Die Creme der Intelligenzija hatte sich eingefunden: prominente Schauspieler, Regisseure, Journalisten und Schriftsteller. Mir aber war es peinlich mitzuerleben, was sich auf der Bühne
abspielte. Zur Zielscheibe alberner Witze hatte man den politischen
Führer des Landes erwählt, der gerade erst eine demokratische
Wende eingeleitet hatte. Die Form sprengte den Rahmen des Schick-
lichen, als hätte man vergessen, daß wir noch vor kurzem nachts das
Geheul der Störsender hörten, daß wir stickige, sauerstoffarme Luft
zu atmen hatten.

Wir waren auf noch Schlimmeres gefaßt gewesen, hatten aber dennoch nicht restlos begriffen, in was für einem Land wir lebten und
was es aus uns gemacht hat. Die von Gorbatschow verkündete Perestroika öffnete dem Menschen in der Sowjetunion vor allem die Augen für das, was er selbst darstellt. Und nun erkennen wir, wie unfrei
und unzivilisiert wir sind. Nun haben wir die Möglichkeit zum
staatsbürgerlichen Engagement, aber wir sind dafür nicht gewappnet.

Unter diesen Umständen können sich die Konservativen schneller
konsolidieren als wir: »Zurück zur Diktatur des Proletariats!«; »Wir
lassen die Perestroika nicht gegen den Kommunismus losschlagen!«
Das ist nicht einfach eine weitere Stufe bürokratischer Demagogie,
sondern ein schleichender Putsch der Konterrevolutionäre des Apparats, die glauben, es sei nun an der Zeit, mit dem Gespenst der Demokratie und des Parlamentarismus Schluß zu machen.

Gidaspows »kommunistische« Kundgebung in Leningrad und die

gemeinsame Plenartagung des Leningrader Gebiets- und Stadtkomitees der KPdSU in den letzten zehn Tagen des November 1989 erschütterten die Stadt und das ganze Land. Die Leningrader Parteifunktionäre, die bei den Volksdeputiertenwahlen ausnahmslos den kürzeren gezogen hatten, erkannten früher als andere, daß es mit ihrer Allmacht zu Ende ging und keine Rettungschance bestand.

Ich habe bereits jene Zusammenkunft im Smolny erwähnt, zu der Juri Solowjow im Frühjahr 1989 gebeten hatte. Damals schickte sich Solowjow an, den soeben gewählten Volksdeputierten der UdSSR die Leviten zu lesen. Nach dieser Belehrung (ein passenderes Wort fällt mir nicht ein) mußte ich Solowjow auseinandersetzen, daß die Deputierten vom Volk, nicht aber vom Gebietskomitee der KPdSU gewählt werden. Boris Gidaspow, Direktor des Staatlichen Instituts für Angewandte Chemie und Generaldirektor des Betriebes Technochim, unterstützte damals als einziger Deputierter seinen Ersten Sekretär.

Was er sagte, war nicht dumm. Jedenfalls hatten seine Ausführungen eine gewisse Logik: Der Status eines Deputierten setze Unabhängigkeit voraus, jeder müsse eine eigene Meinung haben, und deshalb brauche man keinen »Deputiertenclub«.

Diese Worte verwunderten mich, aber man erklärt einem erwachsenen Menschen schließlich nicht, daß die Unabhängigkeit der Deputierten in hohem Maße auch darauf beruht, wie sie ihr Vorgehen miteinander abzustimmen vermögen.

Vor dem Kongreß war Gidaspows Name nur noch einmal aufgetaucht, als die Gruppe der Leningrader Deputierten einen Vertreter ihrer Stadt für die Mandatskommission des Kongresses zu nominieren hatte. Ob sein Name nun zufällig genannt wurde oder nicht, Einwände gab es keine: Na schön, soll es Gidaspow sein. Niemand ahnte, daß wir im Grunde für den künftigen Vorsitzenden der Mandatskommission gestimmt und gar die Kandidatur des künftigen Ersten Sekretärs des Leningrader Gebietskomitees der KPdSU vorgezeichnet hatten.

In den *Moskau News* berichtete Akademiemitglied Schores

Alfjorow, Gidaspows Höhenflug zum Gipfel des Leningrader Gebiets-komitees sei für alle, auch für Gidaspow selbst, eine Überraschung gewesen. Das mag stimmen, aber Gerüchte über seine eventuelle Berufung auf den hohen Posten waren schon früher umgegangen. Wir Leningrader befürworteten Gidaspows Kandidatur. Objektiv sprach alles für ihn: ein Wissenschaftler, korrespondierendes Mitglied der Akademie der Wissenschaften der UdSSR und obendrein ein ex-ponierter Wirtschaftsleiter (der sich demnach aufs Organisieren versteht). Und daß Gidaspow kein Parteifunktionär war, schien in unseren Augen ebenfalls ein Vorzug.

Allerdings waren schon damals nicht alle begeistert. Man mun-kelte von Verstößen bei Gidaspows Wahl im Petrograder Territorial-kreis. Gidaspow war dort der einzige Kandidat, und die Lokalzeitun-gen meldeten Exzesse bei Wahlversammlungen.

Aufsehen erregen sollten später – weit über Leningrad hinaus – zwei Strafsachen: die der zwanzigjährigen Tatjana Ramm und die ihres Vaters, des Ökonomen Wladimir Ramm. Während des Wahl-kampfes war Wladimir Ramm einer von Gidaspows Konkurrenten ge-wesen, wurde aber letztlich doch nicht als Kandidat registriert. Das Petrograder Rayonsgericht verurteilte zuerst Tatjana Ramm zu einem Jahr Besserungsarbeit. Diese zierliche und sehr religiöse junge Frau habe auf einer Wahlkreisversammlung, auf der ihr Vater nominiert werden sollte, fünf Mann vom Ordnungsdienst geschlagen, die sie nicht in den Saal hineinlassen wollten. Als sich Wladimir Ramm dann für die Ehre seiner Tochter verbürgte, wurde auf Betreiben des Leiters der Abteilung Ideologie im Petrograder Rayonsparteikomitee auch gegen den Vater eine Anklage fabriziert.

All das aber geschah später. Damals, im Sommer 1989, hegten wir noch Illusionen: Vielleicht würde es Gidaspow gelingen, den muf-figen Geruch der Stagnationszeit aus dem Smolny zu vertreiben, Ro-manows Leute aus dem »Revolutionsstab« zu verjagen und die Leningrader Parteiorganisation, die im Lande als Bollwerk des Kon-servatismus galt, umzumodeln.

Juri Solowjow kannte ich kaum. Aber er machte nicht den Eindruck eines eingefleischten Stalinisten. Er hatte nicht Romanows Härte und Arroganz. Eher könnte man ihn als eine vorsichtige, mitunter auch gutmütige Beamtenseele bezeichnen. Nach den Leningrader Ereignissen vom November 1989 werden wir noch Solowjows Zeiten nachtrauern. Im Februar 1990 aber ließ der populäre Moderator der TV-Sendung *600 Sekunden* wissen, daß der Pensionär Solowjow in einem Kommissionsgeschäft einen Mercedes erworben habe. Und die ehemaligen Kollegen im Gebietsparteikomitee schlossen daraufhin ihren früheren Chef und Gönner aus der KPdSU aus. Weshalb? Weil er auf einen Anruf aus dem Geschäft (wenn nicht aus dem Gebietsparteikomitee) hin dieses Auto gekauft hatte. Später würde man seine KPdSU-Mitgliedschaft wiederherstellen, selbstverständlich ohne jede Entschuldigung. Gidaspow aber würde dann allen Ernstes behaupten, es habe überhaupt keinen Parteiausschluß gegeben.

Schlecht war nicht Solowjow, schlecht war das SYSTEM.

Als der Skandal um den Mercedes entbrannt war, führte der Journalist Georgi Uruschadse im Fernsehen ein Interview mit Juri Solowjow und bat ihn während der Sendung, Verse des damals bereits verstorbenen Juli Daniel zu rezitieren. Mit zitternder Stimme las Solowjow vom Blatt:

»Wie sollen wir nach der Verleugnung leben,
welche Tränen sollen wir vergießen?«

Dieses Interview eines siebzehnjährigen Journalisten mit dem aus freien Stücken zurückgetretenen Ersten Sekretär (etwas höchst Seltenes!) machte auf die Leningrader starken Eindruck, ebenso wie die Verse eines ehemaligen politischen Häftlings, die von einem der früheren Machthaber des Systems verlesen wurden.

Ich wiederhole: Solowjow hatte weder Romanows stählerne Kälte in den Augen noch dessen arrogante Kraft. Er war nicht einmal darauf bedacht, solche ihm nicht eigenen Züge des einstigen »Herrschers von Leningrad« vorzuspiegeln. Gidaspow vermochte nicht, sich das Gebaren eines Parteibosses zuzulegen, versuchte aber bald nach seiner Ernennung, eine »starke Hand« zu beweisen. Dabei war er nicht sonderlich geschickt. Was Romanow im Blut hatte, bekommt man nicht dadurch mit, daß man auf einem Amtssessel Platz nimmt.

Solowjows Verhängnis war, daß er sich auf den noch von Romanow gebildeten Parteiapparat stützte und auch gar nicht versuchte, irgend etwas zu ändern. Die »Hofsoziologen« hatten ihm prophezeit, er werde bei der Wahl der Volksdeputierten der UdSSR auf etwa siebzig Prozent der Stimmen kommen. Und so steuerte er denn einer auch ihn selbst verblüffenden Niederlage entgegen. Danach machte Solowjow keine Anstalten, um die Macht zu kämpfen. Er schickte Gorbatschow sofort ein Rücktrittsgesuch und schlug Boris Gidaspow, den einzigen ihm gut bekannten Deputierten, für seinen Posten vor. Auch dieser Vorschlag hatte seine Logik: Da alle Leningrader Apparatschiks bei den Wahlen durchgefallen waren, mußte man die Taktik ändern und den Nächststehenden der Nicht-Apparatschiks heranziehen.

Ein nahezu klassischer Fall. So verfahren politische Parteien und Regime am Rande des physischen Bankrotts. Man erinnere sich an die Krise der Weimarer Republik und an Hitlers Machtantritt. Das ist eine Lehre der Geschichte, die wir häufig vergessen. Ist ein Regime an den Rand des Zusammenbruchs geraten, versucht es, sich mit Hilfe einer »starken Persönlichkeit« zu retten, die meistens zu seinem Totengräber wird.

Gidaspow wurde also unter allgemeinem Jubel zum Ersten Sekretär des Gebietskomitees ernannt. Dieser Jubel war verständlich, denn Solowjow hatte die Stagnationszeit und das gesamte Leningrader Parteimonopol symbolisiert. Das Volk assoziierte mit ihm die Rückendeckung für Nina Andrejewa, die Bildung der reaktionären Vereinigten Front der Werktätigen wie auch den (glücklicherweise rechtzeitig durch die demokratische Öffentlichkeit abgeblockten) Vorschlag, die Deputierten nach Produktionsbezirken wählen zu lassen.

Boris Gidaspow hatte es nicht eilig, die schwarze Liste solcher »Leningrader Initiativen« fortzusetzen. Bei seinen Auftritten – vor allem im Arbeitermilieu! – gab er allerdings von sich, man brauche lediglich für eine »passende« Atmosphäre zu sorgen, und *Das fünfte Rad* (das couragierteste und radikalste Leningrader Fernsehmagazin) werde »von allein abfallen«. Mittlerweile gewann die Leningrader Volksfront an Kraft, die Menschen wurden durch die bevorstehenden Wandlungen beflügelt, und kaum jemand achtete auf solche »Kleinigkeiten«.

Der erste Parlamentsherbst brach an. Ich war fast ständig in Moskau, arbeitete im Gesetzgebungsausschuß, nahm an der Tätigkeit des Obersten Sowjets der UdSSR teil und kam nur an Wochenenden nach Leningrad. Mit der Zeit war aus Gesprächen immer deutlicher herauszuhören: Die Haltung des Gebietsparteikomitees hat sich nicht im geringsten geändert, das Kesseltreiben gegen informelle Organisationen wird fortgesetzt. Auch in der Arbeit des Exekutivkomitees und der großen Industrie- und Verwaltungsstrukturen war alles beim alten geblieben.

Für mich machte dies deutlich, daß der Machtapparat seine nächste Niederlage bei den Frühjahrswahlen der Volksdeputierten Rußlands und des Leningrader Sowjets vorbereitete. Der Sieg der demokratischen Kräfte versprach noch beeindruckender als im Frühjahr 1989 auszufallen.

Das begriff schließlich auch die städtische Führung. In meinen Angelegenheiten als Deputierter hatte ich mit Leitern der Rayons- und der Stadtverwaltung zu tun, und die Ratlosigkeit und Angst in ihren Gesichtern waren unverkennbar. Diese Angst ließ den Umgang mit ihnen unberechenbar werden. Der Vorsitzende des Exekutivkomitees konnte einem meiner Wähler empfehlen, »Soll doch Sobtschak Ihr Problem lösen!«, nur um mich eine Woche später anzurufen und untertänigst anzufragen, ob irgendwelche Probleme zu regeln seien.

Grobheit wie Liebedienerei zeugten von der Ratlosigkeit der Machthaber, von der Panik der Beamtenschaft.

Man spürte, daß irgend etwas heraufzog. Und da schlug Gidaspows Kundgebung am 22. November ein.

Was war ihr vorausgegangen?

Am 7. November 1989 war die Leningrader Volksfront zu einem De-
monstrationszug angetreten; die ganze Gorochowskaja-Straße wurde
von rund dreißigtausend Vertretern der demokratischen Kräfte mit
Beschlag belegt. Außer der Leningrader Volksfront hatten sich »Me-
morial« und die Wählervereinigung in die Kolonne eingereiht. An
der Spitze des Zuges schritten Volksdeputierte der UdSSR.

Vielleicht deshalb hatten die Behörden entschieden, hinterrücks
loszuschlagen: Als die ersten Marschierer bereits an der Tribüne mit
dem lächelnden Boris Gidaspow vorbeizogen, schnitt die Miliz den
hinteren Teil der Kolonne ab. Hundert bis hundertfünfzig Demonstranten, die ihre Plakate und Spruchbänder verloren, wurden auf
den Newski-Prospekt gedrängt; sie verhielten sich jedoch sehr wür-
devoll und ließen sich nicht auf ein Handgemenge ein. Man umzin-
gelte sie etwa zwanzig Minuten lang, bevor sie weitergehen durften.
Wer den Befehl erteilt hatte, blieb ein Geheimnis, aber was diese
Provokation bezwecken sollte, war nur allzu offensichtlich.

In einem Interview mit der Abendzeitung *Wetscherni Leningrad* erklärte Alexei Woronzow, Leiter der Abteilung Ideologie des Gebietsparteikomitees: »Falls Sie wissen möchten, ob es beim Umzug
Zwischenfälle gegeben hat: Es hat keine gegeben.« Was tatsächlich
geschehen war, vergaßen alsbald wohl auch die Teilnehmer an
der Demonstration – einer Demonstration wohlgemerkt, die offiziell
von den Behörden genehmigt worden war.

Am 10. November tauchte die legendäre Nina Andrejewa erstmals
auf den Bildschirmen des Landes auf. Sie hatte eingewilligt, der Sendung *Wsgljad* (Blick) ein Interview zu geben. Dieses schlug sogleich
in einen Monolog um. Andrejewa sprach davon, daß Geschäftemacher aus der Schattenwirtschaft die politische Szene betreten hätten
und inbrünstig auf den Untergang des Sozialismus warteten.

Am selben Tag berichtete die Leningrader Abendzeitung von einer
Plenarsitzung des Rayonskomitees der Wassiljewski-Insel, auf der
man die Einberufung eines außerordentlichen Parteitages gefordert

habe. Die Resolution war wohl vom Ersten Sekretär des Rayonskomitees, Nikolai Korabljow, im voraus hergestellt worden und tauchte wie durch Zauberei in seinen Händen auf, als der Sekretär der Parteileitung des Geologischen Unionsforschungsinstituts »A. P. Karpinski«, ein Mann mit überaus demokratischen Überzeugungen, die Idee eines außerordentlichen Parteitags unterbreitete. Das zeigt, daß die Konservativen auch die unbändige Energie mancher »Demokraten« geschickt für ihre Ziele auszunutzen verstehen.

Am 13. November führte das Rayonskomitee der Wassiljewski-Insel bei strömendem Regen eine Probe ihrer »Kundgebungsrevolte« durch, die offiziell als »Versammlung des Parteiaktivs« bezeichnet wurde. Die Redner sprachen vom Balkon des Kirow-Kulturpalastes aus, und ihre Ansprachen unterschieden sich kaum von Andrejewas Monolog. Offenbar hatten die Veranstalter den Eindruck, ihr Experiment sei geglückt.

Am 15. November veröffentlichte die Parteizeitung *Leningradskaja prawda* unter der Rubrik »Standpunkte« einen programmatischen Beitrag von Juri Denissow, Sekretär des Gebietskomitees der KPdSU, unter dem Titel »Wem nützt die Krise?«.

Ohne Umschweife leierte er einfach Nina Andrejewas Lied herunter: »Es handelt sich darum, daß die Geschäftemacher aus der Schattenwirtschaft, in deren Händen heute bereits rund fünfhundert Milliarden Rubel konzentriert sind, Legalität erlangt haben und auf der politischen Szene aufgetaucht sind.« Und weiter: »Schon jetzt haben sie nicht wenige Beschützer unter Publizisten, Wissenschaftlern und Gesetzgebern. Dies ist aber lediglich der Anfang.«

Der Artikel enthielt auch globalere Verallgemeinerungen: »Die materielle und psychologische Unsicherheit wird dadurch verschlimmert, daß man historische Tatsachen und Werte sowie die Entwicklungswege des Landes unbedacht und überstürzt uminterpretiert, das Bild der Heimat zerstört und die mit solcher Mühe errungenen geistigen Ideale verwirft.«

Laut Denissow nützt die Krise in der Gesellschaft vor allem den de-

struktiven Kräften: nämlich den Volksfronten, welche die Interessen
der Schattenwirtschaft verträten. Beiläufig sprach er auch über den
Ausweg aus der Krise und nannte sogar das Rezept: »Verhängung des
Ausnahmezustandes«. Das sei zwar keine Patentlösung, aber immerhin »ein Mittel, das die Durchführung von Reformen erleichtert, die
eine Überwindung der Krise ermöglichen«.

Doch damit nicht genug. Da der Ausnahmezustand noch keinen
politischen Sieg garantiert, schlug Denissow vor, den Basisorga-
nisationen der KPdSU das Recht einzuräumen, jeglichen bei ihnen
registrierten Deputierten abzuberufen, wodurch »wahrer Meinungs-
pluralismus und Glasnost« gefördert würden.

Anders ausgedrückt: Denissow dachte an ein Instrument zur Zerschlagung des Deputiertenkorps, das ja zu mehr als achtzig Prozent
aus Kommunisten bestand.

Am betrüblichsten ist, daß dieser Artikel, der im Grunde genommen den Plan eines Staatsstreichs umriß, von kaum jemandem in der
Stadt, geschweige denn im Lande zur Kenntnis genommen wurde.

Am 21. November begann eine gemeinsame Plenartagung des Leningrader Gebiets- und Stadtkomitees der KPdSU. Anatoli Gerassimow, Erster Sekretär des Stadtkomitees, wurde seines Postens ent-
hoben, und Boris Gidaspow bekleidete nun die beiden Spitzenämter
der Partei in Leningrad: im Gebiet wie in der Stadt.

Nachstehende Zeilen stammen aus Gidaspows Bericht, aus dessen
Titel, »Für die sozialistischen Ideale der Perestroika«, bereits eine
gewisse Herausforderung herauszuhören war:

»Ein Teil der Kommunisten (auch auf der höchsten Ebene der Parteiführung) sieht teilnahmslos zu, während ein massiver Prozeß der
gezielten Aushöhlung sozialistischer Ideale abläuft...

Wir werden unsere Identität einbüßen, wenn wir unsere sozialistischen Werte preisgeben und unbändigen Scheindemokraten gestatten, die Menschen mit süßlichen Märchen von einem ›Volkskapita-
lismus‹, einer grenzenlosen Demokratie und einer unparteiischen
Glasnost zu betören...

Mit einem pseudodemokratischen Knüppel schlägt man auf alle ein, die es wagen, ihren abweichenden Standpunkt zu vertreten. Man verbreitet die Vorstellung, unsere Gesellschaft sei unheilbar...

Das Bewußtsein der Menschen wird durch Bilder angeblich allgegenwärtiger Bürokraten, Apparatschiks, Chauvinisten, Stalinisten und Antisemiten getrübt.«

Die Leningrader Volksfront wurde beschuldigt, insgeheim den Abbau des Sozialismus und die »Kapitalisierung« der Gesellschaft zu planen. Wiederum erwähnte man die auf der Moskauer Gewerkschaftskundgebung am 5. Oktober 1989 in Luschniki erfundenen Zahlen, nach denen fünf Prozent der Konteninhaber im Lande über achtzig Prozent der Spareinlagen verfügen. Der Redner ließ auch durchblicken, daß er über jene »harte Hand« verfüge, auf die ein Teil der Gesellschaft warte. Kurzum, seit Andrejewas Brief in der *Sowjetskaja Rossija* hatten die Leningrader nichts Ähnliches mehr zu hören bekommen. Auch das Vokabular war das gleiche: Andrejewa konnte »Prinzipien nicht preisgeben«, Gidaspow wollte »unsere sozialistischen Werte nicht preisgeben«. Dabei handelte es sich wohl kaum um einen falschen Zungenschlag. Im Parteiapparat ahnte man bereits, daß die Gesellschaft demnächst eine Revision des gesamten Parteivermögens, eben jener »sozialistischen Werte«, fordern würde, nach deren Verlust die Nomenklatura nicht mehr sie selbst sein, ja überhaupt nicht mehr existieren könnte.

Auf der Plenartagung ließ man Akademiemitglied Schores Alfjorow nicht zu Wort kommen, sondern jagte ihn von der Tribüne. Dagegen war in der Diskussion denjenigen Erfolg beschieden, die dem Berichterstatter beistanden und die diese politische Kampagne nach dem Konzept des Gebietskomitees gestartet hatten: dem Sekretär des Rayonskomitees der Wassiljewski-Insel, Nikolai Korabljow, und dem Sekretär des Gebietskomitees, Juri Denissow.

Erstaunlich, aber im Lande merkte man immer noch nicht, was da gespielt wurde.

Am 22. November fand eine die ganze Stadt einbeziehende »kommunistische« Kundgebung statt. Was man in den letzten Wochen in der Stille der Smolny-Büros ausgeheckt und auf der Wassiljewski-Insel getestet hatte, wurde nun auf die Plätze verlagert.

Die Kundgebung wurde vom Ersten Sekretär des Gebiets- und Stadtkomitees höchstpersönlich geleitet.

Leningrads Funktionäre hatten früher als andere erkannt, daß sie sehr bald auf dem »Müllhaufen der Geschichte«, um einen Lieblingsausdruck der sowjetischen Propaganda zu benutzen, landen könnten. Sie waren es denn auch, die als erste den Kampf gegen Gorbatschows Politik aufnahmen. Zwar waren sie einstweilen noch vorsichtig genug, nicht unverblümt zur Restauration des Stalinismus aufzurufen, aber nur ein Kind hätte nicht begriffen, wofür die hauptamtlichen Beschützer des Systems plädierten.

Zum Glück gab es in jenen Tagen ein objektives Fernsehen, und die Übertragung der »Kundgebungsrevolte« reichte aus, um das Land kurz vor dem Abgrund erwachen zu lassen.

Damals war ich in Moskau und sah im Fernsehen nur einen Ausschnitt der Kundgebung vom 22. November. Die Verbitterung und die Atmosphäre kollektiven Hasses entsetzten mich.

Die Bilder erinnerten wiederum an eine Wochenschau aus den dreißiger Jahren, als eine fanatische Menge den Tod für die »trotzkistisch-sinowjewsche Brut« forderte. Ich gebe zu, das erschreckte mich. Wie tief stecken wir immer noch in der Vergangenheit! Wie fest ist in uns der Stalinismus verwurzelt. Auf der Kundgebung ergriffen Schriftsteller und Ingenieure das Wort. Die meisten Redner waren natürlich Apparatschiks, aber jeder von ihnen hatte Hochschulbildung. Von diesen Leuten sollte man zumindest Logik erwarten können. Nein, es gab nur politische Beschwörungen, nur stalinistischen Taumel und den Ruf nach der »eisernen Faust«, die Ordnung zu schaffen und diesen Leuten eine sorglose Existenz zu sichern habe. Es war um so schrecklicher, als die Redner keineswegs aus der höchsten Nomenklatura kamen. Der Sekretär einer Betriebsparteileitung, der doch unter gewöhnlichen Bürgern lebt und ihre Probleme kennt, öffnet plötzlich den Mund und sagt etwas, das ein normaler Mensch einfach nicht über die Lippen bringt.

Einen Tag später sollte ich an der Fernsehsendung *Das fünfte Rad* teilnehmen. Die Gidaspow-Kundgebung wurde natürlich zum Hauptthema, und dafür mußte man eine bereits so gut wie fertige Sendung opfern.

Wieder in Leningrad angekommen, bemerkte ich, daß die Stadt irgendwie anders wirkte: Als hätte es keinen Sieg der demokratischen Kräfte bei den Wahlen im Frühjahr gegeben. Alle sprachen nur noch von der Kundgebung und machten sich gespannt auf neue unangenehme Nachrichten gefaßt. Die Stadt war erstarrt, so wie es das Land nach dem Brief Nina Andrejewas gewesen war. Mir blieb nichts anderes übrig, als mich vom Bildschirm aus direkt an Gidaspow zu wenden: Wenn er meine, die Stadt wie ein Rüstungsunternehmen leiten zu können, so irre er sich gewaltig. Denn trotz allem, was der Stadt in den letzten siebzig Jahren widerfahren sei, bleibe sie doch ein Weltzentrum von Wissenschaft und Kultur und stelle wahrscheinlich immer noch das geistige Zentrum unseres Landes dar. So dürfe man nicht mit uns umgehen. Bei der Lösung von Problemen der Stadt müsse man von den Einwohnern ausgehen, und man könne sich keine Experimente ohne Rücksicht auf deren Meinung erlauben. Recht scharfe Worte fand ich auch für die Kundgebung vom 22. November. Ich sprach fast anderthalb Stunden lang, was für das Fernsehen nicht wenig ist.

Nach Mitternacht verließen Bella Kurkowa, Redakteurin des *Fünften Rades*, und ich die TV-Zentrale. Keiner von uns hatte einen Dienstwagen, und wir gingen auf eine Bushaltestelle zu, als sich uns plötzlich ein sehr sportlich aussehender junger Mann näherte. Er war so blitzartig aufgetaucht, daß es mich im ersten Moment durchzuckte und ich ihn wahrscheinlich nicht allzu freundlich anblickte.

Der junge Mann bemerkte meine Anspannung nicht. »Ich bin Marineinfanterist, hab' meinen Armeedienst hinter mir, wohne hier in der Nähe. Mein Vater ist Offizier, und er hat mich zu Ihnen geschickt.

Wir haben uns die Sendung angesehen, und mein Vater meint, ich sollte Sie lieber bewachen, denn jetzt könnten diese Schurken Ihnen alles mögliche antun. Ich habe einen Wagen und kann Sie heimfahren.« Ein Dankeschön diesem jungen Mann und seinem Vater. Während wir uns unterhielten, stellte sich heraus, daß Mitarbeiter des Fernsehens einen Kleinbus aufgetrieben hatten, der alle heimbringen sollte. Auch für mich fand sich ein Platz, und schon drei Minuten später setzte man mich an einem U-Bahnhof ab.

Ich wußte noch nicht, daß sich fast alle Stadtbewohner die Sendung angeschaut hatten und daß sie wie ein Sprengsatz wirken würde. Aber dies war im Grunde keine Überraschung, denn in der für drei Tage erstarrten Stadt bereitete man bereits Protestaktionen gegen die Offensive orthodoxer Kommunisten vor. Am 25. November erschien in einer Jugendzeitung ein von Natalja Kurapzewa verfaßter couragierter Artikel, der mit einer Zeile des Liedermachers Alexander Galitsch überschrieben war: »Kannst du den Platz betreten?« Die Leningrader Volksfront meldete eine Gegenkundgebung vor dem Sport- und Kulturkomplex an.

Die »Anti-Gidaspow-Kundgebung« fand am 6. Dezember statt. Ich war schon wieder in Moskau, verfolgte aber die Übertragung von Anfang bis Ende. Von den ersten Minuten an war deutlich, daß der Plan der Leningrader Apparatschiks endgültig gescheitert war. Als sich zeigte, daß Boris Gidaspow auch zu dieser Kundgebung erschienen war und sich sogar ans Mikrofon drängte, machte seine Rede den erbärmlichsten Eindruck.

Der Erste Sekretär gebärdete sich zuversichtlich, gestikulierte mit seiner zum Rotfrontgruß erhobenen Faust, und trotzdem war das eine Kapitulation. Ich sah die Menschen auf dem Platz, hörte sie »Rücktritt! Rücktritt!« skandieren, sah, wie Pjotr Filippow, der die Kundgebung leitete, hinter dem Rücken des Ersten Sekretärs mit einem Handzeichen den Chor stoppte, und konnte bei diesem unangebrachten Auftritt Gidaspows nichts anderes als Mitleid und Scham empfinden.

Meiner Natur und meinem Charakter nach neige ich nicht zu Abenteuern oder Kühnheit. Ich faßte einfach eines Tages den Vorsatz: Will ich mir meine Selbstachtung bewahren, muß ich mich auf eine ganz bestimmte Weise verhalten, muß mit jedem Menschen, unabhängig von seinem Posten, in gleicher Weise umgehen und darf nur das sagen, was ich denke.

Wohl zum erstenmal hatte ich dieses Prinzip für mich auf dem Treffen mit Politbüromitgliedern formuliert, zu dem die kommunistischen Deputierten vor dem Kongreß eingeladen worden waren: nur die Wahrheit sagen und Gleicher unter Gleichen sein. Anfangs mußte ich mir diese überaus einfache und natürliche Verhaltensweise noch vor Augen halten, später ergab sie sich von selbst. Im nachhinein begriff ich: Wer Kompromisse eingeht, der lädt sich zusätzliche Komplikationen auf. Selbst wenn das eigene Verhalten dem allgemein Üblichen zuwiderläuft, ist es ergiebiger als der Versuch, je nach Umständen und Personen zu lavieren. Nach einiger Zeit gewöhnt sich die Umgebung an dich, und deine Haltung wird als etwas Selbstverständliches aufgefaßt.

Ich weiß, daß ich als Deputierter nichts hätte bewirken können, wenn ich nicht der Regel gefolgt wäre: Mit Machthabern ist wie mit Universitätskollegen oder Nachbarn zu sprechen, mit »einfachen Leuten« wie mit Machthabern, aber ebenfalls ohne zu scharwenzeln.

Bereits auf dem Kongreß las ich in den Augen einiger meiner hohen Gesprächspartner nicht selten Verblüffung. Warum spricht dieser Mann, der wer weiß woher aufgetaucht ist, auf diese Weise mit uns? Wer steht wohl hinter ihm? Wiederholt bekam ich dann zu hören: Sobtschak habe es leicht, denn er stimme seine Wortmeldungen mit Gorbatschow ab. (Ein ähnlicher Vorwurf gegen mich und auch schon gegen Gorbatschow würde auf dem 3. Kongreß der Volksdeputierten von Ministerpräsident Ryschkow erhoben werden.)

Nun, auch ich hatte lange Zeit geglaubt, Jelzin sei einer der engsten Freunde Gorbatschows und alles, was ihm zustieß, sei wohl nur Teil eines politischen Spiels: Gorbatschow habe Jelzin bloß vorüber-

gehend aus taktischen Erwägungen geopfert. Solange ich keinen der
beiden kennengelernt und das reale Verhältnis der Kräfte, Neigungen
und Leidenschaften nicht durchschaut hatte, war ich überzeugt, das
»Spiel« zu begreifen.

Auch in bezug auf mich kam die Legende auf, ich genösse Gorbatschows Protektion. Bevor ich auf dem 1. Kongreß ein einziges Wort
sagte, habe Gorbatschow bereits meinen Namen gekannt. Obendrein
seien wir zur selben Zeit nach China gereist (wenn auch in verschiedene Teile dieses nicht gerade kleinen Landes!). Die »scharfsichti-
gen« Betrachter wollen nicht zur Kenntnis nehmen, daß mein Name
einfach recht ungewöhnlich ist und ich außerdem dreimal auf den
Treffen, die vor dem Kongreß abgehalten wurden, mit Gorbatschow
gesprochen habe. So entstehen Gerüchte, Legenden, Erfindungen.

Was aber geschah mit Boris Gidaspow, nachdem er zum Ersten Sekretär des Leningrader Gebietsparteikomitees ernannt worden war?
Über diese Ernennung entschied selbstverständlich die höchste Par-
teispitze, genauer gesagt, die Umgebung Gorbatschows und dieser
selbst. Es war ja kein Zufall, daß Gorbatschow höchstpersönlich nach
Leningrad flog, um Solowjow den Laufpaß zu geben. Nach außen
hin war alles freilich sehr »demokratisch« arrangiert worden. Nicht
einmal Akademiemitglied Alfjorow, der bei der Begrüßung des
Parteiführers auf der Piste des Flughafens Pulkowo anwesend war,
durchschaute sofort, wie gut die Stegreifworte des Generalsekretärs
vorbereitet waren. Man muß politisch schon sehr naiv sein, um Gorbatschows damaliger Versicherung zu glauben, er habe niemanden
mitgebracht, man solle selbst entscheiden. Diese Versicherung zeugte
nicht von der Heimtücke des Generalsekretärs. Der Apparat bereitet
einfach jede Neuberufung sehr sorgfältig vor, und das war einer der
Gründe dafür, weshalb Gorbatschow den Rücktritt Solowjows so
lange nicht angenommen hatte.

Journalisten haben bereits eine, wie mir scheint, ziemlich genaue
Diagnose des Falles Gidaspow gestellt: Taucherkrankheit. Der Senk-

rechtstart eines einfachen Büromitglieds des Gebietskomitees mit Landung auf dem Posten des Ersten Sekretärs dürfte eine harte Prüfung gewesen sein. Als Direktor eines Instituts, als Größe in der Rüstungsindustrie war Gidaspow durch stets verfügbare Fonds und sonstige finanzielle Mittel, vor allem aber durch fast absolute Macht über seine Untergebenen verwöhnt worden. In den »Zivildienst« brachte er die Allüren des früheren Amtes mit. Der Wissenschaftler in ihm vermochte den Repräsentanten des Systems nicht zu besiegen. Mit dem pluralistischen Trubel im politischen Leben der Stadt konfrontiert, schaffte Gidaspow es nicht, neue Methoden zu finden, die der Demokratisierung des politischen Lebens angemessen waren. Vielmehr wählte er die vertrauten, gewohnten Methoden, um den politischen Schiffbruch zu vermeiden.

Als neuer Politiker konnte er auf diesem Posten nur dann überleben, wenn er sich des Romanowschen Apparates im Smolny entledigt hätte. Es wäre ungemein schwierig gewesen, diesen Apparat zu reformieren, doch Gidaspow unternahm nicht einmal einen Versuch dazu.

Darum wurde Gidaspow zu einem Spielball für den Smolny, zu einer Geisel des Neostalinismus in Leningrad. Der Apparat forderte ein energisches Eingreifen gegen die außer Rand und Band geratenen Demokraten, denn er sah seine zweite (und endgültige) Niederlage bei den Wahlen der Orts- und Republikorgane voraus. Diese Niederlage konnte nur durch Gorbatschows Rücktritt und die Auflösung des Unionsparlaments verhindert werden.

Das war ein gefährliches Spiel gegen denjenigen, der Gidaspow faktisch auf den Posten des Ersten Sekretärs gebracht hatte. Aber dem früheren Chemiker bot sich kein anderer Ausweg. Die gründlich und nicht ohne Einfallsreichtum vorbereitete »Kundgebungsrevolte« Gidaspows war denn auch vor allem gegen Gorbatschows Kurs gerichtet. Was Ligatschow über Jahre hinweg nicht gelungen war, wollte Gidaspow (und jene, die hinter ihm standen) mit einem Schlag erreichen.

Gidaspow hatte seine eigenen Kräfte und die des Provinzapparats überschätzt. Auch Moskau verweigerte ihm die Unterstützung. In jenen Tagen wurde der ehemalige Leningrader Lew Saikow als Erster Sekretär des Moskauer Stadtparteikomitees abgesetzt. Bezeichnenderweise blieb er danach im ZK für die Rüstungsindustrie zuständig. Das bewies, daß der gescheiterte Kundgebungsvorstoß der Rechten die Stellung der Konservativen lediglich geschwächt, ihren Widerstand aber nicht gebrochen hatte. Es sei daran erinnert, daß Jegor Ligatschow, der Konservative Nummer eins, damals immer noch Macht besaß. Und auch Gidaspow trat nicht zurück, sondern wurde sogar Mitglied des Russischen Büros. Dort befand er sich freilich unter der Aufsicht Gorbatschows.

»Zurück zur Diktatur des Proletariats!«

»Wir lassen die Perestroika nicht gegen den Kommunismus losschlagen!«

»Das Politbüro zur Verantwortung ziehen!«

Das waren Parolen der Kundgebung Gidaspows am 22. November. Gidaspow mochte danach von der »Überspitztheit« der Parolen sprechen, aber jedermann wußte schließlich, daß die Spruchbänder nicht in Privatwohnungen, sondern auf Bestellung des Gebietsparteikomitees in städtischen Theaterwerkstätten angefertigt worden waren.

Die Inszenierung taugte jedoch nichts, und es war durchaus angebracht, den Regisseur dieses Spektakels zum Rücktritt aufzufordern.

Gidaspow blieb, mußte aber seine Kandidatur bei den Wahlen der Volksdeputierten Rußlands zurückziehen. Und das, obwohl man ihn im Petrograder Rayon aufgestellt hatte und die Wahl von einem bereits bewährten Team (zum großen Teil aus Mitarbeitern von Gidaspows Institut) abgesichert werden sollte. Übrigens will ich über die Mitarbeiter dieses Instituts nichts Schlechtes sagen. Nachdem eine seiner Abteilungen mich als Kandidaten zum XXVIII. Parteitag nominiert hatte, zog Gidaspow seine eigene Kandidatur schleunigst zurück. Zum Parteitag entsandte ihn eine hauptsächlich aus Rentnern

bestehende territoriale Parteiorganisation. Ich dagegen wurde von
der Petrograder Parteiorganisation, zu der auch die Parteiorganisation des Instituts gehört, zum Delegierten gewählt.

Auf dem XXVIII. Parteitag avancierte Gidaspow gar zum ZK-Sekretär. Nach der Niederlage im Herbst 1989 machte er dem Anschein
nach immer noch Parteikarriere, doch dann sprachen sich die Einwohner der ganzen Stadt für Gidaspows Entfernung von der Macht
aus, als sie bei den Wahlen im Frühjahr 1990 für einen demokratischen Leningrader Sowjet stimmten.

Hat sich Gidaspow, der letzte unter den allmächtigen Ersten Sekretären des Leningrader Gebietskomitees der KPdSU damit abgefun-
den?

Ich bezweifle es. Aber das ist bereits seine Privatsache.

PRÄSIDENT GANZ RUSSLANDS UND ALLER RANDGEBIETE

Die Bürokratie hat das Staatswesen...
in ihrem Besitze. Es ist ihr Privat*eigentum.*
Karl Marx

In einer Provinzstadt unterhalten sich eines
Abends zwei einheimische Intellektuelle,
ein Priester und ein Theaterregisseur.
    »Nun, vielleicht können Sie, Vater, mir
wenigstens erklären, warum das so ist. Ich
inszeniere ein westliches, aktuelles Stück, für
die Hauptrolle hab' ich eine Schauspielerin
aus dem Gebietszentrum hergelockt, das
Bühnenbild stammt von einem Moskauer
Avantgardisten und die Musik von einem
Dissidenten aus Leningrad. Aber der Saal
bleibt gähnend leer. Bei Ihnen dagegen läuft
schon seit zweitausend Jahren ein und
dasselbe Stück, auch das Bühnenbild ist dasselbe, und doch haben Sie immer ein volles
Haus!«
    »Hm... Haben Sie mal versucht, sich vom
Staat zu trennen?«
Witz vom Anfang der achtziger Jahre

Anfang Dezember 1989 trat im Hotel »Moskwa« der Koordi-
nationsrat der Interregionalen Deputiertengruppe zusammen.
Akademiemitglied Andrei Sacharow, der Schriftsteller Juri Tschernitschenko und ich diskutierten in einem Nebenzimmer über die Abschaffung von Verfassungsartikel 6. Könnte dies auf dem 2. Kongreß
geschehen? Ist es realistisch zu erwarten, daß die KP auf dem Kongreß
ihr Machtmonopol aufgeben wird? Unmerklich näherten wir uns
dem Problem der Präsidentschaft.

Juri Tschernitschenko wandte ein, durch die Wahl eines Präsidenten würden wir uns abermals hereinlegen lassen. Wenn der Oberste
Sowjet nicht in der Lage sei, die Handlungen seines eigenen Vorsitzenden zu kontrollieren, werde es ihm noch weniger gelingen, auf
einen Präsidenten der UdSSR aufzupassen.

Sacharow war zurückhaltender. »Eine Präsidialregierung brauchen wir wohl, aber der Präsident muß vom Volk gewählt werden.
Auch muß er vom ZK und vom Politbüro unabhängig sein...«

Ich pflichtete ihm bei. Wenn wir aber die Entscheidung über die
Präsidentschaft hinauszögerten und eine allgemeine Wahl abwarte-
ten, würden wir die Zeit ungenutzt verstreichen und die Konservativen erstarken lassen, ja ihnen den Sieg schenken. Im Moment könne
sich der höchste Repräsentant des Staates allein auf die Partei stützen, andere Strukturen gebe es entweder nicht, oder sie seien zu
schwach. Jetzt aber sei er vom Parteiapparat abhängig, denn er sei von
diesem als Deputierter gewählt worden und könne folglich auch von
diesem abberufen werden.

Tschernitschenko seufzte: »Ein Präsident – das ist im Prinzip vielleicht gar nicht so übel... Und doch könnte man auch ohne ihn auskommen.«

Sacharow schwieg.

Heute frage ich mich: Warum nahm Andrei Sacharow die Idee der
Präsidentschaft anfangs recht kühl auf? Offenbar, weil er in jenen Tagen mit völlig anderen Problemen beschäftigt war. Er schrieb an seinem Verfassungsentwurf, zog gegen Artikel 6 der geltenden Breschnewschen Verfassung zu Felde und versuchte, sich Klarheit über die
Ereignisse zu verschaffen, die sich in jenen, wie sich dann herausstel-
len sollte, letzten Wochen seines Lebens abspielten. Der Zusammenbruch der kommunistischen Regime in Europa und der bereits von
Führern der Linksradikalen angekündigte landesweite Warnstreik –
all das beschäftigte ihn viel mehr als das Thema der Präsidentschaft.

Einige Tage vor Sacharows Tod kamen wir im Obersten Sowjet auf
jenes Gespräch zurück.

Sacharow fragte mich, was Gorbatschow die Präsidentschaft eigentlich einbringen könne. Als Generalsekretär sei er ja ohnedies mit
faktisch unbegrenzten Vollmachten ausgestattet.

»Sie haben recht«, erwiderte ich. »Aber wenn er die Vollmachten
des Generalsekretärs nutzt, festigt er damit gerade die Macht der KP,
auch deren Macht über den Generalsekretär selbst. Folglich sind die
beiden Ideen – Abschaffung von Artikel 6 und Einführung der Präsidentschaft – eng miteinander verbunden. Erst wenn Gorbatschow die
Gesamtfülle der Staats- und nicht der Parteimacht besitzt, wird er das
Parteimonopol abschaffen können. Sonst wird er einfach die Macht
verlieren.«

In Disputen pflegte Andrei Sacharow nicht sofort zuzustimmen.
Gewöhnlich hörte er dem Gesprächspartner aufmerksam zu, und
man konnte nur an kaum merklichen Zeichen erraten, ob die Worte
des anderen ihm Stoff zum Nachdenken lieferten oder ob er sie bereits verworfen und vergessen hatte. Bei unserem ersten Gespräch zu
diesem Thema hatte ich gesehen, daß die Logik meiner Ausführungen ihn nicht überzeugt, seinen Verstand nur gestreift und ihm keinen Stoff zum Nachdenken geliefert hatte. Jetzt aber war ich sicher:
Früher oder später würde Sacharow in dieser Frage mein Verbünde-
ter werden.

Er pflichtete mir noch nicht bei, befand sich aber bereits auf halbem Wege zur Zustimmung. »Ja, es lohnt sich, darüber nachzudenken.« Wenn ich mich nicht irre, waren das die letzten Worte, die Sacharow an mich richtete.

Wie war nun die Idee aufgekommen, in der UdSSR eine Präsidentschaft einzuführen? Waren wir dahin durch die Logik der demokratischen Entwicklung gelangt, oder resultierte die Präsidentschaft aus außerordentlichen Umständen, aus der Sehnsucht nach einer starken Hand, aus dem Traum von Ordnung, oder aber zeugte sie bloß von der politischen Ermüdung des Volkes und seiner Auserwählten?

Von der Antwort auf diese Frage hängt die Einschätzung der politischen Reform im Lande ab.

Juristen haben wiederholt über die Mängel des sowjetischen Systems der Staatsordnung und der Machtorganisation geschrieben und gesprochen. Unter der Herrschaft der Sowjets (erst recht der vom Parteidiktat befreiten Sowjets) besitzt die Exekutive nicht die für sie unabdingbare Selbständigkeit. Die Sowjets sind kollektive Organe, und jeder Deputierte ist nur sich selbst und seinen Wählern verantwortlich. Es fehlt ein Instrumentarium zur Abberufung von Deputierten. Der Deputierte hat sich keinerlei Parteidisziplin zu beugen, er trägt keinerlei Verantwortung für die Nichterfüllung seines Wahlprogramms (und kann sie nach Lage der Dinge auch gar nicht tragen).

Deshalb gibt es in den gegenwärtigen Sowjets fast ebenso viele politische Parteien wie Deputierte. Die Fraktionen sind sehr unbeständig und verschwommen. Ihr Vorgehen ist häufig nicht berechenbar. Bedenkt man außerdem, daß der statistische Durchschnittsdeputierte in vielen Fragen schlechthin inkompetent ist, wähnt man sich in den Tagungen des Sowjets häufig in einer Quasselbude. Schlimmstenfalls führt dies zu einer direkten Behinderung der Exekutive.

Bei alledem handelt es sich nicht um Folgen der siebzigjährigen Apathie der Sowjets oder der ihnen angetanen Gewalt, sondern vielmehr um angeborene Gebrechen des Systems. Die Sowjets sind eine pseudoparlamentarische oder, milder ausgedrückt, unterentwickelte parlamentarische Form der gesetzgebenden Gewalt. Die Schwäche der Sowjets, ihr fachlicher Dilettantismus, das Fehlen einer demokratischen Kultur und eines Instrumentariums der realen Gesetzgebung – all das begünstigte die Partei »neuen Typus« und ermöglichte ihr, unter dem Tarnmantel der »Volksmacht« Legislative, Exekutive und Jurisdiktion an sich zu reißen. Ebendeshalb fiel es der Kommunistischen Partei auch so leicht, an die Stelle der staatlichen Leitungsorgane zu treten und sich in einen parallelen Staat zu verwandeln.

Die Überbleibsel der Sowjetmacht wurden in der UdSSR Ende der zwanziger Jahre endgültig liquidiert, als die Staatsorgane auf allen Ebenen von der Partei dubliert und dann durch die Diktatur des Parteiapparats ersetzt wurden. Das Entscheidungsrecht in jeder auch nur einigermaßen wichtigen Frage ging endgültig an die Partei über.

Unter dem KP-Monopol konnte die Frage nach einer Reform der Sowjets gar nicht aufkommen. Wozu auch? Die Deputierten wurden ernannt (die Wahlen waren nur eine Fiktion). Die ernannten Deputierten fanden sich zu Tagungen ein, um vorbereitete Beschlüsse zu billigen, und zwar unbedingt einstimmig. Es war so weit gekommen, daß bestimmte Ämter mit der Repräsentation in bestimmten Sowjets gekoppelt waren. Der Rektor der Leningrader Universität zum Beispiel war gemäß einer solchen Parteiverfügung stets auch Abgeordneter des Obersten Sowjets der RSFSR, der Rektor der Moskauer Universität saß laut derselben Verfügung im Obersten Sowjet der UdSSR. Der Dekan der Juristischen Fakultät der Leningrader Universität gehörte immer dem Stadtsowjet an, und anders konnte es gar nicht sein. Politischer Zynismus? Gewiß.

So vollzog sich die Verflechtung der staatlichen Strukturen mit denen der Sowjets, und der Staat wurde total durch die Partei ersetzt.

Solange das System unerschütterlich war, konnte von einer Präsidentschaft nicht die Rede sein. Das Präsidium des Obersten Sowjets der UdSSR galt als »kollektiver Präsident«. Es war einfach nicht not-

wendig, irgendeine von allen Bürgern des Landes gewählte Person
mit der Exekutivgewalt zu betrauen.

Als das Land seinen Weg vom Totalitarismus hin zur Demokratie
einschlug, als die Deputierten tatsächlich von der Bevölkerung gewählt wurden und sich solche relativ demokratischen Machtorgane
wie die Obersten Sowjets der UdSSR und der RSFSR ausprägten,
wurde sofort klar, daß die Rolle des Vorsitzenden des Obersten Sowjets absolut nicht der Stellung eines Staatsoberhaupts entspricht.

1989 hatte Gorbatschow keine Konkurrenten für diesen Posten.
Daß der Deputierte Obolenski sich selbst als Kandidaten nominierte
und von demokratischen Volksvertretern unterstützt wurde, war lediglich eine Formsache, mit der man das alternative Wahlprinzip bekräftigen wollte.

Bei der Wahl des Vorsitzenden des Obersten Sowjets hatte also niemand Zweifel daran, daß Gorbatschow diesen Posten bekleiden
würde. Kaum war er aber gewählt, merkten viele Deputierte, daß
seine Lage zumindest nicht vernünftig war. Absurderweise mußte
der politische Führer des Landes den ganzen Tag im Parlament sitzen
und sich Debatten über häufig sehr zweitrangige Fragen anhören. Da
hätte man aufstehen und fragen wollen: Wenn sich der Vorsitzende
des Obersten Sowjets gemeinsam mit den Deputierten in die Feinhei-
ten der Geschäftsordnung des Parlaments vertieft, wer leitet unter-
dessen das Land? Wann fällen Sie, Michail Gorbatschow, Entscheidungen von staatlicher Tragweite, wenn Sie von früh bis spät mit uns
im Obersten Sowjet sitzen?

Am zweiten Tage der Diskussion über die Geschäftsordnung des
Obersten Sowjets konnte ich nicht länger an mich halten und
schickte eine Notiz ans Präsidium, in der ich mich an den Vorsitzenden persönlich wandte. Ich bat um Entschuldigung für meine Drei-
stigkeit, dem Staatsoberhaupt Ratschläge zu erteilen, und formulierte
meinen Standpunkt.

Von jeher ahmen in unserem Land die Untergebenen den Stil und
das Benehmen ihres Vorgesetzten nach, besonders wenn es sich um

den Parteiführer handelt. Deshalb verbrachten auch Ministerpräsident Ryschkow sowie andere Regierungs- und Politbüromitglieder einen großen Teil ihrer Arbeitszeit im Obersten Sowjet. Statt der eigenen Tätigkeit nachzugehen, erweckte man den Anschein, kollektive Anstrengungen zur Lösung der »allerwichtigsten« Fragen zu unternehmen. Und was kann wichtiger als diese Sitzungen sein, wenn der Staatschef höchstpersönlich anwesend ist?

Gorbatschow verlas meine Notiz nicht, erschien aber fortan seltener im Obersten Sowjet. In der Regel wurden die Sitzungen jetzt von Lukjanow geleitet. Es blieb aber ein weiteres, noch wichtigeres Problem: die konstitutionell zwiespältige Stellung des Vorsitzenden des Obersten Sowjets der UdSSR. Man muß Gorbatschow Gerechtigkeit widerfahren lassen: Er war es, der als erster von der Notwendigkeit sprach, die politische Macht zu reformieren. Das war bereits im Oktober 1989, als ich ihn im Zusammenhang mit der Tbilissi-Kommission des Kongresses aufsuchte. Ich sagte, man müsse zu unserer Untersuchung entsprechende Beschlüsse fassen, damit die Möglichkeit gebannt sei, daß sich die Ereignisse vom 9. April 1989 wiederholten. Gorbatschow brauste auf: Warum verlangen Sie Unmögliches von mir? Öffnen Sie einmal die Verfassung: Ich bin nur ein Parlamentsspeaker! Die Beschlüsse, von denen Sie reden, kann ich nicht fassen, dazu habe ich einfach keine Vollmachten!

An jenes Gespräch mit Gorbatschow mußte ich lange zurückdenken. Seine Reaktion war ungewöhnlich scharf und unerwartet gewesen. So etwas kommt vor, wenn jemand an seinem wunden Punkt getroffen wird. Gewöhnlich ist Gorbatschow im Präsidium und im persönlichen Gespräch gleichermaßen abgeklärt. Und auf einmal diese Explosion! Aber im Grunde genommen hatte er recht. Hielt man sich ans Gesetz (und nicht an die sowjetische Tradition, wonach der Generalsekretär jeglichen Beschluß fassen konnte), war der Vorsitzende des Obersten Sowjets in vielen Fällen geradezu hilf- und rechtlos. (Jetzt, im Herbst 1990, begreife ich das besonders gut, da ich in die gleiche Lage geraten bin, wenn auch nur auf städtischer Ebene.

Das Amt des Vorsitzenden des Leningrader Sowjets stattet mich lediglich mit Repräsentations- und Speakerfunktionen aus. Aus eigener Kraft darf ich keine einzige Frage entscheiden, während die Verantwortung – traditionsgemäß! – eben auf mir als Vorsitzendem des Stadtsowjets lastet.)

Und so richteten die Deputierten auf drei Kongressen und in den Tagungen des Obersten Sowjets ihre Vorwürfe wegen aller Konfliktsituationen im Lande an Gorbatschow. Ins gleiche Horn bliesen Wirtschaftsfunktionäre, wenn sie von Versorgungsstörungen sprachen, Kulturschaffende, wenn sie die Mißstände bei Geschichtsdenkmälern, Bibliotheken, Universitäten und Museen beklagten. An Gorbatschow appellierten Vertreter der kleinen Völker, wenn sie mit stichhaltigen Argumenten und mit tiefem Schmerz das tragische Schicksal ihrer Nationen im realen Sozialismus schilderten.

Gorbatschow hätte als Generalsekretär etwas unternehmen können, doch das wäre die Rückkehr zu einem Regierungsstil à la Breschnew gewesen. Zudem hätten weder Breschnew noch Chruschtschow, ja nicht einmal Stalin im Rahmen des Systems jene Probleme lösen können, die infolge der siebzigjährigen Herrschaft dieses Systems entstanden sind. Und dies sogar ungeachtet dessen, daß in einem Staat, in dem Parteibeschlüsse die Gesetze abgelöst haben, durchgreifende und gar gewaltsame Beschlüsse blitzschnell gefaßt und durchgesetzt werden können. Jeder Sowjetbürger erinnert sich an die Formel jener Jahre: »Das ganze Sowjetvolk läßt sich von den wertvollen Weisungen des Generalsekretärs unserer Partei leiten und...« und so weiter und so fort.

Die ersten Schritte zur Demokratisierung erwiesen sich auch deshalb als so dramatisch, weil das System nur eine unerhebliche Liberalisierung des Regimes – und nur für kurze Zeit! – zulassen kann. Das Knäuel unheilbarer wirtschaftlicher, politischer, nationaler und anderer Krankheiten zieht bei einer auch nur winzigen Abschwächung der Repressalien und der totalen Furcht unvermeidlich eine Verschärfung aller Probleme nach sich.

Das totalitäre System hinterläßt ein Minenfeld sowohl in der gesellschaftlichen Ordnung des Landes als auch in der individuellen Psyche der Bürger. Jedesmal, wenn ein Abbau des Systems und eine wahre Erneuerung des Landes drohen, explodieren die Minen.

In den ersten drei Jahren der Perestroika, als Gorbatschow im Rahmen einer Liberalisierung des Regimes handelte, konnte er als Generalsekretär tatsächlich noch Entscheidungen fällen. Der wenn auch geschwächte Parteiapparat existierte ja immer noch und garantierte die Verwirklichung der gefaßten Beschlüsse – selbstverständlich in den Grenzen des Systems. Die Liberalisierung des Regimes und die zaghaften Versuche seiner Umgestaltung schwächten jedoch die Partei- und Staatsmacht. Der Marktmechanismus war nicht rechtzeitig in Gang gesetzt worden, und die Wirtschaftskrise vertiefte sich immer mehr. Und nationale Konflikte setzten gleichsam die Serie der durch Tschernobyl eingeleiteten Katastrophen fort.

So tappte man in eine Fußangel des Totalitarismus nach der anderen. Der von den Reformern im Politbüro eingeleitete Abbau des Systems brachte sie selbst wiederholt an den Rand des politischen Untergangs.

Nach einer Reihe wenig gelungener Versuche, die nationalen Konflikte zu lösen, dürfte Gorbatschow erkannt haben, daß er unter den gegebenen Bedingungen keine ausreichende Macht besaß, um getroffene Beschlüsse zu verwirklichen. Nicht selten wurden Entscheidungen auch von anderen gefällt, während die ganze Verantwortung auf ihm lastete. Ganz zu schweigen von der Zauderei und den Fehlern Gorbatschows selbst, angefangen mit der Frage Berg-Karabach.

Die Ereignisse von Baku im Januar 1990 – die Pogrome gegen die Armenier und der Truppeneinmarsch – waren der Punkt auf dem i. Während die Tragödie von Tbilissi voll und ganz dem Apparat anzulasten war und Gorbatschow wirklich nicht an der von Ligatschow geleiteten verhängnisvollen Beratung teilgenommen hatte, wurde der Beschluß über die Verlegung von Truppen nach Baku zweifellos von ihm, dem Vorsitzenden des Obersten Sowjets der UdSSR, gefaßt. Das

System setzte alles daran, sowohl diese ohnehin verspätete Maßnahme als auch den Unterzeichner des Befehls in Mißkredit zu bringen.

Man begann, in Ausschüssen und Kommissionen des Obersten Sowjets der UdSSR die Frage nach der Festigung der Exekutivgewalt im
Staate und nach der Einführung der Präsidentschaft zu behandeln.
Zuerst wurden diese Dinge von Männern aus Gorbatschows nächster
Umgebung angesprochen: von Jewgeni Primakow und Anatoli Lukjanow. Ihre Argumente waren einleuchtend und fundiert: Man müsse
den ersten Mann im Staate von der Teilnahme an fruchtlosen Sitzungen des Obersten Sowjets befreien und ihm ermöglichen, jene lebens-
wichtigen Probleme des Landes zu lösen, die er als Vorsitzender der
gesetzgebenden Körperschaft nicht lösen könne.

Im Gesetzgebungsausschuß unterstützten der Vorsitzende, Professor Sergei Alexejew, und ich diese Idee als erste. Auch die ersten Veröffentlichungen im Januar über die Notwendigkeit, in Rußland eine
Präsidentschaft einzuführen, stammten von uns. Danach wurde diese
Idee weithin erörtert.

Führende Köpfe der Interregionalen Deputiertengruppe übten sogleich scharfe Kritik. Juri Afanasjew sagte, die Einführung der Präsidentschaft könne eine Machtusurpation bewirken und die Partei
stärken. Das mit dem Zerfall des administrativen Kommandosystems
sinkende Ansehen der KPdSU würde durch die autoritäre Macht des
Präsidenten wieder gefestigt werden. Daher müßten die Demokraten
gegen die Idee der Präsidentschaft Stellung beziehen.

Auch gegenteilige Argumente tauchten in der Presse auf. Hier ein
paar Beispiele: Stalin sei kein Präsident gewesen, was ihn aber nicht
daran gehindert habe, die Macht zu usurpieren. Die Macht des Präsidenten solle die Macht der Partei ersetzen, weshalb von einer Erhöhung des Ansehens der Partei keine Rede sein könne. Der Weg vom
Totalitarismus zur Demokratie verlaufe über die Schaffung autori-
tärer Macht. Andernfalls käme es zum Chaos und zum allgemeinen
Zerfall. Und schließlich dürfe man vom Speaker der höchsten ge-

setzgebenden Körperschaft nicht verlangen, die Verantwortung für das Tun der Exekutive zu übernehmen.

Meine eigenen Argumente lauteten folgendermaßen:

Erstens ist die Einführung der Präsidentschaft für die Trennung von Legislative und Exekutive notwendig. Nur auf diese Weise kann die Exekutive hinreichend stark und unabhängig sein.

Zweitens ist in einem Land wie dem unseren ein Präsident besonders vonnöten. Im Rahmen eines Einheitsstaates ist auch eine andere Machtvertikale möglich, in einem Bundesstaat dagegen muß, zumal angesichts konföderativer Bestrebungen der Unionsrepubliken, jemand an der Spitze des Landes stehen, der über die gesamte Fülle jener Machtbefugnisse verfügt, die eine Demokratie voraussetzt. Das aber ist der Präsident. Er hat als Schiedsrichter im Streit zwischen den Republiken zu fungieren. (Zu jener Zeit begannen an der Grenze zwischen Armenien und Aserbaidschan bereits Kampfhandlungen!) Auch im Streit zwischen den Republiken und dem Zentrum bedarf es eines Schiedsrichters, denn sonst ist die einheitliche Wirtschaftsstruktur nicht aufrechtzuerhalten. Zudem braucht man einen Koordinator im Wirtschafts-, Verteidigungs- und Kulturbereich zwischen den Republiken. Von selbst versteht sich, daß der Staat auf der internationalen Bühne repräsentiert werden muß.

Auf den ersten Blick entsprach die Idee der Präsidentschaft durchaus auch der Formel, die Gorbatschow bereits auf dem 1. Kongreß der Volksdeputierten der UdSSR benutzt hatte: »Starkes Zentrum – starke Republiken.« Wie jedoch schon Andrei Sacharow feststellte, ist diese Formel genau seitenverkehrt. Beginnen muß man mit starken Republiken, die einen Teil ihrer Vollmachten an das Zentrum delegieren. Dann wird auch das Zentrum durch die ihm übertragenen Vollmachten und durch das Vertrauen der souveränen Republiken stark sein. Die Formel »Starkes Zentrum – starke Republiken« ähnelt den alten Vorstellungen, nach denen die gesamte Macht »von Gott und vom Zentrum« ausgeht. Von solchen Überbleibseln einer imperialen Gesinnung war 1989 also selbst der Initiator der Perestroika nicht ganz frei. (Deshalb ließ sich die Argumentation von Juri Afanasjew nicht ganz zurückweisen.)

Vor der Frühjahrstagung des Obersten Sowjets war die Präsidentschaftsidee durchaus schon ausgereift, und man regte an, sie dem 3. Kongreß der Volksdeputierten der UdSSR zur Diskussion vorzulegen.

Die Geister schieden sich. Die meisten Mitglieder des Obersten Sowjets befürworteten die Idee, leider aber in jener Variante, die am wenigsten akzeptabel war. Für sie war die Präsidentschaft ein Mittel, Ordnung zu schaffen und den Traum von einer »starken Hand« Wirklichkeit werden zu lassen. Das löste heftigen Protest demokratischer Kräfte, insbesondere aus der Interregionalen Deputiertengruppe, aus. Ich erklärte, wir brauchten keinen Gendarmen für ganz Rußland. Was wir brauchten, sei ein Schiedsrichter, ein Koordinator und ein Chef der Exekutive, der für die von ihm gefällten Entscheidungen persönlich verantwortlich ist. Anders gesagt, wir benötigten eine Personifizierung der Macht und der Verantwortung, denn solange wir von kollegialen Organen geführt würden, könne man von niemandem Rechenschaft verlangen.

In einer Rechtsgesellschaft brauche der Gesetzgeber nicht personifiziert zu sein. Anders verhalte es sich mit der Exekutive.

Einige Tage vor der Eröffnung des 3. Kongresses trat die Interregionale Deputiertengruppe zusammen. Sie einigte sich auf eine gesonderte Entschließung zur Einführung des Präsidentenamtes. Darin hieß es:

»Unser Standpunkt ist folgender: Wir halten die Präsidentschaft, verglichen mit der gegenwärtigen Form der staatlichen Leitung, im Prinzip für fortschrittlich, meinen aber, daß die Frage des Präsidenten der UdSSR und des Wahlverfahrens nicht überstürzt, nicht ohne Heranziehung der neuen Obersten Sowjets der Republiken, nicht ohne ein entwickeltes Mehrparteiensystem im Lande, nicht ohne eine freie Presse und nicht ohne Festigung des derzeitigen Obersten Sowjets entschieden werden darf. Diese Frage muß mit den Verfas-

Vereidigung des Präsidenten

Erinnerungsfoto an die Börse in Chicago

Links: Im
griechischen Parlament

Unten: Auf dem
Weg von Leningrad
nach Moskau

Oben: Alexander Sucharew, General-staatsanwalt der UdSSR, und sein Opponent Telman Gdljan auf der Rednertribüne des 1. Kongresses der Volks-deputierten der UdSSR

Unten: Die »Enthüllungen« Nikolai Iwanows

In der Diskussion um den
Gesetzesentwurf zum Eigentum auf der 2. Tagung
des Obersten Sowjets der UdSSR

7. November 1990: Eine kommunistische
Kundgebung vor dem Winterpalais in Leningrad.
Der Text auf dem Plakat lautet: »KPdSU –
Inspirator und Organisator all unserer Siege!«

Oben: Boris Gidaspow, Erster Sekretär der Leningrader Partei-organisation

Unten: Jegor Ligatschow, ehemaliges Mitglied des Politbüros des ZK der KPdSU

Oben: Nikolai Ryschkow, ehemaliger Vorsitzender des Ministerrats der UdSSR

Unten: Iwan Poloskow, Erster Sekretär des ZK der KPR

Oben:
Tag der Kriegsmarine
in Leningrad. 1990

Unten: Bei der
Entlassungsfeier in der
Militärakademie des
Leningrader Sowjets.
1990

Oben: Alexi II., der
Patriarch von Moskau
und ganz Rußland, vor
dem ersten Gottesdienst
in der Isaaks-Kathedrale

Unten:
Ein Museum wird zur
Kirche. 17. Juni 1990

Frage an Jegor Ligatschow
auf dem XXVIII. Parteitag der KPdSU

Oben: Im
Gerichtssaal. Warten
auf Jegor Tomko

Unten: Demonstration
der Bewegung »Demo-
kratisches Rußland« am
Leningrader Fontanka-
Kai. 7. November 1990

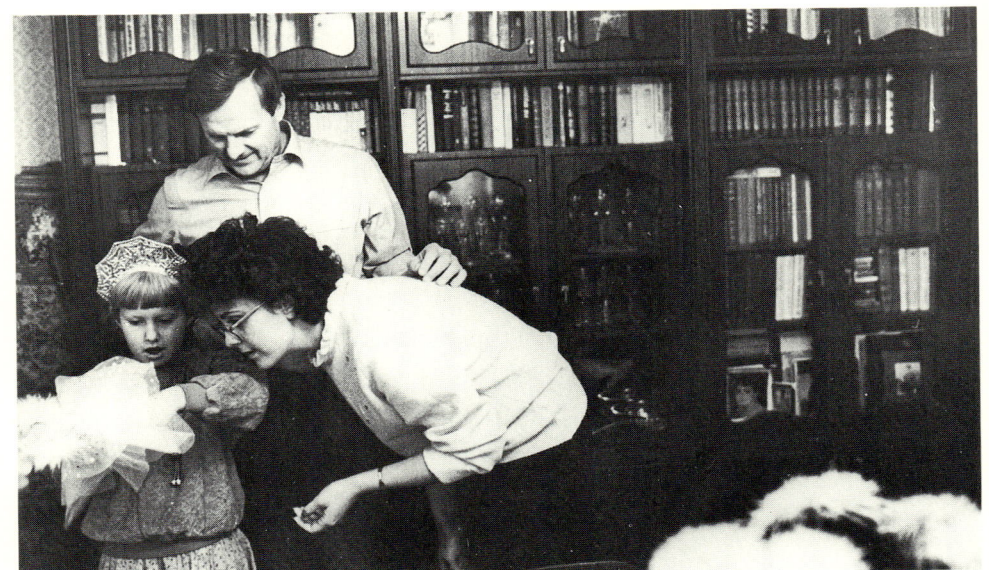

Bei der Familie

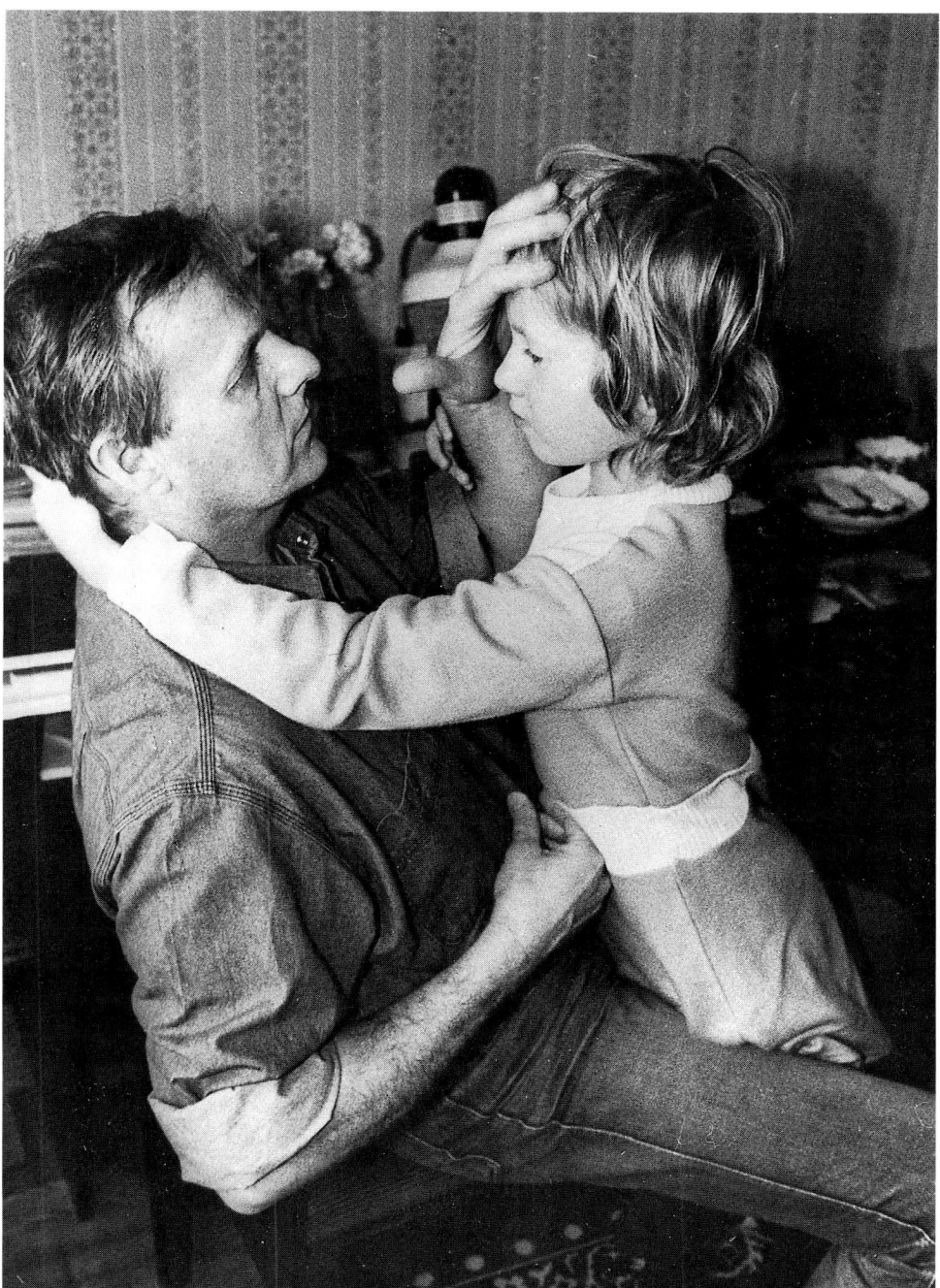

Rechts:
Panzer gegen Menschen
in Vilnius (Wilna).
1991

Unten:
Auf zum Kampf

Rechte Seite oben:
Der Abschied

Rechte Seite unten:
Ich stelle mich den
Fragen der Korrespon-
denten

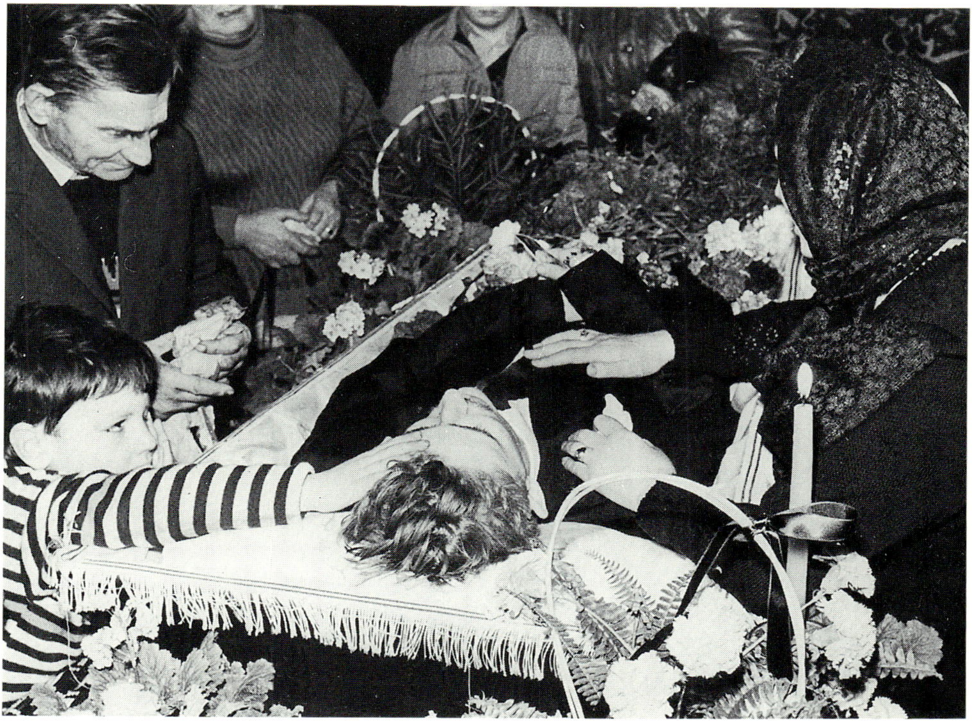

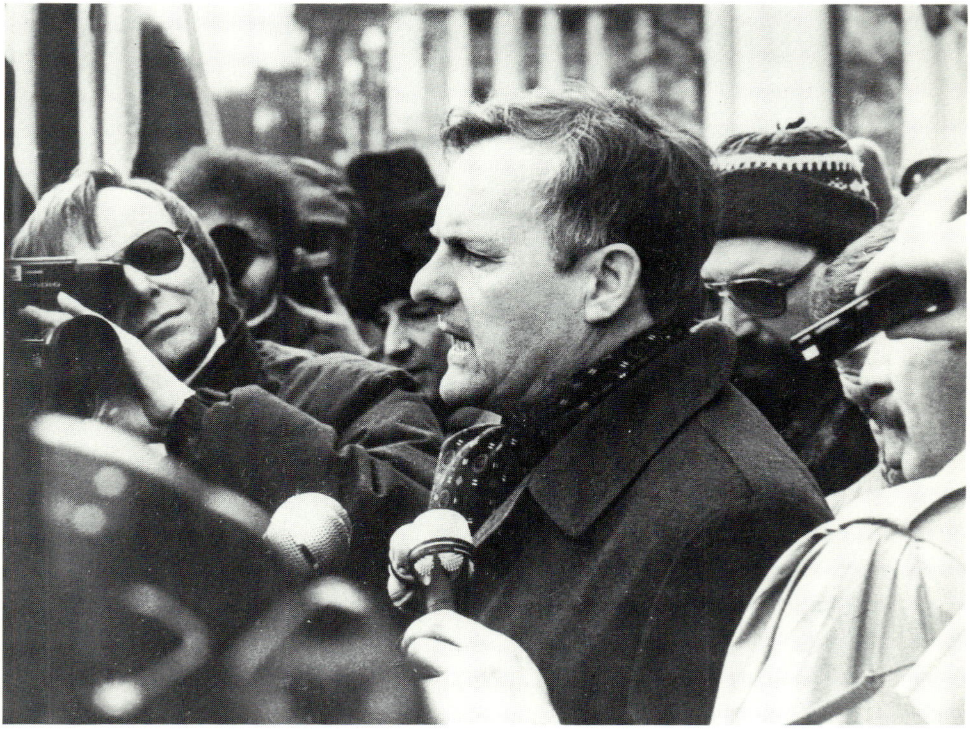

Platz des Aufstandes in Leningrad

sungen der Republiken und mit dem neuen Unionsvertrag verknüpft werden. Ohne diese unerläßlichen Bedingungen wird die Entscheidung über die Präsidentschaft unweigerlich zu einer neuerlichen Zuspitzung der Beziehungen zwischen dem Zentrum und den Republiken, zu einer Einschränkung der Selbständigkeit der örtlichen Sowjets und der Selbstverwaltung sowie zur Gefahr der Wiederherstellung eines diktatorischen Regimes im Lande führen…

Sollte Michail Gorbatschow zum Präsidenten der UdSSR gewählt werden, stellt die Interregionale Volksdeputiertengruppe Anatoli Sobtschak als Kandidaten für den Posten des Vorsitzenden des Obersten Sowjets der UdSSR auf.«

Im März wurde der außerordentliche 3. Kongreß der Volksdeputierten einberufen, auf dem die Frage der Präsidentschaft im Mittelpunkt stand.

Die Polemik der Abgeordneten drehte sich um zwei Hauptfragen: Erstens. Wie soll der Präsident gewählt werden? Alle waren sich bereits einig, daß eine Präsidialmacht notwendig sei. Die Lähmung der staatlichen Exekutive war allzu offensichtlich. Die demokratischen Kräfte verlangten eine allgemeine Wahl.

Zweitens. Sollte der Präsident Generalsekretär bleiben? Ist eine Personalunion von Präsident und Generalsekretär der KP förderlich für die Demokratisierung?

Gleich von Beginn der Diskussion an unterschied sich meine Haltung sowohl in der Interregionalen Deputiertengruppe als auch im Obersten Sowjet und später auf dem Kongreß etwas von derjenigen, auf die man sich im demokratischen Lager festgelegt hatte. Ich plädierte für die Präsidentschaft und die Festigung der staatlichen Exekutive, mit dem Vorbehalt, daß es nicht angebracht sei, die Präsidentschaft auf dem Kongreß einzuführen.

Diese Position kam vielen halbherzig vor und sagte letztlich weder den Machthabern noch den Demokraten zu. Trotzdem meine ich auch heute noch, recht gehabt zu haben: Auf dem Kongreß hätten wir Gorbatschow mit den notwendigen Vollmachten der Präsidentschaft

ausstatten sollen, und zwar im vollen Umfang. Bis zur Verabschiedung einer neuen Verfassung hätte Gorbatschow aber auf dem Posten
des Vorsitzenden des Obersten Sowjets der UdSSR bleiben müssen.
Warum?

Der Präsident muß natürlich vom ganzen Volk gewählt werden.
Erst dann kann er das Vertrauen des Landes genießen. Da ist noch ein
anderer Gesichtspunkt, der sich leider weder Deputierten noch Politologen, noch Journalisten erschloß, obwohl ich ihn, wie mir scheint,
recht plausibel sowohl im Obersten Sowjet als auch in Sitzungen der
Interregionalen Deputiertengruppe formuliert hatte. Ich sagte: Wählen wir jetzt den Präsidenten (gleichgültig, ob auf dem Kongreß oder
in einer allgemeinen Wahl!), so wird er an einer neuen Verfassung
nicht interessiert sein. Wir werden die Präsidentschaft in aller Eile
einführen, unser Staatsoberhaupt wird einen zivilisierten Titel erhalten, doch die Verabschiedung einer neuen Verfassung dürfte in un-
gewisse Ferne rücken.

Statten wir dagegen den Vorsitzenden des Obersten Sowjets mit
der ganzen Fülle der Präsidialvollmachten aus, aber nur vorüber-
gehend – bis zur Verabschiedung einer neuen Verfassung und bis zu
allgemeinen Präsidentenwahlen gemäß dieser Verfassung –, wird
Gorbatschow als unumstrittener Kandidat für diesen Posten die
Ausarbeitung und Annahme einer neuen Verfassung vorantreiben.
Dadurch ergibt sich die Chance, die unser Land zerrüttenden destruk-
tiven Prozesse zu bremsen.

Bedauerlicherweise schenkte man mir kein Gehör, und Gorbatschow erlaubte sich sogar einen Kommentar zu meinem Vorschlag:
»Wir brauchen das nicht.« Mein Vorschlag wurde weder diskutiert
noch zur Abstimmung gestellt. Abermals vermochte Anatoli Lukjanow auf frappierende Weise, nur über das abstimmen zu lassen, was
ihm genehm war. Ich glaube, gerade Gorbatschow hatte den Sinn
meiner Worte sehr genau erfaßt, doch er zog ein einfacheres und
schnelleres Verfahren zur Erlangung der Präsidialvollmachten vor.
Verstehen konnte man ihn: Der XXVIII. Parteitag der KPdSU, dessen

Ausgang nicht vorhersehbar war, stand an, und die zeitweilig er-
starrte Partei rüstete sich erneut für den Machtkampf.

Meine Befürchtungen sollten sich bewahrheiten. Seit dem 3. Kongreß und Gorbatschows Wahl zum Präsidenten ist viel Zeit verstrichen, doch die Verfassungskommission ist bisher nur einmal
zusammengetreten. Der Grund liegt auf der Hand: Angesichts der
politischen und ökonomischen Instabilität wäre es kein geringes
Risiko, das Schicksal nochmals herauszufordern und sich Volkswah-
len zu stellen.

Ohne eine neue Verfassung und ohne einen neuen Unionsvertrag
wird man der Situation nicht Herr werden können, und sie wird sich
weiter verschlimmern. Obendrein bleiben die parallelen Machtstrukturen bestehen, und es kommt zu einem Teufelskreis. Dieser engt sich
zunehmend ein und droht, den Präsidenten mit einer Schlinge unlös-
barer Probleme zu erdrosseln. Gorbatschows taktischer Gewinn hat
sich als eine strategische Niederlage entpuppt. Man wird abwarten
müssen, ob sich diese Niederlage noch rückgängig machen läßt.

Als genialer Manipulator des Apparats zog Gorbatschow es vor,
freie Hand zu behalten. Zu sehr hatte er sich schon daran gewöhnt,
im Lande die Nummer eins zu sein. Vielleicht aber fürchtete er zu
sehr, die Konservativen in der Partei könnten sich konsolidieren. Deputierter war Gorbatschow ja auf dem ZK-Plenum gemeinsam mit der
»Partei-Hundertschaft« geworden, also mit jenen hundert Abgeordneten, welche die KPdSU unmittelbar ins Parlament entsandte. Es
heißt, das Politbüro habe Gorbatschow nicht erlaubt, in einem terri-
torialen oder national-territorialen Wahlkreis zu kandidieren. Auch
das ist verständlich: So kann man den Führer bequemer an einer kurzen Leine halten. Reißt er sich los, kann man ihn auf einer Plenarsitzung schlicht und einfach abberufen!

Und nun begann der außerordentliche 3. Kongreß.

Die Radikaldemokraten schleuderten Blitz und Donner. Dagegen
wurde die Idee der Präsidentschaft begrüßt und befürwortet von
Orthodoxen wie Iwan Poloskow, dem Ersten Sekretär des Parteikomi-

tees der Region Krasnodar, und Iwan Koschedub, Marschall der Luftstreitkräfte. Letzterer verlas einen Appell im Namen einer Gruppe
von Kriegsveteranen und Helden der Sowjetunion.

Aus Poloskows Ansprache:

»Wir alle erlebten mit, wie das Gesetz über das Genossenschaftswe-
sen entstand, und nun haben wir aus den Massenmedien erfahren,
weshalb die Volksdeputierten Tichonow und Sobtschak dieses Gesetz in ebendieser Form und so beharrlich durchboxten, weshalb
diese Kraken [gemeint ist die staatlich-genossenschaftliche Vereinigung ANT; A. S.] von ... Journalisten der *Moskau News* und der *Iswestija* verteidigt werden. Geld ist verlockend, und Eigennutz war noch
nie harmlos. Eine Kooperativenlobby von Parlamentariern und Journalisten ist unverkennbar, wie sehr man das auch zu leugnen sucht.
Sie verfügt nun über ein ihr genehmes Gesetz, über Massenmedien
und Geld, folglich auch über reale Macht. Wer sich dieser internationalen und nationalen Mafia in den Weg stellt, bekommt tagtäglich
massiven Druck, Erpressung und Drohung bis hin zur physischen
Gewalt zu spüren.«[*]

Er schloß:

»Liebe russische Mitbürger, schmerzt es uns denn heute etwa
nicht, wie man mit Rußland umspringt und sein leidgeprüftes, heldenhaftes Volk verhöhnt? Seine Geschichte wird entstellt, die Wurzeln seiner Kultur werden abgehackt und seine Werte in Zweifel
gezogen ... Ich appelliere an Sie, für die Präsidialmacht zu stimmen,
und ich glaube, daß es unter dieser Bedingung soziale Gerechtigkeit
und nationale Geborgenheit, auch für das russische Volk, geben
wird.«

Marschall Koschedub sprach fast unmittelbar nach Poloskow:

»Mit großem Schmerz und tiefer Besorgnis sehen wir, wie extremi-
stische, antisowjetische Kräfte zunehmend versuchen, die Einheit
unseres multinationalen Staates zu spalten, künstlich Feindschaft

---

[*] Später entschuldigte sich Iwan Poloskow in der Kommission für Abgeordnetenethik
wegen dieser Worte bei mir und bei Akademiemitglied Tichonow. (Anm. d. Verf.)

zwischen den Völkern zu säen, die sozialistischen Errungenschaften abzubauen, im Lande ein Chaos herbeizuführen, das Vertrauen zur Kommunistischen Partei der Sowjetunion zu untergraben und die Grundlagen der sowjetischen Gesellschaftsordnung zu zerstören... Es ist an der Zeit, zur Offensive gegen die konterrevolutionären Kräfte überzugehen. Zaudern heißt Tod.«

Prügel bezog auch die demokratische Presse, die, so der Marschall, »unsere Geschichte vorwiegend mit schwarzer Farbe zu malen sucht«. Der Veteran gab recht eindeutig zu verstehen, daß Massenunruhen, Plünderungen, Pogrome und Morde in Mittelasien und Transkaukasien den Demokraten anzulasten seien. Er präzisierte nicht, welche Kräfte »nach der Macht lechzen«, ging aber sofort zu den »Anschwärzern« über, und in dem von ihm verlesenen Appell der Veteranen lag der Zusammenhang zwischen Pogromen und der demokratischen Presse auf der Hand.

Auch Gorbatschow wurde der Kopf gewaschen:

»Uns müssen die verstärkten Angriffe auf unsere sowjetischen Streitkräfte und das Bestreben beunruhigen, sie zu verunglimpfen und einen Keil zwischen Armee und Volk zu treiben. Mit stillschweigendem Einverständnis einzelner Führer des Landes setzten sich in den Massenmedien die Versuche fort, zu verleumden, Schmutz auszuschütten...« und so weiter und so fort.

»Wir haben die Worte des großen Lenin vergessen: Das sozialistische Vaterland ist in Gefahr! Wer die uns ständig drohende Gefahr vergißt, die nicht vorübergeht, solange es den Weltimperialismus noch gibt, wer sie vergißt, der vergißt unsere Werktätigenrepublik.«

Der mit seiner Sprechweise an den unvergeßlichen Leonid Breschnew erinnernde greise ehemalige Marschall der Luftstreitkräfte wirkte wie ein Denkmal jener Zeiten, die eigentlich doch schon der Vergangenheit anzugehören schienen...

Die meisten Abgeordneten befürworteten also die Präsidentschaftsidee, ohne sich dabei aber von demokratischen Bestrebungen leiten zu lassen.

Der 3. Kongreß war reich an Krisen, doch nun kam es zu seinem allerschärfsten Moment. In dieser Phase war es meiner Ansicht nach die für Gorbatschow gefährlichste Krise während der demokratischen Umgestaltungen der letzten fünf Jahre. Einige Deputierte schlugen vor, bevor die Frage der Präsidentenwahl entschieden werde, habe man zu befinden, ob eine Personalunion der Posten des Präsidenten und des Generalsekretärs vertretbar sei.

Man hatte die Verfassung bereits abgeändert und die Präsidentschaft im Grundgesetz des Landes verankert. Für die »Rechten«, für alle Konservativen in der Partei, die auf Ligatschow setzten, wäre die Entscheidung, der Präsidentenposten lasse sich nicht mit der Parteiarbeit auf einen Nenner bringen, äußerst vorteilhaft gewesen. Durch eine solche Entscheidung wäre der Präsident lediglich zu einer Repräsentationsfigur geworden, und die reale Macht wäre in die Hände orthodoxer Marxisten übergegangen. Mit anderen Worten: Das von einigen »linken« Deputierten vorgeschlagene Verbot einer Personalunion hätte Gorbatschows Entmachtung und Entfernung aus dem Politbüro bewirkt. Was Juri Afanasjew anvisierte, hätte für das Schicksal des gesamten Landes und der Demokratisierung verheerende Folgen haben können. Es war eine Falle, welche die Radikaldemokraten übersehen hatten.

Dies machten sich die Neostalinisten sehr rasch zunutze.

Ich begriff, daß der Kongreß gegen eine Personalunion stimmen würde. Die gleichsam elektrisierte Atmosphäre im Saal deutete darauf hin. Auch Gorbatschow schien es zu spüren.

Der Deputierte Alexander Kraiko versuchte, die Lage zu retten. Hier seine kurze Ansprache im vollen Wortlaut:

»Kollegen! Lassen wir uns doch einmal durch den Kopf gehen, was wir eigentlich wollen. Bislang befindet sich bei uns die gesamte Macht, außer der gesetzgebenden, hauptsächlich auf dem Alten Platz.* Wenn wir also wollen, daß bei uns jetzt ein Kampf ausbricht,

---

* Sitz des Zentralkomitees der KPdSU in Moskau. (Anm. d. Übers.)

darum, ob die Macht dort bleibt oder an den Präsidenten übergeht, ja, dann muß man einen neuen Generalsekretär ernennen. Wollen wir das? Ich glaube nicht. Möchte vielleicht jemand Alexander Jakowlew, Jegor Ligatschow oder sonst wen ernennen? Meiner Meinung nach möchte das niemand. Wozu dann solch eine Einschränkung? Ich will niemanden beleidigen.

Ein zweiter Aspekt. Jetzt werden nicht nur die Machtfunktionen von der Partei auf den Präsidenten übertragen, sondern auch die Partei wird nachhaltig reformiert. Hier handelt es sich um eine überaus ernsthafte Reform, die – so meine ich als ein Parteiloser – von Michail Gorbatschow sehr erfolgreich durchgeführt wird. Weshalb sollten wir daran etwas ändern? Ich denke, nachdem die Reform abgeschlossen ist und die Aufgaben der Partei sich völlig geändert haben, wird sich die Frage von selbst erübrigen, und niemand wird ihr noch Beachtung schenken. Ich schlage vor, von solch einer Einschränkung abzulassen.«

Bei den Psychologen gibt es den Begriff »Zielsetzung«. Wer mit allen Kräften irgendein Ziel anstrebt, merkt häufig nicht, wie sich das Ziel räumlich oder zeitlich verschoben hat. Das Ziel ist bereits entglitten, die Umstände haben sich geändert, und der Mensch mit der »Zielsetzung« strebt nur noch ein Trugbild an.

Nur damit kann ich mir jene politische Taubheit erklären, von der ein so kluger Mann wie Nikolai Trawkin einen Moment lang befallen war. Trawkin, Deputierter aus dem Gebiet Moskau, ehemals Leiter einer Baubrigade, zeichnet sich durch den zähen und konkreten Verstand von urwüchsigen Talenten aus dem Volke aus. Im Banne seiner »Zielsetzung« aber schenkte er Kraikos Argumenten einfach kein Gehör: »Ich spreche zu der Frage, die vom Deputierten Kraiko aus irgendeinem Grund im umgekehrten Sinne interpretiert wird.« Trawkin rief dazu auf, Partei- und Staatsmacht zu trennen. »Eine Personalunion darf es keinesfalls geben.«

Ich glaube, in diesen Minuten klatschten die Konservativen dem verehrten Nikolai Trawkin in Gedanken Beifall. Überhaupt sind psy-

chologische »Zielsetzung« und politische Starrheit, beruhend auf
edelsten und richtigsten Beweggründen, meines Erachtens das größte
Übel unserer Radikaldemokraten. Ich spreche nicht von dem Unvermögen, Kompromisse einzugehen, sondern von der Blendung durch
ein an sich richtiges Ziel, vom politischen Dogmatismus in seiner
demokratischen Variante.

In diesem Augenblick brach der Versammlungsleiter die Diskussion ab und stellte diesen Änderungsvorschlag zur Abstimmung:
»Wer zum Präsidenten der UdSSR gewählt worden ist, darf keine anderen politischen und staatlichen Posten innehaben.« Durch den
Saal ging ein Raunen, doch das elektronische System war bereits ein-
geschaltet. Es vergingen – wie üblich – eine Minute und fünfundvier-
zig Sekunden: Für den Änderungsvorschlag stimmten 1303 Abgeordnete, dagegen nur 607. Trotzdem kam dieser Vorschlag nicht durch,
dafür wären 1497 Stimmen notwendig gewesen. Demnach fehlten
weniger als zweihundert Stimmen zum Sieg des spontanen Blocks
von Neostalinisten und Radikaldemokraten.

Für die Demokratie wäre das ein Pyrrhussieg gewesen. Schließlich
standen noch Parteitage bevor, welche die Gesellschaft bei einem für
die Demokratie ungünstigen Kräfteverhältnis hätten zurückwerfen
können. Wir wissen jetzt, wie nahe am Abgrund diese Parteitage ver-
liefen, obwohl Gorbatschow den Vorsitz führte und Generalsekretär
geblieben war. Außerdem steht außer Zweifel, daß der Initiativpartei-
tag der KPR in Leningrad, die Konferenz der Kommunisten Rußlands,
die zum Gründungsparteitag der Kommunistischen Partei der RSFSR
wurde, und die Offensive der Konservativen auf dem XXVIII. Parteitag der KPdSU allesamt auf jenem für Gorbatschow dramatischen
Abstimmungsergebnis vom 13. März 1990 basierten. Die »Rechten«
wähnten, mit einem weiteren Schlag, einem weiteren Vorstoß das
schaffen zu können, was Boris Gidaspow mit seiner »Kundgebungsrevolte« im November 1989 nicht vermocht hatte.

Erstmals hatte Gorbatschow im Sitzungssaal des Kreml-Kongreß-
palastes nur 607 Abgeordnete hinter sich. Hätte der Änderungsvor-

schlag nicht einer Zweidrittelmehrheit bedurft, wäre Gorbatschow unter jenen politischen Bedingungen gezwungen gewesen, vor dem Willen des Kongresses zu kapitulieren und sogar den Gedanken an die Präsidentschaft fallenzulassen. Aber zum Glück für ihn war die Verfassung bereits geändert, die Präsidentschaft in Rußland schon eingeführt worden; der Thron war aufgestellt und noch leer...

Gorbatschow unterlaufen selten taktische Fehler, doch unmittelbar nach der Abstimmung beging er einen solchen. Der Abgeordnete Alexei Jelissejew, ein Kosmonaut, schlug vor festzuschreiben, daß der Präsident der UdSSR keinen anderen bezahlten Posten bekleiden dürfe. Gorbatschow fiel nichts Besseres ein, als sich über sein Gehalt auszulassen: »Hier muß man reinen Tisch machen. Nun, ich beispielsweise bekleide zwei Posten und bekomme ebenso wie früher das Gehalt eines Politbüromitglieds, und zwar zwölfhundert Rubel. Mein Gehalt als Vorsitzender des Obersten Sowjets der UdSSR habe ich nie bekommen, und natürlich will ich das auch gar nicht.«

Offenbar wollte Gorbatschow betonen, daß er nicht zwei Gehälter bezieht, sondern von »nur einem leben« muß. Derartige Ausführungen sind natürlich unangebracht. Aus irgendeinem Grunde erwähnt das Stenogramm den Lärm und die Entrüstung im Saal nicht. Man kann sich die Situation jedoch gut vorstellen, wenn man liest, daß die Wortmeldung des nächsten Deputierten »nicht zu hören« war.

Dieser Ausrutscher brachte Gorbatschow offenbar in Verlegenheit. Kaum hatte sich der Deputierte Wladislaw Schapowalenko dem Mikrofon genähert und gebeten, eine Frage stellen zu dürfen, da schnitt ihm der Vorsitzende des Obersten Sowjets schon das Wort ab: »Es gibt viele Fragen. Wir müssen vorankommen.«

Man braucht nicht allzu gescheit zu sein, um zu erraten, was der Deputierte fragen wollte. Jedenfalls dachten sehr viele in diesem Augenblick nur eines: Von wem werden wir denn eigentlich regiert? Von der Kommunistischen Partei oder von staatlichen Amtsträgern? Regiert uns also nach wie vor der Generalsekretär, der sein Gehalt vom Politbüro bekommt und sich offenbar auch dort angestellt sieht?

Ist die Arbeit als Vorsitzender des Obersten Sowjets etwa nur eine ehrenamtliche Nebenbeschäftigung für ihn?

Wenn ich heute die weißen Broschüren der Kongreßbulletins durchlese, wird mir klar, daß Gorbatschow ein so grober politischer Schnitzer wohl nur nach dem Schock der ersten, für ihn derart unangenehmen Abstimmung unterlaufen konnte. Seine Taktlosigkeit im Parlament hinsichtlich des Gehalts eines Politbüromitglieds hat nur eine Erklärung: Während er sprach, dachte er, immer noch im Streß, an völlig andere Dinge.

An welche? Auch das ist nicht schwer zu erraten: Wenn weniger als ein Drittel der Deputierten für Gorbatschows Kurs gestimmt hatte, durfte er sich da eine Chance ausrechnen, bei der Präsidentenwahl die Mehrheit zu erhalten?

Diese Frage war nicht nur für Gorbatschow lebenswichtig. Ich fürchte, allein die Radikaldemokraten durchschauten die Sachlage nicht – ganz im Gegensatz zu Ligatschow und Genossen.

Dieser Lapsus hätte Gorbatschow tatsächlich teuer zu stehen kommen können. Der Kongreß war verärgert über ihn und fühlte sich übertölpelt. Das Präsidium schien sich über die Deputierten einfach lustig zu machen: erst das Gerede über das Gehalt eines Politbüromitglieds, dann die unglückselige Abstimmung, die eine Personalunion erlaubte, obwohl fast zwei Drittel dagegen waren... Ein Gefühl der Kränkung lag in der Luft.

Ich wiederhole: All das wäre zu vermeiden gewesen, hätte Gorbatschow einer zeitweiligen Übernahme von Präsidentenvollmachten bis zur Verabschiedung einer neuen Verfassung und bis zu allgemeinen Wahlen zugestimmt. Doch er wollte auf Nummer Sicher gehen. Seine Popularitätskurve im Lande sank, während zum Beispiel die Jelzins buchstäblich mit jeder Stunde anstieg. Wladislaw Starkow, Chefredakteur von *Argumenty i Fakty*, der beliebtesten Wochenzeitung in der UdSSR, hätte beinahe den Dienst quittieren müssen, als er anhand von Leserzuschriften ermittelte Popularitätsziffern veröffentlichte.

In jenen Tagen des 3. Kongresses bezogen viele Deputierte Gorbatschow gegenüber einen harten Standpunkt: Ihre Wähler hätten ihnen für eine Präsidentenwahl keine Vollmacht erteilt; deshalb seien eine Volksaussprache und landesweite Wahlen erforderlich.

Diese Deputierten brachten grimmige, aber stichhaltige Argumente vor. Boris Kryschkow aus Dserschinsk im Gebiet Nischni Nowgorod führte Details eines »Minireferendums« an, das man am 4. März in dieser kleinen Industriestadt veranstaltet hatte. Von den 17 000 im Wahlkreis Befragten waren 13 000 – also 75 Prozent – für direkte allgemeine Wahlen und nur 3700 für die Wahl des Präsidenten durch den Kongreß!

»Ich glaube, wenn Sie in Ihren Wahlkreisen ebenfalls solch eine Umfrage durchführten, würden die Ergebnisse genauso ausfallen«, resümierte der Deputierte.

Das ließ sich nicht bestreiten. Es handelte sich also um eine überaus schwere Krise.

An jenem Tag arbeitete ich in der Redaktionskommission mit. Als Jurist sah ich Entwürfe der in Vorbereitung befindlichen Beschlüsse durch und korrigierte sie. Die Redaktionskommission kommt hinter der Bühne zusammen, in den Räumen, in denen sich die Präsidiumsmitglieder in den Pausen erholen.

Um die Spitzenpolitiker herum wimmelt es stets von persönlichen Mitarbeitern und Referenten, von Personen mit nichtssagenden Namen und für Uneingeweihte unverständlichen Pflichten. Die Pause begann, und diese Mitarbeiter strömten herein.

Jemand gab Gorbatschows Worte wieder: Wenn er nicht gewählt werde, wolle er zurücktreten. Ein Augenblick des Schweigens, und dann entbrennt eine leidenschaftliche Diskussion: Wer löst ihn ab? Verschiedene Namen werden erwähnt, vor allem der Nikolai Ryschkows. Diese Leute sind politische Börsenmakler. Fallen die Aktien des einen Politikers, steigen die eines anderen.

Ich saß schon lange im Zimmer, man achtete nicht mehr auf mich, und so wurde ich zum unfreiwilligen Zeugen dieser politischen (oder

»nebenpolitischen«) Spiele. Selbst wenn man dem Treiben in diesem
Raum hinter der Bühne keine besondere Bedeutung beimaß, konnte
es einem bisweilen kalt den Rücken hinunterlaufen.

Da kam Nikolai Trawkin auf mich zu. »Haben Sie von dem eventu-
ellen Rücktritt gehört und davon, wen man uns als Ersatz prophezeit?«

»Ja, leider.«

»Wenn wir zulassen, daß Gorbatschow auf dem Kongreß nicht gewählt wird, dann stürzen wir das Land ins Chaos!«

Ich war voll und ganz mit ihm einverstanden. Den Posten des Präsidenten einzuführen und nicht Gorbatschow zu wählen hieße, ihn
schlechthin zu entmachten und den ersten Mann im Staate endgültig
in den Speaker des Obersten Sowjets zu verwandeln. Die höchste
Macht, die Macht des Präsidenten, würde dann an... nun, beispielsweise an Ryschkow übergehen müssen.

Für die Vorbereitung einer allgemeinen Präsidentenwahl braucht
man mindestens zwei bis drei Monate. Man muß Wahlausschüsse
bilden, Wahllokale einrichten, Dokumente und Stimmzettel vorbe-
reiten. Folglich bliebe das Land zwei, drei Monate ohne Oberhaupt
und, was noch schlimmer ist, ohne einen Führer, denn der nicht zum
Präsidenten gewählte Gorbatschow würde formell auch diese Rolle
einbüßen. Die Macht würde erneut an die KPdSU zurückfallen, und
die Demokratisierung könnte man zu Grabe tragen.

Das alles würde ganz automatisch geschehen. Angesichts des Kräf-
teverhältnisses im Zentralkomitee der KPdSU könnte Gorbatschow
auch aus dem Politbüro mühelos vertrieben werden. (Im ZK besaß er
nie eine Mehrheit. Diese war lediglich gezwungen, ihn zu dulden und
ihm zuzustimmen.)

Uns würden also ein konterrevolutionärer Umsturz und die Rückkehr zu einem totalitären kommunistischen Regime beschert werden.
Wir Demokraten hatten wiederholt erklärt, Gorbatschow sei eine Geisel des ZK und könne als Deputierter der KP vom Plenum abberufen
werden (und folglich auch den Vorsitz des Obersten Sowjets der

UdSSR verlieren), doch nun könnten wir unsererseits etwas Ähnliches anrichten, wenn auch auf »demokratischem« Wege.

Trawkin und ich entschieden sofort, auf das Mittagessen zu verzichten und die Situation solchen Deputierten auseinanderzusetzen, die durch ihr Ansehen den Kongreß beeinflussen und die Lage retten konnten. In der Pause vermochte ich, einige führende Köpfe der Interregionalen Deputiertengruppe für uns zu gewinnen. Tichonow und Jemeljanow pflichteten meinen Argumenten bei und versprachen ihre Hilfe.

Später würde man mir vorhalten, den Beschluß der Interregionalen Deputiertengruppe, auf allgemeine Präsidentschaftswahlen hinzuwirken, verraten zu haben. Meine Position war aber von Anfang an anders gewesen: Gorbatschow sei vor der Annahme einer neuen Verfassung mit Präsidialvollmachten auszustatten. Was tun, wenn weder die Deputierten noch Gorbatschow dem Gehör schenken wollten? Nun war eine schwere Parlamentskrise ausgebrochen, eine Krise sowohl der Macht als auch der Demokratie. Sehr bald könnte sie das ganze Land in zwei antagonistische Lager spalten. Und für all das wären die Radikaldemokraten aus der Interregionalen Gruppe verantwortlich.

Eine Konterrevolution von Demokraten? Ist so etwas möglich? Zweifellos. Und zwar dann, wenn Tradition, Erfahrung und Sachkunde nicht die Oberhand über unausgereiftes Demokratieverständnis, politischen Dilettantismus, Kundgebungsgewohnheiten und das Unvermögen gewinnen, einfachste Folgen eigener Aktionen vorauszusehen.

Will man Gemälde malen, Brot backen, andere unterrichten oder heilen, muß man dazu befähigt und fachlich ausgebildet sein. Die Zugehörigkeit zum demokratischen Lager schmückt den Betreffenden in der Anfangsphase der Demokratie mit dem Lorbeer eines Kämpfers und Helden. Aber, wie der Dichter sagt, gibt es Pferde für den Krieg und Pferde für die Parade... Wir – die erste Generation, der erste Jahrgang des russischen Parlamentarismus – werden unseren Kin-

dern und Enkelkindern natürlich wie Laien und Dilettanten vorkommen. Für Stolz ist hier kein Platz.

In jenen dramatischen Minuten der scheinbar ganz normalen Parla-
mentsmittagspause am 14. März 1990 trat ich auch an Akademiemitglied Dmitri Lichatschow heran. Selbstverständlich konnte ich ihn
nur bitten, sich zu überlegen, ob er nach der Pause das Wort ergreifen
wolle.

Vorgreifend kann ich sagen, daß die »Rechten« doch nicht gerüstet
waren, offen gegen Gorbatschow aufzutreten. Vielleicht waren sie
durch die Tatsache verwirrt, daß über die Abschnitte drei und vier
des Gesetzentwurfs über die Einführung der Präsidentschaft und
über Änderungen und Ergänzungen der Verfassung der UdSSR abgestimmt wurde. Die »Linken« agieren gewöhnlich offen; Heimtücke
gehört jedenfalls nicht zum Charakter eines statistischen Durch-
schnittsdeputierten der demokratischen Opposition. (Freilich gibt es
auch hier Ausnahmen!) Ein demokratischer Deputierter ist fähig, aus
einem nichtigen Grund über einen Spitzenpolitiker herzufallen.
Überhaupt mißtraut er traditionsgemäß den Machthabern. Ob na-
mentliche oder geheime Abstimmung, ein Demokrat ändert seine
Haltung und Überzeugung deshalb nicht; er stellt Gewissensfreiheit
über Parteidisziplin. Und nur der extreme Flügel der Linksradikalen
(auch Radikaldemokraten genannt) neigt dazu, einige Traditionen
der Machthaber zu übernehmen.

Überhaupt ist ein demokratischer Deputierter häufig nicht nur ein
politisches Individuum, sondern auch ein politischer Einzelgänger.

Anders verhält sich ein Deputierter aus dem Apparat. Er weiß nur
zu gut, was Parteidisziplin heißt. Unterscheidet sich seine eigene
Haltung von der des Parteiführers, stimmt er so ab, wie es die Führung will. Ist aber die Abstimmung geheim und der Apparatschik
überzeugt, daß man ihn nicht überführen kann, stimmt er ebenfalls
»nach seinem Gewissen« ab. Natürlich gibt es Ausnahmen. Die dramatische Abstimmung vom 13. März 1990 verwirrte Gorbatschow
ebendeshalb, weil trotz namentlicher Abstimmung 1303 Deputierte

gegen eine Personalunion votierten und weil sich weitere 64 Deputierte der Stimme enthielten. Es war klar, daß nicht allein Demokraten, sondern auch viele Apparatschiks Gorbatschow ihr Vertrauen offen verweigert hatten. Für ihn war das der erste Donnerschlag, der die Probleme künftiger Parteiforen ankündigte.

Nur 607 Abgeordnete hatten also für Gorbatschow gestimmt. Damit war es für die Opposition aus dem Apparat nicht mehr notwendig, die Präsidentenwahl zu bremsen. Sie hoffte auf ihren Sieg bei der geheimen Abstimmung und behinderte das Votum über die Abschnitte des Präsidentschaftsgesetzes nicht.

Die Demokraten indes spalteten sich. Ihre Zweifel, ihre Unfähigkeit, die Situation einige Züge vorauszuberechnen, lassen sich durch nachstehende Zeilen aus den Beiträgen von zwei Leningradern veranschaulichen.

Alexander Schtschelkanow: »Viele meinen, die Wahl des ersten Präsidenten müsse direkt, geheim und auf alternativer Grundlage erfolgen. Ich bitte das Sekretariat, uns konkrete Angaben über das von der Landesbevölkerung geäußerte Pro und Contra vorzulegen. Und ich ersuche alle, mich in dieser Bitte zu unterstützen.« (Natürlich wurden keine Angaben bekanntgemacht; nur der Abgeordnete Kryschkow aus Dserschinsk nannte, wie schon erwähnt, die Ergebnisse eines dortigen »Minireferendums«.)

Boris Nikolski: »Ich neige dazu, mich für die Wahl des Präsidenten auf dem Kongreß auszusprechen, obwohl viele meiner Wähler auf einer landesweiten Abstimmung beharren. Dennoch bin ich zu der Meinung gelangt, daß wir uns angesichts der gegenwärtigen Situation im Lande mit einer Abstimmung auf dem Kongreß abfinden können, zumal sich bei uns noch kein Mehrparteiensystem herausgebildet hat und es keine realen Bedingungen für eine wahrhaft alternative Abstimmung gibt.«

Nach Nikolski erteilte man mir das Wort: »Aus fast allen Ansprachen war das Motiv, die Behauptung, herauszuhören, daß wir es gegenwärtig mit einer Lähmung der Staatsmacht zu tun hätten. Wir selbst haben den Beschluß über die Änderung der Artikel 6 und 7 der Verfassung der UdSSR gefaßt, was den Abbau jenes Machtsystems, im Grunde genommen der Parteimacht, bedeutet, in dem die Partei den Staat ersetzte. Unter diesen Bedingungen kann sich natürlich kein augenblicklicher Wandel, kein augenblicklicher Übergang des Staates von dem einen Zustand in den anderen vollziehen. Das braucht seine Zeit.

Lassen wir uns nun einmal durch den Kopf gehen, ob die theoretisch richtige und einwandfreie These, daß der Präsident von der gesamten Landesbevölkerung zu wählen sei, unter unseren konkreten Bedingungen realisiert werden kann. Zum einen ist die staatliche Exekutive unzweifelhaft gelähmt, zum anderen haben wir eine Situation, da in mehreren Landesregionen der Ausnahmezustand verhängt worden ist und einige der UdSSR angehörende Staatsgebilde bereits einseitig den Austritt aus der Union beschlossen haben. Ich erinnere an die Beschlüsse der Autonomen Republik Nachitschewan, der Litauischen Republik, an die Botschaft des Kongresses von Estland ... Jedes unserer Union angehörende Volk hat das Recht sowohl auf Austritt als auch auf selbständige Entscheidung der Frage seiner staatlichen Existenz. Aber, ich wiederhole, nur im Rahmen des Gesetzes, nur auf dem Verfassungswege. Und ich sehe heute keine andere Möglichkeit zur Lösung dieser Frage als die Wahl des ersten Präsidenten auf dem Kongreß der Volksdeputierten der UdSSR. Ich werde für eine solche Lösung stimmen und rufe alle auf, das gleiche zu tun.«

Nach mir äußerten sich drei Abgeordnete hintereinander gegen die Wahl des Präsidenten auf dem Kongreß: Boris Kryschkow, Konstantin Lubentschenko und Wladimir Desjatow. Alle beriefen sich auf die Wählermeinung.

Dann trat Nikolai Trawkin ans Mikrofon: »Ich möchte mich ebenfalls zu den Abstimmungsmotiven äußern. Zunächst zu den Motiven, welche die Vernunft gebietet, und dann zu solchen, die sich aus etwas Menschlichem ableiten.

Mir ist die Logik der Republiken unbegreiflich. Stellt sich die Frage des Austritts aus der Sowjetunion, halten sie es offenbar für ausreichend, bei sich zu Hause zu einer Tagung zusammenzukommen, die entsprechenden Beschlüsse zu fassen und ein Blatt Papier abzuschikken, und schon soll die Trennung da sein. Das ist keine ernsthafte Position. Ich meine, den Mechanismus der Trennung bilden Verhandlungen und die Herstellung neuer Wirtschafts- und Handelsbeziehungen. Mit wem wird eine Republik leichter Verhandlungen führen können: mit dem Obersten Sowjet, mit dem Kongreß in dieser Zusammensetzung oder mit Präsident Gorbatschow?...

Zweitens. Die Ausplünderung durch die Ministerien hat bereits den Gipfel erreicht. Alle Keime der Marktwirtschaft sind zertrampelt worden. Die Erdrosselung von Kooperativen, Kommerzbanken und Joint Ventures geht ihrem Ende zu, und die Pläne zur Landverpachtung sind von Anfang an durchkreuzt worden.

Minister und Regierungsmitglieder handeln nebenher mit Panzern, das haben wir schon zur Sprache gebracht. Deputierte der KPdSU schließen Außenhandelsabkommen, und die Volkskontrolle belegt die an millionenfachen Devisenverlusten Schuldigen mit Strafen in Höhe von drei Monatsgehältern. Vermag der Oberste Sowjet dieser wirtschaftlichen Unzucht und diesem Räubertum Einhalt zu gebieten? Nein. Das kann nur jemand, der persönliche Verantwortung trägt und dem diese Verantwortung im Nacken sitzt. Das ist der zweite Grund, weshalb man den Präsidenten hier, auf dem Kongreß, wählen muß, aber nur für drei Jahre.

Drittens. Sehr schön wäre es, wenn der Präsident vom ganzen Volk gewählt würde, schön und demokratisch, und ich bin dafür. Man braucht natürlich nicht von Prinzipien abzurücken, kann auf ihnen beharren. Aber mir scheint, derzeit ist die Lage so, daß an landesweiten Wahlen viel weniger Menschen werden teilnehmen können, nämlich nur diejenigen, die am Leben bleiben. Wir stehen am Abgrund eines Bürgerkrieges. Sehen Sie, wie viele Krisenherde es schon gibt. Können wir warten? Ich meine, das können wir nicht.

Diese drei Gründe veranlassen mich, meine demokratischen

Freunde heute zur Abstimmung aufzurufen. Aber da wäre auch noch ein rein menschliches Motiv. Ich versetze mich an die Stelle Gorbatschows, an die Stelle eines lebendigen Menschen. Ständig befinde ich mich in folgender Situation: Man hält mich für einen machtgierigen Halunken, doch ich bin ein lebendiger Mensch mit Selbstachtung. Es kommt ein Moment, in dem ich sage: Nun reicht's aber. Ihr vertraut mir nicht, seht also zu, wie ihr selbst zurechtkommt. Und da wird mir bang ums Herz. In der Mittagspause ist es Sobtschak und mir bang ums Herz geworden: Haben wir jetzt einen lebendigen Menschen vor uns, dann kann an seiner Stelle auch einer wie der kommen, der hier gestern eine lange Rede hielt, ein Parteifunktionär. Das also ist das rein menschliche Motiv.

Ich fordere Sie nochmals auf: Rücken wir von ›Prinzipien‹ ab. Wodurch unterscheiden wir uns denn sonst von denjenigen, die wir kritisieren?« (Lärm im Saal)

Nach Trawkin sprach der Moskauer Deputierte Ilja Saslawski: »Meine Wähler haben mir ebenfalls aufgetragen, für landesweite Wahlen zu stimmen. Ich rufe Sie auf, gemäß der Verfassung, wie es sich für Deputierte gehört, abzustimmen, und zwar so, wie es einem jeden das Gewissen eingibt.«

Sergei Salygin, Schriftsteller und Chefredakteur der Literaturzeitschrift *Nowy mir*: »Mir ist der Sinn unseres außerordentlichen Kongresses unvorstellbar, wenn wir die Frage nach der Wahl des Präsidenten der UdSSR nicht so entscheiden, wie das beispielsweise die Deputierten Sobtschak und Trawkin vorschlagen... Die Geschichte wird uns nicht verzeihen, wenn wir diesen letzten Augenblick nicht nutzen.« (Beifall)

Flugzeugkommandeur Nikolai Panow aus der Vereinigten Luftfahrtabteilung Pskow: »Genossen Deputierte! Wir sind ja nicht nur Deputierte, wir haben auch noch Politiker zu sein und folglich die Zukunft vorauszusehen und Verantwortung für die Folgen der Entscheidungen zu tragen, die wir auf diesem Kongreß fällen...«

Eine völlig richtige Präambel. Nur fallen im Leben der Wunsch und die Fähigkeit, Politiker zu sein, nicht immer zusammen. Der Deputierte Panow hat ein einziges Argument, und andere hört er nicht.

»In der Gesellschaft, in der wir heute leben, in der Gesellschaft, in der ein einziges brennendes Streichholz unsere ganze Staatsordnung in die Luft jagen kann, in der Gesellschaft, in der die Nationalitätenfragen auf die Spitze getrieben worden sind, können wir nur eine Niederlage erleiden, wenn wir dem Sowjetvolk nicht das Recht gewähren, selbst an den Wahlen teilzunehmen.«

Ich fürchte, meinen demokratischen Kollegen zu kränken, aber das ist ein typisches Beispiel parlamentarischen Kapulantentums. Er meinte, bei landesweiten Präsidentenwahlen »wird das Volk einen Teil der Verantwortung auf sich und von uns nehmen«. Es war klar, daß man angesichts solcher Stimmungen unter den Deputierten sofort zur Wahl des Präsidenten schreiten mußte. Sonst hätte das Streichholz in ein Pulverfaß fallen können, was der Abgeordnete Panow mit Recht befürchtete.

Auf der Tribüne erschien das Politbüromitglied Alexander Jakowlew, der engste und konsequenteste Mitstreiter Gorbatschows. Seinem Talent als Theoretiker, seiner Zivilcourage werden wir bis an unser Lebensende verpflichtet sein.

»Vergessen wir nicht unsere Vergangenheit, die wir immer so schnell zu vergessen pflegen. Man sollte auch berücksichtigen, daß eine Volksabstimmung bei einem Mehrparteiensystem viel demokratischer verlaufen wird. Einstweilen aber werden wir meiner tiefen Überzeugung nach von der Logik der Perestroika vorangetrieben. Im Grunde genommen ist der Kampf zwischen den Kräften, die fest auf den Positionen der Perestroika stehen, und den Gegenkräften in die entscheidende Phase getreten, aber er ist noch längst nicht zu Ende... Lassen Sie uns nicht Versteck spielen: Heute geht es um die Wahl einer konkreten Person – Michail Sergejewitsch Gorbatschows – zum Präsidenten des Landes. Damit scheinen fast alle einverstanden zu sein. Nach welcher Skala von Gerechtigkeit und Moral lassen wir ihn diese überaus schwere ›Krone Monomachs‹ anprobieren, um sie

dann in einer staubigen Rumpelkammer zu verstauen? Zweimal
stirbt man nicht, zweimal wird man nicht geboren. Darüber sollten
wir alle nachdenken. Sollte aber jemand auf der Suche nach einem
neuen Führer sein, so haben wir, liebe Kollegen, auch hier ernsthaft
sowohl über die Beweggründe als auch über die Folgen eines solchen
Schrittes nachzudenken. Einen Weg zurück gibt es für uns nicht. Und
sollte es doch einen geben, so führt er ins Verderben. Die Einführung
der Präsidentschaft stellt einen prinzipiellen Übergang von kollektiver Verschwommenheit zu persönlicher Verantwortung dar. Für
jeden von uns ist das eine historische Chance, persönliches Verant-
wortungsbewußtsein und persönliche Weisheit zu demonstrieren.«
(Beifall)

Als ich in der Pause Akademiemitglied Dmitri Lichatschow gebeten hatte, das Wort zu ergreifen, setzte ich natürlich voraus, daß ihm
nicht einmal Gorbatschow das Recht verweigern würde, von der Tribüne des Kongresses aus zu sprechen. Lichatschow bat nicht häufig
ums Wort. Allerdings war ich mir gar nicht sicher, daß sich ein bereits
über achtzigjähriger Mann Hals über Kopf in die Parlamentsrauferei
stürzen würde, zumal ihn solch eine Wortmeldung nicht gerade
populärer machen würde. Die Wähler waren schließlich gegen eine
Wahl des Präsidenten auf dem Kongreß. (Übrigens sollte ich da recht
behalten: Einige Radikaldemokraten erinnern das Akademiemitglied
bis heute an seine damaligen Worte.) Ich entsinne mich, wie sehr es
mich freute, als der Versammlungsleiter nach Jakowlews Beitrag
sagte: »Das Wort hat der Deputierte Dmitri Sergejewitsch Lichatschow.«

Auf unseren Kongressen ist es unüblich, jemanden nach gutem alt-
russischem Brauch mit Namen und Vatersname anzusprechen oder
anzukündigen. Gorbatschow zieht überhaupt das in der Partei üb-
liche »Du« vor, was unter Abgeordneten dumpfe Unzufriedenheit
auslöst. Aber Lichatschow ist ein Sonderfall. Und das nicht deshalb,
weil er ein ergrautes Akademiemitglied ist, sondern weil er in unserem Land als Mensch und Staatsbürger einen sehr hohen Ruf genießt.

Mit Namen und Vatersnamen sprach Gorbatschow stets auch Andrei Dmitrijewitsch Sacharow an, und auf der Tagung des Obersten Sowjets im September 1990 nannte er »Alexander Issajewitsch Solschenizyn« einen »großen Mann« (wobei er freilich Solschenizyns Schrift darüber, wie dieser sich die künftige Ordnung Rußlands vorstellt, scharfer Kritik unterzog).

Hier Lichatschows Ansprache im vollen Wortlaut: »Liebe Genossen! Ich bin kein Jurist, wohl aber der älteste Deputierte in diesem Saal. Ich erinnere mich ausgezeichnet an die Februarrevolution, ich weiß, was Volksemotionen bedeuten, und ich muß Ihnen sagen, daß unser Land derzeit von Emotionen geschüttelt wird. Deshalb wird eine Direktwahl des Präsidenten faktisch zum Bürgerkrieg führen. Glauben Sie mir, glauben Sie meiner Erfahrung. Deshalb bin ich gegen eine Direktwahl, die Wahl muß hier erfolgen, und zwar unverzüglich. Sie darf nicht aufgeschoben werden. Das zum ersten.

Zum zweiten. Die Frage nach der Trennung von Partei- und Staatsmacht. Trennen wir sie, werden wir dem Präsidenten die Parteimacht nehmen, dadurch eine Opposition zum Staat schaffen und das Land ebenfalls in den Bürgerkriegszustand versetzen. Das darf nicht sein. Uns allen ist jetzt an einer starken Macht gelegen, und deshalb darf man sie nicht spalten. Damit möchte ich meine Ausführungen schließen.« (Beifall)

Diesen aus nur zwei Absätzen bestehenden Beitrag würde ich als ein fast unerreichbares Muster einer Parlamentsansprache bezeichnen. In ihr gibt es, wie in einer mathematischen Formel, nichts Überflüssiges (dabei ist Lichatschow Literaturhistoriker und kein Mathematiker!). Außerdem fand Lichatschow sehr treffende emotionale Argumente. Ich glaube, nicht Jakowlew, Trawkin oder ich, sondern Lichatschow war es, der viele noch Schwankende entscheidend beeinflußte.

Wie gesagt, die »Rechten« hatten ihre eigenen Gründe, dieses Gesetz nicht zu torpedieren; sie waren darauf bedacht, Gorbatschow bei der Wahl sang- und klanglos durchfallen zu lassen. Wenn die Worte des Akademiemitglieds wenigstens jeden zehnten Abgeordneten überzeugten – und die Zahl der Schwankenden im Saal war meines Erachtens viel höher! –, so verdankt der Initiator der Perestroika seine Präsidentschaft in hohem Maße Dmitri Lichatschow. Denn bei der geheimen Abstimmung würde sich etwas mehr als die Hälfte der Abgeordneten *für* Gorbatschow entscheiden.

Für die Annahme des dritten und dann auch des vierten Gesetzesabschnitts stimmten rund achtzig Prozent. Da die Haltung der Demokraten auf der Hand liegt, macht die verborgene Opposition des Apparats zu Gorbatschow etwa zwanzig bis fünfundzwanzig Prozent der Deputierten aus. Das sind Leute, die sich zum Schein bei dem ersten Mann anbiedern, in Wirklichkeit aber auf eine Rückkehr zu den alten Zuständen warten. Ihre Aktionen sind aufeinander abgestimmt. Die hervorragende Schule der Tätigkeit im Apparat erlaubt ihnen, »Parteidisziplin« zu wahren. Damit meine ich hier nicht die statutenmäßige Disziplinforderung, sondern eine »Schattendisziplin«, die der Erhaltung der eigenen Macht und der Wahrung des eigenen »Klasseninteresses« dient.

Wie aber sieht es im Lager der Demokraten aus? Betrachten wir die Abstimmungsergebnisse zu den Abschnitten drei und vier des neuen Gesetzes etwas näher. Allerdings möchte ich darauf verzichten, sämtliche bekannten Namen zu nennen.

Leider waren an jenem Tag Boris Jelzin, Gawriil Popow, Juri Wlassow, Tatjana Saslawskaja, Juri Karjakin und Jegor Jakowlew abwesend. (Wie heißt es doch: Wo nichts ist, da hat selbst der Kaiser sein Recht verloren.)

Die konsequentesten Radikaldemokraten ließen sich weder von Lichatschow noch von den Ergebnissen der Abstimmung über Abschnitt drei beeindrucken und stimmten zweimal dagegen: J. Boldyrjew, J. Gajer, T. Gdljan, A. Jemeljanow (der übrigens in der Mittagspause meinen Argumenten beigepflichtet hatte), I. Saslawski, N. Iwanow, A. Lewaschow, A. Obolenski und S. Stankewitsch. Sie bildeten den radikalen Flügel der Demokraten. Mit Vorbehalt können ihnen auch jene zugerechnet werden, die gegen Abschnitt drei stimmten und bei der Abstimmung über Abschnitt vier fehlten – J. Afanasjew, W. Samarin und A. Schtschelkanow –, sowie jene, die sich bei der Abstimmung über Abschnitt vier der Stimme enthielten: M. Botscharow, K. Lubentschenko, V. Petropawlowski, J. Ryschow und G. Starowoitowa.

Die gemäßigten Radikaldemokraten stimmten gegen Abschnitt drei und für Abschnitt vier: W. Dikul, A. Kasannik, W. Lopatin, N. Panow, M. Poltoranin, W. Tichonow und J. Schtschekotschichin. Sie hegten Zweifel, kamen aber über die »Zielsetzung« ihrer Gruppe nicht hinweg.

Folgende Demokraten stimmten an jenem Tag für beide Abschnitte des Gesetzes: T. Abuladse, S. Alexejew, P. Bunitsch, B. Wassiljew, O. Gasenko, A. Denissow, J. Jewtuschenko, A. Jeschelew, M. Sacharow, F. Iskander, V. Korotitsch, A. Kraiko, B. Nikolski, S. Fjodorow, J. Tschernitschenko und N. Schmeljow.

Dmitri Lichatschow fehlte bei der Abstimmung über Abschnitt drei. Seine Wortmeldung hatte ihm viel abverlangt, und er war genötigt, den Saal für einige Zeit zu verlassen. Bei der Abstimmung über Abschnitt vier war Nikolai Trawkin abwesend.

Unschwer ist zu erkennen, daß sich die Gruppe der Radikaldemokraten von den »einfachen« Demokraten schon der sozialen Zusammensetzung nach unterscheidet. In der Regel gehören zur zweiten Gruppe solche, die im Lande schon vor dem 1. Kongreß der Volksdeputierten der UdSSR bekannt waren und über größere politische Erfahrungen verfügten: Wissenschaftler, Schriftsteller und Publizisten.

Ich möchte nochmals betonen: Die Rede ist lediglich von einer Tendenz zum demokratischen Radikalismus bei manchen höchst fortschrittlichen Abgeordneten. Im großen und ganzen sind politische Sachkunde und die Fähigkeit, Konsequenzen der zu treffenden Entscheidungen abzusehen, miteinander verbunden. Ein versierter Politiker hängt weniger von der im voraus festgelegten »Zielsetzung« ab, und seine Handlungen sind flexibler. Dagegen ist deklamatorisches

Opponieren letztlich fruchtlos und führt zur Einbuße des strategischen Ziels.

Vieles hängt natürlich vom Charakter, vom Temperament, vom gesellschaftlichen Ruf und sogar davon ab, wie sich das menschliche und soziale Schicksal eines Deputierten gestaltet. Wer etwa aus dem Inneren des Systems ins demokratische Lager gekommen ist oder sich in seinem früheren Tätigkeitsbereich beruflich nicht verwirklicht hat, der neigt dazu, im Parlament den härtesten oppositionellen Kurs einzuschlagen. Freilich gibt es hier zahlreiche, auf den ersten Blick kaum erkennbare Nuancen, und ich würde es nicht wagen, meine Beobachtungen zu verallgemeinern. Dies ist eine Aufgabe der Sozialpsychologie, die bei uns noch in den Kinderschuhen steckt.

Und doch bleibt klar, daß die Demokraten meist viel offener und schutzloser sind als die oppositionellen Apparatschiks. Die Demokraten machen dem Präsidenten sehr zu schaffen, doch ihre Konfrontation mit der Macht ist weniger gefährlich als die heimtückische und unberechenbare Unterstützung der Apparatschiks, die potentiell bereit sind, einen ihnen nicht mehr genehmen Parteiführer zu verraten, im Stich zu lassen und abzulösen.

Mitunter begreift der Parteiführer dies nicht, vor allem dann, wenn er selber aus dem Apparat kommt und sich der Gewohnheiten jener »Klasse«, die den Reformer zum eigenen Verderb emporhob, nicht ganz entledigt hat. Die Gestalt eines solchen Reformers liefert fürwahr Stoff für den Dramatiker. Mit *König Lear* ist dieses Thema noch nicht erschöpft.

Der Beitrag des Abgeordneten Lichatschow hatte die Stimmung im Saal also umschlagen lassen. Es war gelungen, den Kongreß zu überzeugen. Das Gespenst eines Bürgerkrieges schwebte nicht mehr über dem Saal. Die Dinge waren beim Namen genannt worden, und das Gespenst hatte sich ebenso schnell verflüchtigt, wie es aufgetaucht war.

Manche Journalisten haben bereits unterstrichen, daß alle Siege Gorbatschows nach ähnlichen Szenarien errungen werden. Seine

Siege sind Höhenflüge nach sehr merklichen »Durchhängern«, wenn die Gegner bereits glauben, es sei geschafft und Gorbatschow nahezu eine politische Leiche. Gerade in diesem Augenblick setzt er dann zum entscheidenden, ungewöhnlich kraftvollen Sprung an.

Eine derartige Dynamik von Gorbatschows Politik war wiederholt zu beobachten. Schwer zu sagen, was hier taktische Kunst ist und was von der objektiven Logik des Kampfes diktiert wird. Westliche Politologen waren ja auch geneigt, Breschnews Krankheit und Gebrechen für taktische Winkelzüge zu halten. Dabei verstellte Breschnew sich nicht im geringsten, als er etwa dem französischen Präsidenten Valéry Giscard d'Estaing, wie dieser sich später erinnerte, im Wagen vom Flughafen zum Kreml sein Leid klagte. Auf einem anderen Blatt steht, daß Giscard dies für einen Schachzug des östlichen Despoten hielt.

Die Menschen haben sich, besonders in unserem Lande, an das listige Spiel der Herrscher, ihre unmenschliche Logik, ihr unmenschliches Benehmen und ihre unmenschlichen Wünsche gewöhnt. Dies hängt mit der alten sakralen Vorstellung vom Zaren zusammen. In den sieben Jahrzehnten der Sowjetmacht haben sich die mythologischen Strukturen des Volksbewußtseins eher noch verfestigt.

Indes ist der höchste Repräsentant ein lebendiger Mensch mit Schwächen und Leidenschaften. Besser als andere begriff Gorbatschow, wie ernst die auf dem Kongreß am 13. und 14. März 1990 entstandene Situation war. Ich weiß, daß er damals ärztliche Hilfe in Anspruch nehmen mußte. Dies wurde nicht bekanntgegeben, denn in solchen Augenblicken darf ein Mann auf dem Gipfel der Macht nicht zeigen, daß er sich physisch schlecht fühlt. Sonst wäre ein Fiasko nahezu unvermeidlich. Obendrein konnte er sich in dieser Situation nicht einmal der Kremlärzte bedienen (sie hätten ihn bestimmt ins Krankenhaus eingeliefert), sondern er wandte sich an einen der Deputierten.

Gorbatschow verzichtete jedoch darauf, Verhandlungen mit Führern von Deputiertengruppen aufzunehmen und sie um Hilfe zu bit-

ten. Diese Eigenschaft verdient höchste Achtung. Das, was in den
Wandelgängen passierte, geschah auf Initiative einzelner Deputierter, welche die unausweichlichen Folgen einer versäumten Wahl erkannten, da ja der Präsidentenposten bereits eingeführt worden war.
Der Präsidentschaftskandidat wußte: Die Betreffenden unterstützten
ihn nicht deshalb, weil sie von ihm hingerissen waren oder weil sie
die Liste seiner persönlichen Verdienste achteten, nicht einmal deshalb, weil man – wie Gorbatschow sich einmal ausdrückte – beim
Übersetzen nicht die Pferde wechselt. Vielmehr unterstützten die
meisten demokratischen Abgeordneten weniger Gorbatschow persönlich als die mit seinem Namen untrennbar verbundenen Ideen.

Ich hoffe, Gorbatschow durchschaut diese Umstände. Aber er muß
auch etwas anderes begreifen: Dies ist, um mit Andrei Sacharow zu
sprechen, eine »bedingte Unterstützung«. Die Bedingung ist im Verlauf der Perestroika und im Abbau des kommunistischen Totalitarismus enthalten. Sie ist nicht leicht zu erfüllen, besonders angesichts
der Wahl von Boris Jelzin zum Oberhaupt des russischen Parlaments
im Sommer 1990. Von diesem Augenblick an begann für Gorbatschow (und für das ganze Land) eine völlig neue Phase. Die Deklaration der Souveränität Rußlands ist inzwischen eine politische Realität, welcher auch der Präsident der UdSSR Rechnung tragen muß.

Nachdem der Präsident gewählt worden war, machten mir viele Deputierte Vorwürfe, weil ich mich auf jenem Kongreß in ein Parla-
mentsgezänk eingelassen und den Ministerpräsidenten im Zusammenhang mit den Machenschaften des Konzerns ANT zu scharf
angegriffen hätte; zudem hätte ich zwei verdiente Apparatschiks –
Wlassow und Worotnikow – beleidigt und schließlich Iwan Poloskow, den aufgehenden Stern des orthodoxen Kommunismus, heraus-
gefordert. Da ich auf dem Kongreß die bei den Demokraten sehr
unbeliebte Idee einer unverzüglichen Wahl Gorbatschows zum Präsidenten der UdSSR unterbreitet und darüber hinaus für eine Personalunion des Präsidentenamtes und des Generalsekretärpostens plädiert

hatte, waren einige Deputierte zu dem Schluß gelangt, ich sei auf eine Karriere im Obersten Sowjet bedacht und hätte es auf den Sessel des Vorsitzenden abgesehen.

Auf dem 3. Kongreß hatte ich mir den Ruf eingehandelt, »Gorbatschows Mann« zu sein, und bei einem Teil der »Rechten« meine Reputation bekräftigt. Man fragte mich, ob mir klar sei, daß der Apparat mir weder die von Ryschkow auf der Kreml-Tribüne vergossenen Tränen noch die Hysterie Iwan Poloskows, noch die Diskreditierung von Wlassow und Worotnikow verzeihen werde.

Ich habe bereits ausgeführt, daß sich die Interregionale Deputiertengruppe unmittelbar vor der Eröffnung des 3. Kongresses auf ihre Taktik in der Frage der Präsidentschaft festgelegt hatte. Sie wollte gegen die Einführung dieses Amtes stimmen. Sollte die Präsidentschaft dennoch eingeführt werden, wollte die Gruppe einstimmig den Abgeordneten Sobtschak für den zweithöchsten Posten im Lande empfehlen. Das war nach einer ziemlich stürmischen Diskussion entschieden worden, an der auch ich teilnahm. Man hatte sogar vorgeschlagen, auf die Wahl eines Demokraten zum Präsidenten hinzuwirken. Ich erklärte daraufhin: Wollten wir in unserem Lande die Sache der Demokratie zugrunde richten, so könnten wir nichts Besseres tun, als die Kandidatur Jelzins, Afanasjews oder Sobtschaks vorzuschlagen. Gorbatschow werde vom Apparat gerade noch geduldet, die Wahl eines von uns könne jedoch das Signal zu einem Militärputsch oder zumindest zu einem Staatsstreich geben.

Alle pflichteten mir bei. Übrigens wäre es seltsam gewesen, wenn die Interregionale Gruppe, die im Prinzip gegen die Präsidentschaft war, für dieses Amt einen »eigenen« Kandidaten vorgeschlagen hätte.

So wurde ich durch den Lauf der Dinge, nicht durch eigenen Willen, zu Lukjanows Rivalen und zum Anwärter auf den zweiten Staatssessel im Lande. Und ich geriet auch unter meinen Demokratenkollegen in eine sehr heikle Lage. Im Unterschied zu ihnen war ich für eine Personalunion und für die Wahl des Präsidenten auf dem Kongreß

eingetreten. Folglich hätte meine prinzipielle Haltung meine Freiheit
als Deputierter lähmen können: Willst du gewählt werden, so wider-
sprich weder den »Linken« noch den »Rechten«, sitze mucksmäus-
chenstill da und warte auf deine Stunde. Das konnte und wollte ich
aber nicht, obwohl mir schien, daß ich tatsächlich Chancen hatte,
zum Vorsitzenden des Obersten Sowjets gewählt zu werden. Dazu
hätte ich nur zu schweigen brauchen! Als ich Gawriil Popow im Wandelgang mitteilte, daß ich gegen Wlassow und Worotnikow Stellung
beziehen wollte, brachte er mich auf die Idee, wie das zu bewerkstel-
ligen sei: »Unbedingt sollten Sie daran erinnern, wo und wie die beiden zu Deputierten gewählt wurden...«
    Ich dankte dem scharfsinnigen Kollegen für die glänzende takti-
sche Idee und nahm von der Versuchung Abschied, einen Platz in der
Leitung des Obersten Sowjets einzunehmen. Ich durfte meine Freiheit als Deputierter nicht preisgeben.

Unter den Intellektuellen der Hauptstadt und Leningrads war man
von Boris Jelzin nie hellauf begeistert gewesen. Unerwartet zeigte
sich aber, daß Jelzin, umgeben von einem klugen Team, sowohl aus
den eigenen Fehlern als auch aus denen Gorbatschows zu lernen verstand. Während es die Vorsitzenden der Obersten Sowjets mehrerer
Unionsrepubliken im Sommer 1990 eilig hatten, den Status eines Re-
publikpräsidenten zu erlangen, zog Jelzin es vor, diesen Schritt nicht
zu überstürzen. Dadurch wurde das Vertrauen der Wähler zu ihm gefestigt. Sollte nichts Außerordentliches geschehen, hat er heute demnach alle Chancen, Präsident nicht nur Rußlands zu werden.
    Jelzin sammelt weiter Pluspunkte. Soziologen behaupten, seine
Popularitätskurve sei derzeit die steilste, während die von Gorbatschow absinke.
    Die Zeit läuft zu schnell, als daß sich ein Politiker den Luxus von
Fehlern leisten könnte. Laut der Wochenzeitung *Argumenty i Fakty*
(8/90) stand Ryschkow Anfang Dezember 1989 unter den aktiven Politikern des Landes in einer 5-Punkte-Skala mit 3,85 obenan. Gorba-

tschow, Sacharow und Sobtschak kamen auf 3,84, Popow, damals noch nicht Vorsitzender des Moskauer Sowjets, auf 3,60 und Abalkin auf 3,58. Jelzin war mit 3,57 lediglich an siebter Stelle.

Ende Januar 1990 sahen diese Ziffern wie folgt aus: Sacharow (posthum) 4,27; Gorbatschow 3,87; Sobtschak 3,82; Popow 3,64; Ryschkow 3,55; Afanasjew 3,51; Jelzin 3,36; Jakowlew 3,22 und Abalkin 3,17.

Jelzins Popularitätskurve war am Sinken. Ein halbes Jahr später aber rückte der in Ungnade gefallene Jelzin vom siebten auf den ersten Platz auf und ließ alle anderen weit hinter sich.

Die politischen Gepflogenheiten ändern sich in unserem Lande blitzartig. Jetzt drohen einem Chefredakteur wegen Veröffentlichung von Popularitätsziffern schon kein Ausschluß aus der Partei und keine Entlassung mehr. Im Lande wurde die Gründung anderer Parteien erlaubt und die Zensur abgeschafft. Gewiß, das ist bemerkenswert. Aber die Gesellschaft ist über andere, ernstere und gefährlichere Probleme beunruhigt, die mit denen des Vorjahrs nicht einmal vergleichbar sind.

Wenn es nur um die schwindende Popularität des einen Politikers und um die zunehmende Beliebtheit eines anderen im Volk ginge! Leider ist unsere Bilanz des Jahres 1990 unerfreulich ausgefallen. Im Sommer erlebten wir die tragischen nationalen Ausschreitungen in Osch und den Krieg zwischen Armenien und Aserbaidschan. Im Herbst floß Blut in der Moldauischen Republik, und zwischen den Parlamenten der Union und Rußlands brach ein »Gesetzgebungskrieg« aus. Die scharfe Rivalität von zwei Staatsmännern – Jelzin und Gorbatschow – rief im ganzen Lande Besorgnis und Verwirrung hervor. Ihr Versuch, sich auszusöhnen und ein Bündnis zu schließen, ist vorerst mißlungen. Gorbatschow hielt sich an die äußerst unpopuläre und politisch bankrotte Regierung Ryschkow, während der Oberste Sowjet Rußlands dem Kabinett Ryschkow sein Mißtrauen aussprach. Schließlich scheiterte das Wirtschaftsprogramm der »500 Tage«, das von Rußland angenommen und von der Unionsregierung torpediert wurde.

Viele dieser Ereignisse sind direkt oder indirekt auf die Präsident-
schaftswahl auf dem 3. Kongreß der Volksdeputierten zurückzuführen. Einiges davon wäre nicht passiert, hätten die Deputierten entschieden, Gorbatschow nicht zum Präsidenten zu wählen, sondern
ihn bis zur Annahme einer neuen Verfassung und zur Abhaltung lan-
desweiter alternativer Wahlen lediglich mit Präsidialvollmachten
auszustatten.

Die Fehler der Politiker schlagen sich in den Tränen und im Blut
der Bürger nieder. Am 7. November 1990 versuchte ein gewisser
Schmonow auf dem Roten Platz, mit einem abgesägten Jagdgewehr
auf Gorbatschow zu schießen. Die *Moskau News* veröffentlichten ein
Foto, das Schmonow 1989 während der Novemberdemonstration in
der zur Administration Leningrads gehörenden Stadt Kolpino zeigt.
Dort steht Schmonow unter einem von ihm selbst angefertigten Plakat mit der Aufschrift: »Landesweite alternative Direktwahlen des
Staatsoberhauptes«.

Zwölf Monate später zog dieser Mann, der sich für einen Demokraten hielt, vor der Tribüne des Mausoleums eine Doppelflinte unter
dem Mantel hervor.

So etwas ist in der russischen Geschichte nicht neu. Anfang des
19. Jahrhunderts hatte Zar Alexander I. zuviel Zeit verstreichen las-
sen und sich nach dem Sieg über Napoleon entschlossen, lediglich
Polen eine Verfassung zu gewähren. In Rußland dagegen setzte die
Araktschejewsche Gewaltherrschaft ein, unter der man versuchte,
die Bauernschaft zu militarisieren und Militärsiedlungen anzulegen.
Sämtliche Verfassungsentwürfe und Projekte für die Befreiung der
Bauern wurden von den Machthabern begraben. Die Gesellschaft antwortete darauf mit der Verschwörung der Dekabristen und Plänen zur
Ermordeung des Zaren. Alexander I., das frühere Idol des jungen russischen Adels, starb 1825, nachdem er von der Verschwörung erfahren hatte. Sein Tod lieferte den Vorwand zum Dekabristenaufstand,
und die Niederschlagung des Aufstandes führte zu drei Jahrzehnten
reaktionärer Herrschaft unter Nikolaus I.

Vor etwa zehn Jahren sammelte ich Material über die Ermittlungen und den Prozeß gegen die Dekabristen. Ludmilla und ich hatten gerade geheiratet. Sie schrieb eine Dissertation über die Dekabristen und begeisterte auch mich für diese Periode der russischen Geschichte. Ich wollte als Jurist eines der ersten Kapitel der russischen Gesetzlosigkeit untersuchen und nachweisen, daß Willkür systembedingt ist und daß es eine Logik in den widersprüchlichen Urteilen gibt, die von der Regierung über die gesamte Generation der ersten Demokraten unseres Landes gefällt wurden. Damals schrieb ich dann doch kein Buch über dieses Thema, bewahre aber bis heute mehrere abgenutzte Mappen mit Exzerpten in der Hoffnung auf, einmal zu dieser Arbeit zurückzukehren.

Vielleicht wird es mir in solch einem Buch gelingen, deutlich zu machen, wie gefährlich der russische Totalitarismus für Rußlands Herrscher war und wie konsequent und blind sie selbst den damals mächtigen Baum des russischen Staatswesens abhackten.

Nikolaus I. starb zwar im eigenen Bett, aber nach dem Zusammenbruch seines Regimes, vor allem nach dem militärischen Zusammenbruch im Krimkrieg. Dann trat abermals ein Reformzar auf den Plan. Alexander II. befreite die Bauern, ermöglichte eine Gerichtsreform, führte das Semstwo, die ständische Selbstverwaltung, ein und minderte die Repressalien gegen die Presse. Unter ihm gelangten in Rußland die Wörter »Glasnost« und sogar »Perestroika« in den Sprachgebrauch. Doch die Fehler der Regierung und deren Inkonsequenz hatten ein Zaudern der Machthaber zur Folge, was seinerseits Ungeduld bei der Gesellschaft und den Terror von Revolutionären auslöste. 1881 fiel Alexander II. einem Bombenattentat der Narodowolzen* zum Opfer. Historiker behaupten, der Zar habe am Tage seiner Ermordung die Verfassung unterzeichnen sollen. Deren Text habe bereits auf seinem Schreibtisch im Winterpalais gelegen.

Ein einziger Tag fehlte sowohl dem Zaren wie auch der Gesell-

---

* Mitglieder der kleinbürgerlich-revolutionären, terroristischen Geheimorganisation »Narodnaja Wolja« (Volkswille). (Anm. d. Übers.)

schaft, um eine neue soziale Perspektive zu gewinnen. Wiederum folgte eine Eskalation des Autoritarismus und der Polizeiwillkür...

Ich glaube, der Jurist Gorbatschow kennt die russische Geschichte nicht schlechter als der Jurist Sobtschak. So brauche ich den Präsidenten der UdSSR nicht daran zu erinnern, daß eine noch so richtige politische Entscheidung nur dann von Nutzen ist, wenn sie rechtzeitig getroffen wird. Eine verspätet gefällte Entscheidung kann das politische Gegenteil bewirken.

Anfang Herbst 1990 erinnerte ich den Moskauer Bürgermeister Gawriil Popow in einem Gespräch an den bevorstehenden Feiertag. Ich setze das letzte Wort nicht in Anführungszeichen, obwohl das, was dem Land vor dreiundsiebzig Jahren widerfuhr, für viele unserer Landsleute kein Anlaß zum Feiern mehr ist. Es war klar, daß der 7. November 1990 ein schwerer Tag sein würde. Sowohl in den baltischen Republiken als auch in Georgien und den größten Städten Rußlands würden die einander entgegenstehenden gesellschaftlichen Kräfte wahrscheinlich an diesem Tag dominieren wollen. Daß sich nur ja nicht der 7. November 1917 wiederholte.

Popow reagierte sofort und schlug eine gemeinsame Pressekonferenz vor, auf der die Bürgermeister der beiden größten russischen Städte die örtlichen Sowjets und alle Bürger aufrufen sollten, von Demonstrationen und Kundgebungen Abstand zu nehmen. Das betraf auch den Präsidenten, konnte doch die traditionelle Militärparade unter unseren nichttraditionellen gegenwärtigen Bedingungen ein Gemetzel provozieren. »Was werden wir aber statt der Parade und der Demonstration vorschlagen?«

Popow hatte eine Antwort parat: »Wir werden vorschlagen, uns an diesem Tag für den Winter zu rüsten. Sie wissen ja, was bei uns mit dem ersten Frost los ist...«

Unsere gemeinsame Erklärung gaben wir auf einer Pressekonferenz ab. Der Präsident liest natürlich Zeitungen, doch wir schickten ihm trotzdem einen Brief: Mag alles strikt offiziell geschehen.

Auf eine Antwort brauchten wir nicht lange zu warten. Einige Tage später las ich in der Zeitung eine Notiz über den Präsidentenerlaß zur Durchführung einer Militärparade. Das war in jenen unruhigen Tagen, als neuerlich Gerüchte über einen angeblich bereits vorbereiteten Militärputsch im Umlauf waren. Im Landesparlament teilten demokratische Deputierte mit, Luftlandeverbände seien nach Moskau verlegt worden. Einige Generale erklärten dies mit Vorbereitungen auf die Militärparade und gar mit Belangen der Landwirtschaft. Da aber kaum jemand daran glaubte, daß die Marine-Infanteristen in voller Ausrüstung und mit kugelsicheren Westen auf Feldern nach Kartoffeln buddeln würden, trat der Präsident höchstpersönlich mit seinem Erlaß über die Feiertagsparade für die Ehre der Armee ein.

Der Vorsitzende des Leningrader Sowjets hat eine direkte Telefonverbindung zum Präsidenten der UdSSR, und mir blieb nichts anderes übrig, als den Schonung gebietenden Hörer abzunehmen. Der Sekretär des Präsidenten verband mich sofort mit Gorbatschow. Ich wiederholte Popows und meine Argumente: Die Parade sei nicht nötig, der Aufmarsch von Truppen auf dem Roten Platz, in den Hauptstädten der Republiken und in den Heldenstädten* werde im Lande und wahrscheinlich auch im Ausland negativ aufgenommen werden. Außerdem bat ich angesichts der komplizierten Versorgungslage, den Präsidentenerlaß zu revidieren. Derzeit stehe uns nicht der Sinn nach Paraden.

Gorbatschow erwiderte, er halte meine Einwände für unbegründet. Der 7. November sei ein Staatsfeiertag, der höchste Feiertag des Landes. Er sei in der Verfassung verbrieft und bisher von niemandem abgeschafft worden. Wenn wir auf die Parade verzichteten, würde die Bevölkerung dies nicht verstehen. Er habe ohnedies auf seinem Tisch Tausende von Schreiben und Telegrammen von Bürgern liegen, in denen man ihn auffordere, dem provokatorischen Appell Popows und Sobtschaks nicht nachzugeben... Abschließend bemerkte er, er

---

* Ehrentitel, der einigen sowjetischen Städten für ihre herausragenden Verdienste im Großen Vaterländischen Krieg 1941–1945 verliehen wurde. (Anm. d. Übers.)

halte unsere gemeinsame Erklärung für politisch falsch, und riet mir, fortan auf solche Aktionen zu verzichten.

Daraufhin beteuerte ich, die öffentliche Sicherheit während der Parade und der Demonstration in Leningrad nicht garantieren zu können. Außerdem gebe es da das Problem, daß zur Aufrechterhaltung der Ordnung während der Parade Truppen herangezogen würden. Nach den Ereignissen vom 9. April 1989 sei der Verteidigungsminister doch genötigt gewesen, in einem Befehl die Heranziehung von Armee-Einheiten für solche Zwecke zu verbieten.

Gorbatschow antwortete, er werde mit Marschall Jasow sprechen, und man werde ein gewisses Truppenkontingent bereitstellen, damit die Parade planmäßig verlaufe. Unmittelbar nach Beendigung der Parade sollten alle Einheiten wieder abgezogen werden, so daß die Truppen an der Aufrechterhaltung der Ordnung während der Demonstration auf keine Weise beteiligt sein würden.

Na, wenigstens etwas. Man brauchte ja nicht neunmalklug zu sein, um angesichts der herrschenden gesellschaftlichen Konfrontation Maßnahmen einiger linksradikaler und extremistischer Organisationen vorherzusehen, die mit Sicherheit versuchen würden, die Parade zu vereiteln. Genau das geschah dann auch. Laut Befehl des Militärbezirkskommandeurs mußten die Kampffahrzeuge in Leningrad über Nacht auf dem Palaisplatz bleiben, sonst hätte man sie einfach nicht durchgelassen. Einige wollten sich sogar vor die Räder von Schützenpanzerwagen werfen.

Die Parade in Leningrad fand also statt. Ein Absperrkommando ließ die Protestierenden nicht auf den Platz. Als aber vom Senatsplatz aus eine Gruppe Halbwüchsiger mit zwei, drei Deputierten des Leningrader Sowjets zum Gitter des Alexandergartens durchgebrochen war, ereignete sich ein sehr unangenehmer Zwischenfall: Die Miliz zerriß Plakate und vertrieb die Protestanten mit Gewalt. Nachdem die Truppen vorbeimarschiert waren, kehrten die Betreffenden selbstverständlich wieder auf den Platz zurück, wo der Erste Sekretär des Leningrader Gebietskomitees der KPdSU, Boris Gidaspow, inzwischen bereits eine kommunistische Kundgebung leitete. Nur wenige Menschen waren erschienen, und die Erklärung des Ersten Sekretärs, daß »man einen Feiertag nicht verbieten kann«, wurde nicht gerade begeistert aufgenommen. Hauptamtliche Redner, die wie früher dazu aufriefen, »Prinzipien nicht preiszugeben« und »Widerstand zu leisten«, lösten einander ab, während es direkt vor der Tribüne bereits zu einem Handgemenge kam: dreifarbige russische Flaggen kontra rote Flaggen.

Immerhin ging es ohne Opfer ab. Aber die Fernsehzuschauer sahen wohl zum erstenmal, wie auf demselben Platz während der einige Stunden später von radikaldemokratischen Parteien und Organisationen veranstalteten alternativen Kundgebung die Staatsflagge verbrannt wurde. In den Zeitungen wurde jener Tag als »Fest der Konfrontation« bezeichnet.

Haben die Verbrennung der Staatsflagge auf dem Palaisplatz in Leningrad und der Versuch, Gorbatschow auf dem Roten Platz in Moskau mit einer Jagdflinte zu erschießen, etwa das Ansehen des Präsidenten der UdSSR vergrößert? In der Hauptstadt Georgiens mußte die Parade ebenso wie im Baltikum auf einem Truppenübungsplatz durchgeführt werden (was man eigentlich schon nicht mehr als Parade bezeichnen kann!).

Bei uns in Leningrad wollte man zeigen, wie Kriegsschiffe von der Reede und aus der Newa abgezogen werden. Gewöhnlich geschieht das nachts, doch die militärisch verstandene Glasnost endete ebenfalls mit einer Blamage. Schon das erste Schiff, das wohl nicht zufällig nach dem Leninschen Stab der proletarischen Revolution benannt ist, fuhr bei einem Wendemanöver auf einen Pfahl der Brücke zu, die den Namen von Leutnant Schmidt, einem Helden der Revolution von 1905, trägt.

Man braucht darin nicht unbedingt ein Symbol zu sehen: Der Zerstörer »Smolny« wurde sogar weniger als die Brücke beschädigt. In der Stadt aber sagte man später, das Militärorchester am Newa-Kai habe am 7. November nicht von ungefähr eine Melodie aus einem

Lied über einen im Russisch-japanischen Krieg versenkten Kreuzer
gespielt. Darin heißt es unter anderem:»Nun kommt die letzte Parade...«

Wenn wir ein Rechtsstaat sein wollen, muß die Novemberparade
von 1990 wirklich die letzte gewesen sein. Denn weder Raketen noch
Paradeschritte, die das alte Kopfsteinpflaster der Plätze erschüttern,
symbolisieren die Stärke eines Staates. Auch scheint mir, der ich kein
Militär bin, daß die Kriegslist, Kampffahrzeuge im Schutze der Nacht
und bewacht von Sondereinheiten aus unseren eigenen Städten fort-
zuschaffen, weder den Ruhm noch die Ehre der von mir zutiefst ge-
achteten Armee erhöht.

Begegnungen mit dem Präsidenten sind in der Regel aus konkreten
Anlässen stattfindende, sachbetonte und kurze Zusammenkünfte. In
den letzten Monaten waren das für mich gewöhnlich Gespräche über
Leningrader Probleme (leider kann in unserem System vieles noch
immer nur über den ersten Mann im Staate entschieden werden).

Gorbatschow versteht es zuzuhören. Er lauscht aufmerksam und
hält durch sein ganzes Mienenspiel den Gesprächspartner dazu an,
seine Angelegenheit ausführlich darzulegen.

Ich weiß nicht, wie andere es halten, aber ich bin stets bemüht, dem
Präsidenten mein Anliegen kurz und bündig zu erläutern. Doch jedesmal hat es dann den Anschein, daß mein Gesprächspartner es
nicht eilig habe. Seine Repliken ermuntern dich, und schon beginnst
du zu vergessen, daß er wenig Zeit hat. Und nachdem man neuerlich
von seinem einnehmenden Wesen hypnotisiert worden ist, spricht
man Themen an, die man eigentlich nicht anschneiden wollte. Zugleich weiß man nie, was dieser so aufmerksam zuhörende Mann
denkt.

Für mich ist Gorbatschow ein Rätsel.

Er kann deinen Argumenten beipflichten, und du wähnst dich sicher, ihn überzeugt zu haben. Sei aber nur nicht voreilig. Die Entscheidung, die er treffen wird, mag nicht auf deinen, sondern auf

irgendwelchen anderen, dir nicht bekannten Argumenten beruhen. Stets bleibt etwas Unkalkulierbares, etwas Rätselhaftes eben. Dieser Mann öffnet sich seinem Gesprächspartner nie, und kein einziger meiner Kollegen im Obersten Sowjet kann sagen, er kenne Gorbatschows wahres Gesicht. Das gilt auch für solche Ansprachen im Obersten Sowjet, in denen die Emotionen eindeutig die Oberhand über das Kalkül gewinnen.

Zweimal habe ich einen Ausbruch von Gorbatschows Emotionen über mich ergehen lassen müssen. Da es beide Male um die Vollmachten des Staatsoberhauptes ging, darf man daraus schließen, daß das Machtproblem Gorbatschow die meisten Sorgen bereitet. So paradox es auch klingen mag, dies zeugt noch lange nicht von seiner Herrschsucht oder von seinen politischen Ambitionen: In einem Nichtrechtsstaat beeinflußt gerade das Problem der Macht das Schicksal des Staatsoberhauptes, mitunter auch das des ganzen Landes. Wer also meint, Gorbatschow enträtselt zu haben, der bekreuzige sich lieber.

In den Jahrzehnten seines Hochklimmens auf den Sprossen der kommunistischen Hierarchie konnte Gorbatschow diese Struktur aus eigener Anschauung studieren. Die totale Entpersönlichung dieser Organisation harrt noch ihres Dante. Und so könnte der Generalsekretär viel darüber erzählen, wie sich jemand fühlt, der zur tagtäglichen Verleugnung seines eigenen Willens zugunsten des Willens der Obrigkeit verdammt ist, der sich seiner Karriere wegen tagtäglich erniedrigen muß.

In früher Jugend besuchte Gorbatschow bekanntlich Proben in einem mehr als sieben Kilometer von seinem Dorf entfernten Laientheater. Ich glaube, diese Erfahrungen sind ihm sowohl als Funktionär wie auch als Mensch zugute gekommen. Gorbatschow begann seinen Kampf gegen das System, indem er die Idee des Rechtsstaates an den Anfang der Perestroika setzte. Damit traf er mitten ins Herz des Systems, nachdem er selbst auf den Gipfel der Parteihierarchie emporgetragen worden war. Aus der Idee des Rechtsstaates leitete

sich auch die Idee der Perestroika ab, ebenso der von Gorbatschow
verkündete Vorrang allgemeinmenschlicher gegenüber klassenbezogenen Werten, Glasnost und Pluralismus, ferner die Parteienvielfalt
im politischen Leben, der Parlamentarismus und die Vereinbarkeit
unterschiedlicher Wirtschaftsformen. Und schließlich auch der Gedanke, daß Privateigentum als Grundlage der Selbständigkeit des
Individuums und der sozialen Geborgenheit der Bürger diene.

Die orthodoxen Marxisten verfluchen in ihren utopischen Kon-
struktionen das Privateigentum und das bürgerliche Recht. Gorbatschow ist der Totengräber einer Utopie. Wie sehr er auch die Treue
zum kommunistischen Trugbild beschwören mag, er mußte mit der
Verkündung der Idee des Rechtsstaates beginnen, um mit der Idee des
Privateigentums zu schließen.

Bedeutet das nun, daß Gorbatschow ein »verräterischer Generalsekretär« ist, wie die Partei Nina Andrejewas behauptet?

Nur ein Dogmatiker oder ein Wahnsinniger kann doch an Ideale
glauben, für die die Menschheit mit einem derart schrecklichen Preis
bezahlt hat. Zur Realität geworden, entpuppte sich der Kommunismus als ein menschenfeindliches Regime, der kommunistische Staat
als die furchtbarste Variante einer Einparteiendiktatur und die kommunistische Arbeit als unproduktive Sklavenarbeit. Das trifft nicht
nur für die UdSSR, sondern auch für die übrige Welt zu.

Ist Gorbatschow vielleicht ein Demokrat, der sich von klein auf entschlossen hatte, die Utopie zu bekämpfen, ein Geheimagent im Lager
der Partokratie? Zumindest ein Teil unserer liberalen Intelligenzija
war anfangs dieser Ansicht. Ich denke, auch das ist Selbstbetrug. Kein
Geheimagent hätte die Prüfungen bestanden, die dieser Mann durchgemacht hat. Eine dritte Variante lautet, Gorbatschow sei ein macht-
besessener Diktator, der das eine totalitäre System durch ein anderes
ersetzen wolle. Das ist die Meinung vieler Radikaldemokraten.

Aber ein Diktator braucht derart tiefgreifende Umgestaltungen der
Gesellschaft gar nicht erst einzufädeln und die Gesellschaft nicht aus
der kommunistischen Lethargie zu wecken. An die Macht gekom-

men, beginnen Diktatoren nicht mit politischen Reformen, das heißt mit Versuchen, die eigenen unbegrenzten Vollmachten rechtlich einzuschränken.

Gorbatschow ist vor allem ein Staatsmann. Sowohl die Politik als auch die Ideologie sind für ihn, ebenso wie die Macht, lediglich Mittel zum Zweck. Staatsmänner dieses Kalibers sind immer Einzelgänger. Sie kommen, wenn in der Gesellschaft ein Auftrag für das Erscheinen eines starken Reformers heranreift. Sie gehen in der Regel von der gesellschaftlichen Notwendigkeit einschneidender Umgestaltungen, nicht aber vom eigenen Bekenntnis zu irgendwelchen politischen Ideen aus. Als Menschen und langjährigem kommunistischem Funktionär mögen Gorbatschow die kommunistische Perspektive und die historische Gestalt Lenins am Herzen liegen. Doch die ideologischen und philosophischen Vorlieben Gorbatschows sind seine Privatangelegenheit. Nicht sie sind für sein staatsmännisches Handeln ausschlaggebend. Sowohl die »Linken« als auch die »Rechten« versuchen, diesen Mann mit der eigenen Meßlatte zu messen. Das ist jedoch völlig sinnlos: Er ist weder ein »Rechter« noch ein »Linker«, weder ein Demokrat noch ein Despot. Er ist Gorbatschow.

Als Kinder spielten wir häufig »Bergkönig«. König wurde, wer sich oben auf einem Schneeberg halten konnte. In diesem Spiel gibt es aber im Grunde genommen keine Sieger. Eben noch ist man ganz oben, aber da wird man angestoßen und purzelt im Schneestaub hinunter. (Nur die Klügsten begreifen, daß man lieber rechtzeitig auf einem Schlitten oder einem Stück Sperrholz hinuntergleitet.)

Gorbatschows historische Zeit wird objektiv nicht eher als die Zeit seiner Reformen ablaufen. Ist aber der Vorrat an rein menschlicher, persönlicher Festigkeit geringer als nötig, führt aber eine Kette von staatsmännischen Fehlern und politischen Mißgriffen zum Abgang des ersten Mannes, so wird ein anderer die Reformen verwirklichen müssen.

Paradox ist, daß Gorbatschow das sowjetische Imperium ebenso wenig bewahren wie auflösen kann. Viele Jahre müssen noch vergehen, bevor sich zwischen den Republiken freie Wirtschaftsbeziehungen herausbilden, bevor die gestrigen Häftlinge des politischen und ökonomischen sozialistischen Lagers UdSSR das Prinzip der freien Partnerschaft erlernt haben. Aber gerade diese Jahre fehlen uns.

Nationalismus und Separatismus sind die beiden schwersten Gebrechen eines sterbenden Imperiums. Mitunter scheint auch der durch Gärung, Widerspenstigkeit und Souveränitätsdrang erschreckte Führer der Perestroika bereit, zum Schutz des einheitlichen Imperiums anzutreten und jenen Weg zurückzulegen, den seinerzeit Lenin und Stalin gingen – diese Linksradikalen, die sehr bald ungekrönte Herrscher des Russischen Reichs in dessen kommunistischer Variante wurden.

Sehr viel hängt davon ab, ob die Persönlichkeit auf ihre staatsbürgerliche Festigkeit hin erprobt worden ist.

Die Parteihierarchie ist eine Maschine zur Nivellierung der Menschen. Das größte Geheimnis besteht für mich nicht einmal in der Rätselhaftigkeit Gorbatschows selbst, sondern darin, wie er es vermochte, die eigene Individualität zu bewahren, wie er nicht verlernte, sich eine eigene Meinung zu bilden und diese der Meinung anderer entgegenzusetzen. Vielleicht legte er aber gerade zur Erhaltung des eigenen Ichs diese fast undurchsichtige Maske an, die ihm ermöglichte, zu überleben und der erste Mann in der Partei und im Staate zu werden. Er lernte, seine wahre Haltung jenen gegenüber zu verbergen, die er einfach verachten mußte, er lernte, mit Menschen in jener Sprache zu sprechen, die sie am besten verstehen.

Wenn dem so ist, fällt es einem dann leicht, ihn mit logischen Argumenten zu überzeugen? Vor allem dann, wenn der Streit gleichsam auf dem eigenen, nicht aber auf seinem intellektuellen Terrain ausgetragen wird?

Vor dem Bericht unserer Tbilissi-Kommission redete ich auf Gorbatschow ein: Die Militärs forderten ein Korreferat. Sollte aber Militärstaatsanwalt Alexander Katussew nach der Darlegung der Schlußfolgerungen der Parlamentskommission das Wort erhalten, wäre das

eine Mißachtung des Kongresses. Dadurch würden die Schlußfolgerungen der Parlamentarier von vornherein in Zweifel gezogen. Wenn
wir diesen Weg einschlügen, sollten wir dann nicht auch jemanden
aus der Führung Georgiens sowie maßgebende Vertreter georgischer
informeller politischer Bewegungen anhören? Genauso müßten wir
verfahren, wenn wir nach der Darlegung der Schlußfolgerungen der
Kommission eine Diskussion einleiten und die Wahrheit unmittelbar
im Parlaments-Hearing zutage fördern wollten. Machen wir's doch
so, Michail Sergejewitsch!

Das Gespräch verlief unter vier Augen, am ersten Tag des 2. Kongresses. Jelzin schien mir zuzustimmen. Aber Katussew hielt sein Korreferat dann doch, und es geschah das, was ich befürchtet hatte: Die
georgische Delegation verließ demonstrativ den Saal, und Gorbatschow mußte während der Pause auf sie einreden, um sie zur Rückkehr zu bewegen. Im Gespräch mit den Georgiern empörte sich
Gorbatschow darüber, wie zügellos und unfundiert das Referat Katus-
sews gewesen sei. Dieser hatte behauptet, georgische Männer hätten
auf dem Platz vor dem Haus der Regierung Frauen als lebendige
Schilde vor sich hergeschoben, wodurch diese umgekommen seien.

Gorbatschow wiederholt mit Vorliebe, daß er allen Gehör schenke,
seine Entscheidungen aber selbständig treffe. Diese lobenswerte
Eigenschaft hat eine Kehrseite. Der Initiator der Perestroika hatte beispielsweise seinen Präsidialrat so ausgewählt, daß er einige Monate
später dessen Arbeitsunfähigkeit erkennen und im November 1990
vorschlagen mußte, dieses Gremium wieder abzuschaffen. Wie sich
herausgestellt hatte, zeigte die Willfährigkeit des Präsidialrates, in
den wie bei der Arche Noah »von allem Fleisch je ein Paar« hineinge-
nommen worden war, nicht die Stärke, sondern die Schwäche des
Präsidenten an.

Sowohl in der Episode mit Katussew als auch in der Geschichte mit
dem »zahmen« Präsidialrat wie auch in zahlreichen anderen Entscheidungen verdeutlichte sich das Bestreben Gorbatschows, der die
Schule des Parteiapparats durchlaufen hat, um jeden Preis ein Kräf-

tegleichgewicht aufrechtzuerhalten. Ein solches Bestreben ist für eine stabile, florierende Gesellschaft von Nutzen. Jeder Spitzenpolitiker muß dem Kräfteverhältnis Rechnung tragen. Das ist das taktische A und O der Politik. Doch Entscheidungen vom grünen Tisch aus und politische Manöver hinter den Kulissen bringen in einer Zeit des historischen Wandels nichts ein. Vergißt ein Politiker über der Taktik das strategische Ziel, oder ist er nicht imstande, unter Nutzung seiner Vollmachten eine Wahl zu treffen und die soziale »Arche« dem verkündeten Ziel entgegenzusteuern, so ist er dem Untergang geweiht.

Ist Gorbatschow heute dem Untergang geweiht? Die Zukunft wird es zeigen. Augenblicklich befindet er sich jedenfalls in einer für einen Politiker sehr gefährlichen Zone gesellschaftlicher Unzufriedenheit. Mitte November 1990 veranstalteten die Unionsparlamentarier auf einer Sitzung des Obersten Sowjets erstmals das, was von Journalisten als »Revolte im Kreml« bezeichnet wurde: Sowohl die »Linken« als auch die »Rechten« weigerten sich, der Tagesordnung zu folgen, und verlangten einen Bericht Gorbatschows über die Situation im Lande.

Einen Tag lang ließ Gorbatschow niemanden zu sich. Er arbeitete an dem Bericht, der den Deputierten allerdings sehr blaß vorkam. Zum erstenmal machten sich im Parlament sowohl die Radikaldemokraten als auch die Neostalinisten über den Präsidenten lustig. Der Deputierte Oberst Alksnis erklärte sogar drohend, der Präsident habe die Unterstützung der Armee verloren. Die Worte Alksnis' enthielten mehr als eine abstrakte Drohung. Einen Tag später gingen in Litauen Militärs auf die Straße und trieben mit Blindschüssen und Karategriffen etliche nationale Radikaldemokraten auseinander, die vor den Toren eines Standortes gegen die sowjetische Besetzung Litauens protestierten. Da Gorbatschow in seinem Bericht die Parlamentarier aufgerufen hatte, »zur Offensive überzugehen«, ohne jedoch zu präzisieren, mit welchen Kräften und gegen wen, hielt ich es für nötig, mich für einen Diskussionsbeitrag anzumelden.

Ich bemühte mich, die Dinge beim Namen zu nennen: Im Lande sei eine extreme Situation entstanden, die auch extreme Maßnahmen

fordere. Es gebe nur zwei Möglichkeiten, die politische Krise zu überwinden. Die eine liege in einer Präsidialregierung, gestützt auf Armee
und Ordnungsorgane. Doch dies biete der Gesellschaft keine Perspektive. Die zweite Möglichkeit bestehe darin, die demokratischen Neuerungen zu vertiefen und gleichzeitig rigoros Ordnung im Staate zu
schaffen.

Hier lachte ein Teil der Deputierten über mich, so daß ich hinzufügen mußte: Dies sei ein Beispiel dafür, wie schlecht die Rechts-
normen in unserem Lande, ja sogar im Parlamentssaal, verstanden
würden. Ordnung sähen wir immer noch in Stalinschen Kategorien.
Indessen beschreibe der Begriff lediglich die Einhaltung der Gesetze
und eine starke Exekutive. Ich sagte, wir würden dann hinter Gorbatschow stehen, wenn er zu einer Offensive gegen jene Funktionäre
aufrufe, die heute die Perestroika und die Beschlüsse der Sowjetmacht sabotieren, zu einer Offensive gegen Extremisten, die sich bei
der Demonstration am 7. November erdreisteten, die Staatsflagge zu
verbrennen. Eine solche Offensive sei aber unmöglich, wenn man
keine Sofortmaßnahmen zur Lebensmittelversorgung des Landes er-
greife, wenn die Unionsregierung den Druck wertloser Banknoten
nicht einstelle, wenn man den Bauern und allen sonstigen Interessen-
ten keinen Boden gebe, wenn es zu keiner Entstaatlichung und Privatisierung komme.

Die Politik vom grünen Tisch aus, zu deren Geisel der Präsident immer häufiger wird, ist deshalb gefährlich, weil das politische Kräfteverhältnis in der Gesellschaft oben und unten durchaus nicht immer
übereinstimmt. Gorbatschow hat das von ihm begonnene politische
Spiel noch lange nicht verloren, aber er kann es bereits morgen verlieren.

Diesem Kapitel habe ich einen Witz über das System vorangestellt.
Wird man aber selbst zum Gegenstand eines Witzes, noch dazu eines
sehr dreisten und scharfsinnigen, ist die erste Reaktion nicht Gelächter, sondern Ärger. Ein schwacher Trost, daß dies ein Zeichen von

Popularität sein kann. Den Ärger darf man sich natürlich nicht anmerken lassen, und so ist es am besten, in das Gelächter der anderen einzustimmen. Im Sommer 1989 wurde mir die Ehre zuteil, in einer Moskauer Wochenschrift folgenden Witz über mich zu lesen: »Im Obersten Sowjet wird die Frage des Privateigentums diskutiert. Gorbatschow, des Streits müde, bittet die Deputierten, die Plätze im Saal je nach ihrer Überzeugung einzunehmen. Wer für Sozialismus und gegen Privateigentum sei, solle sich links, wer für Kapitalismus und Privateigentum sei, solle sich rechts hinsetzen.

Allein der Deputierte Sobtschak irrt unschlüssig im Saal umher.

›Was ist, Kollege Sobtschak, können Sie sich immer noch nicht entscheiden?‹

›Wissen Sie, Michail Sergejewitsch, ich bin für den Sozialismus, aber für einen solchen, in dem man wie im Kapitalismus lebt.‹

›Nun, dann müssen Sie hierher, ins Präsidium‹, sagt Gorbatschow.«

Gegen Witze läßt sich nicht ankommen, selbst wenn man sie als ungerecht empfindet. Ein Witz ist eine lebendige Form der Polemik.

In den anderthalb Jahren meiner Tätigkeit im Parlament mußte ich nur einmal scharf gegen Gorbatschow zu Felde ziehen. Diese Episode habe ich bereits erwähnt: Anfang Herbst 1990 wurde im Obersten Sowjet die Frage außerordentlicher Vollmachten für den Präsidenten erörtert. Ich fragte, wozu dies gut sein solle, da doch der Präsident der UdSSR nicht einmal von den Vollmachten Gebrauch mache, die er schon hat. Dadurch zog ich mir Gorbatschows Zorn zu.

Entweder verstand er mich nicht, oder er wollte mich nicht verstehen. Jedenfalls faßte er meine Worte über diktatorische Vollmachten als persönliche Beleidigung auf und bezichtigte mich der politischen Spielerei: Sobtschak habe zwar für eine Stärkung der Exekutive plädiert, doch nun, da sich diese Möglichkeit biete, zeige er sein wahres Gesicht.

Ich mußte mich zusammenreißen, um mir all das widerspruchslos anzuhören: Präsidenten unterbricht man ja nicht. Später, als mir

Lukjanow auf meine beharrliche Bitte hin von neuem das Wort erteilte, sagte ich dem Präsidenten und dem Parlament, was ich von derartiger Polemik hielte. Gewiß, ich sei für die Stärkung der Exekutive, also auch des Präsidenten. Erhalte der Präsident jedoch legislative Rechte, so komme das dem Bankrott des parlamentarischen Systems gleich. Die Position des Präsidenten dürfe nicht auf Kosten des Parlaments gestärkt werden.

Dies war die einzige öffentliche Kontroverse mit Gorbatschow, an die ich mich erinnern kann.

Etwas anderes sind scharfe Diskussionen bei amtlichen Begegnungen unter vier Augen. Doch dabei handelt es sich um rein dienstliche Gespräche.

Ein Bildreporter einer der konservativsten sowjetischen Zeitungen schenkte mir eines Tages ein Foto, das er auf dem XXVIII. Parteitag der KPdSU gemacht hatte: »Damit Sie nicht denken, wir seien alle so wie unsere Zeitung.« Dieser Schnappschuß zeigt den Generalsekretär und mich unter einem roten Banner, und Gorbatschow hält mich freundschaftlich am Arm. Wie die Gemälde des sozialistischen Realismus der dreißiger Jahre strömt dieses Bild patriarchalische Sentimentalität aus. Allerdings nur, wenn man nicht weiß, daß es um meinen Austritt aus der KPdSU geht, von dem Gorbatschow soeben erfahren hat.

Zu Beginn dieses Kapitels hätte ich wohl erst einmal deutlich machen sollen: Persönlich empfinde ich Michail Gorbatschow gegenüber hohe Achtung, und ich bin ihm als Staatsbürger dankbar für alles, was er für die Zerschlagung des Kasernensozialismus und des orthodoxen Marxismus getan hat. Hält mir einer meiner Kollegen vor, ich würde Gorbatschow dauernd verteidigen, so entgegne ich, daß ich nicht Gorbatschow, sondern die von ihm vorgelegte Idee – die Idee des Rechtsstaates, des Vorrangs der allgemeinmenschlichen Werte – verteidige.

Das Ziel der von Michail Gorbatschow eingeleiteten Reformen besteht darin, eine entwickelte Gesellschaft nach dem Vorbild des mo-

dernen Europa aufzubauen, eine Gesellschaft, in der die Haltung zum
Kapitalismus und zum Sozialismus die Privatangelegenheit freier
und satter Menschen ist. Sollte sich zeigen, daß Gorbatschow aus
irgendwelchen Gründen diese Idee nicht selber in die Realität umzusetzen vermag, sind wir verpflichtet, sein Werk – den Aufbau
eines Rechtsstaates und einer freien demokratischen Gesellschaft –
fortzusetzen.

Jahrzehntelang löste die Idee von der Diktatur des Proletariats – die
zentrale Idee des Marxismus-Leninismus – bei uns kaum Protest aus.
Diejenigen, bei denen sie Protest auslöste, wurden rasch und zügig
ausgeschaltet. Gorbatschow begann mit der Idee vom Aufbau eines
Rechtsstaates, und schon das allein inspiriert den Glauben an die Un-
umkehrbarkeit der Erneuerung unseres ganzen Lebens. Fest steht
auch, daß in unserer Geschichte der Auftakt dieser Prozesse stets mit
dem Namen Michail Gorbatschows verknüpft sein wird.

All das bedeutet selbstverständlich nicht, daß ich keine Kritik an
kurzsichtigen oder fehlerhaften Entscheidungen Gorbatschows übe.
Es genügt, an seine Erlasse zu erinnern, von denen ihm bislang leider
kein einziger geglückt ist. Man nehme zum Beispiel jenen Erlaß,
durch welchen dem ehemaligen KGB-General und jetzigen Volksdeputierten der UdSSR Oleg Kalugin sämtliche Auszeichnungen und
Titel aberkannt wurden. Man mag zum Handeln dieses Mannes,
der mit Enthüllungen über die Tätigkeit des KGB aufwartete und sich
plötzlich von einem pensionierten Generalmajor der Staatssicherheit
in einen Beschützer des Volkes verwandelte, stehen, wie man will.
Aber es gibt keine konstitutionellen Rechte, jemandem aufgrund eines internen Berichtes die Titel und Auszeichnungen abzuerkennen.
Einmal ganz abgesehen davon, daß in der geltenden Verfassung
nichts von dem Recht des Präsidenten steht, jemandem staatliche
Auszeichnungen zu entziehen, worauf ich ihn bei einem unserer
Treffen hinwies.

Ich glaube, Gorbatschow erkannte den Preis seines Zugeständnis-
ses an die Regierung und die Leitung des KGB. Jedenfalls schickte er

sich nicht an, in Kalugins Wahlkampf einzugreifen, und muß wohl
denjenigen Einhalt geboten haben, die es beabsichtigten. Auf einem
anderen Blatt steht, daß Oleg Kalugin dank diesem beispiellosen Präsidentenerlaß landesweit bekannt, Volksdeputierter der UdSSR und
Autor eines Bestsellers über das KGB wurde.

Im Obersten Sowjet muß ich mich häufig direkter Kritik an Gorbatschow enthalten, damit sich die Poloskows, Ligatschows und Gidaspows nicht die Hände reiben – sie, die den Präsidenten pausenlos
scharf kritisieren, aber von völlig anderen Positionen aus und, was
die Hauptsache ist, zu völlig anderen Zwecken. Die wichtigste Aufgabe des vorliegenden Buches besteht darin, das auszusprechen, was
von der Parlamentstribüne aus nicht immer so leicht und manchmal
auch gar nicht ausgesprochen werden kann.

DIE KPR ODER DAS SCHICKSAL
DES KOMMUNISMUS IN RUSSLAND

Wenn eine Frau
  eine Fehlgeburt hat
    und sich in diesem Kind
      ein zweites verbirgt,
        verlieren der König und
          seine Kinder die Macht.
Altassyrische Prophezeiung

Vor fast anderthalb Jahrhunderten schrieb der Dekabrist Michail Fonwisin in der sibirischen Verbannung seinen prophetischen Aufsatz »Über den Kommunismus und den Sozialismus«. Dort findet man folgende Zeilen: »Allein schon die Versuche, derartige Träume Wirklichkeit werden zu lassen, beschwören für die Gesellschaft die Gefahr herauf, daß sie ins Verderben gestürzt, in einen Zustand der Wildheit zurückversetzt wird und als unweigerliche Folge von Anarchie endgültig unter die unumschränkte Diktatur eines einzelnen gerät.«

Sieben Jahrzehnte vor der Oktoberrevolution wurde also bereits eine Diagnose gestellt, eine Prognose für die Zukunft vorgelegt, mit deren Verwirklichung dennoch niemand ernsthaft rechnete. Dabei schreibt der adlige Revolutionär im selben Artikel: »Merkwürdig ist jedoch eine Tatsache, die vielen entgangen sein mag: In Rußland, in einem autokratischen Staat, in dem weithin Sklaverei herrscht, findet sich auch das Hauptelement der sozialistischen und kommunistischen Theorien...« Fonwisin betont die Gültigkeit der Redensart: »Gegensätze ziehen sich an.«

Soweit die in Erfüllung gegangene Prophezeiung eines jener Männer, die laut Lenin dem Volk »furchtbar fern« waren. Und wenn sich heute Zeitungen und Blättchen von orthodoxem kommunistischem Zuschnitt immer öfter aus roten in braune Publikationen verwandeln, wenn sich in ein und denselben Ausgaben Nationalpatrioten mit den »wahren« Kommunisten aller Länder zusammenschließen und man schon von einer Allianz frischgebackener Nationalsozialisten, Monarchisten und Fanatiker aus dem rechten Teil des politischen Spektrums der KPdSU sprechen muß, wenn ein kommunistischer Redakteur auf ein und derselben Zeitungsseite eine Huldigung für Iwan Poloskow, den Chef der Kommunisten Rußlands, und einen gefälschten Text der »Protokolle der Weisen von Zion« (wobei dieser als Originaldokument ausgegeben wird!) unterbringen kann, dann gibt es keinen Zweifel mehr: In den Trümmern der in Rußland äußerst unbeliebten kommunistischen Ideologie schwelt neues Unheil.

In der Tat, Gegensätze ziehen sich an. Denn heute bemühen sich die im Lande unter dem Deckmantel von »Pamjat« und vielen anderen, einstweilen noch schwachen politischen Organisationen, legal auftretenden antisemitischen »Patrioten« und Nationalsozialisten, die Fürsprecher einer uneingeschränkten Autokratie und alle sonstigen, die sich am rechten Flügel engagieren, um einen Block mit den abgedankten Kommunisten, vor allem mit der KPR (der offiziellen Kommunistischen Partei Rußlands unter Iwan Poloskow), aber auch mit noch »echteren Kommunisten«, repräsentiert durch die Organisatoren des Leningrader »Initiativparteitages« der KPR, wie auch mit kommunistischen Gruppierungen nach der Art der »Jedinstwo« (Einheit) der berüchtigten Nina Andrejewa.

Der große russische Philosoph Nikolai Berdjajew betrachtete sowohl den »Kollektivismus von Marx« als auch den extremen Individualismus von Nietzsche als Folge der Krise des Humanismus, welcher den Menschen an die Spitze der Geschichte gestellt habe: »Der Humanismus richtet sich gegen den Menschen und gegen Gott. Wenn nichts über dem Menschen ist, wenn nichts höher als der Mensch ist, wenn der Mensch keinerlei Elemente außer jenen kennt, die im menschlichen Kreis eingeschlossen sind, dann hört der Mensch auf, auch sich selbst zu kennen. Die Folge einer Verneinung des Höheren ist, daß sich der Mensch auf verhängnisvolle Weise dem Niederen, nicht dem Übermenschlichen, sondern dem Untermenschlichen beugt. Das ist das unausbleibliche Ergebnis ... des gottlosen Humanismus in der neuen Geschichte... Ich spreche von Friedrich Nietzsche und von Karl Marx. Diese beiden Männer, die einander nirgends, in keinem einzigen Punkt, berühren ... setzen dem Humanismus gleichermaßen ein Ende und beginnen mit dem Übergang zum Antihumanismus.«

Im 20. Jahrhundert hat die Idee vom »Übermenschen« der Welt den Faschismus beschert, während der marxistische Kollektivismus den bolschewistischen Traum von einer Weltrevolution und überall auf der Erde totalitäre Regime hervorbrachte. Im Jahre 1945 brachen der Faschismus und die faschistischen Staaten zusammen. Man hätte meinen sollen, nunmehr werde jener Siegeszug der kommunistischen Ideologie beginnen, auf den die Kommunisten nach dem Ersten Weltkrieg vergebens gewartet hatten.

Nicht durch die Atombombe und nicht durch den kalten Krieg wurde die Welt gerettet, sondern vielmehr durch die freie Selbstverwirklichung der menschlichen Persönlichkeit und durch rechtliche Garantien, vor denen Lenin solchen Abscheu empfand. Beides erlaubte der postindustriellen Gesellschaft, die kommunistische Doktrin nicht durch militärische Aktionen, nicht durch die Androhung des Weltuntergangs zu besiegen, sondern durch die Praxis des eigenen sozialen Aufbaus. Die kommunistische Idee bekam Risse. Der Internationalismus zerfiel in eine ganze Palette nationalistischer Ideologien. Der »Kollektivismus« geriet zur Verkündigung einer russischen Überidee.

Ebenfalls Nikolai Berdjajew sagte in seinem Werk *Die Philosophie der Ungleichheit* voraus: »Sogar der freie Druck von Büchern, Zeitschriften und Zeitungen wird unmöglich gemacht werden, denn das gesamte Verlagswesen und die gesamte Presse werden sich in den Händen eines zentralen Kollektivs befinden und dessen Interessen und Zielen dienen. Bleiben wird allein die Freiheit des nichtverkörperten Geistes, und der menschliche Geist wird sich entkörpern müssen.«

Die Voraussage erfüllte sich: Das »zentrale Kollektiv« ist die Nomenklatura, und mit der »Entkörperung« des Geistes bezahlten wir für ihre Allmacht.

Die Jahrzehnte des kommunistischen Totalitarismus haben in der Seele meiner Mitbürger eine allzu deutliche Spur hinterlassen. Die Intelligenzija muß alles daransetzen, daß es nicht zu einer furchtbaren Metamorphose kommt, daß das Land nicht von einer neuen Woge des – nunmehr unverblümt faschistischen – Totalitarismus überflutet wird. Denn sonst hätte auch die Welt keine große Überlebenschance.

Ich rechne mich nicht zu den Antikommunisten: Es wäre absurd, ernsthaft ein Gespenst der Vergangenheit zu bekämpfen. Aber für einen Antifaschisten halte ich mich.

Die Frage nach dem Privateigentum steht im Mittelpunkt der kommunistischen Doktrin. Auf den zurückliegenden drei Kongressen der Volksdeputierten und den drei Tagungen des Obersten Sowjets drehte sich die Polemik zwischen Demokraten und Orthodoxen zwangsläufig um diese Frage.

Man hat uns immer erklärt, Privateigentum bedeute Ausbeutung, Abkehr vom Sozialismus und Klassenteilung der Gesellschaft. All das haben wir seit Oktober 1917 dauernd zu hören bekommen, und in den Argumenten der kommunistischen Wortführer gibt es nichts Neues. Wichtig war jedoch, daß die Fürsprecher des Privateigentums erstmals seit mehr als siebzig Jahren in eine unmittelbare Polemik mit den Kommunisten eintreten konnten. Sie behaupteten, daß das Privateigentum seine Effektivität bewiesen habe, daß die Achtung des Menschen mit der Anerkennung seines Rechtes auf Eigentum beginne, daß in unserem Land eine Familie ihr ganzes Leben lang im Schweiße ihres Angesichts arbeiten könne, im Alter aber dennoch mit leeren Händen dastehe, weil sogar die Wohnung, in der sie mehr als ein halbes Jahrhundert lang gelebt hat, nicht ihr, sondern dem Staat gehöre. Und kaufen dürfe man die Wohnung auch nicht. Demnach werde dem Bürger im »realen« und selbst im »entwickelten« Sozialismus nur erlaubt, kaum mehr zu besitzen als der Sklave im antiken Rom und weitaus weniger als der leibeigene Bauer.

Einst schien es den Marxisten, daß die Menschheit mit dem Privateigentum auch die Ausbeutung abwerfen und das Ideal der Gleichheit und Brüderlichkeit erreichen werde. Doch leider ist die soziale

Differenzierung in unserer Gesellschaft sogar tiefer als in den traditionellen kapitalistischen Ländern. Nicht einmal aus der Gleichheit in Armut ist etwas geworden. Mit der Brüderlichkeit im Konzentrationslager hat es nicht geklappt, ja konnte es auch gar nicht klappen. Die Bürokratie, die nach einer Formel von Marx den Staat selbst zum Gegenstand des Privateigentums gemacht hatte, war nach der Abschaffung sämtlicher sonstiger Formen von Privateigentum selber keineswegs zu einem Elendsdasein bereit. Die schlimmste Art des Privateigentums ist die totale Verstaatlichung des Lebens. Und nichts konnte sie im Lande des »siegreichen Sozialismus« verhindern, denn alle anderen Formen des Eigentums außer dem staatlichen waren ja beseitigt worden.

Im Gebiet Leningrad wurden bereits unter Breschnew ausnahmslos alle Kolchosen in Sowchosen, also Staatsgüter, umgewandelt. Somit wurden aus den Bauern, die man um den letzten Rest an Selbständigkeit gebracht hatte, Landarbeiter, Tagelöhner auf ihrem eigenen, das heißt dem »volkseigenen«, Boden, der – wie der Schriftsteller Juri Tschernitschenko feststellte – dem größten Grundbesitzer aller Zeiten und Völker gehörte: der KPdSU. Etwa Mitte der siebziger Jahre setzte eine Stagnation des Systems ein, dann folgte auch schon seine Agonie. Obwohl das Regime den Boden mit all seinen Schätzen ausgeplündert hatte, konnte es nicht mehr länger existieren. Einfach deshalb, weil keinerlei Milliardenspritzen von Öl-Dollars imstande waren, der kranken Wirtschaft zu helfen. Solange das staatliche Eigentum sämtliche anderen Arten von Eigentum verschlang, solange ein Teil der Gesellschaft auf Kosten des anderen lebte, gelang es dem System, das Potential der Angst und des Gehorsams zu vergrößern. Dann folgten nur noch der Zerfall und der Untergang des Systems.

Nicht der Westen, sondern eben unser Land hat im 20. Jahrhundert einen Weg eingeschlagen, auf dem die Gesellschaft enthumanisiert wurde und alle Bereiche des sozialen Lebens von Fäulnis befallen wurden. Im »realen« Sozialismus kamen die schlimmsten Züge vieler gesellschaftlicher Formationen zum Ausdruck: die Entpersönlichung des ursprünglichen Herdenkommunismus und die Totalität der antiken Sklaverei, das neofeudale Schmarotzertum und die Merkmale des »wilden« Kapitalismus des 19. Jahrhunderts. Indes haben die westlichen Länder, in vieler Hinsicht dank unserer negativen Erfahrungen, einen Weg der Sozialisierung beschritten. In der postindustriellen Gesellschaft, deren Anbruch weder Marx noch Lenin vorherzusagen vermochten, büßte das Privateigentum in seiner klassischen Form immer mehr an Bedeutung ein. Es ist durch verschiedene Arten des Aktienbesitzes und anderen kollektiven Eigentums ersetzt worden. Die Rechts- und Vermögensgarantien der demokratischen Einrichtungen sind ein zuverlässiger Zügel, mit dessen Hilfe die Gesellschaft ihre eigenen Verwaltungskräfte lenkt, die Willkür und Allmacht von Bürokraten verhindert.

Wird ein Arbeitnehmer Aktienbesitzer, so hört er auf, Lohnabhängiger zu sein; er verwandelt sich in einen Miteigentümer des Unternehmens. Nicht wir, sondern die westlichen Demokratien haben die Klassenkonfrontation überwunden. Was bleibt uns nur übrig? Zu jener Kreuzung zurückzukehren, an der die historischen Wege auseinanderliefen und an der sich das vom europäischen Gespenst des letzten Jahrhunderts verzauberte Rußland in den Abgrund der kommunistischen Utopie stürzte. Mit anderen Worten: Wir müssen in den Schoß der europäischen Zivilisation zurückkehren und folglich das Recht auf Privateigentum, vor allem an Grund und Boden, anerkennen.

Das bedeutet keinesfalls, daß wir zum Kapitalismus des 19. Jahrhunderts zurückkehren müßten. Bekanntlich soll man nicht – und man braucht es auch nicht! – zweimal in dasselbe Wasser steigen. Die postindustriellen Erfahrungen der entwickelten Länder liefern genug machtvolle Fundamente dafür, die Interessen des einzelnen und der Gesellschaft aufeinander abzustimmen. Das Wort »Privateigentum« – das Schreckgespenst der orthodoxen Marxisten – leitet sich bekanntlich von dem lateinischen Wort *privatus* ab, was soviel wie »einem einzelnen gehörig« bedeutet. Übrigens kommt das russische Wort *partija* (Partei) vom französischen *partie*, was »Teil« heißt. Das Irreale des »realen« Sozialismus wie auch das sektiererische Wesen der kommunistischen Utopie zeigen sich daran, daß wir nicht nur versuchten, das Ganze durch einen Teil zu ersetzen, sondern auch verkündeten, der Teil sei viel mehr als das Ganze. Die Kommunistische Partei ächtete alle übrigen Parteien, die kommunistische Bürokratie schaffte alle Arten von privatem und kollektivem Eigentum ab, außer dem staatlichen, versteht sich. Schärft man jedoch den Blick, so wird deutlich, daß Marx zumindest nicht exakt war: In unserem Land besitzt die Parteibürokratie den Staat nicht als privates, sondern eben als kollektives Eigentum. Hierher rührt die Teilung der Macht auf nationaler, regionaler, behördlicher Grundlage. Das Dogma der kommunistischen Phraseologie ist nur so lange gefährlich, wie das System noch über die Runden zu kommen vermag, die Wirtschaft noch nicht endgültig zerrüttet ist und hinter der Phraseologie noch religiöser Begeisterung gleichender Fanatismus glimmt.

In Leningrad erzählte man sich, als Romanow als Erster Sekretär des Gebietskomitees der KPdSU noch das Zepter schwang, folgenden Witz: »In einer gähnend leeren Fleischerei flucht jemand unflätig auf Romanow. Sogleich bringt man ihn zum KGB, das sich höflich erkundigt, was der Bürger denn am Genossen Romanow auszusetzen habe. ›Für dreihundert Jahre haben die Romanows in Rußland geherrscht, aber Lebensmittelvorräte konnten sie nicht einmal für siebzig Jahre anlegen!‹«

Sehr treffend aufgespießt! Sieben Jahrzehnte lang lebten wir auf Kosten der Ausbeutung dessen, was das Volk angehäuft und was die Natur zu bieten hatte. Stück für Stück verschleuderten wir die menschlichen, sozialen, natürlichen und sittlichen Ressourcen der Nation. Und ausnahmslos alle »Erfolge« der kommunistischen Doktrin – vom Sieg im Vaterländischen Krieg bis zu den Raumflügen, vom Ballett bis zur Literatur – sind der früheren Geschichte Rußlands zu verdanken. Wir zehrten unsere Vergangenheit auf, und deshalb konnten wir keine Zukunft haben.

Die Triebkräfte des sozialen Fortschritts sind die persönliche Freiheit und die Initiative der Bürger. Gewiß, Privateigentum garantiert noch kein Florieren der Gesellschaft. Im Deutschland oder Italien der dreißiger ebenso wie im Chile der siebziger Jahre stützten sich die faschistischen Diktaturen auf den Besitzinstinkt, wodurch sie jedoch nicht attraktiver und zivilisierter wurden. Während aber die Regime Hitlers und Mussolinis mit einer militärischen Katastrophe endeten, war Pinochet selbst genötigt, ins politische Nichts abzutreten. Genauer gesagt, dazu zwangen ihn die von ihm selbst bewirkten Umgestaltungen der Wirtschaft: Die postindustrielle Gesellschaft kann nicht ohne persönliche Freiheit der Bürger existieren.

Die kommunistische Doktrin ist deswegen schrecklicher und gefährlicher, weil sie in eine soziale Sackgasse führt. Will man aus ihr herauskommen, muß man über lange Jahre hinweg den sklavischen oder gar urzeitlichen Komplex der Gleichmacherei bekämpfen. Die kommunistische Ideologie offenbart sich am markantesten in folgendem Gleichnis: »Gott sagt zum Menschen: ›Du kannst dir auserbitten, was du nur willst, ich gebe es dir. Bedenke aber, daß dein Nachbar das Doppelte bekommt.‹ – ›Herr‹, erwidert der Mensch mit Tränen in den Augen, ›mache, daß ich ein Auge verliere!‹«

Nur gut, daß in unserem Volk Ehre, Güte und Würde noch lebendig sind.

Dieses Kapitel schließe ich nur einige Tage nach dem Zeitpunkt ab, als das russische Parlament das Recht des Bauern auf Boden, auch in Form von Privateigentum, deklarierte. Endlich ist geschehen, was geschehen mußte: Am 3. Dezember 1990 verliehen die Parlamentarier auf einem außerordentlichen Kongreß der Volksdeputierten der RSFSR der russischen Bauernschaft wieder das Recht – nein, nicht nur auf Boden! –, sich Bauern zu nennen. Vorbei waren die Drohungen und Beschwörungen der Apparatschiks, ihre Warnungen, das Volk sei dafür noch nicht gewappnet. In die Geschichte eingegangen ist eine Replik von Iwan Poloskow, dem führenden Marxisten-Leninisten Rußlands; er sah sich genötigt, sogar dieses Argument ins Feld

zu führen: »Den Boden darf man nicht verkaufen, er kommt von
Gott!«

Wenn unsere Bauern mit den drei Prozent Boden, der sich in per-
sönlichem Besitz befindet, sechzig Prozent der gesamten sowjetischen Kartoffel-, dreißig Prozent der Gemüse-, siebenundzwanzig
Prozent der Milch- und dreißig Prozent der Fleischproduktion zu erbringen vermochten, dann kann man sich vorstellen, von welcher
Tragweite dieser historische 3. Dezember für die Völker Rußlands
sein wird. Nach Jahrzehnten der bäuerlichen Enteignung ist auch
eine andere Zahl erstaunlich: Laut Angaben von Moskauer Sozio-
logen sind sechzig Prozent der Bevölkerung für Privateigentum an
Grund und Boden!

Der Kongreß Rußlands stimmte nicht für die Auflösung der Sowchosen und Kolchosen, sondern für die Schaffung einer vielschichtig
strukturierten Wirtschaft. Und ich muß gestehen, als ich an jenem
Abend die offizielle Meldung des Fernsehsprechers der Nachrichten-
sendung *Wremja* (Die Zeit) hörte, war ich neidisch auf meine Kollegen im russischen Parlament. Sie hatten das geschafft, was uns
Deputierten des Unionsparlaments nicht gelungen war.

Gewiß, jedes Gesetz ist bloß ein Zukunftswunsch, wenn wir es
nicht verstehen, die Forderung des Gesetzes nicht nur zur juristischen, sondern auch zur psychologischen Norm werden zu lassen.
Mit der Einbuße der Eigentumsvielfalt ging uns auch die Vorstellung
von der Unantastbarkeit fremden Eigentums verloren. Das Eigentum
des Staates hat seine Unantastbarkeit längst eingebüßt, weil es in den
Augen der Bürger niemandem gehörte. Das ist sogar in den Sprachgebrauch eingegangen: Wer an seinem Arbeitsplatz etwas gestohlen
hat, der wird bei uns nicht als Dieb bezeichnet. Er hat nur etwas »mit-
gehen« lassen. Bestehlen kann man nur eine konkrete Person, dem
Staat dagegen nimmt man etwas weg. Es handelt sich gewissermaßen
um eine Form der Umverteilung. Sogar wenn Beamte etwas stehlen,
ist nichts dabei. Und wenn jahrzehntelang im Rundfunk und dann
auch im Fernsehen ein munteres Liedchen geträllert wurde, in dem

es heißt, »Alles ringsum gehört dem Kolchos, alles ringsum gehört mir«, wenn das staatliche Eigentum offiziell als Volkseigentum bezeichnet wurde, so mußte Diebstahl einfach zur Norm werden. Oder kann man sich etwa selber bestehlen?

Unser parlamentarischer Weg zum Verständnis dessen, daß ohne Privateigentum auch alle anderen Arten des Eigentums nicht existieren können, sollte sich als äußerst dramatisch erweisen.

Auf dem 1. Kongreß stieß jegliche Erwähnung von Privateigentum auf geharnischte Kritik und zog aufgebrachte Erklärungen eines Arbeiters oder einer Kolchosbäuerin nach sich, die, von einem durch den Apparat vorgefertigten Zettel ablesend, den Idealen der Oktoberrevolution Treue schworen und jeden brandmarkten, der sich erdreistete, dieses ideologische Tabu zu durchbrechen. Und als im Gesetzgebungsausschuß die Notwendigkeit eines Eigentumsgesetzes zur Sprache kam, waren Professor Sergei Alexejew, Professor Juri Kalmykow und ich sehr rasch einer Meinung: Geändert werden muß die Beziehung zwischen dem Eigentum des Staates und dem Eigentum der Bürger. Laut der damals geltenden Verfassung war das staatliche Eigentum die Grundlage der sozialistischen Gesellschaftsordnung. Ihm waren alle übrigen Formen des Eigentums untergeordnet. Und selbst was das kollektivwirtschaftliche und genossenschaftliche Eigentum betraf, wußte jeder Schüler, daß es im Idealfall unbedingt in staatliches Eigentum umzuwandeln sei.

Bei der Ausarbeitung eines entsprechenden Entwurfs entschieden wir uns deshalb, vor allem diese absurde Norm der sowjetischen Verfassung zu ändern. Wenn es über das Eigentum der Bürger hieß, es habe begrenzten Charakter und sei dem staatlichen Eigentum untergeordnet, weil seine Quelle die Arbeit in sozialistischen Betrieben sei, so hatten wir die Aufgabe, diese Position umzukehren. Wir schrieben in den Entwurf, daß das Haupteigentum in unserem Land das Eigentum der Bürger zu sein habe. Dann folgten verschiedene Arten kollektiven Eigentums, etwa Aktienbesitz, genossenschaftliches Eigentum usw. Erst an letzter Stelle kommt das Staatseigentum.

Wir waren von Anfang an der Auffassung, daß das staatliche Eigentum drastisch zu reduzieren sei. Und dazu muß ein Entstaatlichungsmechanismus (ein schwerfälliges, dafür aber exaktes Wort) wirksam werden. Warum nun Entstaatlichung und nicht Privatisierung? Weil Privatisierung Übergabe von Eigentum in Privathand bedeutet; hier ging es jedoch nicht nur um Privateigentum, sondern auch um verschiedene Formen kollektiven Eigentums.

Der Entwurf wurde in Komitees und Kommissionen des Obersten Sowjets der UdSSR erörtert und stieß natürlich auf sehr energischen Widerstand der Konservativen. Trotzdem gelang es uns, ihn durchzubringen. Das war um so schwerer, als nach der 1. Tagung des Obersten Sowjets auch die Regierung ein eigenes Projekt vorlegte. Muß man betonen, daß in diesem Projekt hinsichtlich des Eigentums im Lande keine wesentliche Veränderung vorgeschlagen wurde? Und die Verfasser fügten selbstverständlich jeder der erlaubten Eigentumsformen ein ideologisches Attribut hinzu: staatliches sozialistisches Eigentum, genossenschaftlich-kollektivwirtschaftliches sozialistisches Eigentum... Das Wort »sozialistisch« wurde wie ein Schwur auf den ökonomischen Stalinismus wiederholt. Bei solch einem Gesetz wäre auch nicht einmal daran zu denken gewesen, beispielsweise die Allmacht der »Agrogulags« (eine markante Metapher von Juri Tschernitschenko) anzutasten.

Und dennoch siegten wir damals! Übrigens wurde unser parlamentarischer Sieg wohl nur von Experten und Apparatschiks zur Kenntnis genommen. Die Pyramide des seiner Bezeichnung nach sozialistischen und seinem Wesen nach totalitären Eigentums umstülpend, erklärten wir mit dem neuen Gesetz: Der Mensch und die Gesellschaft sind nicht für den Staat, sondern der Staat ist für die Gesellschaft und den Menschen da.

Ein weiteres Problem waren die Einschränkungen, die das Gesetz dem Eigentum der Bürger auferlegte. Der Sowjetbürger durfte nur über das Eigentum an einer einzigen Wohnung verfügen (und auch das betraf hauptsächlich die Landbevölkerung, denn der Städter lebt

meist in einer staatlichen Wohnung) sowie eine bestimmte – die fest-
gelegte Norm nicht übersteigende! – Zahl an Vieh und Produktionsmitteln besitzen.

Und noch ein drittes Problem stand vor uns: Wie kann man einen
Mechanismus zum Schutz der Rechte des Privateigentümers herstel-
len? Beispielsweise räumt uns die Gesetzgebung das Recht ein, ein
Haus zu besitzen. Dieses Recht besteht aber bloß als Deklaration und
ist auf keine Weise abgesichert. In jedem Augenblick kann jede staatliche Einrichtung (meistens handelt es sich um das Exekutivkomitee
des örtlichen Sowjets) beschließen, einer Person das eigene Haus »für
staatliche und gesellschaftliche Bedürfnisse« zu entziehen. Ein guter
Bekannter von mir, ein Juraprofessor aus Riga, hat sich nach dem
Krieg dreimal ein Eigenheim bauen müssen. Nachdem er sein erstes
und dann auch sein zweites Haus gebaut hatte, kam eine Kommission
des örtlichen Exekutivkomitees zu ihm, taxierte den Wert des Hauses
auf buchstäblich einige Groschen und nahm ihm das Grundstück
weg, um dort, wo er sich mit eigenen Händen und eigenen Mitteln
ein Heim geschaffen hatte, eine Garage zu errichten oder einen
Chausseestreifen anzulegen. Nicht genug damit, daß niemand den
Betroffenen zuvor fragte, er bekam obendrein nur eine rein symbo-
lische Entschädigung. (Im Westen wird mit derartigen Abfindungen
nicht nur der materielle, sondern auch der ideelle Schaden ver-
gütet.)

Unlängst hatte mein Bekannter wiederum Grund zum Jammern. Es
sieht so aus, als ob er ein viertes Mal ein Haus bauen muß. Abermals
hieß es, man werde sein Grundstück für staatliche Zwecke beschlagnahmen.

Die Schutzlosigkeit des Sowjetbürgers hat logischerweise sein Vertrauen zum Eigentum untergraben. »Es ist gut, in Rußland nichts zu
besitzen«, heißt es bei einem Dichter. Das System war darauf aus, das
Eigentumsgefühl (abgesehen vom »sozialistischen«, versteht sich!)
auszumerzen. Ein ökonomisch freier Mensch könnte schließlich
auch politische Freiheiten verlangen.

In unserem Entwurf erwähnten wir keinerlei Beschränkungen für persönliches Eigentum und legten fest, daß der Bürger den Schutz seiner Interessen einklagen könne. Dementsprechend können nunmehr Beamte einer Person das Eigentum nur auf dem Rechtswege entziehen. Und mein Bekannter kann jetzt nachweisen, daß keinerlei Notwendigkeit besteht, sein Grundstück zu beschlagnahmen. Ringsum gibt es genügend Bauflächen.

Und nun wird es nicht mehr so einfach sein, Mieter einer Stadtwohnung zum Umzug in die Außenbezirke zu nötigen, wie man es bei uns bis in die jüngste Zeit unter dem Vorwand der Gebäudeinstandsetzung praktizierte. Man vertrieb jemanden aus der Wohnung, in der er geboren wurde und sein ganzes Leben verbracht hatte, zerstörte dadurch Bindungen zu Freunden und Bekannten und beeinträchtigte zuweilen auch die Familienbeziehungen. Meist mußten die Menschen ihren Arbeitsplatz wechseln und sich neuen Bedingungen anpassen. Und alles nur deshalb, weil man in irgendeinem Kontor des örtlichen Exekutivkomitees an dem betreffenden Haus Gefallen gefunden hatte oder weil es einem Hotelkooperativ versprochen worden war.

Das auf dem 3. Kongreß der Volksdeputierten der UdSSR verabschiedete Eigentumsgesetz hat solcher Willkür der Machtorgane einen Riegel vorgeschoben. Dieses Gesetz trat am 1. Juli 1990 in Kraft, und inzwischen sind bereits viele unserer Landsleute Eigentümer ihres Wohnraums geworden. Das einzige, was uns nicht gelang, war, in das Gesetz einen Artikel über Privateigentum an Grund und Boden einzubringen. Hier führten die Konservativen einen Kampf auf Leben und Tod. Neun Monate nach jenen Schlachten auf dem Kongreß sollte dann das Recht auf Privateigentum an Boden durch das russische Parlament verankert werden. Das heißt, künftig wird man in Rußland sagen: »Jelzin hat dem Bauern Land gegeben. Stalin nahm es ihm weg, doch Jelzin hat es ihm zurückgegeben.«

Weshalb hat Gorbatschow diesen Schritt nicht gewagt? Die Logik der Reformen wird ohnehin dafür sorgen, daß die Bodenfrage auf der

Tagesordnung des 4. Kongresses der Volksdeputierten der UdSSR erscheint. Und ich bin überzeugt, der Präsident der UdSSR wird, unabhängig von seinen politischen Neigungen, für Eigentumsvielfalt auf dem Lande stimmen müssen. Bislang aber bleibt er auch noch Generalsekretär der KPdSU und ist deshalb verpflichtet, den kommunistischen Strukturen, der Armee und dem Geheimdienst Rechnung zu tragen. Dadurch, daß Michail Gorbatschow Boris Jelzin den Vortritt dabei ließ, den Bauern zurückzugeben, was ihnen die Bolschewiki versprochen hatten und wodurch diese im Oktober 1917 an die Macht gelangt waren, hat er zweifelsohne die Positionen des russischen Parlaments und Jelzins Ansehen im Volk gestärkt. Auf einem anderen Blatt steht, daß dies nur dank Gorbatschows Reformen geschehen konnte.

Wir leben in einem Land, in dem ideologische Klischees sogar dann noch stark sind, wenn die Ideologie selbst schon das Zeitliche gesegnet hat. Vor einem Jahr schien mir, daß ich einen vernünftigen Ausweg gefunden hatte, der es ermöglichte, die in sieben Jahrzehnten kommunistischer Propaganda anerzogene Intoleranz gegenüber dem Privateigentum zu überwinden. Ich schlug vor, im Gesetz nicht das Wort »Privateigentum«, sondern den Begriff »Eigentum des Bürgers« zu gebrauchen. Wenn es im Gesetz für dieses Eigentum keine Beschränkung gibt, bedeutet dies dem Wesen nach auch die Anerkennung des Rechtes auf Privateigentum. (Übrigens findet man den Terminus »Privateigentum« beispielsweise auch im *Code Napoléon* nicht. Dort ist ebenfalls vom Eigentum der Bürger, von individuellem Eigentum die Rede.) Und der Ausdruck »Eigentum des Bürgers« gelangte in den Wortlaut des neuen Gesetzes.

So ist nun einmal unsere soziale Mentalität: Den Begriff »Eigentum des Bürgers« schluckten die Konservativen, doch gegen »Privateigentum an Grund und Boden« begehrten sie auf. Und in den ersten Reihen jener Attacke auf das Privateigentum waren die Deputierten, die den Agrarsektor vertreten. Weshalb? Weil sie in der Mehrheit Direktoren von Sowchosen und Vorsitzende von Kolchosen, das heißt allmächtige Bosse der erwähnten »Agrogulags«, sind. Viele von ihnen sind rechtschaffene Leute und keine schlechten Wirtschaftsführer, aber sie konnten sich im Jahre 1989 noch nicht vorstellen, daß es mit ihrer Allmacht zu Ende ging. Nicht von ungefähr war Jegor Ligatschow, der eingefleischteste Konservative im damaligen Politbüro, seit einiger Zeit für die Landwirtschaft zuständig. Nachdem er als Chefideologe der Kommunistischen Partei Schiffbruch erlitten hatte, zog er sich aus verständlichen Gründen in die Landwirtschaft zurück: Die aus Kolchosen und Sowchosen bestehende Struktur garantierte ihm ein Maximum an gesellschaftlichem Konservatismus und demnach an Unterstützung. Die »Agrogulags« halten auch heute noch eine riesige Zahl der Bauern im Zaum, deren Abhängigkeit vom Vorsitzenden bzw. Direktor weitaus größer ist als die Abhängigkeit des Städters vom Leiter seines Betriebes. Wer auf dem Lande aus der Kolchose entlassen wird, verliert jegliche Arbeit und damit auch sein Haus. Bisher hatte der Bauer nur eine einzige Alternative: Entweder beugte er sich stets dem Vorsitzenden, oder aber er ließ sein Zuhause und den Boden seiner Vorfahren im Stich und siedelte in ein städtisches Wohnheim um. Kann es da verwundern, daß das russische Dorf verödete, die Jugend in die Stadt floh und Hunderttausende von Ortschaften von der Landkarte verschwanden? Und jene, die nicht fortgehen konnten oder wollten, wurden zu hörigen Sklaven des Systems. Die sogenannten perspektivlosen Dörfer Rußlands wurden nicht durch die Intrigen irgendwelcher Ökonomen geschaffen, sondern sie sind ein angeborenes Gebrechen der »Agrogulags«. Auf dem Dorf fängt die Obrigkeit mit dem Brigadier an. Und wenn die Dorfbewohner bei den Wahlen größtenteils für ihre Direktoren und Vorsitzenden stimmten, hat das ganz verständliche Gründe: Sie wählen lieber einen der Ihren als einen Fremden, weil sie hoffen, daß der erstere wenigstens etwas für sie tun wird...

Dies ist eigentlich schon das ganze Geheimnis des »Konservatismus« unserer Landbevölkerung. Die Angst und das Fehlen einer Alternative bewahrten die Dorfnomenklatura zuverlässig vor Anschlägen der Demokraten. Wie mag es den Direktoren und Vorsitzenden wohl in Zukunft ergehen, da der Bauer nun eine reale Alternative erhalten hat?

Es wäre leichtfertig zu behaupten, der Dorfbewohner habe nicht begriffen, weshalb er rechtlos war. Im Gebiet Leningrad kann man auch heute noch von Greisen zu hören bekommen, weshalb die KPR(B) seinerzeit in KPdSU umbenannt wurde. Die Kommunisten hätten ihre Partei deshalb umgetauft, weil die Bauern die frühere Bezeichnung enträtselt hätten. Die Anfangsbuchstaben der russischen Abkürzung ließen sich nämlich auch so »entschlüsseln«: Zweite Leibeigenschaft der Bolschewiki!

Wohlgemerkt, dieser Witz ging nicht unter den Städtern um, sondern unter den Bauern selbst. So naiv er sich auch anhören mag, er enthält doch viel Gespür für die Geschichte und die Kontinuität sozialer Strukturen, wie es sich ein orthodoxer marxistischer Historiker nur erträumen kann. Daß der sowjetische Bauer rechtlos wie ein Leibeigener bleibt, daran sind allein die neuen Sklavenhalter interessiert. Es ist belanglos, daß man dem Bauern unter Chruschtschow einen Personalausweis zubilligte und ihm erlaubte, sich in alle Himmelsrichtungen aufzumachen. Das ähnelt dem altrussischen Georgentag: An diesem Tag durfte der Leibeigene seinen Feudalherrn verlassen und sein Glück bei dessen Nachbarn versuchen. Die zweite Leibeigenschaft dauerte im russischen Dorf bis Ende 1990 an. Und das ist für die Nation ein Leid und eine Schande.

Auf dem 3. Kongreß machten jene Deputierten, die den Agrarsektor und den Apparat repräsentieren, ihren Kollegen damit angst, daß Geschäftemacher aus der Schattenwirtschaft den Boden, sei er erst einmal Privateigentum, aufkaufen würden. Ohne Kolchosen und Sowchosen würden die Bauern somit ruiniert oder zu Tagelöhnern bei neuen Großgrundbesitzern werden. Bedauerlicherweise wurden diese Argumente allen Ernstes auch von Gorbatschow aufgegriffen. Im Gesetzgebungskomitee debattierte man das Thema ebenfalls sehr heftig. Und wenn Spekulanten nun wirklich den Boden an sich brin-

gen? Damals, vor mehr als einem Jahr einigten wir uns auf folgende
Formel, die bei aller Halbherzigkeit am vernünftigsten schien: nicht
Privateigentum an Grund und Boden, sondern das Recht auf lebens-
lange Nutzung des unverkäuflichen Bodens.

Wir ermöglichten, daß Boden vererbt oder gemäß einem Vertrag
zeitweilig zur Nutzung überlassen werden kann. Wird aber für die
Landwirtschaft bestimmter Boden mehrere Jahre lang nicht bestellt,
so ist er zu beschlagnahmen. Ist ein Grundstück für den Hausbau bereitgestellt worden, so darf es nicht beschlagnahmt werden. Beim
Verkauf des Hauses werden die Qualität des Grundstücks und die in-
vestierte Arbeit für die Festlegung des Preises berücksichtigt. Dieser
Entwurf wurde auf dem 3. Kongreß zum Unionsgesetz.

Ich möchte darauf hinweisen, daß sich vor einem Jahr nur rund
zwanzig Prozent der Bevölkerung für Privateigentum aussprachen;
man hatte die Dogmen des orthodoxen Marxismus noch nicht abgeschüttelt. Heute, da Privateigentum von mindestens dreimal so vielen Bürgern unseres Landes befürwortet wird, würden wir zweifellos
eine radikalere Variante vorschlagen. Das Problem besteht ja nicht in
der Möglichkeit des Bodenverkaufs. Im Gegenteil, die Erfahrungen
Chinas zeigen: Hält der Bauer den Boden nicht für seinen eigenen, so
holt er einige Jahre lang alles aus ihm heraus, um ihn dann im Stich
zu lassen und mit seinen Ersparnissen aus der barbarischen Ausbeutung des Bodens in die Stadt umzuziehen. Und zur Verhinderung des
ungehemmten Aufkaufs und Weiterverkaufs von Grundstücken gibt
es in den zivilisierten Ländern einen speziellen Gesetzgebungs-
mechanismus; zum Beispiel in der Schweiz sind Bodenspekulatio-
nen ganz unmöglich.

Jahrzehntelang waren wir durch eine eigene »Chinesische Mauer«
von Europa abgeschirmt. In der Isolation aber kommt stets eine pro-
vinzielle Denkweise auf. Wir waren die große Provinzmacht des
20. Jahrhunderts. Daher sind unsere Vorstellungen und unsere Probleme bis auf den heutigen Tag in hohem Grade provinziell. Glasnost
und vor allem die Öffnung unserer Gesellschaft haben in drei, vier

Jahren unsere Sicht der Welt und unsere Selbsteinschätzung verändert. Nun ist es an der Zeit, auch neue Gesetze zu verabschieden.

Solange aber das Privateigentum nicht auch in unsere städtische Lebensweise eindringt, müssen wir auf den Straßen im Zentrum unserer schönsten Städte nach wie vor aufpassen, nicht bei jedem Schritt in eine stinkende Pfütze oder in verschmierten Kot zu tappen. Nach wie vor werden dann die »niemandem gehörenden« Häuser schon zwei Wochen nach ihrem Bezug von Wandschmierereien verunziert sein, und die Fernheizung wird bei den ersten Frostgraden aussetzen. Nach wie vor werden dann die »niemandem gehörenden« Kinder aus zerrütteten Ehen in »niemandem gehörende« Schulen gehen, wo es an Lehrern, Unterrichtsmitteln und Computern mangelt, und in den Speiseräumen wird auf und unter den Tischen achtlos hingeworfenes, »niemandem gehörendes« Brot herumliegen. Muß man diese Aufzählung fortsetzen? Wohl kaum. Jeder Sowjetbürger könnte hier hinzufügen, was ihn selber schmerzt und grämt. Und was immer wir auch betrachten – die Industrie oder die Literatur, den Büchermangel oder die Unterdrückung innerhalb der Armee –, unsere materiellen wie sittlichen und selbst geistigen Probleme sind in hohem Grade darauf zurückzuführen, daß es uns an Besitzinstinkten und folglich auch an Eigentum fehlt. Der Tagelöhner, der Leibeigene oder der Farbige auf einer amerikanischen Plantage zu Zeiten der Sklaverei ist jener Proletarier, der – wie die Klassiker des Marxismus treffend feststellten – nichts zu verlieren hat als seine Ketten. In der Sowjetunion gilt das gleiche für einen Kolchosbauern oder einen Theaterregisseur, einen Arbeiter oder einen Ingenieur. Ohne Achtung vor dem Eigentum gibt es keine soziale Geborgenheit, ja nicht einmal Achtung vor sich selbst. Wer aber sich selbst nicht achtet, der kann auch seinen Mitmenschen bloß verachten oder ihn – höchstens! – beneiden.

Die Erfahrungen mit den kargen individuellen Nebenwirtschaften der Landbewohner und den Kleingärten der Städter beweisen eindeutig: Auf dem Dorf und in der Stadt ist man zum Arbeiten im-

stande, und das vortrefflich! Unsere berühmten Sinjawiner Sümpfe,
die man in den Jahren der Blockade Leningrads mit Kriegsschrott ge-
spickt hatte, wurden nach dem Krieg von städtischen Kleingärtnern
urbar gemacht. Und heute sind dies die besten Böden im gesamten
Gebiet Leningrad.

Gewiß, nachdem wir das Privateigentum legalisiert haben (wodurch der Schattenwirtschaft und der Allmacht der Partei-, Wirt-
schafts- und Verbrechermafia ein Schlag versetzt wurde!), müssen
wir eine Reihe von Gesetzen verabschieden, durch die verhindert
wird, daß die Gesellschaft in einen Zustand des »Urkapitalismus«
abgleitet. Betagte und Minderbemittelte, Versehrte und Kinder zu
schützen, den Boden vor Spekulation zu bewahren, die Gesellschaft
vor dem »Nomenklatura-Kapital« zu behüten, das derzeit in allerlei
»Joint Ventures«, gegründet mit Geldern aus der Parteikasse der zer-
bröckelnden KPdSU, »gewaschen« wird – all das sind Aufgaben, die
uns noch bevorstehen.

Und auf keinen Fall dürfen wir blind kopieren, was nicht kopiert
werden kann. Damit meine ich: Wenn wir von Europa lernen, dürfen
wir nicht unbedacht jene Besonderheiten übernehmen, die nur dem
Westen eigen sind.

Auf dem Parteitag der KPR kamen die Apparatschiks arg ins
Schwitzen, als sie zu beweisen suchten, daß Privateigentum eine
Rückkehr zum Kapitalismus bedeute. Aber die Gesellschaft schenkte
ihnen keinen Glauben. Im Gegenteil, nach Poloskows Parteitag und
nach den dortigen Beschwörungen haben die Menschen erst recht
eingesehen, wo für sie die Trennungslinie zwischen Freiheit und
Knechtschaft verläuft. Warum aber dürfen wir weder Europa noch
Amerika kopieren? Deshalb, weil in den postindustriellen Ländern
die Formen des Privateigentums ganz unterschiedlich sind und ihre
wirtschaftliche »Dosierung« den Besonderheiten jedes konkreten
Landes entspricht.

Bei den Geologen gibt es den Begriff der Pseudomorphose. Dabei
handelt es sich um ein Mineral, das in der Kristallform eines anderen

Minerals auftritt. Wollen wir uns neue wirtschaftliche und soziale Erschütterungen ersparen, müssen wir uns schon heute Gedanken darüber machen, was uns die Nachahmung von Fremdartigem kosten kann.

So kämpfte beispielsweise der Schriftsteller Wassili Below einige Jahre lang gegen Aerobic und westliche Heavy-Metal-Musik im Fernsehen an. Doch aus der Mode gekommen ist die Popgymnastik (und jetzt wohl auch die Rockmusik) bei uns keineswegs, dank den Bemühungen dieses patriotischen Literaten. Was man in einer freien Gesellschaft gewaltsam einführt, wird von der Gesellschaft über kurz oder lang ohnehin abgeschüttelt. Das gilt auch für die Eigentumsformen.

Im Westen mit seiner Vielfalt von Wirtschaftsformen wird der Prozentsatz individuellen Eigentums stets größer sein als in Rußland. Für die Russen ist kollektives Eigentum sowohl an Produktionsmitteln als auch an Grund und Boden eine nationale Tradition. Deshalb werden sich viele Bauern, wenn Stalinsche Kolchosen und Sowchosen aufgelöst sind, nicht für eigene Höfe entscheiden, sondern sich wohl am ehesten zu Artels und Kollektivwirtschaften zusammenschließen, allerdings nur nach dem Anteilprinzip.

So wird auch das Putilow-Werk in Leningrad selbstverständlich nicht in Privathand übergehen, sondern zu einem Aktienunternehmen werden, an dem gewiß nicht allein die Arbeiter und Ingenieure dieses Betriebes beteiligt sind. Damit die Interessen der Gesellschaft und der Arbeitnehmer ausgewogen sind, müssen Banken wie Sowjets Aktieninhaber werden. Wir werden es noch lernen, den kollektiven Egoismus zu zügeln und volkseigene Betriebe zu schaffen, die sowohl miteinander als auch mit individuellem Kapital als auch mit dem Westen konkurrieren können.

Ich glaube, volkseigene Betriebe, Aktien- und Genossenschaftsunternehmen werden für Rußland am geeignetsten sein. Nicht von ungefähr setzten die Bolschewiki im Jahre 1917 auf die kollektivistischen Tendenzen in der Bevölkerung des Landes.

Wir Russen werden niemals wie Engländer oder Deutsche sein. So,
wie die russisch-orthodoxe Religion vom Katholizismus oder Prote-
stantismus abweicht, wird auch die Seele des Volkes nie mit der blo-
ßen Entlehnung einer fremden Lebensweise zufrieden sein. Das Beste
faßt Fuß, das Untypische stirbt ab. Dies ist viel wichtiger als alle Kon-
zepte, die Rußland seit nunmehr fast zwei Jahrhunderten durch immer neue Generationen von Westlern und Slawophilen empfohlen
werden. Unschwer ist zu erkennen, daß dieser Streit in der russischen Geschichte ebendeshalb so erbittert geführt wird, weil die
mangelnde Wahlfreiheit des Volkes ihn stets doktrinär werden ließ.
Der Totalitarismus der Autokratie und danach der weitaus schreck-
lichere Totalitarismus des kommunistischen Reiches ließen all diese
Streitigkeiten zu Disputen unter reinen Stubengelehrten oder gar zu
Küchengeschwätz werden.

Seit Peter dem Großen schwankt Rußland hin und her, unfähig,
sein eigenes Selbst zu finden: Vom Westen entlehnten wir die deutsche Bürokratie und Philosophie, die französische Freidenkerei und
die Marxsche Lehre. Dadurch taten wir der eigenen Lebensweise und
dem eigenen Wesen Gewalt an. Und das ist, wie russische Philo-
sophen meinen, ebenfalls einer unserer nationalen Züge. Mir aber
scheint, daß das Nationale hier allein im russischen Idealismus und
Kollektivismus zutage tritt. Diese beiden mächtigen Säulen des russischen Lebens, im Verein mit imperialem Totalitarismus und der Be-
reitschaft, für eine Idee zu sterben, haben unseren Weg im 20. Jahrhundert bestimmt.

Ich selbst bin weder Westler noch Slawophiler. Ich bin einfach ein
Russe, der einsieht, daß sein Land kein Recht mehr auf soziale Experimente hat. Ebendeshalb müssen wir vom Osten wie vom Westen
das Beste, alles für uns am ehesten Geeignete, übernehmen. So verfuhren die Japaner, welche die westliche Technologie, nicht aber die
nationalen Lebensformen entlehnten. Wir aber haben uns am Ende
des zweiten Jahrtausends auch darüber Gedanken zu machen, was
von der westlichen Technologie für uns tauglich und was entbehrlich

ist: An der Schwelle der ökologischen Katastrophe wäre es widersinnig, eine weitere Konsumgesellschaft aufzubauen.

In der Umgebung von Leningrad, in dem von Puschkin und Nabokov besungenen Dorf Wyra, lebt der Architekt und Restaurator Alexander Semotschkin. Nicht selten ist er Gast der beliebten Leningrader Fernsehsendung *Das fünfte Rad* und auch des Moskauer Programms. Von seinen vielen interessanten, wenn auch nicht unumstrittenen Ideen, möchte ich hier eine besonders hervorheben: den Gedanken einer »Vitalisierung« der Wirtschaft des 21. Jahrhunderts. Gemeint ist die Schaffung eines Wirtschaftssystems, das den Gesetzen der Existenz eines lebendigen Organismus angenähert ist. Für die Stadt bedeutet das eine Entindustrialisierung der lokalen Wirtschaft. Nach Semotschkins Auffassung müssen die Betriebe frei von Abfallprodukten sein und jenseits der Stadtgrenzen liegen. Die Stadt wird zu einem Hort von Wissenschaft, Kultur und Gewerbe. Die Industrie stellt nur Halbfabrikate her, die sich manuell weiterverarbeiten lassen. Natürlich ist hier nicht von Geräten oder Transportmitteln die Rede, sondern von einer Vermenschlichung der Gegenstände, unter denen der Mensch lebt: Das, was nicht durch eine Maschine, sondern durch Menschenhand zu Ende geführt worden ist, wird dem Menschen stets besser, länger und zuverlässiger dienen. Vor allem aber wird es den unverwechselbaren Stempel individuellen Könnens tragen, also dessen, was uns an Gegenständen der vorindustriellen Epoche so gefällt. Und die Lebensweise des Bauern kann, ohne sich allem Komfort der Zivilisation zu verschließen, wieder wirklich bäuerlich werden, wenn wir unseren Boden nicht mit Chemie und Technik, sondern mit Güte bestellen. Das Pferd wird wieder zum Symbol des russischen Dorfes werden, denn während das Pflügen mit einem Traktor zweckmäßiger ist, ist es doch schlechthin verbrecherisch, gefälltes Holz mit dem Traktor aus dem Wald zu holen.

Eine aus vielfältigen Formen bestehende Wirtschaft hat zur Folge, daß das menschliche Dasein ökologisch und sittlich sauber wird. So schaffen auch die Geburt des Parlaments und die Geburt der freien

politischen Willensäußerung des Sowjetbürgers die Voraussetzung
dafür, einander Gehör zu schenken. Danach muß man akzeptable
Formen der Koexistenz der Menschen untereinander und des Menschen mit der Natur finden.

Ich kehre abermals zum Problem des Privateigentums zurück. Ökonomen bezeichnen unsere Kolchosen häufig als Scheingenossenschaften, weil dem Bauern im Falle eines Austritts sein Anteil vorent-
halten wird. Der Genossenschaftsanteil ist die Hauptdominante der
kooperativen Wirtschaftsform. Für den Bauern verkörpert er nicht
nur seinen Beitrag und seine eigene Leistung, sondern auch sein eigenes Risiko, das heißt, er ist das Maß der eigenen Verantwortung für
die gemeinsame Sache. Stalin schaffte den Begriff »Genossenschaftsanteil« bereits 1931 ab. Seither konnte der Bauer aus der Kolchose nur
so entkommen, wie man aus einem Gefängnis oder aus der Verbannung entkommt. Auf diese Weise verwandelten sich die Kolchosen
aus dem kollektiven Eigentum der Bauern in eine Abart des Eigentums der Parteibürokratie. 1987 wurde ein Gesetz über das Genossen-
schaftswesen verabschiedet, doch in ihm findet man wiederum kein
einziges Wort über das Prinzip der anteilmäßigen Beteiligung.

Das ist natürlich empörend, aber bereits unter einem anderen Ge-
sichtspunkt: Während im Kolchosstatut von 1931 das Fehlen des
Genossenschaftsanteils auf eine Verstaatlichung des kollektiven
Eigentums hindeutete, verbirgt sich nun hinter einer Schein-Verge-
nossenschaftung eine Form des Unternehmer-, des Privateigentums.
Da es den Genossenschaftsanteil nicht gibt, wird folglich der Organisator der Genossenschaft – allein oder gemeinsam mit von ihm in die
Schlüsselpositionen eingesetzten Kompagnons – zum wirklichen
Eigentümer des Betriebs, während die übrigen Mitarbeiter nur zeitweilig gegen Entlohnung angestellt werden, nichts mitentscheiden
dürfen und nur an der Höhe ihres Verdienstes interessiert sind. So
entsteht ein kapitalistischer Betrieb hinter dem »sozialistischen«, ge-
nossenschaftlichen Schleier. Ohne Genossenschaftsanteil kann man
einen Mitarbeiter jederzeit entlassen. Ohne Genossenschaftsanteil

gibt es auch keine Kontrolle der Leiter der Scheingenossenschaft. Und ebensowenig gibt es das geringste Interesse an der Qualität des Hergestellten, an einer Modernisierung der Kapazitäten und an Investitionen in die Technologie.

Am frappierendsten ist, daß den ersten Entwürfen jenes Gesetzes das Anteilprinzip zugrunde lag. Doch da es dem damaligen Obersten Sowjet und der damaligen Regierung elementar an gesundem Menschenverstand mangelte, wurde dieses Prinzip dann entfernt, weil es in unserer Gesellschaft »klassenfremd« sei. Der Genossenschaftsanteil schien den Betreffenden ein individualistisches Element zu sein und dem Sowjetbürger damit nicht zu Gesicht zu stehen. Nur gut, daß das Gesetz die Gründung von Kooperativen mit Teileigentum nicht untersagte und einige Genossenschaftler selbst darauf kamen, ihren Betrieben das Anteilprinzip zugrunde zu legen. Doch das Scheitern vieler Kooperativen ohne Genossenschaftsanteil ist nicht allein auf die ihnen abverlangten unmäßig hohen Steuern, sondern auch darauf zurückzuführen, daß die Scheingenossenschaften von vornherein in der Konkurrenz mit staatlichen Betrieben zur Niederlage verdammt waren. Soll das Potential des Genossenschaftswesens erschlossen werden, muß jeder Beschäftigte wirklich Eigentümer, das heißt anteilmäßig Beteiligter, sein. Dann ermöglichen die gegenseitige Hilfe und Initiative gleichberechtigter Partner einem kleineren Genossenschaftsbetrieb, mit den staatlichen Betrieben zu konkurrieren, wo die Lohnabhängigen schlechter und mit geringerem Interesse arbeiten. Bisher ist es leider noch nicht zu einer solchen Konkurrenz gekommen.

Die orthodoxen Marxisten vergessen am liebsten, daß selbst Marx das Privateigentum nicht verneinte. Er bezeichnete das »persönlich erworbene, selbsterarbeitete Eigentum« seinem Wesen nach als sozialistisch. Strenggenommen darf man weder Stalin noch Lenin noch Trotzki als Marxisten einstufen. Karl Marx war der Ansicht, man könne den Sozialismus erst dann errichten, wenn sich die auf Warenproduktion fußende kapitalistische Organisationsweise vollständig

erschöpft habe. Und erst wenn eine weitere Entwicklung der Produk-
tion im Rahmen der Warenform nicht mehr möglich sei, könne der
Sozialismus beginnen. Ebendeshalb sprach Marx vom gleichzeitigen
Sieg des Sozialismus in allen Ländern.

Im Jahre 1917 hatte der Kapitalismus noch nicht einmal ein Hun-
dertstel seiner kreativen Möglichkeiten erschlossen. Und mit der Verkündigung der sozialistischen Revolution allein in Rußland löste
Lenin im Grunde genommen nicht die Geburt einer neuen Gesellschaft aus, sondern vielmehr eine Fehlgeburt: das antidemokratische
Regime des Bolschewismus. Damit nicht genug: Wie die altassyrische
Prophezeiung von dem zweiten Kind bei einer Fehlgeburt besagt, begünstigte das kommunistische Regime in Rußland die Faschisierung
Europas. In Deutschland und Italien gelangte der Faschismus infolge
der Reaktion des erschreckten Kapitalismus auf den Oktoberumsturz
in Rußland an die Macht. Doch sowohl die Leninsche internationale
als auch die Hitlersche nationale Variante des Radikalsozialismus
sind genau das, wovor Karl Marx gewarnt hatte – er, der große Ge-
lehrte und letzte deutsche Faust, dem Mephisto einen so entsetz-
lichen Preis abverlangte. Denn ein Lehrer ist sowohl für die von ihm
erzogenen Schüler verantwortlich als auch für ihr Unvermögen, sich
Pseudoschülern zu widersetzen, welche die schlechtesten Seiten
und irrigen Postulate der Konzeption des Genies »schöpferisch wei-
terentwickeln«.

Bisher hat die Warenproduktion sogar in der postindustriellen Gesellschaft ihre Möglichkeiten noch nicht erschöpft. Andererseits ist
seit den Reformen Franklin Roosevelts eine Sozialisierung der kapitalistischen Wirtschaft im Gange. Ich meine nicht, daß die Anhänger
einer Konvergenztheorie des Sozialismus und Kapitalismus in allem
recht haben. Als reale ökonomische Gesellschaftsformation (im Gegensatz zum »realen Sozialismus«) hat der Sozialismus nie existiert,
schon gar nicht in den sogenannten sozialistischen Ländern. Was existiert, ist eine mit »wissenschaftlicher« kommunistischer Phraseologie verbrämte Abart des Totalitarismus, mehr nicht. Konvergenz

bedeutet Annäherung von Kapitalismus und Sozialismus. Aber was soll sich da eigentlich annähern? Wie lassen sich die postindustrielle demokratische Gesellschaft, mag sie auch nicht vollkommen sein und noch Elemente des Kapitalismus der Vergangenheit aufweisen, und jenes volksfeindliche Regime, das in verschiedensten Ländern von einer kommunistischen Bürokratie errichtet wurde, einander annähern?

Der Begriff Konvergenz stammt aus der Biologie. Dort beschreibt er die Annäherung von autonomen Formen unter gleichen Umweltbedingungen. Ein klassisches Beispiel dafür ist die körperliche Ähnlichkeit eines Delphins und eines Hais. Man kann natürlich auch von einer Konvergenz des Delphins und, sagen wir, eines Atom-U-Bootes sprechen. Doch selbst wenn man ein U-Boot in Form eines Delphins baut, wird es deshalb noch lange nicht dem ertrinkenden Arion zu Hilfe eilen. Und die Bestückung des U-Boots mit Nuklearsprengköpfen wird durch eine solche äußerliche Ähnlichkeit auch nicht humaner.

Jegliche bluttriefende Revolution ist ein Übel, das nur neue Gewalt hervorbringen und in eine Konterrevolution münden kann. Allein der Weg evolutionärer Reformen bietet der Gesellschaft eine Überlebenschance. In dieser Hinsicht haben die Fürsprecher der Konvergenz recht. Und recht hatte auch Marx, der eine künftige Sozialisierung des Kapitalismus seiner eigenen Zeit voraussah, aber nicht begriff, daß der Übergang zu einer humanen Gesellschaft prinzipiell nicht durch das Blut einer Revolution und einer Diktatur vorbereitet werden kann. Darauf wies als erster Marx' Zeitgenosse und Gegner Fjodor Dostojewski hin.

Die westliche Gesellschaft hat die Rechte des Eigentums und der Eigentümer mittlerweile rigoros eingeschränkt. Die individuellen Rechte sind von den gesellschaftlichen Interessen abhängig geworden. Genau das ist Sozialismus in seiner reinen Form: Sozialismus als Idee und Ideal, nicht aber als ein politisches Regime und eine bürokratische Deklaration der Kommunisten.

Im Sommer 1990 hielt ich auf Einladung der Universität St. Petersburg (US-Bundesstaat Florida) einige Tage Vorlesungen und wohnte
beim dortigen Rektor. Er hat ein Haus direkt an der Golfküste. Gleich
hinter dem Haus beginnt ein regelrechter Dschungel. Ich war verwundert, als ich erfuhr, daß dies alles dem Rektor gehörte. Andere Grund-
stücke in der Nachbarschaft waren viel kleiner, dafür aber unver-
gleichlich besser gepflegt: Tennisplätze, kurzgemähter Rasen ... Doch
hier ein üppiger Wuchs, von dem der Eigentümer nichts hat.

»Warum lichten Sie Ihren Wald nicht wenigstens?«

»Dazu habe ich kein Recht.«

Wie sich herausstellte, darf der Rektor auf seinem eigenen Grundstück ohne Genehmigung der städtischen Behörden keinen einzigen
Baum fällen. Gemäß den Bedingungen des Kaufvertrags darf er anstelle seines jetzigen, für amerikanische Begriffe bescheidenen Hauses ein neues bauen; allerdings muß er den Entwurf unbedingt von
der Stadtverwaltung genehmigen lassen. Das Eigentumsrecht des
Rektors ist also durch gesellschaftliche – auch ökologische – Interessen begrenzt. Denn der Verlust einiger Bäume würde, wie man hier
meint, die ökologische Lage des amerikanischen St. Petersburg ver-
schlechtern.

Noch ein anderes Beispiel aus dem amerikanischen Leben. Die
Schriftstellerin Tatjana Tolstaja erzählte, ihre amerikanische Freun-
din könne sich nicht dazu entschließen, ihre eigene Stadtwohnung
renovieren zu lassen. Laut den Gesetzen des Bundesstaates muß nämlich bei einer Renovierung auch der Wohnungseingang so umgebaut
werden, daß man mühelos mit einem Rollstuhl hindurchfahren
kann. Für die Stadtverwaltung ist es kein Argument, daß unter den
Bekannten der Frau kein einziger Versehrter ist.

Das soll nicht heißen, Amerika sei ein Ideal. Heute fällt es den
Amerikanern bereits schwer, auf eine große Zahl unnötiger Dinge zu
verzichten, die für sie nichtsdestoweniger unersetzlich geworden
sind. Aber insgesamt ist es dennoch so, daß nicht bei uns, sondern
in den USA eine Selbstbeschränkung der Gesellschaft vor sich geht!

Beispielsweise ist in öffentlichen Einrichtungen das Rauchen verboten. Zur Rettung der Lebensumwelt des Menschen ergreift man aber auch viel globalere Maßnahmen. In den nächsten Jahrzehnten wird man ohne Zweifel auch die Produktion und den Warenaustausch begrenzen, denn heute ist die Gefahr einer ökologischen Katastrophe größer als die einer Kriegskatastrophe. Und nur eine solche Gesellschaft verdient menschlich genannt zu werden, die für das Wohlergehen aller Bürger sorgt: der Besitzenden und der Nichtbesitzenden, der Starken und der Schwachen. Solch eine Gesellschaft aber läßt sich heutzutage schon nicht mehr in einem einzelnen Land oder in der Hälfte der Länder unserer Welt aufbauen, denn die Ökologie unserer Erde bildet eine Einheit.

Die Idee von sozialer Geborgenheit, Stabilität und Zukunftsgewißheit, die sozialistische Idee, die nicht von uns, sondern von unseren Partnern realisiert worden ist, kann selbstverständlich auch einmal bei uns verwirklicht werden. Und die Anhänger des orthodoxen, »reinen« Sozialismus sind im dritten Jahrtausend zum Aussterben verdammt. Wie jeglicher abstrakte Doktrinarismus ist auch der Marxismus vom Urteil der Geschichte ereilt worden.

Der sittliche Verfall der Kommunistischen Partei, wie er in den letzten zwei, drei Jahren augenscheinlich geworden ist, legt Zeugnis davon ab, daß der Kommunismus heute keine Alternative mehr für die Entwicklung der Menschheit bietet. Uns ist bereits bewußt geworden, daß sämtliche Erdenbewohner ein gemeinsames Schicksal und eine gemeinsame Zukunft haben. Das Prinzip der Teilung der Menschheit in »Lager« löst sich vor unseren Augen auf. Es brach mit der Berliner Mauer zusammen, es wurde unter den Trümmern der totalitären Regime in Europa begraben. Gewiß, wir werden es schwer haben. Aber weitaus schwerer hat es heute China, wo die wirtschaftlichen Reformen einer politischen Evolution vorauseilten, wo der Parteiapparat im Sommer 1989 durch ein blutiges Gemetzel die Macht wiedererlangen konnte. Ich bin kein Prophet, doch der weltweite Prozeß entwickelt sich so, daß ich keinerlei Zweifel habe: Bald kehrt China auf den Weg der Demokratie zurück.

Das 20. Jahrhundert, das Jahrhundert von Weltkriegen und Revolutionen, von Kommunismus und Faschismus, das Jahrhundert einer Waffe, die unsere arme Erde mehrfach vernichten kann, verspätete sich kalendarisch: Es begann im Jahre 1917. Andererseits ging es auch vorzeitig zu Ende: für Osteuropa im Jahre 1989, für unser Land im Jahre 1990. Gewiß, jegliche Kluft zwischen Wirtschaft und Politik beschwört die Gefahr einer Militärdiktatur herauf. Nachdem jedoch das russische Parlament den Bauern das Recht auf Landbesitz gegeben hat, wird die Nomenklatura, was immer sie auch zu unternehmen sucht, zum Scheitern verurteilt sein – selbst dann, wenn sie sich zu einem Militärputsch erdreistet. Auf Bajonetten kann man sich nicht lange halten, denn der Mensch pflegt ja mit dem Löffel, nicht mit dem Bajonett zu speisen.

Seinerzeit sagte Trotzki voraus, daß die Stalinsche Garde das Land zum Kapitalismus führen werde und sich selber anschicke, eine Klasse neuer Grundbesitzer und Fabrikanten zu werden. Aus der Distanz seiner Verbannung erkannte Trotzki, wohin das Land trieb, teils auch durch seine Schuld: Die Kommunisten wurden in der Tat zu den neuen Ausbeutern der Werktätigen. Und ein halbes Jahrhundert später plünderten sie das Vermögen des untergehenden gesellschaftlichen Schiffes und machten sich daran, das angehäufte »Nomenklatura-Kapital« zu »waschen«, indem sie es aus den Parteikassen in gemeinsam mit dem Westen gegründete, zumeist höchst dubiose Unternehmen umleiteten.

Nur ein geringer Prozentsatz der Bevölkerung befindet sich heute noch im Banne kommunistischer Illusionen. Am Schicksal des Kommunismus in Rußland gibt es nichts mehr zu deuten: Das kommunistische Dogma hat in den Augen des Volkes jegliche Anziehungskraft eingebüßt.

KEIN WORT ÜBER POLITIK

Ein Glück für uns, in Rußland geboren zu sein
In seinem schicksalhaften Jahrhundert.
Aus einem Lied

Im Juni 1989 wurde ich in den Obersten Sowjet der UdSSR gewählt.
Dieses neue sowjetische Parlament nahm seine Tätigkeit bereits
zwei Wochen nach dem 1. Kongreß der Volksdeputierten auf, und ich
entschied mich, fürs erste in Moskau zu bleiben, um mich dort einzu-
gewöhnen und zu orientieren.

Sämtlichen Mitgliedern des Obersten Sowjets wurde ein Einzel-
zimmer im Hotel »Moskwa« zur Verfügung gestellt. Dieses wenig
anheimelnde Gebäude, nur etwa zweihundert Meter von der Kremlmauer und dem Ewigen Feuer zum Gedenken an den Unbekannten
Soldaten entfernt, wurde seinerzeit im Geiste Stalinschen Groß-
machtgebarens errichtet. Die Moskauer haben sich in einem halben
Jahrhundert an seinen Anblick gewöhnt, doch Auswärtige können
die merkwürdige Asymmetrie seiner Fassade noch gebührend schätzen. Eine unsichtbare Linie teilt die Gebäudewand in der Mitte von
oben nach unten: links die eine Architektur, rechts die andere. Es
heißt, der Architekt habe zwei Varianten entworfen und Stalin habe
beide unterzeichnet, ohne zu merken, daß die beiden Hälften auf dem
Reißbrett des Architekten zu verschiedenen Projekten gehörten. Niemand habe gewagt, den »Vater der Völker« auf seinen Irrtum hinzu-
weisen, und so sei es zu dem asymmetrischen Bau gekommen.

Im Leib dieses architektonischen Monstrums mußten wir uns für
lange Parlamentsmonate einrichten. Jeder hat ein winziges Einbett-
zimmer, das durch Papiere, Schreiben, Aufrufe, Gesetzentwürfe und
Telegramme aus dem ganzen Land immer enger wird; sie liegen auf
der Fensterbank und unter dem Bett, im Kleiderschrank und auf dem
Fernseher. Auf dem Tisch ist einfach kein freier Fleck mehr, und der
wacklige Stoß droht wie eine Gebirgslawine über den Bewohner hin-
wegzustürzen, besonders wenn bei offenem Fenster und offener Tür
Durchzug entsteht.

Wir sind die Parlamentarier der ersten Stunde. Wir haben weder persönliche Mitarbeiter noch technische und finanzielle Mittel, vor allem aber fehlt es uns an Erfahrung. Keinerlei Erfahrung hat auch der Staat: Niemand weiß, wie man die über fünfhundert Abgeordneten aus dem ganzen Land, die nun ständig im Parlament arbeiten, versorgen, wie man die Bedingungen für ihr Alltagsleben (ganz zu schweigen von ihrer Freizeit) schaffen soll. Als Menschen verschiedenen Alters, mit unterschiedlichen Gewohnheiten und nationalen Traditionen, mit verschiedenen Neigungen und Interessen gleichen wir für Außenstehende wohl Bewohnern eines Studentenheimes, nur daß wir alle, mit ganz wenigen Ausnahmen, schon recht angegraut sind.

Jeder richtete sich also so gut ein, wie er konnte.

In der russischen Provinz – und auch in Leningrad – bekommt man über Moskau immer wieder zu hören: »Dort könnte ich nicht leben. Alle sind dauernd in Eile.« Und das Tempo ist in der Hauptstadt fürwahr ein anderes: auf den Straßen, in der U-Bahn, in den Behörden und sogar in den Geschäften. Ich glaube nicht, daß daran allein die gewaltigen Ausmaße der Millionenstadt schuld sind. Moskau, das Gehirn des riesigen Organismus unseres Landes, leistet beschleunigte Arbeit, und die ganze Stadt reflektiert notgedrungen diesen für einen Provinzler nahezu unmenschlichen Rhythmus, der vom Stadtzentrum her um sich greift und erst in den Außenbezirken wieder abebbt.

Als Sankt Petersburg die Hauptstadt Rußlands war, wurde dieser Hochfrequenzpuls des Reiches (natürlich entsprechend den Geschwindigkeiten des 18. und 19. Jahrhunderts) auch von russischen Schriftstellern wahrgenommen: »Allein vierzigtausend Eilboten« – das war nicht die Aufschneiderei einer der Gestalten Gogols, sondern die Beobachtung des Schriftstellers selbst, der übrigens in der Provinz geboren wurde. Moskau dagegen war zu Zeiten Gogols und Puschkins ein verschlafenes »großes Dorf«. Jenes Moskau gibt es freilich schon lange nicht mehr.

Erstaunlich, noch wenige Monate zuvor war für mich ein Leben ohne meine Bücherregale, außerhalb der Bibliothekswände und der Behaglichkeit meines Arbeitszimmers unvorstellbar gewesen. Und das, obwohl in der Dreizimmerwohnung, in der ich auch heute mit meiner Frau und der jüngsten Tochter lebe, mein Arbeitszimmer zugleich als Kinderzimmer dient und die neunjährige Xenia unsere Gäste mit Vorliebe wissen läßt, daß sie ihrem Vati einen Winkel ihres Zimmers vermiete. In jenen zurückliegenden ungetrübten Tagen zog ich nach dem Fernseh-Gutenachtgruß für die Kleinen immer mit meinen Papieren ins Wohnzimmer um. Nach sowjetischen Maßstäben ist das selbst für einen Universitätsprofessor gar nicht so schlimm! In Leningrad hat nämlich die Hälfte aller Familien bis auf den heutigen Tag immer noch keine eigene Wohnung.

Nach anderthalb Jahren Parlamentarierdasein, das nach Ansicht meiner Frau nur Ausdrücke verdient hat, die sich fürs Parlament ganz und gar nicht ziemen, denke ich mit Verwunderung daran zurück, wieviel Zeit uns anfangs durch Nichtigkeiten geraubt wurde. Wenn ich übrigens einem Staatsmann begegne, der seine Überlastung allzustark zur Schau trägt, dann möchte ich mich selbst beobachten können, um zu erfahren, ob ich vielleicht den gleichen Eindruck erwecke.

Das ist nun einmal die Natur des Menschen: Alles in der Vergangenheit scheint so klar und offenkundig. Viel schwieriger ist es, die Entwicklung der Gegenwart zu umreißen. Noch schwieriger aber ist es, einen Blick in die Zukunft zu werfen. Für einen Politiker ist das Prognostizieren die Hauptkunst. Sie muß ich noch erlernen.

Jeden Morgen und bei jedem Wetter gehe ich aus dem Hotel »Moskwa« zur Arbeit in den Kreml. »Zur Arbeit in den Kreml« – diese Worte kommen mir immer noch unglaublich vor. Vielleicht hätte mich Post mit der Anschrift »Sobtschak, Universität Leningrad« auch früher erreicht, doch adressierte niemand Briefe an mich. Heute dagegen steht auf Tausenden von Briefumschlägen, die ich zu öffnen habe, einfach »Sobtschak, Kreml, Moskau«. Diese Post und jene Menschen, die aus Städten, deren Namen ich früher nicht einmal gehört habe, zu mir anreisen, lassen nachempfinden, was das Fernsehen für die moderne Gesellschaft bedeutet. Gäbe es die Massenmedien nicht, und hätte Gorbatschow das Politbüro nicht zu einer Direktübertragung des Kongresses bewegen können, wäre die erste Etappe der Demokratisierung vielleicht auf Jahre ausgedehnt worden. (Auf einem anderen Blatt steht, daß der Kessel schon brodelte und man sich eben nicht mehr jahrelang Zeit lassen konnte!) Das ganze Land sah uns zu. Eine Zeitlang stellten die Deputierten sogar Fernsehstars und Fußballer, Tenöre und Modeschöpfer in den Schatten. Zudem boten die Fernsehübertragungen die Chance, ein offenes Wort zu sprechen, und weckten die Hoffnung, mit den ausweglos scheinenden, ungerechten Umständen vielleicht doch fertig zu werden.

Die TV-»Nabelschau« der Deputierten hatte einen ganz einfachen Grund: Das Land, in dem jeder Deputierte nur sich selbst vertrat, hatte keine Ahnung, wen es eigentlich ins Parlament gewählt hatte. Man kannte lediglich die eigenen Volksvertreter, und auch sie nicht besonders gut. Und in den ersten Tagen des Kongresses wählte jeder gewissermaßen nochmals »seinen eigenen« Deputierten. Schon nicht mehr nach der Liste des jeweiligen Wahlkreises, nicht nach dem Stimmzettel, sondern nach eigener Anschauung. Während die einen das Vertrauen der Wähler einbüßten und das Interesse an ihnen nachließ, wurden andere binnen weniger Tage nicht nur dem ganzen Volk bekannt, sondern fast zu Familienangehörigen.

»Wir sind für Juri Wlassow!«; »In unserer Familie steht Gawriil Popow obenan. Wie gefällt er euch?...« In welchem sowjetischen Haus sind nicht derartige Gespräche geführt worden? Und erst nachdem sich herausgestellt hatte, daß die Kosten für die Live-Übertragungen gering waren im Vergleich zu den Produktionsverlusten im Lande, wo beinahe jedermann an der Mattscheibe klebte, mußte der Staat die Sendezeiten regulieren. Inzwischen fuhren die Leute aber schon nach Moskau, um nicht mehr durch den Bildschirm von ihren »Auserwählten« getrennt zu sein.

Jeden Vormittag – von acht bis halb zehn – werde ich nun Bittsteller und Abgesandte empfangen. Nicht in meinem Arbeitszimmer, das ich noch nicht habe, sondern direkt im Hotel. Und das gleiche wiederholt sich nach dem Sitzungstag.

Als naiv erweisen sich die Träume, die ich unlängst noch hegte: Wenn ich in der Hauptstadt wohne, besuche ich Theater und Museen. Allein schon der Gedanke an solch einen außerdienstlichen Zeitvertreib rückt in den Hintergrund: Dazu komme ich gar nicht. Stellen sich Besucher ein, die den Glauben verloren haben, auch nur elementare Gerechtigkeit erwirken zu können, wird der Tag zu einer moralischen Folter, falls man es noch nicht gelernt hat, unter Schonung der eigenen Emotionen zu helfen.

Unter meinen Besuchern ist eine Unzahl von Unglücklichen und Kranken – von Menschen, die unter dem Gewicht unserer sowjetischen Realität bereits zusammengebrochen sind. Hier habe ich entdecken können, daß es ganz spezifisch sowjetische Störungen der Psyche gibt, Erkrankungen also, die allein im Sozialismus auftreten können. Ohne Anspruch auf eine medizinische Diagnose zu erheben, würde ich das als »Systemsyndrom« bezeichnen.

Jemand, der vom System übervorteilt worden ist, schickt sich an, um Gerechtigkeit zu kämpfen und von einer Stelle zur anderen zu laufen. Anfangs ist er völlig normal und verlangt nur wenig: die Wahrheit und die Wiedergutmachung eines häufig geringfügigen Fehlers. Er glaubt, noch ein Brief an eine Instanz, noch ein Besuch bei einer Behörde genügen, und alles renkt sich wieder ein, das Mißverständnis klärt sich auf, und er kehrt zu seinem früheren Leben zurück. Das ist doch so einfach! Schließlich ist er eben jener Sowjetmensch, der – wie es in einem bekannten sowjetischen Lied heißt – »frei im weiten Lande dahinschreitet«!

Doch nun beginnt das System, den Unglückseligen in die Enge zu treiben, und zwar immer brutaler. Berge von Papieren mit den Unterschriften höchster Personen, unter strengen offiziellen Briefköpfen nichtssagende bürokratische Antworten, die Hoffnung glimmen lassen und den Bittsteller an eine weitere, noch bedeutendere Instanz verweisen. Warten, Verzweiflung, Krankheit.

Ein Spiegellabyrinth, in dem sich der winzige Strahl eines menschlichen Schicksals bricht, das die Hoffnung auf die irreale Welt einer angeblich sozialistischen und in Wirklichkeit menschenfeindlichen bürokratischen Abstraktion verdrängt. Es ist unmöglich, einen Ausweg aus diesem Labyrinth von Instruktionen, Rundschreiben und einander so sehr ähnelnden Bürokraten zu finden. Denn einen Ausweg gibt es nicht. Er ist nicht vorgesehen.

Jemand, der bis zu seinem Schicksalsschlag wie ein Mensch gelebt hat, wird zu einer Bittschrift in Menschengestalt. Sein Leben ist bereits vom System ausgesaugt worden.

Zwei Schicksale haben sich meinem Gedächtnis besonders eingeprägt. Bei dem einen handelte es sich um einen ehemaligen Chefkonstrukteur aus Tscheljabinsk, einen offenbar sehr talentierten Menschen. Er zeichnet sich durch klares und scharfes Denken aus. Aus den akkurat zusammengetragenen Dokumenten geht hervor, daß er nicht nur ein angesehener, sondern sogar ein herausragender Konstrukteur ist. Er kann auf Dutzende wertvollster Erfindungen und auf eine vortreffliche Karriere verweisen. Doch vor sieben Jahren wurde er aus einem eindeutig ungerechten Grund entlassen.

Man bietet ihm eine andere Arbeit an. Er akzeptiert sie nicht, sondern verlangt nur eins: Gerechtigkeit, also Wiedereinstellung an seinem früheren Arbeitsplatz. Ich rufe den Minister an. Dieser verspricht, eine Stelle für den Konstrukteur zu finden, ihn auf einen gleichgearteten Posten zu berufen und ihm eine Wohnung zur Verfügung zu stellen.

»Nein«, sagt der Konstrukteur. »Für mich kommen nur meine frühere Arbeitsstelle und meine frühere Funktion in Frage.«

Aber leider existiert die frühere Arbeitsstelle schon nicht mehr, genausowenig wie die Organisation, aus der er vor Jahren entlassen wurde.

Das ist der Wahnwitz des Systems, der Wahnwitz eines Labyrinths, in dem sich eine schwache Seele verirrt hat und selber zu einem Teil des Systems geworden ist.

Etwas Ähnliches beschrieb Puschkin in seinem *Ehernen Reiter*. Für den ausländischen Leser, dem die Handlung dieser »Petersburger Erzählung« nicht bekannt ist, muß ich sie hier wohl kurz darlegen: Die Hauptstadt des Russischen Reiches wird am 7. November 1824 von einem furchtbaren Hochwasser heimgesucht. Eugen, ein armer Beamter, muß den ganzen Tag auf einem Marmorlöwen hinter einem Standbild des Zaren, der die Stadt »unter dem Meer« gründete, ausharren. Es zieht ihn zur Wassiljewski-Insel, wo seine Geliebte und ihre alte Mutter in der Bucht am Galeerenhafen wohnen. Endlich sinkt das Wasser wieder, und Eugen setzt mit einem Boot zum anderen Ufer der Newa über. Er stürzt an fortgeschwemmten, umgekippten Holzhäuschen vorbei und eilt auf das Haus seiner Geliebten zu. Und so beschreibt der Dichter den Augenblick der Sinnestrübung:

»Hier... Was ist das?
  Eugen bleibt stehen;
Er kehrt zurück – kann er nicht sehen?
Er geht und schaut, und schaut und geht:
Hier ist's doch, wo das Häuschen steht;
Da ist die Weide. Und die Pforte?
Wohl fortgeschwemmt. Jedoch das Haus?«

Erstaunlich, wie Puschkin dies erfaßte: Eugen begreift wohl, daß die Pforte nicht mehr da ist, denn sie ist fortgeschwemmt worden, aber er kann einfach nicht glauben, daß auch das Haus nicht mehr da ist. Genauso erging es meinem Konstrukteur aus Tscheljabinsk! Er will dorthin zurückkehren, wohin man schon nicht mehr zurückkehren kann. Er will das finden, was schon nicht mehr zu finden ist. So ist es um das »Systemsyndrom« bestellt! Irgendein sehr wichtiger Mechanismus der Seele und der Psyche, der einen Vogel aus dem warmen Afrika in die Heimat, einen Menschen in das Land seiner

Vorfahren zurückzukehren veranlaßt, verselbständigt sich auf einmal, verwandelt sich in eine Manie. Die Realitäten des Heute existieren nicht mehr, denn die Zeit ist stehengeblieben. So versuchen anscheinend auch die orthodoxen Kommunisten aus der KPR, die fest an Stalin und Marx glaubten, ein Haus in dem von der Zeit fortgeschwemmten Dogma zu finden. Dabei sind sie bereit zu Millionen und Milliarden neuer Opfer, bereit, auch selbst zum Opfer zu werden und um einer »Überidee« willen die ganze Menschheit hinwegzufegen. Das »Systemsyndrom« ist also eine Überidee, neben der das Leben selbst als eine Kleinigkeit erscheint, die nicht der Aufmerksamkeit wert ist.

Und der zweite Fall. Eine Verkäuferin, die wegen zwei fehlenden Stiegen Erdbeeren entlassen wurde. Auf der Suche nach Gerechtigkeit hat sie Mann und Kinder verlassen.

»Wie leben Sie denn hier in Moskau?«

»Ja, wie's sich gerade so ergibt.«

»Aber Sie müssen doch wenigstens etwas essen!«

»Die Welt ist nicht ohne gute Menschen. Ich komme mit meinen zufälligen Einnahmen aus.«

»Wissen Sie was, ich helfe Ihnen, erst mal eine Arbeit als Verkäuferin zu bekommen, und dann werden wir gemeinsam versuchen, Gerechtigkeit herzustellen.«

»Nein, ich muß beweisen, daß mir Unrecht getan wurde.«

Den Betreffenden ist nicht zu helfen. Sie können dem Teufelskreis nicht entrinnen, nicht von der Überidee ablassen, weil auch diese nicht von ihnen abläßt. Diese Gefahr habe ich selbst im Zusammenhang mit meiner ersten Habilitationsschrift zu spüren bekommen. Das Thema dieser Arbeit lautete: »Rechtliche Probleme der wirtschaftlichen Rechnungsführung in der Industrie der UdSSR«. Darin belegte ich vieles von dem, was man heute bei uns als Marktwirtschaft bezeichnet, darin war die Rede von Pachtverhältnissen, vom Übergang der Produktionsmittel in den Besitz der Belegschaften, von der Schließung verlustbringender Betriebe. Der Wissenschaftliche

Rat brachte die Arbeit noch hinter sich (achtzehn Jastimmen, drei Neinstimmen, eine Stimmenthaltung), allerdings erst nach einer regelrechten Schlacht: Die Verteidigung dauerte von drei Uhr nachmittags bis Mitternacht. In Moskau passierten dann mit meiner Arbeit die unwahrscheinlichsten Dinge: Das Manuskript ging mehrmals verloren; als man es doch ausfindig gemacht hatte, waren auf einmal die dazugehörigen Dokumente spurlos verschwunden. Man versuchte, auch mich auf das oben beschriebene endlose Gleis zu lenken. Jahrelang hätte ich den Text teilweise neu tippen und Papiere neu besorgen, hätte als Bittsteller in die Hauptstadt fahren müssen. Dann erfuhr ich plötzlich von einem meiner Kollegen: Wenn ich mich, klein beigebend, mit meinen starken Widersachern versöhnte, bestehe eine Chance, daß die Arbeit bald bestätigt werde.

»Danke schön, lieber schreibe ich eine neue.«

Genau das tat ich dann ein paar Jahre später.

Sehr wichtig ist es, rechtzeitig haltzumachen, wenn man für seine eigenen Interessen kämpft. Das gilt allerdings nicht, wenn es sich um die Interessen anderer handelt. Übrigens haben bei uns im Volk die Worte »Wahrheitsliebender« und »Wahrheitssucher« nicht von ungefähr verschiedene Bedeutungen. Als Wahrheitssucher bezeichnet man meistens jemanden, der für sich selber nach der Wahrheit strebt; jemanden, der beleidigt worden ist, sich damit aber nicht abfindet und zu antichambrieren beginnt. Die Mitmenschen wissen nur zu gut, womit so etwas gewöhnlich endet, und gehen einem Wahrheitssucher instinktiv aus dem Weg. Die Machthaber schlachteten dies aus und versuchten, die Dissidenten und sogar einen Andrei Sacharow als Gekränkte, in ihrem eigenen Stolz Verwundete abzustempeln, die für ihre eigenen – und nur ihre eigenen! – Interessen kämpften. Bedauerlicherweise hat sich dieses Klischee dermaßen ins Bewußtsein eingefressen, daß wir geneigt sind, in jedem Widersacher einen politischen Ränkeschmied oder einen Karrieristen zu sehen. Das ist um so betrüblicher, als es auf politischem Gebiet an solchen Menschen ohnehin nicht mangelt.

Es hat sich in unserer Geschichte so gefügt, daß man dem Menschen mehrere Generationen lang den Instinkt zur Verteidigung seines Nächsten austrieb. Ebendeshalb braucht die Gesellschaft hochentwickelte politische Institutionen, konkurrierende Parteien, freie Gewerkschaften, rechtliche Garantien und eine faire Gesetzgebung. An alledem fehlt es bisher bei uns. Worüber soll man sich da noch wundern?! Puschkins Eugen schleuderte dem Denkmalszaren lakonisch ins Gesicht: »Fluch dir!« Dann aber jagte der bronzene Reiter die ganze Nacht hindurch hinter ihm her. Darf man Puschkin glauben, fand der Wahnsinnige doch noch sein Glück. Er stieß auf einer kleinen Newa-Insel auf das vom Hochwasser fortgeschwemmte Häuschen seiner Parascha. Aber er schaffte es nicht mehr, einzutreten und sich zu überzeugen, daß seine Geliebte tot und das Haus leer war.

Für den Menschen, ja auch für die Gesellschaft als Ganzes, kommt es darauf an, vor dem Abgrund haltzumachen. Und sei es einen Schritt davor.

Vor kurzem erzählte mir der Regisseur Mark Sacharow mit dem ihm eigenen Humor: »Ich komme ins Theater. Auf der Bühne montieren Zimmerleute die Kulissen für mein neues Stück. Ich schaue ihnen zu und sehe, sie machen es nicht richtig. Mit ist nicht klar, warum, aber bestimmt machen sie es nicht richtig. Ich versuche einzugreifen, doch man bedeutet mir, daß man auch ohne mich zurechtkomme. Ich gehe in unsere Schneiderei, und dort schneidet der Zuschneider nicht richtig zu. Abermals verstehe ich nicht, was genau er falsch macht, versuche aber trotzdem einzugreifen... Gereizt verlasse ich das Theater und komme an einer Baustelle vorbei. Und wiederum sehe ich, daß... Und da sage ich mir: ›STOPP! Wenn du nämlich nur noch so was siehst, mußt du eine Tablette nehmen und dich ins Bett legen.‹«

Und alles stimmt: Wir bauen, heilen und lernen wie in einem Zerrspiegel. Es ist jedoch widersinnig, die Situation en détail korrigieren zu wollen. Da büßt man bloß die eigene Qualifikation ein und verliert allmählich den Verstand. Zu jedem Deputierten kommen täglich mehrere solcher Bittsteller. Andere suchen die Redaktionen von Zeitungen auf, gehen in die Sprechstunden der Staatsanwaltschaft, der Gerichte, der Minister und Parteikomitees.

Im Sommer 1990 schlugen Dutzende, die vom »Systemsyndrom« infiziert waren, ihre Zelte vor dem Moskauer Hotel »Rossija« auf. Auch in Leningrad findet sich nach dem Sieg der Demokraten bei den Wahlen zum Stadtsowjet ständig jemand, der unter dem Schweif des Denkmalsrosses von Nikolaus I. in den Hungerstreik tritt. Das »Systemsyndrom« zu erkennen ist nicht schwer: Man braucht bloß mit dem Betreffenden zu sprechen und sich zu erkundigen, was er denn anstrebe. Selten fordern solche Leute Gerechtigkeit für andere. Vielmehr verlangen sie meist Gerechtigkeit nur für sich selber. Aber das genügt noch nicht als Kriterium. Wichtig ist zu verstehen, was den Menschen bewegt: die reale Unmöglichkeit, zu leben und zu arbeiten, oder aber der Wahn, zum zweitenmal in die Fluten zu springen. Übrigens erbaten die russischen Helden nie etwas für sich selbst – dies ist eine nationale Tradition.

Unser siebzig Jahre währendes soziales Experiment erwies sich als Fortsetzung der schlechtesten Aspekte der Selbstherrschaft und des russischen Bürokratismus. Allein der Kommunismus trieb das Leben der Menschen bis zum völligen Wahnsinn: Daß wir beim Zusammenbruch des Systems angekommen sind, zeigt den gesunden Selbsterhaltungstrieb des Volkes. Nur noch ein paar Jahrzehnte in einem derartigen »Spiegelreich«, und das Volk wäre dem Untergang geweiht gewesen. Auch heute sind schon viele Traditionen und Bräuche der sozialen Existenz verlorengegangen. Morgen wäre dieser Prozeß unumkehrbar geworden.

Um zwei, drei Uhr nachts kann es vorkommen, daß an die Tür meines Hotelzimmers geklopft wird. Obwohl die Miliz das Hotel bewacht, dringen die bedauernswerten Opfer des »Systemsyndroms« irgendwie, auf allein ihnen bekannten Wegen, in die Korridore ein, heften Briefe an die Tür, binden sie an der Klinke fest, schieben sie durch den Türspalt. Gleich am ersten Tag meiner Wahl zum Leningrader Oberbürgermeister hatte ich mit Dutzenden von Bittstellern zu sprechen. Gewiß, bei weitem nicht alle sind krank, aber fast jeder von ihnen befindet sich auf dem Wege zur Erkrankung. Hilft man diesen Menschen nicht rechtzeitig, belastet man auch die eigene Seele.

In den ersten Tagen meiner Arbeit im Kreml war ich konfus: Womit sollte ich mich befassen? Ich hatte mich auf jede Sitzung vorzubereiten, Papiere zu studieren und Schwachstellen in den vorgelegten Gesetzentwürfen ausfindig zu machen. Irgendwie aber mußte ich auch jenen helfen, die zu mir gekommen waren.

In kurzer Zeit besaß ich eine Sammlung von Autogrammen so gut wie aller höchsten Amtsträger des Staates: formale Bescheide, (begründete und unbegründete) Absagen auf mein Ersuchen, einem bestimmten Menschen zu helfen. Allerdings gibt es da auch erfreuliche Seiten: »Haben Wohnraum zugewiesen...«; »Haben auf Ihre Eingabe hin eine Arbeitsstelle vermittelt...«; »Haben Hilfe geleistet bei...«

Um fair zu sein: Am produktivsten waren die Eingaben an das Verteidigungsministerium. Seine Beamten antworteten auch am sachkundigsten und genauesten. Der Verteidigungsminister und seine Stellvertreter reagieren auf Schreiben von Deputierten termingerecht und unternehmen oft tatsächlich etwas. Auch das ist eine Folge des Systems: Es ist nur innerhalb eines militarisierten Rahmens aktionsfähig. Stalin, der Vater dieses Systems, wußte das nur zu gut.

Nach dem Bericht der Parlamentskommission über die Ereignisse in der georgischen Hauptstadt Tbilissi versuchten einige hohe Militärs nachzuweisen, daß die demokratische Presse und Sobtschak der Armee ein »Tbilissi-Syndrom« eingeimpft hätten. Daher habe die Armee auch bei den Pogromen in Fergana und Baku keinen Finger gerührt und ihnen gleichgültig zugeschaut. Das ist natürlich eine flagrante Lüge. Allein schon deshalb, weil vor den Ereignissen von Tbilissi die von Sumgait stattfanden, wo die Militärs hätten eingreifen und die Tragödie, hervorgerufen durch die Zusammenstöße von Angehörigen verschiedener Nationalität, hätten verhindern können. Nach dem gleichen Muster blieben die Truppen in den Kasernen, als es in Baku zu Pogromen kam. Nachdem jedoch das Massaker beendet war, setzten sie zum Sturm an, ohne friedliche Bürger zu schonen. Somit ist das »Tbilissi-Syndrom« lediglich eine Abart des »Systemsyndroms«: Nicht nur die gebrochenen Opfer des Totalitarismus, sondern auch das System selbst existiert in der widernatürlichen Realität der Vergangenheit. Daher rühren denn auch der Irrsinn und die Brutalität des Systems.

Bevor ich dieses Thema abschließe, noch eine Episode.

Ich gehe aus dem Gebäude des Präsidiums des Obersten Sowjets in den Kreml; die Fußgängerunterführung ist fast menschenleer. Plötzlich ertönt hinter mir ein gellender, hysterischer Aufschrei: »Anatoli Alexandrowitsch!« Ich bleibe stehen. Die Augen der Frau sind wie wahnsinnig. »Erinnern Sie sich an mich? Vor einem Monat haben Sie in meiner Angelegenheit ein Schreiben abgesandt: Man hat meinen Sohn gesetzwidrig zu zehn Jahren verurteilt, und er ist schon vier Jahre im Gefängnis. Schauen Sie, schauen Sie nur – hier der Beschluß des Obersten Gerichts! Man hat ihn freigelassen!« Die Frau scheint zu einem Kniefall bereit, und ich halte sie unwillkürlich am Ellbogen fest. Und erst in diesem Augenblick begreife ich, daß ihre Augen vor Freude wahnsinnig sind. Diese Frau ist nach Moskau gekommen und hat nur deshalb auf mich gewartet, um ihr Glück mit mir zu teilen, denn sie hat ihren Sohn und damit auch ihr eigenes Leben wiedergewonnen.

Eine Mutter bittet nie für sich selber. Und solange sie sich an einen Strohhalm der Hoffnung klammert, solange ihr Sohn noch am Leben ist oder die Möglichkeit dessen besteht, kann sie sich nicht den Luxus leisten, den Verstand zu verlieren.

Das gilt auch für Ehefrauen, wenngleich seltener. In der Leningrader Fernsehsendung *Das fünfte Rad* berichtete Maria Rosanowa (die Frau des Schriftstellers und ehemaligen politischen Häftlings Andrei Sinjawski) davon, wie sie sich zum KGB aufmachte, um für ihren Mann eine Verkürzung der siebenjährigen Strafe zu erwirken. Sie brachte ungefähr folgende Argumente vor: Jetzt haben Sie und ich doch das gleiche Ziel, daß Sinjawski möglichst schnell freigelassen wird. Weshalb ich das möchte, brauche ich wohl nicht zu erläutern. Sie dagegen sollten es wünschen, weil Sie nicht ahnten, wen Sie da festgesetzt haben: Solange Sinjawski noch in Haft ist, wird Sie der Westen Tag für Tag ins Gerede bringen, und Sie werden bereuen, sich das aufgehalst zu haben. Außerdem hat Sinjawski im Lager ein Buch geschrieben und es mir übergeben. Wenn mein Mann erst nach Abbüßung seiner gesamten Strafe entlassen wird, ist er Ihnen zu nichts mehr verpflichtet, und das Manuskript, das jetzt in einem Tresor in Paris liegt, wird herausgegeben werden. Sollte Sinjawski im Lager etwas geschehen, wird das Buch ebenfalls erscheinen.

Maria Rosanowa rettete ihren Mann mehr als ein Jahr vor Ablauf der Strafe aus der Haft. In der Lubjanka, dem KGB-Sitz in Moskau, hatte sie nicht gesagt, daß es sich bei dem Lager-Buch lediglich um den Essay »Spaziergänge mit Puschkin« handelte und daß Sinjawski ihr dieses Manuskript auf ganz legale Weise in Form von Briefen aus dem Lager zukommen ließ.

Somit lautet die Regel: Wer etwas erbittet, sollte es nicht für sich selbst tun. In einer Welt, in der man seltener auf einen Beichtvater oder Priester als auf einen Beamten oder Apparatschik trifft, lohnt es sich, diese Regel zu beherzigen. Denn bei dem totalen »Kollektivismus« unserer Gesellschaftsordnung ist der Sowjetbürger auf sich allein gestellt. Das System läßt sein Schicksal völlig kalt: Es denkt in »übermenschlichen« und nichtmenschlichen Kategorien.

Je mehr aber ein Deputierter von Beschwerden und Eingaben überflutet wird, desto eher gelangt er zu dem betrüblichen Schluß: Dies ist es nicht, wozu er ins Parlament gewählt wurde. Eine soziale Krankheit kann man nur dann heilen, wenn man die Struktur der Wechselbeziehungen zwischen Mensch und Staat verändert. Man muß darauf hinwirken, daß der Mensch aufhört, das furchterregende Joch des Systems zu spüren, und daß er mit dem Staat gleichgestellt wird.

Die Rechte des Bürgers und die Rechte des Staates vergleichbar zu machen ist vielleicht die allerwichtigste Aufgabe, vor der das Unionsparlament und nun auch die Republikparlamente stehen. Und wenn im Herbst 1990 ukrainische Studenten vor dem Parlament in Kiew ein Zeltlager aufschlugen und in den Hungerstreik traten, ähnelte ihr Tun nur äußerlich den Aktionen jener, die noch vor kurzem in Zelten vor dem Moskauer Hotel »Rossija« hausten. Denn die Studenten traten nicht um ihrer selbst willen in den Hungerstreik, weshalb die Machthaber genötigt waren, eiligst Zugeständnisse zu machen.

Woran denkt ein Volksdeputierter noch, wenn er unterwegs zur Arbeit im Kreml ist?

Daran, daß das Gesetz für alle ein und dasselbe sein muß. Das Gesetz ist ein ebenso unveränderliches Eichmaß wie etwa die Einheit der Länge oder des Gewichts. Alles übrige ist Willkür und Verzerrung von Bürgerrechten. Ein russisches Sprichwort, bereits vor der Herrschaft des Bolschewismus im Lande aufgekommen, konstatiert: »Das Gesetz ist wie eine Deichsel...« Ja, der Staat hat es gelernt, diese Deichsel nach eigenem Gutdünken zu drehen. Die Folge war Massenkriminalität. Auf staatliche Kriminalität antwortete das Volk mit individueller Kriminalität. Und es ist zur Norm geworden, das Gesetz zu umgehen, denn sonst könnte der einzelne oft einfach nicht überleben. Geben wir es zu: Unter uns ist fast niemand, der in seinem Leben nicht wenigstens einmal das Gesetz umgangen und verletzt hat. Wollen wir der Kriminalität ernsthaft beikommen, müssen wir damit beginnen, die Gesetzlichkeit in Rußland durchzusetzen. Bedauerlicherweise liefert die oberste Macht auch heute Beispiele legalisierter Ungesetzlichkeit. Man mag zu dem in Ungnade gefallenen KGB-General Oleg Kalugin stehen wie man will, aber gesetzlich kann man es nun wirklich nicht nennen, daß ihm all seine Auszeichnungen und seine Rente aberkannt wurden. Und das ist nicht der einzige Schnitzer Ryschkows und Gorbatschows.

Nicht immer ist es böse Absicht, von der sich die Machthaber leiten lassen. Bis auf den Grund zerstört sind die Bindungen zwischen den Menschen, zerrüttet sind die sittlichen Prinzipien und Normen. Die

Eigenmächtigkeit hat dagegen so tiefe Wurzeln geschlagen, daß sie sich auch in vielen Jahren noch nicht ganz ausmerzen läßt.

Worüber mache ich mir noch so meine Gedanken?

Ich denke an die Folgen jenes für einen gewöhnlichen Menschen anomalen Lebens, das ich jetzt führe. Und immer mehr verfestigt sich meine Überzeugung, daß dieses Leben für einen herkömmlichen Berufspolitiker die Norm ist. Tag für Tag das Leben von Staatslenkern vor Augen, fürchte ich, in dieses Leben hineingezogen und zu einem Professionellen in ihrem Sinne des Wortes zu werden.

Ein normaler, intelligenter Mensch verfolgt Neuerscheinungen in der Literatur, liest Zeitschriften, geht ins Theater und hört sich Musik an. Er wählt seine Freunde nach eigenem Gutdünken aus, er pflegt Kontakte mit Verwandten und Bekannten und weiß, daß er ohne neue emotionale, intellektuelle und geistige Eindrücke einfach nicht auskommt. Im Leben eines Berufspolitikers fehlt davon vieles, wenn nicht alles, oder aber es wird zu einem Ritual: So erscheint die höchste Führung des Landes einmal im Jahr in der Ehrenloge des Bolschoi-Theaters, besucht einmal in zehn Jahren das Moskauer Künstlertheater, nie aber sieht sie das, was in der ganzen Stadt im Gespräch ist. Mit Filmen ist es da einfacher: Sie kann man sich auch auf der eigenen Datscha anschauen.

Ich meine es ernst: Das tagtäglich zu bewältigende enorme Arbeitspensum zwingt einen Politiker, »Nichtigkeiten« keine Aufmerksamkeit zu schenken. Sein Aufgabenbereich ersetzt alles andere. Jahrelang kann seine Seele nicht reifen, seine Persönlichkeit sich nicht entfalten. Die Irrealität der Existenz der Berufspolitiker in unserem Land, ihr kindliches und grausames Unverständnis für das Leben des Volkes sind eine betrübliche Norm. Der Luxus der Datschas und Villen, die Sonderversorgung mit aufmerksam auf Radioaktivität überprüften Lebensmitteln, das Heimkino und alle sonstigen Herrlichkeiten des Nomenklatura-Daseins sind im Grunde genommen erbärmliche Krümchen, die den freiwilligen Verzicht auf die Schönheit der menschlichen Welt ausgleichen sollen. Die widernatürliche

»Spiegelreich«-Logik staatlicher Verlogenheit und das aufrichtige Nichtbegreifen einfachster Dinge sind der Preis für das Anomale einer solchen Existenz.

Es könnte scheinen, das Übel rühre ganz allein vom ungeteilten Parteimonopolismus des Systems her. Nein, nicht ganz. Selbst in einer zivilisierten Gesellschaft ist jemand, der Berufspolitiker wird, dazu verurteilt, nur von bereits Angesammeltem zu zehren. Das intellektuelle, sittliche und geistige Kapital, das er in den vorausgegangenen Jahrzehnten erworben hat, wird nun nicht mehr aufgestockt. Mir fällt die Tätigkeit im Obersten Sowjet leichter als vielen meiner Kollegen. Erstens sollte ein Politiker möglichst Jurist sein, zweitens habe ich viel später begonnen, von Angesammeltem zu zehren. Aber schon jetzt spüre ich, daß ich frühere Erfahrungen verbrauche, ohne auch nur einen geringen Teil des Verbrauchten zu regenerieren.

Meine Tochter sagt, früher sei ich ganz anders gewesen. Wie denn? Gütig. Kinder sehen das Wichtigste, und voll Bitternis muß ich eingestehen: Ein Politiker lebt in einer Sonderzone »übermenschlicher« Beziehungen. Die Politik sorgt dafür, daß in einem Menschen das Schlechteste zum Vorschein kommt. Eine Läuterung der Seele bleibt aus, und groß ist die Versuchung, das Verlorengegangene auf Kosten anderer, durch Auftritte in Presse und Fernsehen wettzumachen. Der russisch-orthodoxe Priester Alexander Men, der am 9. September 1990 unterwegs zu seiner Kirche von unbekannten Schurken ermordet wurde, sagte kurz vor seinem Tode, Fasten wie auch Askese und Demut könnten zur Ursache von Stolz und Sünde des Menschen werden. Wenn man merkt, daß man vieles unwiederbringlich verliert, kann man sich natürlich mit einem internationalen Preis oder einem Ehrentitel trösten, der einem verliehen wird. Je süßer aber der Trost ist, desto mehr hat man in Wirklichkeit verloren.

Politiker kann man nicht das ganze Leben lang sein. Politik ist das gleiche wie eine Expedition in das »übermenschliche« All. Aber auch ein Kosmonaut hockt nicht ewig im Kokon der Orbitalstation. Ein Berufspolitiker ist verpflichtet, auf andere Tätigkeiten umzusat-

teln, in die reale Welt zurückzukehren. Die Geschichte kennt Beispiele dafür, daß jemand von der Spitze der politischen Pyramide aus
freien Stücken den Abstieg wagt, um dann nach einer bestimmten
Zeit, nach einer Analyse der eigenen Erfolge und Fehler, wieder zur
politischen Tätigkeit zurückzukehren, bereichert durch neue Kennt-
nisse und Ideen.

Nicht von ungefähr heißt es, die Politik sei die Kunst des Kompro-
misses. Die Werteskala ändert sich. Unmerklich, aber unentwegt
gehen solche Deformationen vor sich. Und wenn wir auf dem Bildschirm sehen, wie ein Staatsmann mit normalen menschlichen Reaktionen etwas völlig Unsinniges verkündet, dann brausen wir auf: »Ja,
wie kann er das bloß nicht verstehen?!« Aber sein menschlicher Vorrat an Erfahrung und Güte ist schon abgebaut, er lebt mit einer Droge,
die sich Politik nennt. Ein Staatsmann ist nicht selten zu Kompromis-
sen genötigt, welche die dünne, unsichtbare Linie verwischen, die
Gutes von Bösem, Anständiges von Niederträchtigem, Heldenhaftes
von Verräterischem trennt.

Die Entartung eines Menschen zum Bürokraten ist ein Prozeß, der
weder von unseren Sozialpsychologen noch von unseren Literaten
bislang untersucht worden ist. Sowohl in den osteuropäischen Ländern als auch bei uns, wo nun »Amateurpolitiker« an die Macht gelangen, werden in den nächsten Jahren gewiß wissenschaftliche und
künstlerische Untersuchungen dieses Phänomens auftauchen. Das,
was Wajda in den siebziger Jahren in seinem berühmten Film *Der
Mann aus Marmor* beschrieb, verläuft heute etwas anders: Unter totalitären Bedingungen wurde ein begabter junger Arbeiter zu einem
Funktionär, von dem im Grunde genommen nicht mehr verlangt
wurde, als das proletarische Wesen der Macht zu verkörpern, und
von dem nichts abhing. Heute hat sich die Situation geändert: Ans
Machtruder gelangen Menschen, die aufrichtig gegen das System gekämpft haben, aber nicht immer zu unterscheiden imstande sind, wo
die Demokratie aufhört und wo das eigene Ich beginnt.

Die Logik des Kampfes gegen den Totalitarismus und der staatsbür-

gerlich engagierten Opposition birgt die Gefahr in sich, daß die einen
totalitären Strukturen von anderen abgelöst werden. So war es bei
uns in Rußland im Oktober 1917. Es sei daran erinnert, daß die Bolschewiki ebenfalls mit demokratischen Parolen aufgetreten und sogar dem Schoße der Sozialdemokratie Rußlands entsprungen waren.

Mit tiefer Achtung verfolge ich das Wirken von Lech Wałęsa und
Václav Havel. Und ich bin überzeugt, daß sie rechtschaffen und den
demokratischen Prinzipien treu sind. Doch solchen Persönlichkeiten
droht ein anderes Risiko: Demokraten, die keine Berufspolitiker sind,
laufen Gefahr, die Prinzipien und Methoden, die Routine des früheren Apparats für angemessen zu halten.

Leider verstehen wir das einstweilen nur theoretisch.

Das System ist ebendeshalb ungemein zählebig, weil wir alle, wenn
auch in unterschiedlichem Grade, von ihm infiziert sind. Schließlich
sind dem sowjetischen Menschen Intoleranz, Argwohn und Spiona-
gewahn von Geburt an eingeimpft worden. Auch Demokraten lassen
heute eine Neigung zu politischem Monopolismus erkennen, ganz zu
schweigen von den orthodoxen Kommunisten und den profaschisti-
schen Gruppen wie »Pamjat«. Aus diesem Grunde ist die Wirtschaftskrise heute so gefährlich. Erst dann, wenn unser Land in der Lage ist,
sich selbst zu ernähren, wird man von einem Sieg der Demokratie
sprechen können. Markt und Stabilisierung der Wirtschaft oder aber
Bürgerkrieg und Diktatur – so lautet die Alternative zum gegenwärtigen Zeitpunkt.

Wenn wir, dem Widerstand des Systems trotzend, zum Markt vor-
stoßen, dann werden auch machtvolle Kräfte der Demokratie aufkommen, die fähig sind, uns vor einem Rückfall in die Vergangenheit
zu bewahren. Dann werden wir Deputierten der ersten Stunde ins
Privatleben zurückkehren können. Denn wir sind »Rekruten«, und
die meisten von uns träumen von Plänen, die wir im Frühjahr 1989
für bessere Zeiten aufgeschoben haben. Ich träume von meinen Büchern, meiner wissenschaftlichen Arbeit und den einem russischen
Intellektuellen zugänglichen irdischen Freuden.

Ich liebe antike Autoren. Wenn ich aber früher Tacitus, Plutarch oder Cicero las, nahm ich das, was sie zum Leben einer Privatperson und zum Leben eines Staatsmannes sagen, nur sehr abstrakt auf. Es mag scheinen, daß hier nicht von einem prinzipiellen Unterschied die Rede ist. Indes verstand man diesen Unterschied in der Antike sehr genau: Antike Historiker verwiesen neben herausragenden Ereignissen im staatlichen Leben stets auch auf die Veränderung im Status bekannter Bürger.

Die Gefahr der alten Strukturen, die Gefahr, im eingespielten System der Apparatroutine aufzugehen, ist für uns zu groß, als daß wir sie vernachlässigen könnten. Die Klischees bürokratischen Verhaltens sind ansteckend, und der Druck des Apparates auf einen in seine alte Struktur integrierten neuen Spitzenmann ist zugleich sanft und ungeheuer stark.

Aber solche Ängste sollten mir erst später kommen. Einstweilen gehe ich noch zur Arbeit in den Kreml und denke daran, wie verbissen gestern eine Kundgebung war, wie unversöhnlich jene auftraten, die sich für Demokraten halten und sich doch über die Rechte anderer hinwegsetzen. Und ich muß an eine andere Gefahr denken: an die Gefahr von physischer Gewalt und von Repressionen, die heute allen droht, einfachen Bürgern ebenso wie Politikern, »Linken«, »Rechten«, »Zentristen«. Denn wenn die Regierung und der Präsident auch weiterhin zu spät kommen oder gar überhaupt keinen Finger regen, werden die sozialen Emotionen den zerbrechlichen demokratischen Überbau hinwegfegen, der über dem vorerst noch nicht umgestalteten Mechanismus totalitärer Strukturen liegt. Sollte die Unzufriedenheit den kritischen Punkt erreichen und eine Kettenreaktion des Aufruhrs einsetzen, wird kaum einer von uns mit heiler Haut davonkommen. Das Chaos der sozialen Auseinandersetzungen wird jenen, die das Land dahin getrieben haben, und sei es auch in bester Absicht, keine Chance lassen.

Ebendeshalb empfinden die Bedächtigsten unter meinen Kollegen, die schon so manches miterlebt haben, mein Verhalten heute als verrückt und zucken bei Begegnungen nur mit den Schultern: »Denk doch wenigstens an die Deinen!«

Sie wissen nicht, daß ich bereits Drohanrufe bekommen habe, daß man spät nachts an meiner Wohnungstür geklingelt hat, daß man mir »kompetente« (lies: erpresserische) Informationen aus »zuverlässigen« Quellen zukommen läßt. Ich weiß, daß heute über das Schicksal meines Landes entschieden wird. Ich weiß, daß es zum Ausharren zu spät ist. Durch die ganze Geschichte unseres Staates wird bekräftigt: Das Schicksal verschont auch jene nicht, die sich in die Stille ihrer Arbeitszimmer und Labors verkriechen. Unter den Opfern der Stalinschen Repressionen war eher eine Mehrheit von Menschen, die das Rampenlicht mieden, die sich dem aufkommenden Totalitarismus in keiner Weise widersetzten. Wer aktiv war, hatte immerhin noch Überlebenschancen. Ihn verschlug es entweder in die Emigration, oder er war in Maßen durch seine Tätigkeit abgeschirmt. Dazu aber, daß jemand, der sich hinter seinem eigenen Sofa verschanzt hatte, aus dem Leben schied, reichte die Anzeige eines Wohnungsnachbarn aus.

Unterwegs in den Kreml, weiß ich jetzt, daß sich das Schicksal des Landes noch ein, zwei Jahre an einem Wendepunkt befinden wird. Und darum muß ich meinen Weg bis zu Ende gehen, bis zu dem Moment, da das System beerdigt ist. Beerdigt wie übrigens auch der große Mann, der dem System im Oktober 1917 den Weg geebnet hat und der dem Volk immer noch zur Betrachtung dargeboten wird. Lenins Namen trägt die Stadt, in der ich wohne, die Stadt, die ursprünglich von ihrem Gründer zu Ehren des heiligen Peter benannt wurde. Lenins Werk hat auf allen Kontinenten unseres Planeten entsetzliche Keime getrieben. Einiges davon vermochte er selbst noch zu sehen und zu erkennen, aber er konnte es bereits nicht mehr korrigieren.

Wie mir scheint, wird die Konfrontation von »Linken« und »Rechten« noch ein, zwei Jahre lang unvermeidlich sein. Das labile Gleichgewicht der politischen Kräfte, die Wirtschaftskrise und der schmerzhafte Versuch, mit der totalitären Vergangenheit zu brechen, all das

wird noch eine gewisse Zeit fortdauern. Sobald wir uns aber bewußt
geworden sind, daß es in einem normalen zivilisierten Staat Platz sowohl für Radikale wie für Konservative gibt und man keinesfalls die
Hälfte der Bevölkerung abzuschlachten braucht, um das Glück der
anderen Hälfte zu sichern, werden wir beginnen, auf dem festen
Boden eines rechtlichen und sozialen Weges zu gehen. Sowohl die
Machthaber als auch die demokratischen Organisationen müssen vor
dem schon über unserem Land heraufziehenden Gespenst eines
neuen Gemetzels zurückschrecken. Allein Zusammenarbeit und
sozialer Frieden werden zu einer Evolution des gesellschaftlichen
Organismus und zu seinem Überleben führen.

Erst in diesen letzten beiden Jahren habe ich begriffen, wie wertvoll
das Privatleben und die persönliche Freiheit sind, das, was der Dichter Ossip Mandelstam als seinen Stab bezeichnete. Für das Recht des
Menschen auf eine private Existenz lohnt es sich zu leben und bisweilen auch zu kämpfen. Die Politik ist ein notwendiges, wenn auch
wenig angenehmes Element der modernen Gesellschaft. Sie bestimmt in vieler Hinsicht das eigene Leben, sogar wenn man sich
nicht selbst mit ihr beschäftigt. Und doch ist Politik nur ein Ersatzle-
ben, eine Sublimation des echten Lebens, das den Menschen zu einer
Persönlichkeit werden läßt. Denn im politischen Leben verblaßt die
Individualität, verwandelt sich der lebendige Mensch in eine staatliche Funktion, in ein Anhängsel der staatlichen Maschinerie, und
sei diese auch noch so modern und demokratisch.

Von höheren und somit letztlich »übermenschlichen« Erwägungen läßt sich jeder Politiker leiten, und sei er noch so fortschrittlich.
Bekommt man täglich Personen zu Gesicht, welche die Apparat-
schule (dazu noch die sowjetische!) durchlaufen haben, gewöhnt
man sich daran, daß sie sich auf ein Mittelmaß eingependelt haben
und zu einem gewissen Standard zurechtgestutzt worden sind, begreift man, daß diese Leute zur Ausführung beliebiger Anweisungen
von oben bereit sind und sich an jegliche Bedingungen des staatlichen Regimes anzupassen vermögen, und es wird einem bange zu-

mute. Nicht von ungefähr bedenkt man sie ja mit so kalten Worten wie »Apparatschik« oder »Funktionär«. Ist jemand zu einer Funktion der Staatsmaschinerie, zu einem Schräubchen ihres Mechanismus geworden, tritt seine Menschlichkeit in den Hintergrund. Wie es menschenfeindlich ist, einer Maschine zu dienen, so ist es auch menschenfeindlich, einer Überidee oder der eigenen Kränkung zu dienen. Leiden darf man nicht für eine Idee und nicht für sich selbst, sondern nur »für seine Freunde«. Dann hat das Leben einen Sinn. Auch ein Mönch betet für die Menschen und um der Menschen willen zu Gott.

Unterwegs zum Kreml, träume ich heute von der Zeit, da ich meine politische Tätigkeit ruhigen Gewissens wieder aufgeben kann. Und sehr verständlich ist mir jene – wie sie der Dichter David Samoilow nannte – »Bewegung des Volksgedankens«, die in Form von Mythen und Legenden schildert, wie Herrscher freiwillig abdanken. Und mir scheint das gar nicht so unglaublich, was man über Alexander I. berichtet, der den Thron im Stich gelassen haben und entweder in ein abgelegenes Kloster oder auf Wanderschaft durch Rußland gegangen sein soll. Ich schließe nicht einmal aus, daß Alexander I. in Taganrog in Wirklichkeit nicht in die andere Welt, sondern in die Welt der Realitäten und des Dienstes an Gott eintrat. Warum ich das für möglich halte? Weil alles so gut zusammenpaßte: Von der Verschwörung der Dekabristen wußte er bereits. Der oberste russische Offiziersstand, der ihn kurz zuvor noch angebetet hatte, schmiedete nun Pläne für einen Aufstand zur Ermordung des Zaren. In seiner Jugend war Alexander selbst ein Liberaler gewesen und hatte versucht, eine Reihe von staatlichen Reformen durchzuführen. Er dachte an Freiheit für die Bauern, er gewährte Polen eine Verfassung. Doch für eine gegen den Apparat aufbegehrende Persönlichkeit gibt es Grenzen, zumal, wenn diese Persönlichkeit erstens nicht stark ist und zweitens auch im Privatleben Autokrat und Staatsmann bleibt und daher selbst auf dem Gipfel faktisch unbegrenzter Macht abhängig ist.

Mir gefällt diese Legende vom Rücktritt des Zaren, denn sie

enthält einen ausgeprägten Glauben an den Menschen, einen Glauben daran, daß sich selbst ein Kaiser die normalen Gefühle eines normalen Menschen bewahrt, daß das Streben nach einem normalen
Menschenleben stärker ist als die Macht.

Bei unserem letzten russischen Monarchen war dieses Streben
nach dem Privatleben ein unüberwindlicher und den staatlichen Interessen zuwiderlaufender Drang. Als Mensch war Nikolaus II. natürlich nicht jener Henker, als den ihn die Berufsrevolutionäre darstell-
ten. Er liebte, wurde geliebt und wünschte sich menschliches Glück
in seiner eigenen Familie. Dennoch hat Alexander Solschenizyn
recht: Daran, was in Rußland im Jahre 1905 und im Jahre 1917 geschah, war in erster Linie die Obrigkeit schuld, die das Land in den
Bolschewismus trieb. Schuld daran war somit auch ein rechtschaffe-
ner Mann, der eine ihm nicht angemessene Stellung einnahm: der
russische Zar. Die Erschießung der friedlichen Demonstranten, die
am 9. Januar 1905 mit einer Bittschrift zum Winterpalais zogen, sollte
auch den heutigen Demokraten eine Lehre sein. Ein totalitäres System verschont weder den letzten Untertanen noch den Zaren. Es genügt, der Denunziation Glauben zu schenken, man dürfe nicht mit
den Demonstranten sprechen, weil unter ihnen bewaffnete Terrori-
sten seien, es genügt, das Schicksal des Landes (wie auch die Krone
und den eigenen Kopf!) der geheimen Staatspolizei und den Militärs
auszuliefern, und schon ist man eine Marionette auf der politischen
Bühne. Und man hat die Schüsse vom 9. Januar auf dem Gewissen,
denn man verkörpert ja die Macht, obwohl die Macht eigentlich ein
Widerstreit von Ambitionen und Interessen des Apparats, der Clans
und Sippen aus den höchsten Beamtenkreisen ist.

Ja, das ist eine Lehre für einen Demokraten, der, an die Spitze einer
Stadt, einer Republik oder gar des Landes gelangt, unentschlossen
handelt. Das System vermag ihn geschickt zum Fällen von Entscheidungen zu provozieren, die eine Katastrophe nach sich ziehen können. Das System selbst kann eine Entscheidung auch hinter dem
Rücken eines willenlosen oder nur zerstreuten Volksführers treffen.

Es denkt nicht an das Wohl des Volkes und nicht einmal daran, wie es dem ersten Mann im Staate gefällig sein kann. Es denkt allein daran, sein eigenes Wohlbefinden zu bewahren. Das System ist tatsächlich eine Maschine und wie jede denkende Maschine menschenfeindlich. Gott, Mensch, Blut, Gewissen und Scham − all diese Begriffe existieren für das System nicht. Und wenn das System hinter dem Rücken eines demokratischen Reformers ein Gemetzel anzettelt, wird er nicht die geringste Chance haben, sich vom vergossenen Blut reinzuwaschen und seine Unschuld nachzuweisen.

Vor den Historikern und vor den Nachfahren ist auch der weiseste Herrscher schutzlos, sollte ihm ein verhängnisvoller Fehler unterlaufen. Seinen Fehler mußte der russische Zar dreizehn Jahre später in Jekaterinburg mit dem Märtyrertod bezahlen. Und es gibt wohl nichts Schrecklicheres, als im letzten Augenblick des eigenen Lebens mitansehen zu müssen, wie die eigenen Kinder unter den Kugeln der Schergen zusammensinken. Eine furchtbare Strafe für den ungesühnten »Blutigen Sonntag«, dafür, daß Nikolaus II. am 9. Januar 1905 für seine Untertanen weder Worte noch Tränen gefunden hatte. Im Volksbewußtsein und im Volksmund spülte das Blut der Menschen vor dem Winterpalais jene Ölung von der Stirn des Zaren, die er bei der Krönung empfangen hatte. Die negative Haltung zur Obrigkeit schlug nun auch in eine negative Einstellung zum Monarchen um. Und das staatliche System, das in sich keine Möglichkeit zur Selbstentwicklung fand und sich mit dem Blut Unschuldiger besudelt hatte, war dem Untergang geweiht. Die Geschichte schritt auf die Tragödie von 1917 zu und damit auch auf die Tragödie der Zarenfamilie.

Ich wiederhole: Dieser Lehre der Geschichte sollten am Machtruder stehende demokratische Reformer stets eingedenk sein.

Worüber macht sich ein frischgebackener Parlamentarier noch Gedanken?

Bei einem Intellektuellen, der sich zum Gang an die Macht entscheidet, müssen das Gewissen wie auch das historische Gedächtnis geschärft sein. Wie auf einen antiken Seefahrer lauern auf ihn Szylla und Charybdis: Gesinnungswandel oder physische Abrechnung. Wir Deputierten der ersten Stunde wurden von beiden Ungeheuern bedroht. Vielleicht wird den künftigen Parlamentariern die Verlockung der totalitären Szylla wie auch die Furcht vor dem Rachen der Charybdis erspart bleiben? Wenn dem so ist, dann werden sie ruhig und weitaus sachkundiger als wir an der Gestaltung eines demokratischen Rechtsstaates arbeiten können. Doch ihre Ruhe, ihre friedliche Arbeit wird mit unseren Erschütterungen bezahlt worden sein.

Es heißt, im Gefecht wachse einem Mann der Bart schneller: Beim Nahkampf würden die Wangen innerhalb einer halben Stunde so stark von Stoppeln überzogen wie beim Hocken im Schützengraben innerhalb von zwei Tagen.

Bei Jossif Brodski gibt es in einem Gedicht zum Tode Marschall Schukows ein paar Verse über jene, die mutig in fremde Hauptstädte einziehen, in ihre eigene Hauptstadt jedoch ängstlich zurückkehren. Wir sind in den Kreml gekommen, damit unsere Landsleute nie mehr die Hauptstädte fremder Staaten zu erstürmen und nie mehr ihre eigene Hauptstadt zu fürchten brauchen.

Wirft man einen Blick auf die Karte von Moskau, so sieht man, daß der Kreml die Form eines ungleichseitigen Dreiecks hat. Wie im berühmten Bermuda-Dreieck verrinnt auch in ihm die Zeit auf ganz besondere Weise. Übrigens, falls man mit irgendeiner geometrischen Figur das beschreiben kann, was im Parlament vor sich geht, so böte sich ebenfalls ein Dreieck an. Es weist eine linke und eine rechte Ecke auf: die Radikaldemokraten und die Neostalinisten. Zwischen ihnen liegt das gesamte politische Spektrum der Gesellschaft: Demokraten, Liberale, Zentristen, Konservative aller Schattierungen. An der Spitze des Parlamentsdreiecks befindet sich die oberste Macht. Derzeit wird sie durch den Präsidenten der UdSSR verkörpert.

Gleich dem Kreml-Dreieck auf der Karte Moskaus ist auch das Parlamentsdreieck ungleichseitig. Und das liegt nicht nur daran, daß seine Spitze schwankt. Sie muß sich unweigerlich nach links oder nach rechts neigen, denn die Dynamik der gesellschaftlichen Kräfte gebietet, daß die oberste Macht auf eine Verlagerung des Schwergewichts reagiert. Das Schwergewicht aber ist – sowohl in der Gesellschaft selbst als auch in dem sie repräsentierenden Parlament – beweglich.

Michail Gorbatschow spricht nicht von ungefähr so gern über Konsolidierung. Zunächst, zu Beginn der Perestroika, gebrauchte er die Metapher vom selben Boot, in dem wir alle säßen und das nicht zum Schwanken gebracht werden dürfe. Später tauchte im politischen Sprachgebrauch unseres Landes ein anderes Wort auf: Konsens. Vermag die Macht flexibel und feinfühlig auf eine Veränderung des gesellschaftlichen Gleichgewichts zu reagieren, läßt sich, unbeschadet der Kritik aus den unteren Ecken, ein Konsens finden. Das soziale Boot muß im lebendigen Meer der gesellschaftlichen Wirklichkeit schlingern, denn sonst kommt es nicht voran.

Läuft das Boot jedoch back- oder steuerbords voll Wasser, so ist daran nicht die Mannschaft, sondern der Kapitän samt seinen Offizieren schuld. Sie sind es, die versäumt haben, den richtigen Kurs zu wählen, auf eine Sturmwettermeldung oder zu erwartende wirtschaftliche Klippen zu achten. Somit ist die Metapher des Bootes oder zumindest der Aufruf, es nicht ins Schwanken zu bringen, nicht allzu korrekt. Ein versierter Kapitän kommt ohne gutes Zureden aus. Schließlich hat er einen Steuermann und einen Rudergänger: Es gibt Programme, und es gibt eine Regierung.

Und dennoch trifft die Metapher zu. Jedenfalls in einer Situation, da dem Kapitän die Hände gebunden sind und ihm das Ruder nicht gehorcht. So war es im zweiten und dritten Jahr der Perestroika, so war es ganz zu Beginn des sowjetischen Parlamentarismus, vor Aufhebung von Artikel 6 der Verfassung.

Unser gesellschaftliches Boot steuert auf einen demokratischen Rechtsstaat, ein reales Mehrparteiensystem und eine Marktwirtschaft zu. Nichts von alledem werden wir erreichen, sondern wir werden kentern und untergehen, wenn wir nicht rechtzeitig unseren gefährlichen Ballast über Bord werfen: die anachronistisch gewordenen

Strukturen der KPdSU, die Politorgane in der Armee und den Ord-
nungsbehörden, die ungeheuerliche Bürde der Kommandowirtschaft
mit ihren Ministerien, mit dem staatlichen Eigentum und dem utopischen Dogma von Marx und Lenin, die blutige Ideologie des Klas-
sen-Auserwähltseins, das Erbe des Stalinismus und der Stagnation.

Ohne eine radikale Erneuerung der bestehenden Machtstrukturen
ist jeglicher Fortschritt heute ebensowenig möglich, wie er es gestern
ohne die Aufhebung von Artikel 6 war.

Ich bin überzeugt, daß der Politiker Michail Gorbatschow diese Situation durchschaut. Aber der sowjetische Präsident Michail Gorbatschow mag von anderen Motiven geleitet werden: Der Apfel habe zu
fallen, wenn er reif sei. Nicht eher. Auf keinen Fall sei es Sache des
Präsidenten, den Baum zu schütteln. Aber ein Apfel kann auch am
Zweig verfaulen, besonders, wenn er schon wurmstichig ist.

Kehren wir noch einmal zum Modell des Parlamentsdreiecks zurück. Die Schwächung der obersten Macht ergibt sich aus einer gesellschaftlichen Situation, in der die »Linken« und die »Rechten«
dermaßen weit voneinander entfernt sind, daß die Machtvertikale
bereits keine Vertikale mehr ist. Wenn sich die linke bzw. die rechte
Ecke oder gar beide gleichzeitig immer weiter vom Zentrum ent-
fernen, wenn die politische Polarisierung bedrohliche Ausmaße
annimmt, dann muß die Spitze ebenso rasant emporschnellen. Nur
so wird die Machtvertikale und somit für eine bestimmte Zeit die
Harmonie wiederhergestellt.

Die Einführung des Präsidentenamtes während der gesellschaftlichen Gärung im Frühjahr 1990 ermöglichte Gorbatschow, ein Ab-
sinken der Machtvertikale zu verhindern; sie hielt das Land von Mas-
senaktionen (nach Art der osteuropäischen Revolutionen) bzw. von
einem Rechtsputsch und einem Bürgerkrieg ab. Das Institut der Präsidentschaft erlaubte dem Unionsparlament, bis zur Herausbildung
von örtlichen und republikanischen Machtorganen bestehen zu
bleiben.

Der Kongreß der Volksdeputierten der RSFSR, die Wahl des russischen Obersten Sowjets mit Boris Jelzin an der Spitze und schließlich die Wahl der demokratischen Sowjets von Moskau und Leningrad – all das bedeutete eine Vorgabe für die aufkeimende Demokratie und drängte die Möglichkeit einer Explosion von unten wie auch die Wahrscheinlichkeit eines Rechtsputsches in den Hintergrund.

Doch unsere leidgeprüfte Wirtschaft befindet sich immer noch unter der Kontrolle des früheren Systems. Die Ordnungsorgane und die Armee sind nicht demokratisiert worden: Sowohl das Personal als auch die Leitungsstrukturen stammen aus der Zeit vor der Perestroika. Die Wirtschaftskrise wird immer nachhaltiger, und deshalb schreitet die Polarisierung der Gesellschaft zügig fort. Unter diesen Umständen verlangte der Präsident zusätzliche Machtbefugnisse für sich selbst. Diese erhielt er Ende September 1990 vom Obersten Sowjet der UdSSR. Sein Aufstieg hat die Obergrenze erreicht, denn nun bleiben nur noch die Vollmachten eines Diktators, die Krone eines Zaren oder die Schulterstücke eines Generalissimus. Dann wären weder ein Parlament noch eine Verfassung noch gewählte Leitungsorgane notwendig: Das Parlamentsdreieck könnte nur noch zerbersten und auseinanderfallen. In diesem Fall wäre es für die Gesellschaft am wenigsten schmerzhaft, den gescheiterten Chef durch einen anderen, beliebteren und flexibleren abzulösen. Im schlimmsten Falle jedoch würde der Parlamentarismus zusammenbrechen, ein autoritäres oder totalitäres Staatsordnungsmodell an die Macht gelangen und das Dreieck in den blutigen Ausgangspunkt einer neuen Diktatur verwandeln.

Der Präsident ist das Haupt der Exekutive. Doch bereits auf dem 3. Kongreß der Volksdeputierten der UdSSR erlaubte sich Anatoli Lukjanow, der eine schriftliche Anfrage beantwortete, eine sehr großzügige Auslegung der Präsidentenvollmachten: »Der Präsident koordiniert auf höchster Ebene sowohl die Legislative – die Macht der Vertretungsorgane – als auch die Exekutive miteinander.«

Es leuchtet ein, daß sich das Parlament bei solch einem Standpunkt in ein Beratungsgremium für das Staatsoberhaupt verwandeln kann.

Und dann wird der Präsident zu einem Selbstherrscher, der schließlich das unnütze Parlament auflöst, so wie es Nikolaus II. mit der ihm
überdrüssig gewordenen Staatsduma tat.

Nun, ich hatte mir fest vorgenommen, im Schlußkapitel kein einziges Wort mehr über Politik fallenzulassen, doch sie schleicht sich un-
gebeten in meine Ausführungen ein. Aber die Politik drang nicht nur
in mein eigenes Leben ein. Genauso erging es im Jahre 1989 Millionen
anderer Sowjetbürger, genauso erging es vor zwei Jahrzehnten Andrei
Sacharow.

Er war kein Politiker. Womöglich trieb die Politik ihn sogar in den
Tod. Ich denke an den Generalwarnstreik, an dessen Vorbereitung
sich Sacharow mit ganzer Seele beteiligte und der dann doch nicht
stattfand. Es ist schrecklich, wenn man all seine psychischen Kräfte
mobilisiert und trotzdem nichts geschieht. So etwas kann nur jemand
aushalten, der noch sehr jung und völlig gesund ist.

Sacharows Anhänger folgten ihm noch, als er schon nicht mehr unter uns war. Das ist das Los nicht von politischen Führern, sondern
von Propheten. Und Sacharow war der letzte weltliche Prophet – der
letzte, denn Menschen wie ihn wird es nicht mehr geben. Ein Prophet
erringt den Sieg nicht im Kampf, sondern durch seinen eigenen Tod.
Und hinter dem Sarg des Propheten von Rußland schritt das ganze
Land einher.

Zu seinen Lebzeiten vernahmen wir ihn, schenkten ihm aber kein
Gehör. Der 1. Kongreß der Volksdeputierten unterstützte Sacharows
Entwurf eines Dekrets über die Macht nicht (was unter den damaligen
politischen Bedingungen auch nicht möglich war). Und jetzt werden
wir noch lange dafür bezahlen müssen.

Woran denke ich noch auf dem Weg in den Kreml?

Das Leben im Parlament ähnelt wohl dem Leben auf einer Bühne.
Bekannte Stars, die du früher nur auf dem Bildschirm oder der Lein-
wand gesehen hast, werden zu deinen Gesprächspartnern. Übrigens
kann das bei alten treuen Freunden Unzufriedenheit und Eifersucht
auslösen. Irgend jemand meint immer, man sei hochnäsig geworden,

oder ist gekränkt, weil man nicht wie früher einer Einladung zum Geburtstag nachkommen kann. Die Freunde haben da keine Schuld. Wenn sich manchmal sogar Frau und Tochter eifersüchtig deine Erzählungen anhören – beide leiden darunter, daß ihnen nun soviel entgeht –, was soll man dann von anderen sagen?

Ich mag Moskau nicht sonderlich, wie es sich ja auch für einen echten Petersburger gehört. Ich mag es deshalb nicht, weil es kein einheitliches Ganzes mehr bildet. Aber ich wiederhole, es ist eine Stadt mit einem ganz besonderen Tempo, das von der Nähe zum Staat, zur Macht bestimmt wird. Für einen Provinzler ist jeder Moskauer in gewisser Hinsicht ein Adliger oder zumindest ein Hausknecht aus dem Zarenpalast. Die Moskauer spüren das selbst und lassen sich ihre Teilhabe an der Macht anmerken. Hier sind alle Charaktere stärker ausgeprägt, hier ist es leichter, Karriere zu machen, ist die Auswahl an Arbeitsstellen größer, und all das hinterläßt seinen Stempel. Moskau lockt jene an, die am unternehmungslustigsten und begabtesten sind. Hier schließt man auch leicht Freundschaft, und sei sie auch nur oberflächlich.

Im Moskauer Theater »Leninski Komsomol« spielt Jewgeni Leonow, ein großer Schauspieler unserer Tage, die Hauptrolle in einem Stück, das Grigori Gorin nach Scholem Aleichem schrieb. Leonow war davor schwer erkrankt, ja sogar klinisch tot gewesen. In diesem Drama spielt er ebenfalls an der Grenze von Leben und Tod. Er experimentiert damit, bis zu welchem Grade er sich seiner Bühnengestalt hinzugeben vermag.

Nach der Premiere dann bis zum Morgengrauen – nein, kein Empfang, eher ein gemütliches Beisammensein. Und man kann im Nu Freundschaft schließen. Ich setze mich mit dem Dichter Jewgeni Jewtuschenko in einen Winkel, und obwohl ich ihm heute zum erstenmal begegne, können wir uns lange nicht satt reden. Wir sind beide mit dem »Tauwetter« vom Anfang der sechziger Jahre verwachsen, wir haben sozusagen die gleiche Blutgruppe, die gemeinsamen Erfahrungen der gleichen Generation. Wir haben dieselben Bücher gele-

sen, uns dieselben Filme angeschaut. Wer hätte sich vorstellen können, daß der Rebell Jewtuschenko viele Jahre, nachdem wir seine
frühe Lyrik verschlungen hatten, einmal ein Prosagedicht von nur
fünfundzwanzig Worten schreiben würde: den Eid des ersten sowjetischen Präsidenten?

Und der Filmregisseur Eldar Rjasanow? Oder derselbe Jewgeni
Leonow, ein bißchen anders als auf der Bühne oder auf der Lein-
wand, aber ebenso schlicht, verschmitzt, urwüchsig humorvoll, le-
bensfroh. Eben noch ist er auf der Bühne ein Mann gewesen, der an
der Bruchstelle zweier Epochen lebt, die Seinen verliert, sich mit
Mühe sein täglich Brot verdient und trotzdem das Lebensgespür
nicht einbüßt. Leonow ist auch ohne Schminke so.

Und wir, werden wir auch so bleiben, wie wir sind?

Bald sollte ich auch mit dem Schriftsteller Wenedikt Jerofejew Bekanntschaft schließen. Abermals bei einer Premiere, diesmal jedoch
im Moskauer Theater in der Malaja Bronnaja. Sein im Samisdat her-
ausgegebener Roman *Die Reise nach Petuschki* hatte viele erschüt-
tert. Jerofejew war es noch vergönnt, die offizielle Veröffentlichung
seines Romans und die Uraufführung von dessen Bühnenversion
mitzuerleben. Doch er war schwer krank, und mein erstes Gespräch
mit ihm sollte auch das letzte sein. Die Todeswoge Anfang der achtziger Jahre riß jene mit sich, die das Ende der Epoche nicht mehr
miterleben durften, aber die nächste ereilte jene, die bereits Augenzeugen des Anbruchs der neuen Epoche geworden waren.

An uns ist die Reihe noch nicht. Wir haben gerade erst dieses wenig
angenehme und offenbar undankbare Werk in Angriff genommen.
Keiner von uns ist ein Herkules, doch es ist unsere Aufgabe, den Au-
giasstall des Totalitarismus in unserem Lande zu reinigen. Wir sind
Dilettanten auf diesem Gebiet, und wenn mancherorts behauptet
wird, die Popows und Sobtschaks drängten an die Macht, so ist das
ein Irrtum.

Der Leningrader KP-Chef Boris Gidaspow ließ einen Korrespondenten wissen, er sei schon in seiner Kindheit beim Schlagballspiel

wie auch bei Raufereien der stärkste gewesen. Einer so prächtigen
Biographie kann ich mich nicht rühmen: Ich habe meine Füße und
Fäuste nie für Prügeleien eingesetzt. Höchstens habe ich mal jeman-
den gerempelt, weshalb ich als Anführer nicht in Frage kam.

Aus Tschita zogen wir nach Kokand um. Hier verbrachte ich meine
Kindheit. Die besten Freunde jener Jahre waren mein älterer Bruder
Sascha und die Kinder vom Hof.

Von Anfang an wollte ich Lehrer werden. Neben uns wohnte die
aus dem belagerten Leningrad evakuierte Familie eines Mathematik-
professors. Meine Mutter bemühte sich immer, den Nachbarn zu helfen, und bewirtete sie mit Ziegenmilch. Mir aber imponierte die Atmosphäre in der Professorenfamilie, ihre Intelligenz und Bildung. Ich
wünschte mir sehr, so wie dieser Nachbar zu sein, und in meiner
kindlichen Naivität träumte ich davon, später Professor zu werden.

In meiner Kindheit schienen mir Lebensmittel das rarste und teuer-
ste Gut zu sein. Freunde hatte ich, meine Eltern waren gut zu mir,
ringsum wimmelte es von Hunden – aber das Essen war immer
knapp. Bis heute kann ich dieses ständige Hungergefühl nicht vergessen. Die einzige Rettung war unsere Ziege. Für eine Kuh hätte unsere
Familie nicht das Geld aufbringen und auch nicht das Futter beschaffen können. Eine Ziege dagegen braucht nicht viel. Meine Mutter
schickte meinen Bruder und mich mit jeweils einem Korb los, und
wir gingen Gras rupfen. Einmal prügelte jemand unsere Ziege mit
einem Stock so sehr, daß sie krank wurde und starb. Nie habe ich
so sehr geweint wie an jenem Tag.

In meiner Familie wurden wir Kinder nie bestraft. Einmal stahl ich
aus Vaters Etui eine Zigarette, weil ich neugierig aufs Rauchen war.
Daraufhin führte mein Vater ein sehr langes Gespräch mit mir. Ich
erinnere mich nicht, welche Worte er fand, aber seither habe ich in
meinem Leben nie wieder eine Zigarette angerührt.

Ich hatte viele Lieblingsbücher in meiner Kindheit. Auch das habe
ich dem evakuierten Leningrader Professor zu verdanken. Meine
Lieblingsgestalten waren d'Artagnan, Huckleberry Finn und Tom

Sawyer. Über Lenin las ich das, was im Lehrplan verlangt wurde. Meiner Tochter lese ich nichts über Lenin vor. Als sie noch in den Kindergarten ging, erhielt sie einmal von der Erzieherin die Hausaufgabe, mit den Eltern eine Erzählung über Lenin durchzuarbeiten. Darin kam folgende Episode vor: »Lenin geht in einem Park spazieren und sieht, wie ein Bauer einen Baum fällt. Er bleibt stehen und sagt: ›Das erste Mal will ich's noch verzeihen und das Fällen erlauben, das nächste Mal aber...‹« Xenia, die zu Hause von klein auf juristische Gespräche hörte, fragte mich: »Vati, Lenin war doch Jurist wie du?« – »Das stimmt.« – »Wie kann aber ein Jurist sagen: ›Das erlaube ich, oder das erlaube ich nicht?‹ Dabei war doch noch gar keine Verhandlung!«

Als meine Tochter aufschnappte, daß die Mitglieder des Obersten Sowjets nach einem Jahr teilweise ausgewechselt werden sollen und daß man das Rotation nennt, prägte sie sich dieses Wort sofort ein und fragte: »Vati, wirst du bald rotiert?«

Nun, da wäre ich auch schon im Kreml angelangt. Der Kutafja-Turm, höfliche Milizionäre und der kurze, sanfte Aufstieg zum Kristallbunker des Kongreßpalastes.

Uns wird man einmal vergessen. Ich bin kein gläubiger Mensch, aber Gott gebe, daß heute für uns gebetet wird.

Dezember 1989 – Dezember 1990

UND NUN, EIN EPILOG?
NACH DEM BLUTIGEN SONNTAG IN VILNIUS

E s fällt mir sehr schwer, diese Zeilen einem bereits abgeschlosse-
nen Buch hinzuzufügen. Trotzdem muß ich es tun.

Von Dezember 1990 bis Januar 1991 erreichte die politische und
wirtschaftliche Situation im Lande einen Krisenpunkt. Statt der er-
warteten Stabilisierung zeichnete sich ein Schwenk nach rechts ab.
Die Gesellschaft verlor zunehmend die Hoffnung auf bessere Lebens-
umstände.

Was war geschehen?

Zunächst warnte Eduard Schewardnadse das Land und die Welt
durch seinen Rücktritt mutig vor der Gefahr einer Diktatur, und dann
wurden wir Zeugen eines militärischen Umsturzversuches in den
baltischen Republiken. Nachdem dieser Versuch an der Entschlos-
senheit der Völker gescheitert war, das eigene Recht auf Unabhängigkeit um jeden Preis zu verteidigen, kam es zu neuen Beschlüssen,
welche die wirtschaftliche Situation lediglich verschlimmerten, die
Inflationsprozesse anspornten und für Tausende von Betrieben die
Gefahr eines Bankrotts heraufbeschworen.

Kehren wir in Gedanken zum März 1990 zurück. Damals wählte der
Kongreß der Volksdeputierten den ersten Präsidenten der Union der
Sozialistischen Sowjetrepubliken. Das Hauptmotiv für uns demokra-
tische Deputierten war damals die Notwendigkeit, den Artikel 6 der
Breschnewschen Verfassung abzuschaffen. Der Präsident wurde al-
lein deshalb auf dem Kongreß und nicht durch die gesamte Bevölke-
rung gewählt, weil die Deputierten begriffen, daß die Funktionen von
Partei und Staat so schnell wie möglich getrennt werden mußten.

Wir glaubten, Michail Gorbatschow würde sich bei seiner Tätigkeit
vor allem nach den Interessen des Volkes richten und seine Beibehaltung des Generalsekretärspostens sei lediglich die historische Notwendigkeit einer konkreten Zeitspanne. Denn wäre etwa Jegor Liga-

tschow oder ein anderer Parteifunktionär Generalsekretär geworden, so hätte dies zu einer Doppelherrschaft und zum Bürgerkrieg führen können.

Die Ereignisse mehrerer Monate ließen uns glauben, wir hätten uns nicht geirrt: Die hemmungslosen Ausfälle der radikalkonservativen Kräfte gegen den Präsidenten auf dem Gründungsparteitag der KP Rußlands und dann auch auf dem XXVIII. Parteitag der KPdSU sind eine historische Tatsache.

Weshalb verabschiedeten die Leute, die Ligatschow applaudierten und Gorbatschow ausgepfiffen hatten, den ersteren in den Ruhestand und wählten den letzteren erneut auf den höchsten Parteiposten?

Die Parteiführer unterschiedlichen Formats, die den »harten Kern« dieser beiden Kongresse bildeten, wußten sehr gut, daß sie die Perestroika-Prozesse durch den Sturz Gorbatschows nur fördern und sich selbst endgültig zum politischen Untergang verurteilen würden. Denn in diesem Fall würde sich der Präsident nicht mehr auf die KPdSU, sondern auf die demokratischen Kräfte des Landes stützen, und die Partei würde letzten Endes den politischen Schauplatz verlassen müssen. Als Boris Jelzin, Gawriil Popow und der Verfasser dieser Zeilen auf dem XXVIII. Parteitag erklärten, es sei ihnen unmöglich, zugleich Sowjets zu leiten und Mitglieder einer (beliebigen, nicht nur der kommunistischen) Partei zu sein, bewahrten die Demokraten weiterhin die Hoffnung auf den gesunden Menschenverstand des Präsidenten.

Der konstruktive Dialog und die Vereinbarung zwischen Jelzin und Gorbatschow im August 1990, die Tatsache, daß letzterer Jawlinskis und Schatalins Wirtschaftsreformprogramm unterstützte, welches eine reale Chance zur Überwindung der Wirtschaftskrise verhieß, und daß er eindeutig die Notwendigkeit befürwortete, von verschwommenen sozialistischen Parolen direkt zum Markt überzugehen – all das stimmte die Gesellschaft optimistisch. Es schien, der entscheidende Schritt in der Wirtschaft werde getan werden. Der Präsident mußte doch einsehen, daß die Diskrepanz zwischen dem

politischen und dem ökonomischen Wandel gefährliche Formen annahm.

In dem schwierigsten und dramatischen Moment der endgültigen
Entscheidung jedoch, da vom Präsidenten buchstäblich alles abhing
und – davon bin ich überzeugt – die Zivilcourage eines einzelnen
Mannes im Obersten Sowjet das 500-Tage-Programm hätte retten können, ließ er diese Courage vermissen. Man kann heute schwer sagen,
weshalb es so kam, aber es ist kein Geheimnis, daß sich der Präsident
dem beispiellosen Druck einer Kraft beugte, die den Namen Nomenklatura trägt. Anstelle eines Wirtschaftsreformplans wurde etwas Unsinniges verabschiedet, eine Art Kreuzung zwischen Krokodil und
Flußpferd. Dieses Ungeheuer nannte sich »Hauptrichtungen« und
drängte die Regierung Ryschkow endgültig in die Sackgasse, aus der
sie nicht mehr herauskam.

Nachdem er in jenem entscheidenden Augenblick gescheitert war,
konnte der Präsident seine Position nicht mehr halten. Als erste be-
merkten die engsten Mitstreiter und Helfer des Präsidenten seinen
Rückzug, der eher einer überstürzten Flucht vom Schlachtfeld glich.
Und zwar waren es seine besten und zuverlässigsten Gefährten.

Wir benutzten oft den Ausdruck »die Mannschaft des Präsidenten«. Aber im Grunde hatte Gorbatschow nie eine eigene Mannschaft
gehabt. Während seiner politischen Laufbahn zur Zeit der Perestroika
hatte er sich hauptsächlich darauf konzentriert, gegen Parteifunktionäre der schon überlebten Epoche zu kämpfen. Dieser Kampf gestaltete sich überaus dramatisch: Durch »Zwangsehen« mit den einen
entledigte er sich der anderen. Mitunter fielen infolge derartiger Maßnahmen ganze Gruppen von Perestroika-Gegnern über Bord. Gorbatschow segelte geschickt zwischen den Felsen und demonstrierte,
stets in der Minderheit, Wunder an Einfallsreichtum. Seit sich um
ihn aber wirklich kluge, starke, unabhängige und überaus kompetente Leute gesammelt hatten, die landesweit hohes Ansehen genossen, erwies sich Gorbatschow – gewohnt, inmitten von Günstlingen
der Parteihierarchie zu arbeiten und zu agieren – als unfähig, die

qualitativen Wandlungen in seiner nächsten Umgebung zu erkennen und sich auf die Erfahrung und den Geist seiner Mitkämpfer und Berater zu stützen.

Jakowlew, Schewardnadse, Bakatin, Schatalin, Petrakow... Sie waren die ersten, die diesen Rückzug des Präsidenten – ja sein Abrücken von der durch ihn selbst initiierten Sache – erkannten. Einer nach dem anderen verließ den Präsidenten, denn sie begriffen sehr wohl, daß auch Kompromisse ihre Grenzen haben. Sie alle sind echte Bürger ihres Vaterlands und nicht etwa nur dem Präsidenten persönlich ergebene, unfähige Funktionäre.

Der Reformer, der selbst aus dem Parteiapparat hervorgegangen ist, vermochte die Treue dieser Menschen zu jenen Grundsätzen und Ideen nicht richtig einzuschätzen, die bis zu einem gewissen historischen Moment das Wesen der demokratischen Reformen und auch das Wesen Michail Gorbatschows selbst ausmachten. Er gestattete den Reaktionären leider, ungestraft gegen seine Mitstreiter vorzugehen: Es kam zu der Hetzkampagne gegen Alexander Jakowlew auf dem 3. Kongreß der Volksdeputierten der UdSSR und zu einem hemmungslosen Angriff auf Eduard Schewardnadse im Vorfeld des 4. Kongresses. Wenn ein Armeegeneral im Beisein des Präsidenten mit starken Worten über den Außenminister (der übrigens auch Politbüromitglied war) herzieht, der Präsident aber so tut, als sei das alles völlig in Ordnung, dann geht er selbst ein großes Risiko ein. Ich kann mir nicht vorstellen, daß der Präsident dies nicht einsah.

Das alles markierte, wie mir jetzt scheint, den Wendepunkt in der politischen Biographie Michail Gorbatschows.

Zu einem tragischen Fehler wurde schließlich sein Versuch, die Einheit der Union durch den Einsatz militärischer Gewalt im Baltikum zu bewahren. Die Geschichte hat ihr Urteil über eine solche politische Praxis schon längst gefällt. Als die Vorgänge in Litauen erst ihren Anfang nahmen, also vor etwa einem Jahr, sagte Jegor Ligatschow in einem Rundfunkinterview, seit den Zeiten der Tschechoslowakei und Afghanistans sei die sowjetische Führung klüger geworden und wisse nun, daß solche Fragen nicht mit Hilfe von Panzern entschieden werden können...

Am schlimmsten war jedoch die wiederholte Weigerung des Präsidenten zuzugeben, daß derartige Methoden des »politischen Dialogs« nicht ganz ohne sein Zutun angewandt wurden. Nach der blutigen Nacht in Vilnius, nach der Erstürmung des litauischen Fernsehens durch Fallschirmjäger und KGB-Beamte erklärte der Präsident, er persönlich habe von nichts gewußt. Diese Erklärung, im Verein mit ähnlichen Stellungnahmen des Verteidigungs- und Innenministers – hinzugefügt sei eine Fernsehansprache des KGB-Chefs, der den Waffeneinsatz gegen Zivilisten zu rechtfertigen suchte –, machte auf die ganze Welt einen deprimierenden Eindruck. Ein Präsident, der einfachen Beamten die Verantwortung für tragische Aktionen auflädt, von denen er selbst unmöglich nichts gewußt haben konnte, verstößt gegen den Präsidenteneid.

Dieses Verhalten stieß nicht nur die Demokraten ab, sondern auch die Militärs, die zur »Bändigung« der freiheitsliebenden baltischen Republiken abgeordnet worden waren und am nächsten Morgen erfuhren, sie hätten das alles auf eigene Initiative hin angerichtet.

Für einen Politiker ist der Verlust der Glaubwürdigkeit gleichbedeutend mit dem Tode. Dieser Verlust mag unterschiedliche Folgen haben: Ein Diktator kann seine Glaubwürdigkeit beim Volk einbüßen und doch an der Macht bleiben, solange seine Umgebung und die Männer mit den Bajonetten ihm vertrauen. Denn auf ihrer Unterstützung ruht sein Thron oder sein Präsidentensessel. Keine Chancen, seine politische Tätigkeit fortzusetzen, hat jedoch einer, dem weder die Apparatschiks noch die Generale mehr vertrauen.

Genau das ist heute bei uns der Fall.

Der Präsident hat es am Ende doch nicht geschafft, zu einem wirklichen Präsidenten seines Volkes zu werden, sondern ist Generalsekretär des ZK der KPdSU geblieben, einer Partei, die das Vertrauen und die Unterstützung des Volkes einbüßte, weil sie keinen realistischen Ausweg aus der ökonomischen und politischen Sackgasse vor-

schlagen konnte, in die sie das Land durch ihre eigene Politik und Tätigkeit gedrängt hatte. Was nun auch mit uns geschehen mag, die Völker unseres Landes werden folgendes nie mehr vergessen: Tbilissi
(April 1989), Baku (Januar 1990), Vilnius (Januar 1991)...

Wie die Kommission des Kongresses der Volksdeputierten feststellte, war Gorbatschow an dem Gemetzel vor dem Haus der Regierung in Tbilissi tatsächlich nicht schuld. Er hat aber nichts unternom-
men, um die Schuldigen jener grauenhaften Nacht einer gerechten
Strafe zuführen zu lassen. Bis heute hat das Fernsehen den vom KGB
aufgenommenen Film nicht gezeigt, obwohl dies vom Kongreß der
Volksdeputierten der UdSSR, dem obersten gesetzgebenden Organ
des Landes, beschlossen wurde. War der Generalsekretär aber damals, im April 1989, zum Opfer einer Verschwörung der Reaktion geworden, so hat sich die Lage seitdem allmählich gewandelt. In Baku
blieben die Truppen untätig, während die Armenierpogrome fortdau-
erten; erst als die Pogrome aufgehört hatten, der Erste Sekretär des ZK
der KP Aserbaidschans aus der Stadt geflohen und die Macht faktisch
an die Volksfront übergegangen war, erstürmten die Panzer – wiederum nachts – die Hauptstadt der Republik. Die Aktion erfolgte auf
Befehl des Vorsitzenden des Obersten Sowjets der UdSSR, und die sie
Ausführenden taten alles, um so viel Blut wie möglich fließen zu lassen. Ein Jahr darauf gelang es den Kräften der Vergangenheit, den
Präsidenten noch näher an sich zu ziehen.

Nunmehr eine Geisel der Reaktion, ist er nicht mehr der frühere
Demokrat und Reformpolitiker. So siegte der Generalsekretär über
den Präsidenten.

Tbilissi, Baku, das Baltikum... Diese drei Marksteine bestimmten
sowohl das persönliche Drama Michail Gorbatschows als auch das
Schicksal der Perestroika, die er Mitte der achtziger Jahre derart
glorreich eingeleitet hatte.

25. Januar 1991

PERSONENREGISTER